后浪

CENTRAL ASIA AND TIBET

TOWARDS HOLY CITY OF LHASA

穿越亚洲腹地

[下卷]

[瑞典] 斯文·赫定 著　林晓云 译

廣東旅游出版社
GUANGDONG TRAVEL & TOURISM PRESS
中国·广州

目录

第六编

跨越戈壁沙漠：山地峡谷和无水的沙漠

第七编

楼兰古城：消失的国度

第八编

调查罗布荒漠：游移的湖泊

第九编

从北向南穿越西藏：

在云间旅行

第十编

向拉萨冲刺：

神圣经文所在的禁地

第十一编

穿过西藏到拉达克：

一串高原湖泊

第十二编
前往印度、喀什，回家

第六编

跨越戈壁沙漠：山地峡谷和无水的沙漠

01

阿雅克库木库勒之旅

我在铁木里克泉旁边的蒙古包里安顿下来以后，每天是这样度过的：从美梦中醒来，用过早饭之后，我会用几个小时来誊清我的科学考察记录与日志，这样就可以将一套副本送回家去。此外，还要给欧洲的朋友们写信。然后我就来到火炉边，坐在一把伊斯拉木为我发明的自制安乐椅上阅读瑞典报纸。天黑时，我让人在窑洞里生起火来，然后在那里冲洗照片直到深夜。最后，当这一切都完成后，我就回到蒙古包吃晚饭，或夜宵，随你怎么称呼。

我向属下支付了我不在那一段时间的报酬，并购置了四峰更好的骆驼，使我的骆驼总数增加到十四峰。我遣走了奥什的穆萨与年轻的卡迪尔，他们两人都急于回家。我委托前者把我写好的一大堆信件带到喀什去寄出。其中有几封信十分重要。我们又清点了还剩下多少钱，发现钱不够了。于是我写信给我父亲和瑞典驻圣彼得堡大使于尔登斯托尔佩伯爵，请他们寄一大笔俄国钞票给彼得罗夫斯基总领事，他会将这笔钱兑换为中国白银，然后在夏季前给我送到若羌。我还给奥什的赛特谢夫上校写信，请他再给我送一批罐头食品来。

10月25日与11月4日之间，哥萨克们在托克塔·阿洪、毛拉和托格达辛长老的陪同下，去库木库勒湖做了一次短途狩猎旅行。因为我本人不会再有机会从那个方向翻越祁曼塔格山和卡尔塔阿拉南山，我委托沙格杜尔为我画一幅他们行走的路线图，在整个途中进行气象观测，并记录山口的海拔，这是我最关心的。这个任务他完成得分毫不差。他的地图与我后来使用罗盘方位与距离来核对他的工作时作出的计算高度吻合。总之，沙格杜尔的地图填补了我本人在地图测绘方面留下的一个空白。哥萨克们还带回来不少头鹿，但他们在山里曾遇到酷寒天气，那里现在从山顶到山脚下都已是白雪皑皑。

我们在铁木里克的营地同塔里木河畔的土拉萨尔干乌依营地一样成为一个繁忙的中心。所有从博卡雷克返回的淘金者与猎人都很自然地会到我们这里来看看，有几个来自海拔较低地区的人还到这里来找差事。但我在我自己的台地上过着安宁的生活，小溪对岸的营地尽收眼底，小溪上面有座小桥。除了在窑洞顶上筑巢的乌鸦叫声之外，这种宁静的田园生活无人打扰，当我要开始进行天文观测时，要打上六七枪才能把这些乌鸦吓走。

但是到了11月11日，一切都已就绪，可以再次出发了。我的第一个目标是对祁曼塔格山和阿卡吐塔格山那些尚未有人去过的地方进行考察和测绘，填补我的藏北[①]地图上一个巨大的空白。关于这次将要持续一个月的新远征，我并不期望享受任何乐趣，因为出发时正值严冬。但是工作总得完成，而最好的方式当然就是去做。

我挑选出以下人员随我出行：切尔东、伊斯拉木·巴依、图尔杜·巴依、托克塔·阿洪、霍代·瓦尔第和托格达辛。托格达辛对于我们将要去的那个地区就如同对他家周围那样熟悉。库特楚克和尼亚孜将在最初几天陪同我们，帮我们牵马。我们的马匹经过彻底的休息后，个个精力充沛，身上驮着行李还活蹦乱跳的。一共有十三匹马，另有四头骡子，不过我们没有带骆驼。我已在心里发过誓，再也不要像上次旅行那样忍受不便。所以带足了食品罐头和火炉。我任命沙格杜尔为铁木里克营地的负责人，让他继续进行气象观测。出发之前，我将所有留下来的行李都装箱放进一个窑洞，以防止遭遇火灾，并要求属下在窑洞的入口外面日夜站岗。

鉴于我们这次考察的地区与我今年夏天考察过的地区相似，我这里就不再赘述。我们用了六天时间走了84英里来到库木库勒湖。第一天我们斜穿过祁曼山谷，从它那平坦而荒芜的黏土谷底上走过，穿过一条40至50英尺高的沙丘地带；然后，经过一个花岗岩悬崖形成的巨大隘口，走进祁曼塔格山。萨乌格鲁克（Savugluk）

① 斯文·赫定所指“藏北”实际上指现在新疆、青海、西藏交界处的罗布泊荒漠、柴达木盆地与羌塘高原（包括新疆阿尔金山自然保护区）三大地理单元连接之处。从地理学的角度来看，这一地区的确可以视为青藏高原的延伸。此外，其所指“西藏”也包括青海、新疆部分地区，是广义的“藏区”或“青藏高原地区”。——译者

图 183　铁木里克大本营

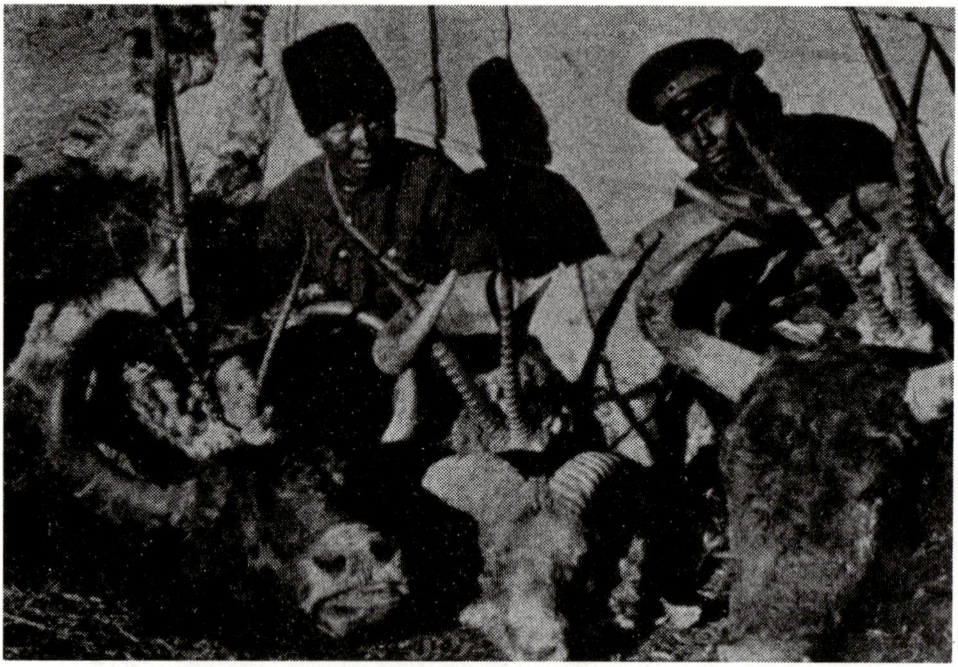

图 184　哥萨克切尔东和沙格杜尔

峡谷中有一条小溪，但它这时已被封冻在明亮透明如玻璃一般的冰面以下。小道一路上坡。当我们扎营过夜时，脚下的山谷尽收眼底，一直到阿卡吐塔格山的馒头形山峰；它们的峰顶上一点雪都没有。

次日早晨，我美美地睡了一夜后从梦中醒来，起初几乎难以意识到我们又在路上了。我的短暂假期过得实在太快了。但我没有遐想的功夫；早饭拿来后，赶紧吃完我们就出发了。我们现在要穿过的山区主要是由各种奇形怪状的花岗岩组成的。托格达辛带着我们从一座平缓的山口翻过祁曼塔格山脚下的一道山岗，这里积雪连绵，将旱獭的洞穴完全盖住。但是那些动物自己正舒舒服服地蜷在窝里过冬呢。这些充满智慧的小家伙们！藏北永远是一个艰难的地方，即使在夏天也是如此。

我们翻过祁曼塔格山的主山口其实毫不费力，它是一个平缓的马鞍形山口，那里没有任何露出地面的坚硬石头。我们从它的南侧走进一道东西向山谷，那正是我们7月曾经在更靠东和更高的地方跨越的那道山谷。我们营地前面一点的地区被称

图 185　卡尔塔阿拉南山南麓的营地（1900 年 11 月 15 日至 16 日）

作阿达滩（Attattgan），意思是“射马”。这个地名的来由是：曾经有一位猎人，很长时间运气不佳，几乎就要饿死了，只得将自己的坐骑杀死吃掉。我们扎营的地方叫作毛勒克依干（Mölleh- koygan），意思是“弃鞍”。这个名字的来由则是那个猎人曾在那里丢弃自己的马鞍。11月13日夜里，这里的温度降到零下21.9摄氏度（零下7.4华氏度）。

进入山谷南侧的一个狭窄的纵谷（它通向卡尔塔阿拉南山的顶峰）后不久，我们惊扰了一群野牦牛，它们当时正在山边安静地吃草。它们的逃跑带动了一大群藏野驴，它们正在更上坡一点的地方吃草。

我们沿着一条陡峭的小溪从山口的另一侧走下去，河床里散布着花岗岩巨石和碎石，两岸皆为赭色的花岗岩峭壁。左边的由一些互不相连的锯齿形山峰和石柱形成，而右边则是一片更为连绵不断的锯齿形山峰。强烈的阳光和清澈的空气使石缝和山沟里以及每一座岩壁山岬后面的阴影分外突出，也使巨大峭壁的轮廓显得格外分明。

图 186　卡尔塔阿拉南山北坡

越过这个宽阔的高山盆地往南看，一望无际；天边的山脉仅仅是细细的一条，其轮廓在强烈的阳光下只是隐约可见。上库木库勒湖流向下库木库勒湖[①]的溪流犹如一根银色的缎带闪闪发光。我们从喇叭口形的山谷中出来后，沿着山脚向西南方走去。山脚下向外突出的一条条矮梁和小山包被风雕塑为各种古怪的形状。有的像桌椅，有的像茶杯，也有的像脖子和脑袋。实际上，在风的侵蚀力最强的地方，较薄的部分已被完全穿透。

在西南方，阿雅克库木库勒湖像一把巨大的刀刃一样闪着银光。但由于那里太远，一天无法赶到，我们在荒滩上停下来，向下挖掘了4.5英尺后找到水。

第二天是休息日。我准许切尔东、托格达辛、伊斯拉木·巴依和图尔杜·巴依去打猎。他们分为两组，但是到了晚上只有伊斯拉木·巴依和图尔杜·巴依回来。我们当然担心另外两人出了什么事。从傍晚一直到深夜，我们始终没有见到他们的影子，于是开始担心他们迷路了。他们直到第二天上午十点才露面，样子十分狼狈。他们为了追赶一群盘羊骑马翻过了几道崎岖的山沟，到后来山坡太陡，他们只得把马匹留下来，步行爬过岩石和碎石坡。他们正在奋力向前时，托格达辛突然倒地不起，抱怨脑袋和心脏剧痛。他一步也走不了。甚至当切尔东把马匹牵来后，他也无法坐在马鞍上。在这种情况下，他们只得在一个毫无遮挡的碎石坡上过了一夜。既没有避风之所也没有水。病人乞求哥萨克自己回去，把他留在原地。他说自己反正早晚要死，死在哪里也没有什么关系。但是切尔东陪了他整整一夜，不时地摇晃着他，使他不至在严寒中冻死。天刚亮，他们就动身了，慢慢地下山走回营地。托格达辛的状况的确很糟糕。我们再次出发时，不得不把他绑在马背上。

那天晚上我们就在阿雅克库木库勒湖（或下库木库勒湖）的岸边扎营过夜，尽管那里除了几小丛草和湖边的小片冰以外一无所有。11月18日早晨，我们把船收拾好，准备做一次湖上之旅。我的船夫是托克塔·阿洪。我们带了一大堆东西，除了船帆、船桨、救生衣、测深器具和其他仪器之外，我们还带了够吃两天的肉、面包、罐头和咖啡，另外还有厨具、一只装满水的铜罐（*chugun*），以及一只装满冰块的小袋子。

---

① 斯文·赫定提到的上库木库勒湖指库木库勒湖；下库木库勒湖指阿雅克库木库勒湖；两者之间有一水道相通。——译者

再加上各种毛皮，小船被装得满满的。出发后，我让船对着西南方的一个突出的岩石岬角笔直划过去。天气极佳，湖面上水波不兴，只有一种几乎看不出来的涌动。每隔十五分钟，我都会测量一下流速与水深。随着我们接近湖心，湖水越来越深，湖心处达到64.5英尺。刚一离岸，我们就遇到一片薄冰，但由于冰不硬，我们很轻易地穿过去了。这片薄冰在我们左面一直延伸到南岸，与其紧紧相连。这冰厚达四分之一英寸到半英寸不等，在阳光下发出强烈的光芒，不戴上烟熏过的眼镜就很难直视。我们的船掀起的小小波浪使它们晃来晃去，彼此相撞。在我看来，这冰是一层来自小溪的淡水在湖中的咸水上面散开，然后冻结而形成的。不过西边没有结冰。水面温度达到零下0.3摄氏度（31.4华氏度）。所以使用测深线是一件很冷的工作。每次测深线被拉上来时，它都会被冻得僵硬。我只得在每次测深之间将自己的双手暖和一下。

时间过得飞快。但是我们离那个岩石岬角丝毫也没有更近。当然我们是从湖上斜穿过去的。下午将要结束时，我们看到一股股沙尘的旋风和“沙柱”沿着南岸卷起。它们很快就汇集到一起，形成一团灰黄色的尘云，在陆地上快速移动。这不是个好兆头。不一会儿工夫，我们开始感到强劲的西北风刮起。接着从西边传来一阵呼啸声。这是第一阵风来临了。刚才还像池塘一般平静的湖面此刻已满是涟漪。水波越掀越高，很快就变成滚滚的浪花。随着风势不断增大，浪也越卷越高。不过，我们还算顶得住，直到这条装得满满的船开始歪过去，迫使我们转向西南偏南方向。看来这场大风终归要演变成一场暴风雨，它可能会把我们抛到岸边某个条件恶劣的地方，使我们这不堪一击的小船被撕成碎片。我们必须抓紧时间及早靠岸。此时已是黄昏，当我们身后的湖面上波涛汹涌时在黑夜里登陆将是非常危险的，即便是在一个条件较好的地方也是如此。

出发前，我曾命令旅队沿着北岸行进五小时后停下过夜，在那里点燃一大堆火作为信号，这样如果我们需要在黑夜降临之后登陆的话，它可以起到灯塔的作用。但我们始终没有看到他们的火堆。我们猜测这部分是因为距离太远，部分是因为空气中充满了尘埃。

与此同时，我们那条小艇正勇敢地沿着它危险的航程前进。幸运的是，风浪将南岸沿线的薄冰都打烂了，否则它们锐利的边缘将把我们的船切成碎片。过了一会儿，我们前面的黑暗中露出一条闪亮的白线，那是打在沙滩上的浪涛。幸亏这里是

图 187　卡尔塔阿拉南山南麓营地

沙岸，徐徐伸向湖中。我们还来不及判断自己身在何处，就已经来到拍岸的惊涛中。我们被甩到岸上，但下一刻又被退下去的浪卷下去。然后又再一次被甩上岸来，直到小船的船骨发出不祥的吱吱声，帆布鼓起来，仿佛就要爆裂。但是，托克塔·阿洪敏捷地从船上跳出，我们两人协力将它送到干燥的地面上。不过还是有两三个大浪打进船来，将后舱的行李打湿。

我们在一座小山后面挨着湖岸扎下营地。那里有大量的“*kouruk*”，这是一种木质的低矮高原“草本”植物，是极好的燃料。除此之外，唯一的生命迹象就是几缕大雁羽毛和藏野驴的脚印。我们无法判断这里是什么样的地形，因为四周一片漆黑。实际上，我们是靠着每隔不远就点起小火堆照亮才找到燃料的。一旦找到足够的柴禾，我们就蜷伏在火边，肩上披着皮大衣，忙着准备一顿丰盛的晚餐。我的那一份包括牛尾汤、奶酪、面包和咖啡，而托克塔·阿洪则一边喝茶，一边啃着羊腿。然后我们坐下来抽着男子汉的烟斗，讨论我计划中穿越戈壁前往喀拉库顺湖的旅程。托克塔·阿洪对那个地区极为熟悉。

风停下来，天也晴了，显然我们将面临一个寒冷的夜晚。九点时温度降到零下14摄氏度（8华氏度）。因为柴禾已经用尽，我们觉得该是睡觉的时候了。我那能干的船夫接受了我的建议，将船体的两个半边变成一个帐篷，他看上去对此有点怀疑，但很快就意识到这个办法有多高明。我们钻进自己的窝里，多少带点畏惧地准备度过一个寒冷的夜晚。的确，睡了几小时后，我被一阵极度的严寒冻醒。当时的温度为零下22.1摄氏度（零下7.8华氏度）。于是我唤醒我的同伴，他帮我钻出了我的窝，那东西只是为了轻松的夏夜之梦而准备的。这时我们俩都已冻僵，尽管我脚上套了四层毛袜和阿里·阿洪为我制作的一双巨大的靴子(里面衬有带毛的羊皮)，还是失去了一切知觉。我们当前首要的任务就是去找足以点燃一大堆熊熊烈火的燃料。然后我脱掉一些衣服，这样就能通过按摩恢复血液循环。但是这天夜里寒冷彻骨，使我们第二天都没有能完全缓过来，直到我们回到平日的舒适条件后，才彻底恢复过来。

我们再次登船时，温度为零下19摄氏度（零下2.2华氏度），但是我们开始跨过湖面对着旅队正在等待（或应该等待）我们的地方往回划时，天气已经变得极好。最大深度为78.75英尺；水面温度为零下0.5摄氏度(31.2华氏度)，湖底水温为零下0.3摄氏度（31.5华氏度）。两者之间有一个层面，水温为0.0摄氏度（32华氏度）。我

图 188　阿雅克库木库勒湖西北岸边，作者坐在小艇里，托克塔·阿洪抓着小艇

们还没有走很远，就觉得依稀可以看见我们正寻找的目标，也就是帐篷、蒙古包、马匹。但等我们走到能通过望远镜看清它们的地方时，才发现那帐篷和蒙古包其实是两座小山，而那群马其实是一群藏野驴。

那以后，我们沿着湖岸继续划，直到在很远的地方可以看到有个什么东西形成的烟柱正在落日前徐徐升起。不过我们无法判定那是一个火堆升起的烟柱还是一群藏野驴扬起的烟尘。在黄昏中，我们绕过一个又一个的岬角，最后托克塔·阿洪终于在浅水中触到陆地。这期间，我一直坐在船头，浑身都冻僵了。但是我的船夫一边划着桨来取暖，一边唱着一首关于阿不旦芦苇棚的忧伤歌曲。最后我们透过黑夜看到一处火光，只是这些黑夜中的火光虽然开始能给人鼓舞，最后却总是证明那不过是一种幻觉。这一次，我们对着火光划了三小时的船，然后它却消失了。不过，我们继续往前划，不时发出大喊，最后终于听到狗叫的回应。火苗又大起来，这一次就在我们附近。一个人举着灯笼到湖岸来接应我们。

与阿尔达特一样，托格达辛也是我们在山里遇见的。他似乎将要遭遇与那阿富汗人同样的命运。他的病明显加重了。他像穆斯林生病时一般都会做的那样，蜷着身跪在地上,头碰着地。我们无法劝他吃哪怕一口饭。但他一直想喝凉水，已经神志不清，每次喘气都要呻吟一下。

托克塔·阿洪告诉我，这种病（显然这是高原反应的一种极度强烈的表现）在这一带山区的猎人与淘金者中十分普遍。根据患病的是人还是牲口（马或骆驼），穆斯林们称其为“*tutek*”（气短）或高山病；或者简单地称之为“*Is allup ghetti*”，即“他得高山病了”。如果一个人过去曾经患过这种病，他再次犯病后生还的可能性就很小。刚有高原反应时，患者极想回到低海拔的地区去，尽管他如果不能在山区恢复身体，就永远也没法再下山了（那个夏天有两个淘金者在回家途中死在铁木里克附近）。但是一旦病情加重，据说患者就不再能知晓自己的状况。他不知道自己病了，也无法描述他的症状。这些症状包括身体浮肿、嘴唇变黑、无法入睡、缺乏食欲、头疼心痛，再加上口渴、心跳虚弱、体温降低。根据托克塔·阿洪的经验，抽烟是最好的医治方法，因此我们看见他嘴里永远叼着烟斗。我本人从未感到任何高原反应；甚至当我在海拔15 000到17 000英尺的地方旅行时也是如此。最根本的预防就是不要过于消耗体力。

图 189 伊斯拉木·巴依和库特楚克出发。背景是阿雅克库木库勒西北角孤立的山群

然而，死神似乎又要来光顾我们。最糟糕的是，我对这种病束手无策，因为我所能提供的治疗似乎一点用处也没有。无论是病人还是刚刚跨湖过来的我们都迫切需要休息一天。

因此，第二天我派伊斯拉木·巴依渡过湖面去进行另一系列测深工作，这是为了完成我的地图必不可少的。库特楚克将为他划船。不幸的是，伊斯拉木·巴依不会写字，所以他只得用一种机械的方法来工作，仿佛他本身是一部自动记录的仪器。他知道如何看表，也知道如何每隔一刻钟测量一次水深。他所采用的办法是：第一次测量水深时在测深线上捆一条打了一个结的绳子；在第二次测深时绑一根打了两个结的绳子，以此类推。而我当然可以在这之后用一根卷尺来量出这些距离。此外我已经知道小艇的平均速度。那天夜里天黑得很。空中覆盖着一层墨水般的乌云，几乎无法将陆地、湖水与大气区分开来。我把蒙古包打开时，一条狭窄的光柱刺穿黑暗,但除此之外眼睛能看到的仅有的东西就是众人帐篷前面的火堆。我的蒙古包里面布置得很舒适。我的箱子放在铺了一张和田地毯的地上；我的床在地上，同时也当作一个矮沙发使用。我就盘腿坐在那里，写笔记，画地图。每隔一会儿，切尔东就给我带来一个装满火炭的轻型火炉。如果没有它，就很难（甚至根本不可能）在零下20摄氏度（零下4华氏度）的情况下工作。

如今，当我坐在那些我最为珍视的东西中间，回忆起那些漫长、寒冷和寂静的藏区冬夜时，我自己也几乎开始觉得奇怪：在那无边的孤寂（一种日复一日、年复一年永不变化的寂寞）中，我居然从未觉得闲得无聊。不过我的确总是很忙；有时是太忙。我周围都是忠实可靠的仆从，而且我身边还带了一本小书，其中有适合全年每一天的《圣经》内容。我知道我在斯德哥尔摩的家人都在虔诚地读着它。但是营地上有个病人却总是一件让人十分沮丧的事。托格达辛对他的主所发出那种亢奋的乞求“*Ya, Allah*！”“*Ei Khodaim*！”让我很难受。尽管我拿出吉卜林（Kipling）的《七大洋》（*The Seven Ocean*）[①]来，试图阅读里面那些光彩夺目的诗篇，我的脑海里仍无法摆脱那声音。

---

① 吉卜林，英国小说家、诗人，1907年诺贝尔文学奖得主。《七大洋》是他的一部著名诗歌作品。——译者

02

翻过藏北各山口

返回铁木里克的旅程始于11月22日，一共用了12天，途中我们翻越了卡尔塔阿拉南山、祁曼塔格山和阿卡吐塔格山（两次）。

第一天的行军极为艰难。我们迎着大风朝西走。下午1点，气温为零下2摄氏度（28.4华氏度），到了下午两点钟，气温就降到零下10摄氏度（14华氏度）。我从未感到如此疲劳，浑身无力。阿雅克库木库勒湖上的冰被暴风吹散，都被刮到湖的东端。湖面本身看上去阴沉沉的，十分吓人。深蓝色的湖水冰冷刺骨，岸边一圈白色泡沫。乘坐我们的小艇渡过湖去肯定会是一场灾难。湖的整个东半部水深都只有6到8英寸深，而那条船肯定会被推着撞向冰的坚硬尖锐的边上，撕裂成碎片。湖底由软泥组成，如果我们陷进去，没有人能帮助我们。哥萨克们出去打猎时曾试图跨过那条将两个湖泊连接起来的河流溢进这个湖的地方，结果第一匹马就陷进泥沼里齐脖子深的地方，费了很大气力才把它弄出来。

在我们跨过祁曼塔格山的那个地方，这座山脉的结构非常有特点。我们爬上山口的那条纵谷本身就很高，它的最高点简直就看不出来。但北坡下山的路则较为陡峭，需要经过一连串的岩石台地或山坳，沿着一道挤在峭壁与石峰之间的沟壑一步步往下走。我们已经走了很长的路。当我来到这个峡谷时，旅队已经在前边走过去了。天色已黑，伊斯拉木·巴依带着一盏灯笼回来迎接我，但是我的马仍然是每下一个平台都要磕绊一下。营火在我们脚下很远的地方，在库木布拉克（Kum-bulak，沙泉）的深沟里。那里的泉水四周围着沙子，水面上覆盖着一层厚厚的冰。我们费了很大力气才抵达我的蒙古包。它搭在一个岩石平台的边缘，下边就是一道深渊。

图 190　阿雅克库木库勒湖边驮着行李的马匹

不过，我也是次日早晨将要出发时才意识到那个位置是多么危险。因为蒙古包就搭在一个漏斗形构造的地方，从周围所有悬崖上轰鸣着滚下来的塌方落石滚下山沟时都要经过这里。那天夜里我确实偶尔听到滑坡与落石的声音，幸亏我的帐篷毫发无损。

沿着那条峡谷往下走的其余路程也不容易。有两三处地方，那条沟壑被花岗岩塞得满满的，形成巨大的台阶，每一层都有12到15英尺高。在这里，我们必须一次又一次地将货物从牲口身上卸下，小心翼翼地帮它们滑着走下陡峭的台阶。在另一个地方，沟底从一边到另一边都覆盖着一层厚厚的冰，它填满了所有的石缝和窟窿，使路面像瓷器一样坚硬光滑。我们先要在上面撒上沙子，然后才敢牵着马走过去。走出这条困难重重的沟谷，下到祁曼山谷之后，我们都松了一口气。当晚我们就在一个月前我们遇到接应旅队的那个地方扎下营来。

在这里，我派库特楚克带着托格达辛（他现在身体略有好转）和小船先回大本营，而我们其他人则继续往北翻越阿卡吐塔格山。11月27日夜里是我们在那个冬天遇到的最冷的一夜，温度降到零下24.6摄氏度（零下12.3华氏度）。

我们从郭普尔阿里克（Ghopur-alik）山口翻越了阿卡吐塔格山(海拔16 162 英尺)，我们是沿着一条阴沉沉的陡峭花岗岩山沟爬上去的。鉴于我们不太可能一天就走完整个路程，我们在沟底停下来。那里是一片乱糟糟的落石，没有水草，也没有燃料。第二天一早，我们准备好去爬那个陡坡。马匹呼吸急促困难，所以我们只得不断地让它们停下来休息，否则定会死掉几匹。山口的顶峰犹如刀刃一样尖锐，两侧的山坡都十分陡峭。我们当然都是步行。我拉着马的尾巴借了一把力。驮包不断地从牲畜背上滑下来；马匹不断地摔倒。我们不得不时刻保持警惕，随时准备助它们一臂之力，否则它们就有可能滚下陡坡，在几百英尺下面摔得粉身碎骨。比起马来，骡子脚下更稳一些，所以我让人把我的仪器箱子放在一头骡子身上。西风犹如印度季风一样咆哮着，气温降到零下15摄氏度(5华氏度)，这绝对称得上是劲风。不过碧空如洗，山峦上洒满阳光。最后我们终于爬到山口的顶部，从它那尖顶上看到一幅壮丽的景象。巍峨的山脉连绵不断，尽收眼底，它们每一座都是银装素裹，在阳光下闪闪发光。西边的视野则被一群乱糟糟的光秃山岗挡住。回首望去，可以看到我们上来的那条峡谷犹如一条干涸的小河从山坡上蜿蜒而下，笼罩在一片阴暗

图 191　通向郭普尔阿里克山口的山沟

之中。我们不禁纳闷自己是如何从那里爬上来的。在北面，白雪皑皑的里维齐明山横亘在天际线上，挡住视线。我们在上一次旅行中已经见识过它那一座座奇形怪状的山峰了。

做完例行的观测之后，我希望能呼吸一下不那么缺氧的空气，找个避风的地方。我们沿着另一条雄伟的峡谷走下山去。它的两旁有众多较小的侧谷汇入。站在任何一个侧谷的谷口向上看，都仿佛透过一个巨大的门洞向外望去一样，这些大门是由笔直的绝壁形成的，这是大自然在悬崖构造方面的鬼斧神工。每一个探出来的平台上都挂着积雪，仿佛是向外突出的檐楣和雕刻图案。这些雪帘被下午的太阳染成温柔的淡紫色，看上去犹如藏族寺庙上的装饰物。

我们扎营的地方海拔13 311英尺，仍寸草不生。风势丝毫未减，我的蒙古包里温度达到零下12摄氏度（10.4华氏度），火炭炉子也无法使我钢笔里的墨水不被冻住。由于无法有效地挡住穿堂风，一支硬脂蜡烛在三小时之内就烧尽，火苗熄灭之前可怕地晃动着。切尔东打到一头公野牦牛。晚上九点，图尔杜·巴依、托克塔·阿洪和霍代·瓦尔第出去在刺骨的严寒中把它切开。我由衷地可怜他们。当那野牛的身上还带点热气时，他们的手也能保持温暖。他们半夜十二点回来时，每个人手里都拿着一坨冻得如石头一般坚硬的肉。当他们用斧子把肉剁开时，碎片犹如碎玻璃一样四处飞溅。

我们的下一个营地情况要好一些，高原上冻得硬邦邦的草丛很适合做燃料，而积雪为我们提供了水源。次日早晨，太阳从里维齐明山顶的石柱上露出来时，我们所在的地方还笼罩在阴影之中。但是没有风。我们很快就出发了。但没有走很远，因为在一条通向上述的山脉的侧谷里，我们发现一片极好的草地，不能错过它。我刚把经纬仪架起来，西面刮来的暴风就降临了，我只得停下一切室外的工作。这风将众人的帐篷平地拔起，把它卷走，抛在谷底的冰上。

这以后不久，我们看到有个人骑着骆驼走在对面山坡上。我觉得他有可能是一位正在寻找我的信使，就让托克塔·阿洪去看看究竟是何人。但是这个人原来是一个蒙古人，随一支旅队从喀喇沙尔去拉萨朝拜。旅队的其他人早晨已经过去了，他因为骆驼累了而落在后面。

每年都有大量的蒙古朝圣者从亚洲北部俄国和中国的属地出发通过铁木里克、尕斯淖尔和柴达木前往圣城拉萨。他们总是在晚秋或冬天出发，在下一年的同一季节返回。他们从来没有在温暖的季节经过阿不旦，因为担心他们的骆驼会被牛虻折磨死。他们返回时总是境况悲惨，只剩下几头牲口，多数的人只能步行。来到阿不旦以后，他们一般会把那些疲倦的骆驼换为马匹，以便能够在不太冷时抵达他们遥远的故乡。一头境况糟糕的骆驼大约能值一匹马，三头境况马马虎虎的骆驼能值一头状况良好的骆驼。一头骨瘦如柴的骆驼只值一匹驴。朝圣者将随身的口粮装在盒子里和口袋中，在回程路上一般会在阿不旦补充给养。去拉萨时，他们的习惯是把自己的骆驼留下来交给他们的同胞柴达木蒙古人，而自己骑着从当地雇来的马完成剩下的旅程。这使一些柴达木蒙古人每年都能得到不菲的收入。

这些人一定是极为虔诚的信徒。他们为了朝拜圣城、参加那里的寺庙节庆与盛典需要牺牲整整一年，饱经疲劳和饥寒交迫，承担相关的花销。他们总是找一个曾经去过拉萨的朝圣者带路，在柴达木会另找一位知道哪里有适当的营地的向导。前往拉萨要走四个月；因为他们走得很悠闲，用牦牛粪做燃料，晚上围在营火周围，

图 192　哥萨克切尔东、沙格杜尔以及他们的战利品，右边是裁缝阿里·阿洪

一边喝茶一边吃糌粑。当他们从最后一道山岭上望见拉萨寺院的白色院墙时，我敢说他们心中感到的那种崇敬就如同那些去麦加朝拜的人从阿拉法特山上第一次看到他们的圣城时的心情一样。

在我们附近看到这些朝圣者沿着小路前往拉萨是种很独特的经历。有那么一瞬间，我真想把自己打扮成一个布里亚特人，带着沙格杜尔一起去加入他们的行列。但是仔细一想，我就意识到这个办法行不通。冬天我还有其他计划，改变我的安排将带来诸多不便。

与此同时，我们沿着蒙古人的骆驼留下的脚印——也就是说，它们那柔软的脚掌在沙地上踩出来的浅色印记——继续前行。阿斯腾塔格山从东到西横亘在面前，挡在通往北方的去路。天色向晚，大气里透着一种淡蓝色彩，但头顶上却泛着一条闪亮的白光：这白光很可能是月光碎散成一些细细的光柱时形成的。山峦身披粉色，一派严冬景致。尽管我们自己裹在暖衣里，却无法不“看到”这个地区正遭受霜冻的破坏。

我们向东行进，最后抵达紧贴阿卡吐塔格山北麓的乌尊硝，山根下向外突出的几条小山梁一直伸到湖里。湖岸一圈都是茂盛的芦苇与灌木。我们跨过这些地方时，看到有大量淡水泉从地下汩汩涌出，再往下走，它们汇集成一股溪流，最后流入湖泊。虽然河口有冰，但含盐的湖水本身却没有结冰，尽管它的温度达到零下7摄氏度（17.8华氏度）。有些地方湖底的盐层极厚，于是便有盐埂与盐丘探出水面。

12月5日，我们都很高兴能够回到“家”中，尤其是因为那里一切都很宁静有序。铁木里克的泉水现在已经被埋在冰堆成的金字塔与圆拱之下。托格达辛显然病得不轻，情况一点也没有好转。人们把他安放在挨着我的窑洞的另一个窑洞里。只要我在营地里，我就会仔细地照料他。12月底大本营搬到若羌时，他也被送到那里，而我直到第二年的4月才再次见到他。那时他已经瘸了，双脚正一点一点地坏死；不过他倒是兴致勃勃，知足常乐。我尽我所能为他提供了赡养费用。

沙格杜尔告诉我，那个蒙古旅队共有七十五个男人（都是喇嘛）和两个女人，他们在铁木里克休息了一天。其中一名喇嘛地位显赫，因为其他人都对他毕恭毕敬。那些喇嘛中有二十五人非常贫困，只能步行，他们被允许加入旅队的前提是他们必须伺候那些更有钱的同胞。这些蒙古人拥有10银锭（约合75到100英镑）的钱财，另外还带着120银锭（约合1000到1200英镑）作为献给达赖喇嘛的贡品。这也就是说，他们带着支付他们所需的参加一切庆典及宗教活动的费用。“拉萨的教皇”正是以收取这种“彼得捐款①”为生。为了防范唐古特②抢匪和其他敌人，这支旅队装备精良，共有三十杆蒙古火枪、两支博尔丹步枪和一支温彻斯特步枪。沙格杜尔邀请他们其中两三位一起去猎杀藏野驴，但他们回答说在朝拜途中绝对禁止杀生。落在后面的那个人是一个喇嘛，他曾在拉萨待了十年，现在准备去那里再待三年。我只是纳闷，如果我们日后有足够好的运气抵达那个圣城，他是否会认出沙格杜尔。这支旅队包括一百二十头骆驼、四十匹马，另外还带了七匹极为珍贵的好马，准备献给达赖喇嘛。他们的口粮包括风干的小块冻肉、炒面（*talkan*）和茶。

这些朝圣者对我们的营地十分好奇，对我到世界的这一角落来干什么提出无数的问题。我毫不怀疑，他们抵达拉萨后就会把从我们这里获得的一切消息都告诉当局，这也是那个地区的北部边界后来被严加把守的一个原因。

沙格杜尔从他们口中也得到不少有用的消息。蒙古人告诉他，所有接近拉萨的朝圣者都会受到严格的监视。他们一到那曲（Nakkchu）的边界，就会被拦住接受盘查，每个人都必须说出自己的姓名、出发地点、所在地的大喇嘛是谁等等，还要出示护照，上面不仅要标明他所属的寺院，而且要清楚地说明他的朝拜之旅的真实目的。这些手续全部完成后，一份报告将送往拉萨，但朝圣者们还不能出发，需要等待拉萨当局颁发的特殊通行证到达后才能动身。不过他们一旦抵达拉萨，就不会受到进一步的控制。据说这些防范措施都是为了阻止“俄罗斯人”（即任何欧洲人）潜入拉萨。出于同一原因，几年前拉萨当局曾对土尔扈特部（Turgut或Torgod，他们是俄国臣民③）发出一道命令，告诉他们禁止任何来自俄国的朝圣者进入拉萨。但

① “彼得捐款”，指天主教徒每年捐给罗马教皇以维持教廷开销的捐款。因教皇以圣彼得的继承者自居而得名。这里作者将达赖喇嘛比作罗马教皇。——译者

② 蒙古语称藏族及青藏地区居民为唐古特，清代部分文献亦遵从此称呼。——编者（后文注释，如未单独说明，均为编者注）

③ 土尔扈特部属西蒙古，17世纪迁居伏尔加河流域，1771年东土尔扈特部脱离沙俄统治西归中国，被安置于新疆。伏尔加河西岸的西土尔扈特部则因伏尔加河未封冻，被沙俄军队包围，留在了原地，（转下页）

最近这一禁令被取消了，他们的朝拜之旅也开始恢复。旅队中的一位喇嘛说，拉萨的一本古老圣书中有个预言，说有一天查干汗（Tsagan Khan，白色皇帝）将统治全世界，征服西藏，摧毁拉萨，喇嘛们将带着圣物前往西藏南边一个不可企及的山顶上。这位喇嘛还邀请沙格杜尔与他一起走；他说沙格杜尔将不会遇到任何麻烦，尤其是如果他说出自己是一个土尔扈特蒙古人的话。晚上，当营地安静下来后，我就同我那忠实的哥萨克讨论这些问题。他对他听到的这些情况十分感兴趣。他从儿时起就听人讲过那个圣城，常常渴望有朝一日能去看看。当然，他还不知道我已在计划试试我的运气，踏上通往禁区的道路。但是，正如我前面所说的那样。一定要有耐心！我还有更重要的事情先要完成。乔装打扮进入拉萨，这是那种只有当一个人还年轻时才想得出来的冒险行径。

我在铁木里克我们的大本营住了六天。泉水周围的冰椎继续在扩大，气温降到零下27摄氏度（零下16.6华氏度）。我本应休息，但有无数的事情需要去做。我再一次进行了天文观测来确定这一重要的地图控制点的位置。我还冲洗了最近拍摄的照片，准备好一个送往喀什的新邮包，并支付了所有欠发的薪饷。

在一个晴天里，我们把托格达辛抬到屋外来，穆斯林们围着他，试图通过某种仪式来祛除他的病症，包括向真主献祭一只公羊。

当然我也用了很多时间为将要横跨戈壁沙漠的远征做准备。足够1 200英里旅行用的粮草储备被选好，放到一边，分成等份，装在箱子和口袋里，捆在驮鞍上，准备抬到骆驼背上。我的小蒙古包已被修好并经过改装，它的侧面被盖上白色毡垫，顶上（或拱顶）则盖上红色毡垫。然后我给切尔东在如何进行气象观测方面上了几堂课，虽然他在我们上次去库木库勒湖时就已经开始做这项工作了。我不在时他需要负责这项工作，并观察和照看那些自动记录仪器。

留下来的人包括切尔东、伊斯拉木·巴依、图尔杜·巴依和阿里·阿洪。我还临时雇用了五位猎人与淘金者来帮他们搬到若羌去，那里的安办（中国地方官）和本地长老们承诺会照顾他们。实际上，我们不在时他们唯一要做的就是照看好我的箱

（接上页）和同样留在沙俄的杜尔伯特、和硕特两部的部分族人合称卡尔梅克人，仍属沙俄管辖。现为俄罗斯联邦境内卡尔梅克共和国。斯文·赫定此处所指实际应为卡尔梅克人。

子和其他物品，确保牲口状态良好，当我来年春天需要它们时立刻就能用得上。我还命令伊斯拉木·巴依从阿不旦将两条独木舟连同船桨和渔网一起送到喀拉库顺湿地上的卓尔库勒湖（Chöll-köll）；他必须让那些运送这些东西的人在某个又高又明显的沙丘顶上立起一个地标（*nishan*），这样我们就知道如何找到他们了。我很确定，我们要到冰化了之后才会赶到那里。

03

安南坝河之旅

我的新旅队包括哥萨克沙格杜尔和下列穆斯林：费苏拉（旅队领班）、托克塔·阿洪、阿不旦的毛拉（将担任前往安南坝山[Anambar-ula][①]的向导）、库特楚克、霍代·库鲁、霍代·瓦尔第、艾合买提（Ahmed）还有一个我们最近雇来的猎人托克塔·阿洪，为了把他与另一个托克塔·阿洪区别开来，我们称他为李老爷（Li Loyeh）——他讲汉语和蒙古语，曾在博卡雷克偷过马，而且脑袋有点毛病。牲畜包括驮行李的十一头骆驼和供骑行的十一匹马。这也就是说，我们只有一匹备用马，但如果我们需要更多的马匹，我们可以从蒙古人那里购置。三条狗将陪我们同行：即尤达什、玛伦基和玛尔其克。鉴于我计划去尕斯湖测量深度，我让图尔杜·巴依跟着我走两三天，负责那条船。他希望能走完全程，但我觉得他经过一系列费力的工作之后需要休息。

12月12日是计划出发的日子。那天早晨，天还没有亮我就被叫醒，人们把马群赶过来，骆驼们也都拴在驮鞍旁，等着出发。天亮后，我们发现这是一个大晴天，大气宁静，碧空如洗。实际上，我们出发时正是一个完美的春日。大家都很积极，对此行的前景十分乐观。我本人很期待一次相对容易的穿越沙漠之旅。这一次我们无须担心风雪和冰雹。当然寒冷是意料之中的，因为毕竟冬天才过了一半。但是这将是干燥的寒冷，如果我们有很多燃料的话，这是可以应付的。另外，前面还有三

① ula为蒙古语“乌拉”，山的意思。本章标题原文为*A Journey to Anambaruin-gol*，其中gol为蒙古语“郭勒”，河的意思。

个月的冬天，这也是一个让人安心的因素；我们应该能够在春天暖和的日子开始之前解决此次旅程中的多数问题。不过我们没有忘记带上以备万一的轻便夏装。

同可怜的托格达辛及留守人员进行了友好的告别之后，我下令出发。驼铃叮叮当当地响着，长长的驼队以高贵的身姿迈步向前，我们离开了苏木屯布鲁克（Sum-tun-buluk，意思是“三百泉”）①；这是铁木里克的另一个名字，是用一个蒙文词和两个藏文词组成的复合字。所有的骆驼都表现良好，但是有一头单峰骆驼的嘴唇上流下一串白沫，不停大团地落在地面上。如果它能够大闹一场，它一定会那样做的。它的一条前腿被拴在驮鞍上，这样它虽然可以正常地行走，却无法跑起来。它被用一根绳子和一段链子拴在它前面的那头骆驼身上，而且还带了一个嚼子，以防止它咬前后的邻居。这头久经考验的骆驼来自喀什，它的眼睛十分狂野，漆黑闪亮，不高兴时就翻白眼，真是个野性十足的漂亮家伙。

旅队中的每一头牲口都处于最佳状态；其实，有两三头骆驼自从一年多前抵达英格可力之后就一直闲置。它们身上都长出冬天的驼绒（犹如羊毛一般厚，毛茸茸的）。两头最大最安静的骆驼被用来驮运我的个人物品。货物中大部分是面粉、大米、玉米和炒面；但这些东西的重量会逐日减少，所以等我们到达需要携带冰与燃料的地区时，运力应该足够。

我们此行的计划如下：首先，我计划翻过阿斯腾塔格山，然后沿着它的南坡前行，以弄清楚它的山形结构。这将使我们转向东北，进入蒙古人称为安南坝山②的地区（穆斯林们称那里为“Khan-ambal”，其实就是安南坝这个字的变音），距离为240英里。我计划从那里转向北方，跨过戈壁沙漠的未知地带，直到我抵达沙漠北缘的山脉。然后我们将转向正西，一直走到六十泉。我希望在那里考察奥尔德克在罗布荒漠中发现的那些遗迹。最后，我们将跨过荒漠，抵达阿不旦，然后去我们下一个会合地点若羌。

下面我来简短地描述一下安南坝之旅，它一共用了十七天。头两天我们来到一片冻得很结实的沼泽地，有又硬又脆的盐结晶和边缘锋利的黏土片。穿过这里我们

---

① 蒙文中的“布鲁克”（*buluk*）=突厥语中的“布拉克”（*bulak*）=泉水。——原注

② 或者接上所属格后缀，称安南坝鲁因乌拉（Ananbaruin-ula）。——原注

图 193 装好货物的骆驼

前往尕斯湖以北的一处泉水。12月14日，我前往那个湖做了一次短途旅行，希望能划船渡过湖面进行测量。曾有人告诉我，这个湖含盐量极高，所以从不结冰。沿着一条藏野驴踩出的小径，我们很快就找到通往这个湖泊的路，但湖边的地面即使在霜冻时也过于松软，使马匹一直陷到膝盖那么深。有几个地方的冰形成拱或桥，使我们得以通过，但更多的地方冰都太薄，被马蹄踩透，使那些可怜的牲口掉了下去。穿过这个危险地带真不容易，但我们最终还是过去了。我们就在小溪进入湖泊的河口附近扎下营地。这条小溪汇集了祁曼山谷中所有泉水形成的小溪，将它们的水注入这个湖泊。我们看到不远的地方有五头野牦牛，打算去猎杀它们，但托克塔·阿洪却发现它们身上有印记，因此必然是家养的牦牛，或许是从附近哪个蒙古人的营地中跑出来的。

在湖面上划船是想也不要想了，它似乎完全被冰封冻了。但是，既然我们把船带来了，就索性把半面船体改装成一个雪橇，它那木制龙骨成为绝好的滑板。我坐在这轻型雪橇上，由托克塔·阿洪和霍代·库鲁拖着，欢快地从冰面上疾驶而过。冰面高低不平，有时有凸出的小鼓包，有时覆盖着薄薄的一层水，有时有裂痕和裂

图 194　藏北营地

缝。但是这雪橇毫不费力地越过所有障碍，我已经开始盘算是否可以跨过整个湖面进行第二系列测量。但冰面恰在此时开始裂开摇晃，托克塔·阿洪掉了下去，如果不是他抓住船帮，肯定要洗个冷水澡了。

在这个盐沼的岸边度过了安静祥和的一晚后，我们第二天在玉儿衮墩（Yulgun-dung，意思是"红柳岗"）与旅队会合。在这里我们休息了一天；我派托克塔·阿洪去我们营地东北方穿过阿卡吐塔格山的那条纵谷，去看看是否有可以通过的道路。晚上回来后他报告说，那条山谷的确通向一个山口，而在山脊的北侧，另一个类似的山口通向阿斯腾塔格山南坡脚下的台地。因此，我们12月17日出发踏上他说的那条路。前一天夜里我们经历了那个冬天最低的温度，即零下29.6摄氏度（零下21.3华氏度）。图尔杜·巴依则带着船回铁木里克去了。

我们离开那植被稀少的地方（红柳岗因此得名）后，开始跨越寸草不生、铺满石砾的通往山脚下的大慢坡，从一个约120码宽的岩石门洞走进山谷，它的下面是7英尺深的一条沟堑，虽然现在是干的，但在其他时候雨水会汇入这里。这山谷一整

图 195 通向阿卡吐塔格山口的山谷

天都在上升，虽然它转来转去绕过几个大弯，但沟底像柏油路般平坦。一个接一个的岩石斜壁将沟壑的下一个拐角挡在后面，因此我每隔三分钟就要重新测量方位。

在这个地方，阿卡吐塔格山是由质地很细的黄色泥质岩组成，但是它非常松软，我用手就能轻易把它捏碎。难怪雨水把这里冲刷成奇峰异石。在两边，笔直陡立的悬崖上切削出无数个狭窄的门洞和漆黑的圆拱，为大量的水流、小溪和干涸的沟壑提供了出口。整个地区极度荒芜、寒冷、寸草不生。山沟主道有些地方非常狭窄，需要两三个人每人看住一个骆驼背上笨重的驮包突出来的部分，才能避免它们剐蹭到岩壁上。这条奇特的“沟谷”道路时而会豁然洞开，使我们望见一幅奇景：陡立的（有时是向外倾斜的）岩石斜壁如雁阵般一道道向后延伸着，犹如剧院舞台上的侧面背景。沟谷的底部塞满了形状各异的大小岩石，而另一些则悬在我们头顶上，似乎随时有可能掉下来。很难理解它们怎么没有跌落下来；似乎一阵轻风或一场小雨都足以造成崩塌。当旅队走过这些危险地带时，我的心永远都悬在嗓子眼里。“金字塔”、峭壁、石柱、台地、走廊和洞穴接踵而来，似乎永远也走不到头。不过，

图 196 造出一条跨越第一个山口的路

旅队稳健安静地走在光滑的河床里。幸亏河床里没有水；否则骆驼们将如走在冰上一般滑来滑去，十分狼狈。但此刻它们自信地走着，没有在身后留下任何脚印。实际上，钉着铁掌的马匹留下的脚印也很难看到。

但是，相对高度在逐渐降低，这条沟谷渐渐失去了它那深切峡谷的特征。不过，我们还是没有完全抵达山口顶部，于是就在它下面一点的地方扎下营地，我们随身携带了足以支撑四天的冰块，都装在麻袋（*tagar*）里。次日一大早，我们离开了这个寂静荒凉的营地，非常确定我们再也不会见到它。据说爬上山口顶部的最后一段上坡路十分陡峭艰难，所以托克塔·阿洪与另外两三个人一大早就起来去用铁锹把路铲平。但当我们到了那里后，我惊讶地发现，他们没有继续往主要的沟谷上面走，而是转向东方，穿过一条侧谷；它非常窄，如果骆驼以某一角度停下来，就根本无法从旁边过去。不过，我们的向导知道他在做什么；他们正在那里用铁锹干着，掀起大团的烟尘。经过好一阵又拉又拽又推的努力，我们终于把第一头骆驼送上去了。两三头牲口倒了下来，需要把货都卸下来，由人背上去。那头驮着燃料的牲口最倒霉，因为它的货物体积最大；不过它卧倒了一次之后，最后也顺利地过去了。

到达山口（11 372英尺）后，托克塔·阿洪转向东南方。我觉得这是错误的。但我们的向导曾亲自探路，他安慰我说，我们走进的那条侧谷（如同我们刚爬上来的那条深切峡谷一般）将很快绕向东方和东北方，最后通向开阔地带。然而，我们下坡时绕来绕去，其曲折程度真让人惊讶。他说，前面只有一段道路比较艰难，那里的峡谷既深又窄，每次只能走过一个人；但骆驼们可以从右边的山坳里过去。

再往下走了一小段，整个旅队都停了下来。众人急忙赶到前边去。峡谷实在太窄了，骆驼背上的行李卡在两边的岩石上，无法继续往前走，直到人们用铁镐将岩壁凿下来为止。当别人完成这项工作时，我自己先往前走了一段。最后我来到一个地方，那里比我们去过的任何地方都要糟糕十倍。那条峡谷毫不夸张地说缩成一条隧道，它紧紧地贴在左边的悬崖下面。实际上，悬在那上面的岩石到处是裂纹，极为危险。这个天然形成的隧道上方没有路，因此它就成了必经之路。但恰恰就在这通道的最窄处，一场最近发生的塌方堵住了去路。有些巨石被我们用肩膀顶着滚到一旁。另一些太大了，无法整个搬开，我们就用铁锹和斧子把它们凿碎。我们将两边的岩石凿开拓宽通道之后，先把马匹牵过去，然后再沿着它们踩出的路小心翼翼地牵着骆驼一头一头地过去。但驮着燃料的骆驼又卡在中间了。它拼命挣扎着想挤过去，结果背上的货物都撒在地上，将上面的岩石蹭下两三大块。看到旅队消失在一团烟尘中，我的心都紧成一团了。如果当时再有一次落石塌方，而我们又正好在那个隧道里，就肯定要活埋在那里。

托克塔·阿洪显得灰溜溜的，羞怯地承认他并未去过这个危险的峡谷的尽头，而到那时为止，他给我提供的信息都十分准确。

我从未见过一条构造如此奇特的沟谷。它实际上由两条沟谷形成，或者说一个有着两层结构的沟谷。上一层底部到下一层向下垂直延伸有30多英尺，而下一层的两边则被切割成台地或高架地形，没有任何登上去的可能。继续往前，上一层也变得极为狭窄，直到上下两层合为一体，形成从泥质岩石中切削出来的一道极深的裂谷。谷底笼罩在一片阴暗之中，经常发生最危险的滑坡。

不过，我们仍然继续前行，不时地停下来，不是为了铲掉某个探出来的岩石，就是为了清走挡住去路的落石。最终旅队彻底停了下来。托克塔·阿洪前来报告，

图 197　我们掉头的死胡同

说前面没有路了。这条沟壑里填满了岩块与碎石，都是从我们头顶上几百英尺高的山上崩塌下来的。但是，一条溪水却硬是从落石下面挤出一条通道，要想继续往前走，唯一的办法就是从这个“冰川”入口的上面过去，前提是它能经得住骆驼的重量。在做出任何决定以前，我宁愿自己去侦查一下。在这条扑朔迷离的危险拱廊过去后不远的地方，峡谷的底部缩身为一条不到2英尺宽，但深达四五十英尺的地缝，而溪水就从一个地下洞穴里涌出来。就这样，这条峡谷变成一条地下水道，或洞穴通道，里面黑得连猫都找不到路。

很明显，我们必须原路退回。但是旅队已经紧紧地卡在岩壁中，我们必须让最后面那头骆驼先往后退一段，然后才能找到足够宽裕的空间使它转过身来。对其他的骆驼也得如法炮制。这时天色已晚，我们不得不在沟谷中一个较宽的地方扎下营地。那里没有被塌方下来的落石砸死的危险，但也没有任何东西可供牲口们吃喝。啊，那个远离尘世纷乱的石槽里面是多么黑暗、死寂、诡异啊！尤其是当骆驼们摇晃着脑袋，使驼铃发出轻微的金属撞击声时。围着营火交谈的人说话的声音被回声

图198 双层沟谷

图 199　沟谷中的拱状构造

扩大了十倍。这就如同在一个阴暗宽阔的修道院里，或在一个封建时代的古堡空荡荡的宴会厅里讲话一般。

沿着原路返回是件很讨厌的事，尤其是当我们的路线是在一条沟壑的底部，头顶上危悬着数吨重的岩石，随时可能崩塌下来把我们和骆驼像甲壳虫一样砸死的时候更是如此。如果那天夜里发生一次严重塌方，我们就会像困在夹子里的老鼠那样进退维谷。我们用了一整天时间退回到主沟开始分为上下两层的地方。与此同时托克塔·阿洪和毛拉骑马走到主沟的上面去探路，他们晚上回来时向我们确定地说，这一次他们真正找到了穿过阿卡吐塔格山这错综复杂的迷宫的道路。

12月20日的早晨，天还漆黑我就被叫醒。天气寒冷刺骨，我匆忙穿好衣服，希望能有一杯滚烫的热茶喝。

天还远远没有亮，一部分人就已赶往山口去夷平道路，使它更好走一些。这一次我们算是走在正路上了；但最后一段上坡路却陡峭得有些危险——如果没有人的帮助，骆驼们自己根本就上不去。但是，我们一旦爬到山顶，眼前的开阔视野就证

图 200　将骆驼一头接一头带上主山口

图 201　1900 年 12 月 22 日的泉眼

明我们确已位于山脉的顶峰（12 133英尺）。北面是阿斯滕塔格山，南面是祁曼塔格山；东南面是柴达木的荒滩；而东面或许是一座山，或许是一团云，或尘雾，或仅仅是荒漠的幻影。

阿卡吐塔格山与藏北的任何其他山系都不一样，因为它包括了一系列错综复杂的泥质岩石山穹和桌山，山坡上布满狭窄的沟壑与深不见底的裂缝，走向没有任何规律可言。这是一个阴沉沉、没有任何生命的地区！唯一的生命迹象是藏野驴的骨骼和一头熊的脚印！但当我们来到更为平坦的地带时，跨过了一条显然是人踏出来的小道。

由于陷入这个峡谷里耽误了很多时间，我们的冰储备正迅速地减少。为了安全起见，我那天早晨派了两三人带着六匹马去玉儿衮墩再带一些冰来。幸运的是，我们在营地附近的避风石缝中还发现了少量风刮过来的吹雪。

托克塔·阿洪曾提到过一个山口，名叫喀拉达坂（Kara-davan），这是去安南坝的必经之地。我们朝着东北方向跨过阿卡吐塔格山与阿斯腾塔格山之间宽阔平坦的山谷之后，就到了该寻找他说的这个山口的时候了。很快我们就再次发现我们前一天在阿卡吐塔格山脚下看到的那条小路，但现在它变得宽多了。不断经过的旅人使这条小路颜色更深更显眼，即使在地面坚硬时也是这样。两旁的小山和突出的石缝顶上都有“依勒”（*ilehs*，意思是“地标”），由小堆的石头组成。在某些地方，有几条平行的小道，这说明曾有大群人成几列纵队走过这里。显然去拉萨朝拜的蒙古朝圣者在通常的道路不安全或处于某种非正常状况时走过这条路。不过，这条路在小山岗中间却不见踪迹了。但我们沿着山谷一直向前，却碰到我们在这个无比荒芜的地区最没有想到会看见的东西：一眼在极好的草场中央汩汩流出的泉水。虽然泉水本身是咸的，但泉眼下边沿着山谷往下的160码地面上的一片片冰却完全是淡水。水消失的地方植被也就随之消失。

但是，当我们最后走出山谷，来到平原时，才发现这里比山里那迷宫般的峡谷还要糟糕一千倍。地表是由含盐的黏土形成，粉碎了变成土埂、皱褶和台阶，比砖头还坚硬，而且都与我们前进的方向垂直，也就是说呈西北—东南走向。仿佛地球的表面干皱起来，像放了多日的苹果一样布满皱纹。这些土埂高3到4英尺，下面是空心的，透过那些无数的裂缝与缝隙可以看到里面是一片漆黑。土埂之间的空间

图 202　在安南坝做饭、洗漱，向西北望去

只有3到4码宽。两三个事先被派来的人正忙着用铁锹把它们铲平。

第二天晚上，我们又一次幸运地找到一个泉眼，四周皆是青草。我们正在芦苇丛中扎营，沙格杜尔去追猎一头孤独的野骆驼。我听到低沉的枪响后，骑马出去看他在干什么。那头野骆驼的一条前腿被击中，正徒劳无益地企图逃走；但霍代·库鲁用绳子卷成一个套，抛过去套中它的脖子，将它拖倒在地。然后他们很快就结束了它的生命。这给大家提供了几天的鲜肉。我们当然没有忘记从它的驼峰中获得宝贵的脂肪。从野骆驼的脚印和粪便判断，夏天它们似乎大批地来这个泉眼饮水。

次日早晨，我们收集了燃料，装了几麻袋的冰块，把骆驼皮切开做了枕头，然后就沿着前面提到的小路出发了。它在山岗上一度消失，但我们在泉水边又找到了它。在这里，至少有二十条平行的小径。这也许是住在更东边的蒙古人赶着他们的牲口去铁木里克放牧时踩踏出来的。抵达阿斯腾塔格山脚下时已是黄昏，我们就在两条余脉之间的一条山谷入口处扎下营地。这个地方没有任何生命迹象。考虑到这一地区的荒凉贫瘠，我们在那里度过的圣诞夜算是所能指望的最好的了。空气静谧，天空晴朗湛蓝。营地刚一建好，我们立即点燃一大堆圣诞篝火，尽管这是唯一能够使我回想起家乡节庆的东西。为了能够摆脱每年那一天在亚洲腹地都会给我带来的伤感，我便把沙格杜尔叫来，向他透露了我试图前往拉萨的计划。他对此极感兴趣，认为如果我们充分化装，并找到可以信任的蒙古人一起走的话，这个计划应该能够成功。这以后，我们经常讨论这天晚上所说的那个冒险计划。不过我们一般会讲俄语，以免让那些穆斯林知道我们在谈论什么。

在这个世纪的最后几天，我们穿过了阿斯腾塔格山几道平行山脉之间的山谷。天气极为寒冷，风不停地刮着，吹得雪花漫天，但只有落在避风的山沟和角落里的积雪才能保持不化。每当云开雾散，银装素裹的山峦就显露出来。这条小路很好走。我们跨过了一连串小小的内流盆地，它们在下雨之后就会变为一个个小湖，尽管这水很快就会再次蒸发殆尽。稀薄的高原草丛与灌木丛为我们提供了充足的燃料。这些天我们唯一发现的野生动物迹象就是野骆驼的脚印和总是围在我们附近的几只乌鸦。同喀拉库顺的湿地相比，托克塔·阿洪对这个地区还是十分陌生的，他始终也没有能找到那个喀拉达坂山口。不过，我没有他的帮助也能够自己找到穿过这片山地的道路。

图 203　12 月 22 日泉水边的草地

图 204　12 月 22 日泉水边的砾石台地

图 205　从我们的营地看东南方向的安南坝

12月27日早晨，当我从蒙古包向外望去时，外面寒冷刺骨，地上盖着厚厚的一层雪。实际上一整天都在下雪。但是，我们很欢迎下雪，因为它为马匹提供了水源，这些可怜的牲口已经两天没有喝水了！12月29日，我们在一场暴风雪中上床睡觉。第二天早晨，我们在一场风暴中醒来。一整天我们都在狂风里行进。夜里再次宿营时，仍然是在暴风中。要想不让风钻进蒙古包根本就不可能。我们必须把它一圈都钉在地上，以防它被风刮倒，那很有可能是个致命的事故，因为我的蒙古包里有一个点燃的火炉。而我们当时正在一个沙漠里！在寒冷的季节里，那里的大气从没有像这样陷入地狱般狂暴的躁动！

我们宿营地附近的一些泉眼有汉语名字，如“Lap-shi-chen”“Ku-shu-kha”“野马泉（Ya-ma-chan）”[①]。其中最后一个名字与最近的一段血腥历史有关。1896年夏，当时我在藏北，被从西宁地区赶走的东干叛军[②]残部[③]逃到了这个泉眼附近[④]。政府从沙州派出一支部队追击。东干人被击败，很多人被杀，其余的人被俘，带回了沙州。这泉附近仍有大量骸骨。大约五百多名东干人（包括妇女和儿童）带着骆驼、骡子和马逃走了，但在完全找不到食物的情况下，他们被迫把这些牲畜都逐渐杀掉吃了。在动乱的最高峰，阿不旦派了一个代表团去沙州，代表团有一个汉人、一个东干人、两个穆斯林，这两个穆斯林是托克塔·阿洪的亲戚伊斯拉木·阿洪（Islam Ahun）以及艾尔可·江（Erkeh Jan），其中一位是我们在库木恰普干的朋友长老尼亚孜·巴基（Niaz Baki）的大哥。这四个人在回程时遭遇了潜伏在阿斯腾塔格山中的东干人，就在野马泉边被杀了。这五百名东干人继续前进到阿不旦，在那儿遭遇政府军，不得不投降。他们随后被带到喀拉库木（Kara-kum），这是在库尔勒以南新建的定居点，在那儿他们和平且不受打扰地一直生活到现在。这是中国政府对待反叛者并非总是十分严苛的一个证据。

---

① 难以判断前两者的汉字原型为何，因此此处仅保留原文。

② 此处指1895至1896年撒拉族、回族穆斯林的反清起义，史称河湟事变、河湟起义或河湟之乱。斯文·赫定所指东干人，与清代所谓“回民”的概念基本一致，即撒拉族、回族等民族。下文中斯文·赫定将东干人与“穆斯林”并列，是因为其所指“穆斯林”仅为新疆地区信仰伊斯兰教的诸民族，如维吾尔族、哈萨克族等，并不包括居于中国“内地”的其他穆斯林。

③ 指刘四伏率领的起义军余部。

④ 见我的前一本书《穿越亚洲》第二卷1175、1203—1209、1247。——原注

野马泉边有个5英尺高的金字塔，上边有个带有汉字铭文的圆盘，但我不知道这上面是纪念对叛军的胜利还是仅仅注明这个偏远地区属于天朝。

三十年前，东干族猎人曾是这些地区的常客，尽管他们没有留下任何遗迹，除了捕狐陷阱（穆斯林们称它为“*kazghak*”），当时狐狸皮值很多钱。这些东干人的陷阱看上去很像教堂院子里的坟墓，或一个长方形的石头堆，但是底下是空的，犹如一个隧道。放在最里面的一块肉是诱饵，在它上面有一块很重的石头，摆放的位置使狐狸钻进来以后就会掉下来把狐狸砸死。

12月30日至31日那天夜里，大风比以往更加猛烈，把我的蒙古包上的檩子都刮落到地上。但是新年夜却明亮而寒冷彻骨；月光四射，犹如一盏明灯。我读着《圣经》和每年最后一夜瑞典每一座教堂里都在唱着的赞美诗，就这样一个人孤独地，但心怀感激地，在广袤的亚洲大陆腹地步入新的世纪。这是一个庄严的时刻。不过伴随它的不是欢快的钟声，而是不知世纪变迁为何物的风声，它自己如激荡的管风琴一般演奏着一支挽歌。1901年1月1日，风暴依然不减，不知疲倦的大风如瀑布一般涌进乱石嶙峋的峡谷。我们通过一个低矮的马鞍形山口，第一次看到安南坝的巍峨群山，安南坝河就从那里流过阿斯腾塔格山，进入沙漠，很快就消失在那里。我们知道蒙古人经常来这个地区，尤其是在夏天。因此，当我们看到远处有一匹孤零零的马在吃草时，立刻得出结论，我们很快就能接触到这些人。但是，我们刚在山谷里一个较宽的地方（安南坝河正是从那里流出来）支起帐篷，就注意到这匹马在以一种怯生生的样子望着我们。第二天我派出几小拨人四处寻找蒙古人，但他们回来时都一无所获。显然蒙古人已有很长时间没有来这里了。这与我们的估计大相径庭，因为我们曾指望从他们对当地地貌的知识中获得许多信息。不过，反正我们有的是时间，我决定继续前行，直到找到他们为止，尽管这意味着绕行近200 英里——实际上，这意味着我们将围着安南坝山转上整整一圈。

我们为了给第一次遇到的蒙古人一个惊喜，便想把这匹从他们那里逃走的马抓住。可是这实际上比我们预想的要难得多。我们曾试图用绳子套它，又企图把它赶进一个角落。但是都没有成功，它还是逃之夭夭了，飞奔着跑上山谷。它已经变得像一头藏野驴那样野性十足且怕人。

图 206　返回安南坝河时的蒙古向导

04

在萨尔塘蒙古人之中

这以后的几天里我们一直向正东方向行进。第一天我们走进一个景色奇特的峡谷，它深深地夹在两行峭壁之间，谷底是已经封冻的安南坝河，光滑的冰面泛着幽幽的蓝光。由于两边山上跌落下来的大量巨岩与碎石，道路十分难走。几座孤独的石头小房子说明蒙古人偶尔会来到这条沟谷。我们在峡谷东面的山口下面停下来。我们正在前进，突然看到一群盘羊（*arkharis*）窜上道路旁的石峰，犹如猴子般灵巧。但是，当它们停下来观望旅队时，沙格杜尔爬到它们下面。一声枪响打破了山谷的沉寂，一只大公羊从约160英尺高的地方滚落下来。据说，如果这些野羊在石峰之间不巧滑倒摔下来，它们总是以头上的犄角先着地。沙格杜尔的猎物证实了这一观察，因为它就是头朝下跌落在谷底的砂石上的。我们走了很远的路，而且停下来时总有很多事情要做，所以直到半夜人们才用骆驼把盘羊带了回来。

那天夜里极为寒冷，温度达到零下28.5摄氏度（零下19.3华氏度）。由于天空晴朗，月亮高悬在山坡上的雪地上方，明亮如镜，我们几乎可以想象自己能看到“寒冷”本身在夜空中颤动。第二天，我们翻越了另一座山口，抵达一个地方，每年夏天有无数条小溪从那里向下流进南边的柴达木盆地的沙漠。我们在两片彼此不相连的山峦之间看到那个沙漠。我们的四周则是连绵不断的白雪。有一群蒙古人最近曾到过这里，石头之间还有他们的营火灰烬。

我们继续前行，穿过那片荒山野岭，与狂风搏斗，忍受着苦寒，因为我们的燃料已经用完，只能靠烧驮鞍来取暖。骆驼们比我们的日子也好过不了多少。因为这里不但缺乏草地，而且草质极差，泉水之间又相隔很远。骆驼没有水走几天倒也无

图 207　在江敦查（Joag-duntsa）溪谷的营地

妨，但马不能不喝水。由于没有水，我们的马只得边走边舔一舔路上的积雪。1月6日破晓时分，安南坝山出现在我们左边，而我们的右侧（即南面和东南面）是开阔的台地。我们的正前方是萨尔塘（Särtäng）高原盆地，那里居住的是萨尔塘蒙古人，他们与柴达木的居民同属一个部落。再往东可以看到小湖布伦吉尔淖尔（Bulunghir-nor）[①]以及注入该湖的小溪。这片台地著名的优良牧草此刻肯定已经枯萎了；不过即使是这样的草，也得让我们的牲口吃饱。尽管当时已是黄昏，但我们决定争取当晚抵达那片牧场。远处可以看到一些黑点，我们觉得那是小房子与牲口，但因距离太远而难以辨认。四周很快便陷入一片黑暗。接下来沙格杜尔与毛拉快马加鞭赶上前去，大约一小时后我们看到夜幕中有一堆火在闪耀。这个信号说明他们抵达了草原的边缘。不过，由于旅队的行进速度很慢，我们又走了两小时才赶上他们。不过，我们一到那里，立即就把牲口放出去吃草：在那种地方无须担心牲口会跑掉。

图 208　沿安南坝河谷向上

① 即小苏干湖。

第二天早晨我被叫醒之前，众人已经去前面找到两三个蒙古人营地。因此，我们朝那里走去。首先遇到三个蒙古包，周围有大量的牛马和羊群在吃草。一位老妇人跑着迎向我们，丝毫也没有害怕的样子；实际上，她一边与我们交谈，一边接着干她的活儿——编织一根绳索。但她央求我们不要在那里停下，因为所有的男人都不在家。因此我们朝另外三个蒙古包走去，两个男人从那里迎过来，对我们表示欢迎。他们对我们说可以在他们的帐篷旁边支起我们的帐篷。我们在这些友好的桑多（Sando，这里的地名）蒙古人中间感到非常自在。他们很爽快地卖给我们所需要的物品，但不幸的是他们没有可以用于旅队的牲口卖给我们。实际上，这个地区人口极为稀少。一共只有几个蒙古包。不久前，刚有一支很大的旅队从这里出发前往甘肃的衮本寺（Kum-bum）[①]，还有一支旅队去了沙州。不过，那儿的蒙古人很快都来看我们。这给了我一个复习我上次旅行时所学的蒙古语的机会。当然，我还有沙格杜尔这个一流的翻译——实际上，蒙古语是他的母语。

我们受到蒙古人好客的招待，舒舒服服地休息了几天，尽管那期间温度降到零下32.5摄氏度（零下26.5华氏度）。随后，我们再次出发回到安南坝山，但此时是在这个山脉的北侧。在接下来的四天里，我们翻越了阿斯腾塔格山向东延伸的支脉。我们的第一站是布伦吉尔淖尔，那里的狼嚎叫了整整一夜。主山口小敖包（Sho-ovo）是一个切削尖锐的山梁或山脊，其北坡格外陡峭。我们不得不牵着骆驼逐个通过，以防它们倒栽葱跌下悬崖。我们身旁的纵谷里夏天显然有一条大河流过，它那切削力留下了无可置疑的证据。野鸡多得数不胜数，尽管我们还有大量的羊肉储备，我在整个安南坝探险之旅中只吃野味。

我们从山脉北麓的小敖包帐篷村（*aul*）折向西方，虽然我们离沙州（敦煌，穆斯林称其为Dung-khan）只有一天的路程，但也许我们没有去那个城市是件幸运的事，当时中国正在发生动乱，而我们却毫不知情。敦煌这个地方很有意思，它是贝拉·赛切尼伯爵（Count Béla Széchenyi）与其他两位同事，即罗兹（Lóczy）先生和克莱特奈尔（Kreitner）先生于1877至1880年间的那次重要旅行的终点。[②]我们的

① 即位于青海省的藏传佛教格鲁派（黄教）六大寺之一塔尔寺。当时青海省尚未建立，该地属于甘肃省西宁道。藏语中称该寺为“衮本贤巴林”。——译者

② 匈牙利贝拉·塞切尼伯爵与匈牙利地质学家拉约什·罗茨、奥地利制图专家古斯塔夫·克莱特 （转52页）

图 209　我们的骆驼在江敦查

向导是位和善的蒙古族老人，他对那个地区极为了解。我从他那里租了五头骆驼前往安南坝河，他还卖给我们可以携带的尽可能多的玉米。地面上覆盖着积雪，但没厚到使牲口们无法吃草。地面上还有无数的沟壑，有些深达35英尺，所有的沟壑都受到深度的切削。第二站叫达瓦托（Davato）。在那里，从山上刮下来的风极为猛烈。这似乎是一种这一地方特有的焚风，因为当我们第二天翻越了一个次级山口后，它立刻就停了下来。在我们能够感到它的影响时，它使温度升高到零下16摄氏度（3.2华氏度）。

1月18日，我们来到江敦查峡谷，这是一个从铺满巨大卵石的厚厚河床里挖掘出来的宽槽，深达160英尺。从安南坝山脉向北伸出无数类似的深槽，直到它们汇集成一些水流，伸入荒漠里面，最后消失在沙子之中。我们能够下到前面提到的这个峡谷里面的唯一道路是一条小侧沟。那峡谷本身犹如一条巨大的铁路甬道，两边是从砾石中切出来的垂直石墙，里面像走廊般传出回声。它十分陡峭，越往里走就越窄越暗，但是转过一个突出的岬角之后，它又变成一个阳光明媚的山谷，长满了植被，下面是一条已经封冻的小河。我们就在这条河的左岸扎下营，周围景象奇特得非同人间。每一边都高耸着砾石形成的峭壁（此时正处于强烈的光影变幻中）和洞开的黑色石门，它们是通向主峡谷的那些侧谷的谷口。南面则是一群错综复杂的蛮荒雪峰。

从巍峨的安南坝山上延伸下来的一条条山沟尽头处十分雄奇秀丽。其中一个叫柳城子（Lu-chuentsa），那里有一片小小的柳树林，中间是大片的冰面，四周则围着一圈极好的草场。一些石头小房子和玉米地显示，蒙古人不久前还在那里住过。另一方面，由于前面提到的那些巨大的沟壑，以及流入这些沟壑的无数小沟堑，这个地区很难进来。这些带有峭壁的沟堑形成一道道碎石构成的滚滚波涛，非常好看，但也非常难走。旅队时常走下一条巨大的壕沟，完全从视线中消失，直到它从对面爬上来为止。

在噶顺河（Gashun-gol）附近，野骆驼十分普遍，我们经常可以看到15到20

（接50页）奈尔于1878年12月从上海启程，经西安、兰州、凉州、甘州、肃州抵达沙州（敦煌），成为马可·波罗以后最早来到敦煌、考察莫高窟的欧洲人。——译者

图 210　柳城子的石头小屋

图 211　蒙古向导之一

图 212　从江敦查向北看

图 213 江敦查溪谷口

头的一群，有时在我们的右边，即最挨近沙漠的山坡外缘，说来也真奇怪，有时它们就出现在我们左边更高的山谷里。一般人会觉得那样它们很容易被赶进死角。

1 月 24 日，离开噶顺河之后，剩下的那一段路把我们带回到安南坝山地区，那正是三周前我们宿营的地方。我们在这附近遇到四个月来在这次探险旅行中遇到的唯一一支旅队，即两个汉人，带着十头载满冰冻干鱼的骆驼前往沙州。他们告诉我，他们来自“Lovo-nur”，也就是罗布泊。我希望能买一两包他们的鱼，但他们固执地拒绝卖给我。我的属下建议我们干脆就自己动手拿，但我反对使用暴力，就让那两个汉人不受骚扰地继续赶路去了。

回到第 131 号营地（从阿不旦算起）后，我们围着安南坝山整整转了一个圈。但我们并没有实现绕这个大圈所要达到的目标。我们没有搞到骆驼，甚至连一匹马都没有买成。我们唯一做的就是让牲口徒劳无益地耗费了体力。当然，骆驼们仍状态良好。但有几匹马已经露出疲倦的迹象。不过也不能说这次探险之旅完全是浪费时间。我们穿过的那个地区从地理学角度来说具有独特的意义。

鉴于我们面前仍然有大片未知地带，我觉得最好在再次出发之前对旅队做一定的改动。首先，我们淘汰了五六匹马，它们似乎身体太弱，无法经受住另外两个月的艰苦工作。然后我们留下一切不必要，因此可以留下的行李，如动物的骨骼与地质标本。这些东西将由托克塔·阿洪和艾合买提率领一支小型旅队带回阿不旦。我还给托克塔·阿洪另外一个任务，即赶着马匹一直走到若羌，从切尔东和伊斯拉木·巴依那里拿一些我们日后可能需要的物品。然后他应该带着这些物品返回阿不旦，在那里等待我们的到来。同时他还应该把一位信使带回来。根据我与彼得罗夫斯基总领事的约定，那个信使在此之前应当已经抵达若羌。每个信使都接到严格的命令将邮袋原封不动地送到我的手里。那以后，托克塔·阿洪应当带着三匹体力完全恢复的马沿着喀拉库顺湖的北岸走（那里离库木恰普干有三天的路程），然后在一个适当的地点建立一个永久的营地。同时他需要带上一些附近的渔民和两条独木舟。然后他们要修建一个小屋，放进适量的鱼与野鸭子，这样当我们从沙漠过来时，就可以在饥寒交迫之后找到栖身之所和良好的口粮。他们必须在1月27日以后的45天之内赶到会合地点。到达那里以后，他们需要找一个从北边很远的地方都可以看到的小山岗，在那上面每日点燃一个信号火堆——每天两次，一次在正午，另一次在天黑时分，从不间断，直到我们到达。托克塔·阿洪不愿意离开我们，但我安慰他说如果把这个工作做好，他将获得优厚的报酬。

将小旅队送往阿不旦之后，我们在1月27日出发从南向北横跨戈壁沙漠。首先，我们沿着安南坝河从阿斯腾塔格山中间切割出来的那条山谷前行。在那条河的一个拐弯处，我们看到三栋蒙古人的石头房子，周围是一垄垄耕地。但是这山谷很快就变得开阔起来，两旁的山峦开始彼此分离，形成低矮的山岗和土包，它们最后都消失在沙漠中。与此同时，这条河越来越细，直到最后缩身为一条涓涓细流，而两旁的台地则变得越来越低，冰面也越来越薄。越往前走，积雪也越来越少见。抵达最后几片冰时，我们做了一次关键性的暂停。我们下一次发现水源将是何时？谁也不知道。我们不可能知道。因此我命令众人砸开冰，把冰块尽可能多地装入五个麻袋。这将为我们提供十天的用水，也就是说，一口袋冰够人和马用48小时。

我们走得离那山脉越远，它的结构细节也就越模糊。但是，另一方面，两道主山脊也开始变得越来越清晰。较远的那一座蒙古人称为查干乌拉（Tsagan-ula，即

图 214　柳城子营地

白山的意思)，它那外形优美、白雪覆盖的顶峰巍然屹立，高耸入云；但北边这道离我们较近的、被安南坝河穿透的山脊却是黑色的，轮廓并没有惊人之处。

但无论是景观还是地表此时都与过去截然不同。我们在过去一个月中挣扎着走过的碎石滩越来越薄，直到最后彻底消失了。地面变得松软；同时因为我们绕过有雪的地方走，这就使马匹无须费力走在被前面的马踩得一塌糊涂的积雪上。有时，荒原上的植被（如红柳）十分茂密。向北望去，瀚海似乎被一道红褐色的山脉切断。我们在一座小山岗旁边找到一个适当的营地，那里的干草丛不仅为骆驼们提供了食物，也可以用来做柴火。附近一个石缝中残留的飘雪使我们能够进一步节约冰块的储备。

第二天，西边刮来猛烈的大风，吹来阴冷灰暗的浓云，而且里面夹杂着大量的尘埃。阿斯腾塔格山那巨大的山体被云雾遮住，只有低矮的沙漠山脊的最外缘透过尘雾隐约显现出来。我们沿着干涸的河床逐渐接近最近的沙漠山脊的脚下。有些地方高原植被仍然生长得很茂盛，包括带有浆果的灌木以及类似普通红柳的灌木丛（穆斯林们称其为“*chakkandeh*”和“*köuruk*”)。有些灌木丛已经干枯，是极好的燃料。很快我们就来到一条宽而浅的水流，它流向西北偏西，罗布泊盆地的方向，那是这个地区所有水流共同的终结地点，无论是阿斯腾塔格山流下来的还是那条沙漠山脊流出来的水流都是如此。我们跨过这条大水流，手脚并用地爬上对面陡峭的山坡，很快来到一个低矮的山口，从那里翻越了红灰色花岗岩的沙漠山脊。在另一侧，我们在一片低矮干燥的沙丘间扎下营地，这沙丘一直推移到山脊北坡的脚下。在山口下面，我们第一次看到梭梭（*Anabasis Ammodendron*)林。

1月29日，我们在穿过一片错综复杂的小山岗时，遇到一条古老但可以清晰辨认出来的公路。虽然从表面上看没有留下任何痕迹，在多年前就已经被时光抹平，但每一座小山岗和每一个条地（至少有十几个）上都有一个作为地标的石堆。总的来说它们由两片石板组成，一片大的，一片小的，彼此依靠着；但有时是一块方石头托着两块摞在一起的圆石。这些石堆不可能是猎人小道的标志，因为猎人从不走固定的路线，也从不搭建这样的石头地标。这也许是我们以前在阿斯腾塔格山里看到过的那条道路的延续，很显然曾被朝拜者使用过，虽然那一定是在很多年以前了。石堆的磨损只能来自时光的流逝；任何风暴都不可能把它们侵蚀成现在的样子，

图 215　旅队在柳城子的冰上

或把它们从现在的位置挪开。

再翻过一座山口，黄色的沙漠展现在我们的眼前，它那一条条沙脊看上去古怪而令人讨厌。我们在最后一座沟谷的沟口（也可以说是“瀚海”的海岸）停下来。梭梭在这里长得十分旺盛，高达10英尺以上。

最外面的两道山脚把这条山沟夹在其间，它们已经半埋在沙子里了，因为沙丘已经爬到它们一半的高度，而它们本身则越来越低，直到钻进沙浪下面不知多深的地方。显然雨水曾经降临过沙漠边缘这个升高的地带，因为沙丘之间有一些绕来绕去的干涸小溪，它们最后都汇集到一条干涸的水道里。有一些迹象显示，这条水道的水量曾经很大。它先是向东流，被一座沙山挡住后又折向北方，然后又转向西方，最后又被另一道高高的沙山挡住，不得不再次大转弯。我不无惊讶地发现，水流在这里向下的坡度陡峭到足以克服沙漠的抵抗。不管怎样，如果没有这条天然的“道路”，我们在穿过这条厉害的流沙带时将遇到相当的困难。

由于寒风刺骨，我宁愿全天步行，担任向导。每次行军路线需要穿过沙漠时我都会肩负这个责任。昨天，野骆驼与羚羊的脚印格外多，今天它们却都消失得无影无踪。幸存下来的梭梭只能偶尔从沙子中露出来半截。有些地方，人头大小的花岗岩躺在沙地上，距离山脚有几英里远。它们如何来到这里？它们为何没有被流沙埋住？我只能用风向来解释这个现象。它们看上去很神奇，就像水面上漂浮的木片。

水道的边缘渐渐变得难以辨认。有几处沙子涌了进去。现在沙丘的高度比在山脚下时低得多了。我们曾经两次跨越的那道小沙漠山脊起到了某种防波堤的作用，它不仅阻止流沙向南推进，而且保护了阿斯腾塔格山北麓沿线的草原地带。最终水道在沙丘之间停止，河道变宽，形成一个像是小湖一样的构造，但现在它完全干涸了。梭梭灌丛在这里生长得非常茂密。这个小盆地的北面被一座陡峭的沙丘锁住，沙丘的另一边是真正的“瀚海”，荒凉程度令人难以想象。当然，如果仅从局部来看，它与我穿越戈壁沙漠时经过的几个地区没有太大的区别。它的界限极为分明：没有一株植物越过这条分界线。东面、北面、西面，除了沙子什么都没有，沙子，沙子，还是沙子。当天我们就在沙漠中央宿营。

第二天，沙丘的高度逐渐降低，最后被下面的黏土取代，形成一连串面向北方的台地。2月1日，这一地质构造发育更加完全，台地像手指一般指向东北偏北方向，

图 216　沙漠中的营地

其陡坡高达170英尺。一场强风将沙漠笼罩在团团尘埃之中，因此1英里以外什么也看不见。接近傍晚时，我们在另一片草地遇到一个惊喜，那里的芦苇与红柳长得十分茂盛，而且有大量的野骆驼、羚羊和狼群脚印。我们挖了一眼井，在3.75英尺的深度挖出带咸味的可饮用水。但水从沙子里往外流的速度太慢，只不过勾引得骆驼更加口渴而已。这个草地地带延续了一整天的路程。我们沿着野骆驼的脚印跨过草地，向北方走去，偶尔经过一丛嶙峋的老胡杨树，但除了一棵以外，它们都枯萎了，而活着的那一棵也只是一息尚存。

在第138号营地，在这个草原的边缘，我们有所需要的一切，彻底地享受了两天急需的休息。当我观察太阳时，其他人就烤面包，并痛痛快快地洗了个澡。我们营地的旁边正好就有一个水量充足的泉眼。骆驼们个个开怀痛饮，每一头都喝了七桶水。泉水几乎是完全的淡水，我们把它倒进一个小池让它结冰，这样就补充了冰的储备。

穿过这片草原，我们再次深入沙漠。这里的黏土被风切割成立方体、金字塔和

图217 在138号营地给骆驼饮水

方尖碑的形状，其中有些高达25英尺，往往非常像房子和城墙的废墟。那天晚上我们遇到从阿不旦通往沙州的商旅大道南路（*astin-yol*）。毛拉的地貌知识在这里派上了用场，因为他曾与旅队走过两三次这条路，知道哪里有泉水以及它们的名字。我们正是在这样一个泉水，即阿其克库都克（Achik-kuduk，咸水井）的附近支起帐篷。这泉眼还真是名副其实，骆驼们坚决不碰那里面喷出的水。泉眼旁潮湿和多盐的地面显示，不久前曾有一支旅队经过那里前往沙州。这支旅队显然满载着鱼，这是汉人很看重的一种食品。从脚印中我们可以辨认出既有穆斯林又有汉人。

这条沙漠之路科兹洛夫先生和博南先生都已经走过，马可·波罗或许也曾走过。我原本希望只是在前往北方时穿过它；但谨慎地考虑一下，不带上充分的冰块储备进入一片绝无人知的地带是愚蠢的。毛拉告诉我，西边下一个泉水托格拉克库都克（Tograk-kaduk，胡杨井）出来的是好水。因此我们前往那里，在那个泉水旁休息了一天。由于夜间的温度降到零下27.5摄氏度（零下17.5华氏度），而第二天只升高了两三度，我们在保持冰袋不化方面没有遇到任何困难。因此，当我们在2月8日

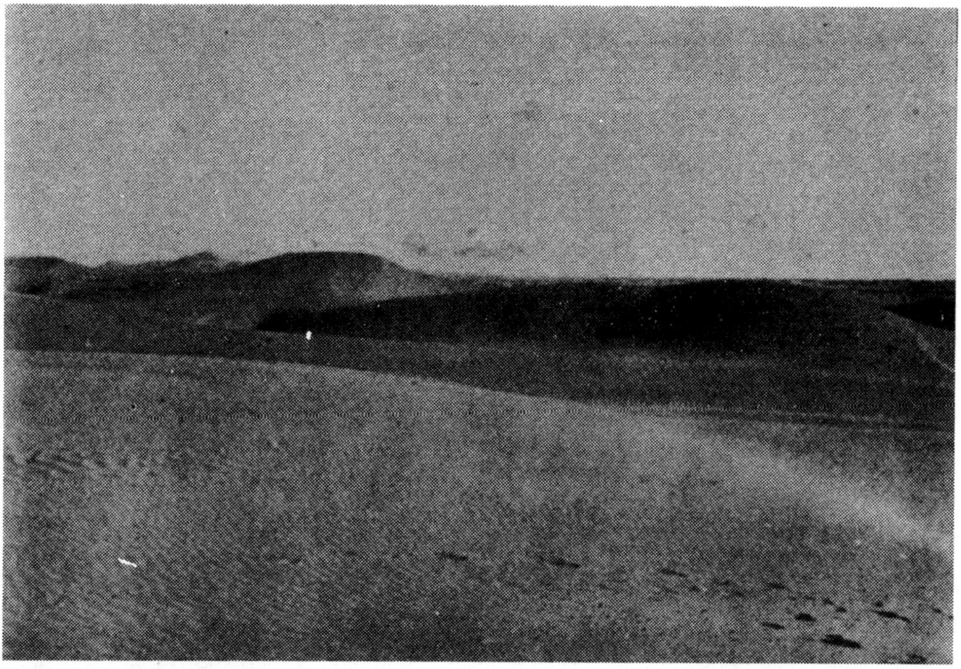

图218 戈壁沙漠中的沙丘

开始前往北方的漫长之旅时，我们带了足够维持全队人马十天所需的冰块。骆驼们在出发之前可着劲喝了一肚子水，而且在芦苇滩上也吃了个够。

我们现在转而穿过一片枯黄的芦苇丛，它们在严寒中沙沙作响、噼啪断裂。我们正前往一个无论是欧洲还是亚洲的消息来源都对其一无所知的地区。我照旧在前边领路。野骆驼和羚羊的脚印遍布四面八方。但看不到任何藏野驴的迹象——这里的空气对它们那宽阔的胸腔来说显然是太稠密了。突然，植被在一片黏土小丘中间消失了，每个小丘上都有一株死去的红柳。来到一块看似潮湿的洼地后，我认为在这里挖井也许会有收获，尤其是我们的面前屹立着一个高达230英尺的台地，形状酷似一座巨大的装饰性檐楣。这里的牧场不错。我觉得如果不让骆驼们在这里饱餐一顿将是一个遗憾。我们挖了一眼井，它流出来的水还可以喝。至于那刺骨严寒，我们点起熊熊的篝火后就不太在意了。

第二天，我们通过一个裂谷或沟谷穿过了黏土的台地。我们沿着这个深谷一直走到天黑，它的上坡非常缓，简直难以察觉。根据现有的亚洲腹地地图，我们在路上应该遇到一道很大的山脉，但我们看到的高地都太低太小，根本就算不上山脉。我在这里的一个小角落发现一个很古老的圆形饭锅和一个挂着圆环的三脚架。汉人和蒙古人显然曾经在某一时间来过这里。或许这是我们在阿斯腾塔格山看到的那条路的延伸？抑或它标示的是某条通往哈密的古道？我们所在的这个地区的确存在着古代的交通，关于这一点是不可置疑的。我们沿着一个宽阔的洼地走，它通向正北，沿途有一连串的石堆和其他石头地标。最后，在山谷的一个平坦的延伸地带，道路分出两岔。一边通向西南偏南，另一边通向西北。前者显然通往我们以前在老罗布泊北岸发现的遗址；另一条路，也就是我们现在所走的那条路，似乎通往吐鲁番。我们沿着这条小路很快就翻越了一条风化严重的赭色花岗岩低矮山岭。在它的另一面，另一道多少高一些的山岭在远处挡住我们的视线。这附近一片寂静、荒凉，看不到任何人影，给人一种奇怪的感觉。这里人的痕迹都是很早以前留下来的，只有石头地标才存留下来，而这些山岭本身也即将从地球表面上消失。经过西藏的高山之后，我几乎怀疑将这些相对较低的山坡称为“山峦”是否合适。实际上，它们是地球表面最原始的皱褶遗留下来的，现在正在大气的影响下一点点被剥蚀殆尽。

图 219　从绿洲边缘看到的台地

我们在山脉北麓一个避风的小山坳里发现了一处残雪。这对骆驼们来说真是雪中送炭。也许正是这点残雪使它们免于渴死，因为后来我们再次遇到水之前又走了很长的路。

05

在未知土地上寻找水源

现在我们开始观察到春天的前兆。风不像以往那样刺骨寒冷了。温度很少降到零下20摄氏度（零下4华氏度）以下。我们这个漫长的冬天也该结束了，因为它从前一年7月就开始了，从那以后就没有间断过。

2月11日，我们跨过一个相对而言高度微不足道的土坡，但翻越它的隘口却让我们费尽九牛二虎之力。这里的野骆驼足迹多得不可胜数，很多似乎都通往我们刚刚离开的那个残雪聚集的地方。但12日，我们朝着东北偏北方向走过一个极为荒芜的地带，那里几乎看不到野骆驼的脚印。每个方向的视野都很开阔，尽管天边围着一圈零星的低矮小山。有时根本就无法判断地势是朝哪个方向倾斜。地表的确有浅浅的蜿蜒水道，但它们都干得像火绒一般，而且多数都似乎有几十年没有流淌过一滴水了。13日，由于没有发生任何变化，而且发现泉水或积雪的希望甚微，我们再次改变方向，朝西北偏西走去。这一天路很好走。我们轻而易举地走了18英里。下午一点，温度升到4.5摄氏度（40.1华氏度）。

接下来的两天里，我们转向西南方，借助罗盘直接插向六十泉。在之前绕向东北方以后，我们的位置现在变得极为关键。我们随身仍带着足够人和马使用几天的冰块储备，但无法为骆驼们节省出一滴水来。而我们现在所有的努力都集中在挽救这些不知疲倦的骆驼老兵们身上。我开始在我的地图上标出我们遇到的每一条野骆驼走的小路，因为我觉得这些小径的方向可以提供一定线索，指明哪里有水草。我很快就确定，多数的小径通向西北方或东南方。而后者正是我们最近跨过的商路的芦苇滩那个方向。在西北方，显然存在着骆驼知道，而且也只有它们知道的泉水。

图 220　沙格杜尔和霍代·库鲁在最后一个绿洲掘井，背景是通向戈壁沙漠的库鲁克塔格山最外侧支脉

现在我多数时间步行，因为在形势开始紧张时，我不再有骑行的耐心。骆驼们仍然保持着镇定和耐心，整夜都一动不动地卧着。当然，在这个无以言状地荒芜的地区，也实在找不到一叶草。我们能够给它们吃的只是从蒙古人那里买来的一点点玉米。

2月16日，我被迫得出结论，避免灾难的唯一方法就是直接插向南方，再次前往商旅大道的含盐泉水。我们开始一场惊心动魄的找水之战，望眼欲穿地寻找哪怕是一点点残雪。可惜，没有。我们只能下到海拔更低的地方，在那里至少试图打一口井。爬上一条微不足道的山脊的隘口后，我所看到的景象一点也不令人鼓舞。举目望去，四周都是低矮的小丘，这是与以前一模一样的月球景象，同样的干燥小山，寸草不生，也没有任何水分的迹象。

在附近一条宽阔的水道旁，我看到至少五十七头野骆驼的新鲜脚印。这些小径来自各个方向，直到它们汇集成一条主路。再往前走一点，我们又看到三十条其他小径，全都汇集到同一条大路上来。我们停下来召开作战会议。这么多的小径是通往一处泉水的，对于这一点谁都不怀疑。但问题是：泉水在多远的地方？也许还需要几天的长途跋涉？那么直接去六十泉是否更好？至少我们知道那个地方。最后我们决定不去管那些小径，尽管我们很想沿着它们走；因为虽然它们都很新，奇怪的是附近却看不到任何骆驼本身。主要的小径通往正北方向，也许是帕万布拉克（Pavan-bulak），就是去年阿不都热依木告诉我他听别人说过的那个泉眼，不过他本人从没去过那里。

2月17日，我们的处境开始危急起来。骆驼们已有十天没有喝水，只是在一周前舔舐过几口残雪，它们的气力不可能永远持续下去。白天，我们陆续经过了两道我们前往北方时曾翻越过的沙漠山脊。它们通向西方，然后都消失在沙漠里，因此不可能与库鲁克塔格山直接相连，虽然它们都同属于一个山脉系统。我们看得见库鲁克塔格山屹立在遥远的西面，但那些山比眼前的这些要高一些，而且大得多。鉴于我们在那里找到水的可能性要比在沙漠里找到水的可能性大得多，我们决定往那边走。离开这些山丘最外缘的余脉后，我很快就抵达平坦的平原，它是由盐碱黏土组成的，但中间夹杂着不高于6英尺的土垄和土包。沙漠在西南和东北两个方向都是完全开放的，形如一个古代海洋的狭长海湾。走了五小时之后，我停下来等待旅队。地貌现在又变了，比我走过的任何沙漠都糟糕。这里到处是雅丹，即我在前面曾描述过的那种“黏土垄岗”，不过这里它们有20英尺高，顶上有30到40英尺宽。它们在南北两个方向都一排排连绵不断。如果不是因为它们中间有一些小缺口，我们就根本别想前进一步，因为它们的侧面完全是直上直下的。有时往前走10来码就必须绕1弗隆[①]甚至是四分之一英里。不过最终我成功地找到了一条走出这令人疲倦的迷宫的道路，我们在低矮、平坦的山岗上停下来。那里没有一丝生命的迹象。

第二天早晨，哥萨克们来叫醒我时，我感觉好像只是打了个盹而已，因为前一天夜里睡觉时我已是筋疲力尽。破晓时分，已经刮起不小的风；而接近下午时它演变成一个全面的黑风暴。地面真是糟糕透顶；我们翻过了一个又一个矮山脊，上上下下，而且都是直角。仍然是我在前边领路。我们费力地走了20来英里。我们的燃料已用尽一段时间了，连一根柴火也没有了。我们落入一个地道的由乱石、石砾和沙子组成的陷阱，除了这些其他一无所有。我一直当作目标的那道山脉，那道我希望在其山脚下能找到一处泉水的山脉，似乎在与我开玩笑，我越往前走，它越往后退，直到最后它干脆消失在尘雾中。这时已是下午，而我们的目标似乎仍遥不可及。在这次强行军中，我们的骆驼倒是始终保持了良好的状态，尽管它们吃不到一棵草，也喝不到一滴水。它们始终一摇一晃，昂首阔步地往前走着。野骆驼的脚印现在全都指向东北方，显然都是去那个神秘的泉眼，无疑就是我们在几天前与其背道而驰的那个泉眼。

天黑了。我们在一个开阔的沟里扎下营来，没有任何可以躲避风暴的屏障。我的蒙古包上盖了三层毡子，但我无法生炉子，因为缺乏燃料。暖气的唯一来源就是我自己的身体、我那忠实的伙伴尤达什和一根不断被风吹灭的蜡烛。我的属下在蒙古包下面一圈都堆上沙子，但尽管如此，里面仍然感觉像个地窖。我们的冰块除了几小片外已经全部用尽，大家不得不就着一点碎冰咽下面包作为晚饭，然后马上爬到羊皮下面。我勉强搞到一杯茶，但代价是烧掉一根蒙古包的支柱。

风暴肆虐了整整一夜，但我睡得不错。次日早晨，2月19日，喝了一杯茶、吃了一片面包后，我又出发去周围转。水！水！这是每个人脑子里的主要念头。我们必须在某个地方，以某种方式找到一个泉眼，因为骆驼们已经有十二天没有喝到一

① 英美长度单位，约等于201.168米。——译者

图 221　戈壁沙漠中前行的旅队

滴水了。我们的情况非常严重。如果找不到水，骆驼就会一头接一头地倒下死掉，如同在塔克拉玛干沙漠那次糟糕的行军中发生的那样。不过，我们在这里有一些有利条件——空气凉爽，而且地面坚硬平坦，因此我们可以每天走很远的路。

我的路线是朝着六十泉径直走，去年春天我们去过那里，因此我知道它的位置。但是根据阿不都热依木告诉我的情况，在六十泉以东某个地方应该有三个泉眼；我正是寄希望于找到这三个泉眼。但它们很可能就隐藏在地表某个小沙包后面，或被某一条低矮的沙脊挡住。风暴也为我们带来极大的不便，因为它使四周模糊不清，除了我们周围这一点地方以外什么也看不清。这使我去年测绘的地图几乎一点用也没有。横跨塔克拉玛干沙漠时，我们知道如果一直往东走，总会在什么地方遇到和田河；后来沿着克里雅河的河床往下游方向走时，我们只要一直往北，最终总会碰上塔里木河。那两次我们都是朝着与我们的路线形成直角的一道线而行进。而在这里我们是寻找固定的点，很容易在充满尘埃的大气中错过这些点。如果我们错过了它们，有一点是很肯定的，那就是我们将永远也无法抵达塔里木河的沼泽地。

我们非常仔细地查看了遇到的每一条野骆驼走出来的小径。虽然它们已被散沙部分埋住，但是在黏土上还是可以辨认出来。我们都知道这些小径通往水源或来自水源，如果我们沿着它们往某一个方向走，最终肯定会到达一个泉眼。但也许要用几天时间——甚至几周时间——才能到达那里。我总是很想沿着这些小径走，而且有几次的确沿着它们走了，但最后它们总是没有任何规律和理由地90度转弯。总的来说，它们都呈南北走向。但往北有一座红褐色的山挡住去路，往南则是一望无际的荒凉沙漠。不管怎么样，我们最好还是一直往西走，直到碰上阿不都热依木所说的那些泉眼。

为了保命，我竭力往前走着，很快就把旅队远远地甩在后面。我那双土靴子经过180英里的跋涉已经马上就要散架了，我的脚被磨出了水泡。沙格杜尔一般总是牵着马跟在我后面，这时也不见踪影。我下定决心，找不到水源绝不停步。那一天（2月19日）是我的36岁生日，我一定要在那天结束前给我自己一个惊喜。这时野骆驼脚印多起来了，它们都指向西方。我每走上两分钟总会遇到一处脚印。

最后我抵达了一条低矮的山脊，它迫使我折向西南，然后是西南偏南，在环绕这个山脊的水道中我发现了至少三十头野骆驼最近经过的足迹。不远处我发现了一株红柳，然后是野兔和羚羊的足迹。我停下来。这些动物不可能跑到离水太远的地方。沙格杜尔跟了上来，我们开了个会。南方有一些红柳，我们决定朝它们走。这附近的地面绝对是湿的，尽管上面覆盖了厚厚的盐壳。旅队终于到了，我们开始掘井。水不能喝，盐分太高了。我们继续前进。现在风暴直吹我们的后背，帮助我们跨过斜坡，尽管下坡的时候这风让我们有点刹不住车。我和沙格杜尔疾行在前，我的白马就像条狗一样不用牵也跟着我。最终我们走到一条曾经走过二十头野骆驼的小路，它把我们引向一条穿过右边10到15英尺高的黏土台地的山沟，山脊的顶峰就在四五英里外山沟的尽头。所有的骆驼脚印都并入一条主路，它沿着喇叭口形的宽阔山沟向上而去。我沿着这条小径往前走，不到十分钟，我看见尤达什在一片白色的冰水旁喝水。我们得救了！

如同往常一样，泉水本身是咸的，但是有一层12至14码宽、不到4英寸厚的冰却完全是淡水。奇怪的是，它养活的唯一植被就是两簇红柳。沙格杜尔看到冰时感到很惊讶；他看到我径直朝着那里走去，就以为我对于这个不为人知的泉眼一定

图222 六十泉

早就心中有数。泉水左边的台地石檐上有一个新月形的石墙，仿佛是一个堡垒或胸墙——这显然是猎人埋伏的地方。因为这个泉眼经常有野骆驼来光顾。

不消说，我们在这里扎下营来。费苏拉和李老爷沿着山沟上坡去探路，回来时每个人都带来一大捧枯萎的干草，骆驼也只得将就着吃了。我们觉得在它们从劳累中略微恢复之前最好别让它们碰冰块。但我们立刻就让马匹用嘴啃冰。等最后轮到骆驼喝水时，把小块的冰喂给它们真是一件让人高兴的事。它们用那结实的牙齿嚼着冰，就如孩子们吃糖一般。天气仍然很冷，但尽管下午一点钟温度仍升不到冰点以上，我钢笔里的墨水却不再冻住了，因为现在我又可以生炉子了。那薄冰带延续得比我们预想的要长；它完全满足了我们的需要。2月22日再次出发时，我们带上了几麻袋。

日复一日，景色一成不变，真是单调得可怕。地面坚硬，往往被那些流入沙漠的水道切割得支离破碎，遍地沟堑。库鲁克塔格山脚下伸出来的一道道山梁犹如被截短了的肋骨。我们现在确定地知道，这些山脊越往东越低矮，变得微不足道，而同时周围的地貌也越来越荒芜，泉水越来越少，盐分越来越高。周围是一片寂静和荒凉！我沉浸在思考中，机械地沿着一条骆驼小径向前走着，它把我引向又一个泉眼，周围也有明显的薄冰覆盖着。附近所有的野骆驼脚印都集中到这里，正如在前一个泉眼那样。当我们的牲口在那里稍作休息吃草时，我继续往西南走去，正穿行在一些低矮的山岗之间，忽然看到一头漂亮的骆驼，但它没有看到我，因为我在下风口。我停下来等待旅队，以便给沙格杜尔一个打猎的机会；因为我们不仅极需新鲜的肉类，而且我非常想得到一套野骆驼的完整骨骼和皮毛。但是狗儿们却把它吓着了，于是它得以逃脱。在我很快到达的一个类似的绿洲，我看到的吃草的野骆驼不少于十八只。但是跑过来的沙格杜尔太着急了，没到时候就提前开了枪。不过，我们在这里找到了我们需要的一切：饲料、燃料和水。这是阿不都热依木所说的第三个泉。所以他提供的信息完全可靠。根据我的判断，六十泉应该离这个绿洲大约17.25英里，在南偏西60度的方向。因此2月24日，我在前领路带着大家往那个方向走，不过很快一座山岭就迫使我改走一条更偏西的路线。我判断，六十泉就在这座山的脚下。倘若不是大气被尘埃搞得模糊不清，我们应该在很远的地方就可以看见它。但是我的幸运之星为我指出正确的道路，我透过

图 223　作者在六十泉测试调平镜

图 224　受伤的野骆驼

尘雾看到黄色的芦苇在闪闪发光。我还看见芦苇丛上面露出的五头骆驼的轮廓。沙格杜尔脱掉外衣和帽子，偷偷地朝它们爬了过去。我用望远镜看着他。他的枪声一响，野骆驼就跑走了，开始比较慢，后来越跑越快。它们的黑色剪影越过芦苇，消失在绿洲的边缘。一共有十四头骆驼。又一声枪响后，沙格杜尔向我走来，得意地报告说，他放倒了两头骆驼。一头是年轻的母骆驼，我趁它还站着时拍了照，然后我们宰了它作为食物。另一个是大公骆驼（*bughra*），当场就死了。它的骨骼和皮毛最终被送到斯德哥尔摩。穆斯林们都非常惊讶，我居然能在尘雾中找到六十泉。我们最后一天的行军路程是19.25英里。我的估算偏差一共不到2英里，考虑到我的行程一共有1 200英里的距离，这不算太糟啦。因此，我这次路上做的气象与地貌观测结果就在这里与去年做的观测结果衔接上了。从这以后，找到那座我们正在寻找的遗址就应该不太困难了。

我的蒙古包就像前一年一样设在同一些红柳丛与芦苇滩之间，我们把骆驼和马匹都放出去吃草。这是一个值得庆贺的日子。

图 225　死去的野骆驼

我们在六十泉的旁边度过了2月里剩余的日子。现在无论是永不休止的大风还是永不消散的尘雾，都不再使我们担心了。我们的营地是个避风的地方，而且我们有所需要的一切。有无穷无尽的燃料，我的炉子除了半夜外从来没有熄灭过。穆斯林们觉得那小母骆驼的肉极为可口。

我们用了一整天来测试调平镜，并教会那些将协助我的人。我们测量了绿洲的周长，这3 014码距离的垂直高差不到1毫米(0.0394 英寸)，这个结果对我们穿越沙漠的水平测量是一个好的征兆。那条线将有50多英里长。

这里有一个关于霍代·库鲁的小故事。他到这时为止在旅队中一直没有起到过任何重要的作用。作为一个娴熟的猎人，他颇有点名气，有一杆自己的枪，但是与我们在一起的这十四个月中，没有人见到他用过一次。就我们所知，他连一只野兔都没打死过。因此大家认为他根本就不会使枪，因此当他有一天把这武器以极低的价格卖给李老爷时（在他手里这枪将同样不会打下任何猎物），大家一点都不感到惊奇。但是当霍代·库鲁回到英格可力之后，他声称他曾在六十泉打死一只骆驼——

图 226　在六十泉清理骆驼骨架

图 227　我们在霍代·库鲁的泉眼边的营地

实际上这是事实。现在既然我们又一次来到六十泉，他的同伴们故意刁难他，让他找来猎物的骨骼。但是霍代·库鲁却支支吾吾说不清楚，只是发誓说他是在附近另一处泉眼干了这件了不起的事。可是其他人拒绝就这样了结此事，而是无情地嘲笑他。霍代·库鲁本来是一个不爱得罪人的人，不易激动，有点笨手笨脚，但总是乐呵呵的，而且脸上总是挂着可笑的表情。一天早晨天还没亮，他就从营地里消失了，其他人大半天里都在忙着清理沙格杜尔打来的骆驼的骨骼，也不知道他跑到哪里去了。不过大家怀疑他是去打猎了，因为有一支枪不见了。大约黄昏时分，他一摇一晃地回来，还在很远的地方就得意地大声喊起来。任何人如果愿意，都可以随他去看他去年打死的那只骆驼的骨骼。泉水现在干涸了，但那骨骼就在一旁。然后他又告诉大家，他发现了另一眼泉水，有丰茂的植被和大量的冰。他在那里惊动了四头骆驼，其中一只公骆驼被他打死。这个伟大成就使得霍代·库鲁脸上像旭日一般大放光彩，他在同伴中的地位陡然上升，他们都为自己不相信他而感到羞愧。

我们决定搬到霍代·库鲁新发现的那个泉眼去。那里对于我们计划中的沙漠遗址考察将是一个更方便也更近的基地。第二天是3月1日，也是霍代·库鲁的好日子。他勇敢地走在旅队前头，昂首挺胸，高声唱着歌，一副得意扬扬的神情，仿佛他是一切沙漠和绿洲以及它们的居民野骆驼的伟大君主，而我们其他人则灰溜溜地乖乖跟在后面。

经过一些严重风化的绿色石头矮岗后，那绿洲果然展现在我们眼前。但它被周围地势遮挡得如此彻底，假如我们不知道它的位置，或像霍代·库鲁那样偶然撞上了它，就根本不可能发现。霍代·库鲁的猎物就躺在离绿洲边缘几百步的地方。正如野骆驼通常所做的那样，它被打伤后曾企图逃进沙漠。这是一头肥硕漂亮的公骆驼，它的脑袋对着子弹进入身体的地方耷拉着。它的血液一旦变冷，藏在驼绒里的虱子就匆忙离开。现在温度（零下15摄氏度，59华氏度）已经暖和到足以让这些讨厌的疥虫在灌木与芦苇中爬来爬去了。它们大量出现在小小绿洲的边缘，被骆驼从一个绿洲带到另一个绿洲。

新的泉眼在几处涌出泉水，然后流入一个深槽，水温为1.7摄氏度（35.1华氏度），比重为1.023 2。这水太咸了，我们的骆驼根本就不愿碰它。但由于阳光热到足以融化冰块的表面，我们并不缺淡水。冰面很厚，而且透明。我们装了九袋子冰

图 228　霍代·库鲁的泉眼下游的冰层

图 229　霍代·库鲁和他的野骆驼

上路。

对我们来说，这个绿洲真是上天所赐。正如我前面所说的那样，它离遗址比上一个地方近7.5英里，而且有充足的牧草。因此我们得以把所有三匹马以及三头有病的骆驼都留在那里，让霍代·瓦尔第照料，而我们则去寻找那个村庄遗址。我们从自己已经非常匮乏的储备中拿出一盒火柴、一只小饭锅和一把茶叶给霍代·瓦尔第留下。他有足够的水，而且他想吃多少肉，尽可以从死骆驼身上得到。那火柴将使他可以点火煮茶烤肉。后来他告诉我，在那段孤独的时光里，他只遇到一次意外。第一天早晨他醒来时，发现所有三匹马都不见了。他从它们的脚印看出，这些马都返回六十泉了，因为那里的牧草更好。不过，他把这三匹马都带了回来，从此对它们盯得更紧了。

3月2日，我带着七头骆驼上路，它们驮着所有的行李和九袋冰块。考虑到某些因素，最好是沿着我们去年所走的那一条路走；首先那样会更容易找到遗址。三座古老的石堆（或地标）说明曾经居住在这个地区的人是知道这个小小的绿洲的。

我们还没有走多远，就来到那干涸湖泊的北缘。首先我们观察到大量的陶器碎片；然后看到小土包上已经死去的红柳还屹立不倒，然后是古芦苇滩那灌丛一般的苇子茬，最后则是螺壳，有些地方数量极多。于是，我们就这样再次来到风蚀的黏土荒漠中。

第七编

楼兰古城：消失的国度

06

古罗布泊遗址

3月3日的早晨清新凉爽；由于有东风，白天的热度从没有让人感到太不舒服。根据我的测量，我们再走8.75英里的路就能抵达我们所寻找的那个遗址。我们走得很慢，仔细观察四周，生怕错过那遗址。最终沙格杜尔在我们的左方看到两座房子的废墟。东边的那一座有21.25平方英尺，它的墙壁有3.25英尺厚，是用方砖或烧制的土坯建造的。另一座房子则是用木头搭建的，因时光流逝现在已经腐朽得很厉害；不过仍然有足够的部分残存下来，使人能看出它曾有85.25英尺长，与另一座房子一样宽。在较大的那个院子里我们发现一个小炮的弹丸、一个形如桨架的黄铜物件、一些中国钱币和两三个红色的陶瓷杯子。

再往前走一小段，我的地图显示距离我们寻找的地方已经非常近了。于是我停下来，让所有的人都去附近搜寻，只有费苏拉除外，因为他要留在后面照看骆驼。他们离开了几个小时。夕阳西下时，我决定去一个夯土建造的塔楼下面扎营。这塔楼屹立在我们当时所在地往东一小时的地方。但由于有陡峭难走的土垄和雅丹挡在面前，我们抵达那里时天色已晚。我带着绳子和一把斧子爬上塔楼的顶上。这个建筑物是围着一个由木头椽子、树枝和芦苇制成的框架建造起来的。我在塔楼顶上点起一堆火，作为大家的灯塔。

这时众人开始接二连三地返回。其中两人发现了另一个很高的夯土塔楼(*tora*)，四周是几座房屋的废墟。作为这一发现的证据，他们带回来一些谷物、一条生锈的锁链、一盏铜灯、钱币、陶器残片和一个大杯子。他们建议我们应该把那里当作考察基地。因此第二天日出时，我们转移到那个新的塔楼，在它的西南方扎下营地，这样即使有风暴来临，我们也有个遮蔽。我们把冰块口袋放在一个黏土台地下面一个用木条搭成的架子上。那台地朝北方倾斜着。

一待骆驼休息过来，我们就把它们送回到霍代·库鲁的那个绿洲。我把这个重要的工作交给李老爷，让他在地面开始向山峦渐渐升高的地方度过第一个夜晚。第二天他应该去绿洲，并在那里待两天。然后，给所有的牲口都装上冰块后，他要再用两天时间回到我们这里。这会使我们暂时没有任何交通工具，给我们六天时间来进行考察。骆驼一回来，我们就又要上路了。

我把第一天用于天文观测，而其他人则在附近四处寻找。同时我还从塔楼顶上拍了两三张照片（见英文版第116、117页[①]）。这些照片比任何文字描述都更有助于读者了解那个地方的景象。那里的视野很开阔，而且景象十分独特。荒漠上满是边缘齐刷刷的破碎台地与黄土雅丹形成的“土桌”，单调而苍凉。地面上间或屹立着一所房子，或多或少在时光的流逝中变得残破不堪；但除了我和我的狗尤达什之外，整个地区都没有生物。我面对这幅景象进行观测时，一种庄严和期待的心情油然而生。我感到，不，我知道，我正和一个伟大的问题及其答案面对面。这块贫瘠的土地无疑隐藏着许多秘密——它会向我透露一些世界上其他人尚不知晓的秘密吗？它会让我分享它的部分宝藏吗？它会回答充满我脑海的一系列问题吗？无论如何，我要尽全力让这些沉默的遗迹讲话。我之所以改变原来的计划，正是为了能够返回这里。这肯定不会是浪费时间！我的努力绝不会付诸东流的！

3月5日早晨，我在废墟中散了会儿步，而我的属下则竭尽全力地忙着挖掘。不一会儿时间，他们把一座房屋的里面翻了个底朝天，但并没有找到任何重要的东西，只有一个中亚地区的大车（*araba*）的车轮和一些工艺精湛的壁柱。同时他们还挖出几件无价值的小东西，当然这些东西为了解那些古代居民的生活方式提供了一定的线索。这包括一些和现在喇嘛们穿的那种红布衣服相同的碎布片、毡毯、几缕褐色的人头发、牛羊的骨头、汉人鞋子的后跟、一个铅制的器皿、保存极为完好的几段绳子、装饰简单的陶器碎片、一串耳环、中国钱币等等。

有一个院子可能曾是马厩或羊圈，我的人在那里发现厚厚的一层动物粪便。这

---

① 另见第一卷第379、385页。——原注

图 230　第一个土塔楼

图 231　楼兰铜灯

图 232　从营地所在的塔楼向西南望（前景是我的蒙古包，周围有木质梁架保护，以防滑坡落石。背景是有风蚀雅丹地貌的沙漠）

说明这里曾圈养着马匹、牛羊和骆驼。它之所以保存下来，是因为被埋在厚厚的一层沙子和尘土之下。但是这里找不到任何刻在物品上的文字，没有一个字母能够为解开这个谜而提供些许线索。我的人找到的唯一纸片是一小条黄色的纸，上边没有任何文字。我们营地的附近还屹立着另一座房子的框架，但我们在里面什么都没有找到。

这里的情况与我之前在克里雅河畔发现的那些古城非常不一样。在那里，废墟被埋在沙子下面；这里的地面则是光秃秃的，以前的居民遗留下来的一切都暴露在风吹日晒的毁灭力量面前。这里除了黏土台地的避风侧有薄薄的一层沙子之外，其他地方几乎完全没有沙子，而那台地在任何方向高度都不超过10英尺。

没有倒塌的建筑物中最大的就是那个塔楼。它格外吸引我，于是我让属下立即开始挖掘。它也许如北方古墓[①]那样，里面有珍贵的文物。但是在他们开始之前，首先需要把顶上的一大块土拉下来。它塌下来时就像一个瀑布，一团团暗褐色的尘埃飞过沙漠的上空。接下来人们从上往下挖，掘出一个水井一般的垂直窟窿。从侧面向里挖个隧道过于危险，因为墙壁上已布满大裂缝，而干燥松散的建筑材料很容易掉下来。这个塔楼建筑规模很大，高达28.75英尺，由数根横梁支撑。到10英尺的高度为止，土坯发红，似乎经过轻微的炙烤。这附近一共有19座房屋，分布在南偏东30度到北偏西30度走向的一条长长的直线上。我为它们画了一张精确的图，但在这里过细地加以描述未免太占篇幅，因此仅做概述。

有些房子完全用木材建造，壁板榫接到由梁架构成的基础框架上，这个基础框架直接立在地面上。另一些房子的墙壁是芦苇捆，用藤条绑在立柱与梁架上。有几座房子是用土坯（即太阳晒干的黏土）建造的。这些古代的民居多数已被夷为平地，不过有几根房梁和立柱虽然饱经风沙的侵蚀，已变得腐朽不堪，却还屹立在那里。很难通过木材的材质来判断这些房子的时代。但肯定非常久远，木材已呈灰白色，满是裂纹，像玻璃一般脆弱。一般人会认为，这样的材料在风暴、流沙和夏季最高温度与冬季最低温度之间170度到200度的剧烈温差中将会在较短的时间内就被摧毁。但三座门框仍然屹立在原地，其中一个上面还挂着一扇打开的门，仿佛最后一

① 这里所谓“北方”应指斯文·赫定的故乡北欧斯堪的纳维亚半岛。——译者

图 233　离营地最近的房屋废墟

图 234　从东北方看夯土塔楼

图 235　塔楼顶部坍塌

图 236　从南面看夯土塔楼

个房主人留下来的样子，不过现在它已半埋在沙堆里。

整体上讲，这些建筑物都屹立在一座座土墩上；但一眼就能看出，它们原先就建在平地上，因为这些土墩与房屋的平面图完全吻合；周围的土壤因为上面没有东西覆盖，都被风掏出来吹走了。房子周围的壕沟比这里原来的地面低了足足10英尺，因此可以推断这些房屋显然已被遗弃很长的时间。胡杨树、灌木和芦苇也都生长在土墩上。

3月6日早晨我醒来时，发现其他五人都不见了，只得凑合着自己动手生火做早饭。前一天夜里我们曾约定，将用一整天寻找一个更好的地方，而现在大家都已离开，去寻找其他废墟。他们出发之前找来一堆木柴；如果他们到黄昏时仍不回来，我就将点燃一个火堆作为给他们的信号。我向沙格杜尔描述了前一年我们营地的位置，以及他应该去哪里寻找奥尔德克发现的那个遗址。

一切都像星期日早晨那般静谧，这使我回想起1895年，当牧羊人赶着他们的羊群去树林里啃草之后，我在和田河畔那浓荫下的小屋里度过的时光。我给几座废墟

图237 房屋废墟，其出入口依然屹立在原地

拍了照片；测量了子午线高度，完成了那个地点的平面图，检查了黏土沉积物的不同地层。一共有六个地层，厚度不一。有些含有螺壳和蔬菜的残余物；另一些什么都没有，这说明它们是在不同年代和不同情况下沉积的。也许那些不包含任何有机生命的地层是水下的淤泥。

这一天非常安静地过去。日近黄昏时，在我点燃的信号火堆召唤下，我派出侦察的人纷纷返回。沙格杜尔回来时已经过了九点。他一整天都在不停地走路，而我清楚地知道，如果是其他人，他们都会睡个午觉。他在那些黏土台地里摸黑走路时没少摔跤。因为台地之间的洼地与壕沟一片漆黑，根本看不出有多深。他正在考虑是否在原地过夜，等早晨再继续找时，忽然看到信号火光。他圆满地完成了自己的任务。这个好人锲而不舍地寻找着，直到他找到我们以前的那个营地，而且还找到奥尔德克发现遗址的那个地方。

3月7日，我们用了一整天时间来考察上面所说的那个遗址。八点钟，我就带着所有的人（除了库特楚克以外，我让他留下来照管信号火堆）出发了。那一天晴空万里，清凉的东北风使午间不太炎热。我们在沙格杜尔的带领下，从3月3日的夯土塔楼向正南走去。隔一段时间就会看到埋在地里的梁柱，标示出过去有建筑物的地方。其中一根长25.5英尺，宽窄为13.75英寸乘6.5英寸。所以，曾经生长在这里的胡杨树一定像如今生长在塔里木河原始森林里的那些胡杨树一样是上好的木材。我们在路上经过了一个很深的洼地，似乎是过去的运河，还看到另一个夯土塔楼；实际上，这附近所有的村庄或“城镇”似乎都有自己的夯土塔楼。

我们穿过的那一片土地极有意思，值得说上一两句。我们向西北偏西方向行进，因此必须沿着一条转来转去的路线上上下下，穿过那片黏土台地。几小丛胡杨树仍然屹立着，其走向与喀拉库勒湖、其维里克库勒湖、塔里木河下游的河汊及水道旁生长的胡杨林走向完全一样。也就是说，它们有时成排，有时成团，明显地显示出湖岸与河边的轮廓。很显然，凡是没有树的地方都是湖水或水道伸展到的地方。遍地都是芦苇茬，虽然它们只有八九英寸高。芦苇秆里充满沙尘，只要一碰就像黏土一样粉碎；但是长刀刃一般的芦苇叶，虽然保留下来的要少得多，却仍然保持着韧性。实际上，这个地区的木材里都充满沙子，把它们放在水上就会沉下去。

最终我们到达前一年设立营地的地方，这从我们的篝火留下来的一堆堆灰烬就

图 238　胡杨木雕。右侧是佛像，下边是鱼。左侧的标尺长 1 米

能轻松辨认出来。再走1英里，我们就来到奥尔德克发现的那个遗址。我们在这里发现了八座房子，但其中只有三座保持得还不错，可以测量。这些房子的位置和中国衙门（中国的政府官员办公地点）的设置方式类似[①]；也就是说，一个主建筑物两侧各有一排厢房，中间是一个庭院。院子的东南方为一行栅栏挡住，留有一个门廊，它的侧柱仍然屹立着。那个主建筑物其实很小，显然曾是一个佛教寺庙。这正是奥尔德克发现的那个地方。在附近的一片空地上，他留下的马蹄印仍然依稀可辨。

不一会儿，大家就手持铁锹在沙子里干起来。过了片刻，佛像本尊就亮相了，虽然那算不上他在轮回中最优雅的转世状态。那佛像是木制的，头部和手臂仍然完好无缺。但显然这只是一个泥塑的模板或备份，外面的油彩及装饰与常见的佛像一样。

附图中的照片（英文版第125、127、133、135页）将比任何文字都能更清楚地显示我从这里带回家的那些木刻文物。不过，也许我在此处可以简单提及其中一两个。有一根梁柱上刻的是一排站立的佛像，另一根上刻的是一列坐着的佛像，每个佛像都有背光，形如一道圆拱。一个装饰性的雕件中有一条被树叶与卷边环绕的鱼，其鱼鳃和鱼鳞极为清晰。我认为，如果不是因为鱼在当地具有特殊的重要性，或者说如果它不是当地居民最重要的食物之一的话，这个艺术家绝不会想到使用这样一个糟糕的装饰主题。如果不是这样的话，将鱼而不是鸟同树叶与花环结合起来，就看起来既很别扭也不合逻辑了。即使没有其他无可争辩的证据说明这些村庄曾经屹立在湖边，我们也应该有足够的理由从这些木刻中使用鱼来做装饰主题这一事实中得出相同的结论。考虑到这一地区现在的状况，鱼是这个世界上最不可能与这里联系起来的动物。

荷花在这些木刻中也是一个显著且令人赏心悦目的主题。排成一列的荷花出现在某些最厚的板条上，也出现在那些19到21英寸长、镶嵌在板条之间的装饰性壁板上。

我们在这里还有另一个重要的发现。沙格杜尔正在用他的铁锹挖土，这里捅捅，那里捅捅，突然挖出一个木制小匾，上面写着一种我不认识的文字。不过沙格杜尔

① 实际上不仅“衙门”，中国大多数民居也采取这种建筑样式。

图 239　废墟中的木刻残片

本人并没有注意到这一点，以为木片毫无价值，将它扔到一边。但我恰好站在一旁，心想这东西保存得不错，因此完全是偶然地停下脚步，把它捡起来。木片上的每个字母都字迹清晰，显然是深深刻入后再涂上印度墨水。但那文字既不是阿拉伯文，也不是中文、蒙文或藏文。这些神秘的文字里包含着什么意思？它们包含了哪些信息？我立刻把这小小的匾收起来，把它像宝石一般保存起来。我曾许诺，第一个发现任何一件带有文字的物品的人将得到10萨尔（约合30先令）的奖励。沙格杜尔成了这笔奖金的得主。由于我承诺下一个有类似发现的人将得到类似的奖金，我的属下加倍努力地干起来，肆无忌惮地把这寺庙的里面翻了个底朝天。他们用手指过滤沙子，敲打每一小块木头，把它翻过来掉过去仔细查看——但都一无所获。出土的唯一物件是一串念珠、一些中国铜钱和一堆小型陶瓷杯碗，它们显然是信徒们供奉在神像面前的。

这个地区现在同过去相比是多么的不同啊，真是天壤之别！现在这里没有一片落叶，没有一只沙漠蜘蛛，就是那些喜欢在枯萎的胡杨树里生活的蝎子在这里也找

图 240　发掘佛寺

不到藏身之地。只有一种力量给这片毫无生气的荒原带来声音和运动，那就是风。如果不是因为附近有一眼泉水的话，我们无论如何也不可能在那里待一个星期。

我们所挖掘的那许许多多大小木刻都清楚地表明，这个装饰雅致的小庙昔日曾是建筑艺术的瑰宝。我可以想象这里曾经是多么美丽——这个寺庙有着一个漂亮的立面，它也许是彩色的，装点着木刻雕塑，坐落在一片胡杨林的浓荫里。它濒临一湾湖水，四周环绕着绿色或黄色的芦苇荡，其间夹着一条条庄稼地，蜿蜒的运河带来灌溉用水。这寺庙周遭散布着大小村庄，它们那夯土建造的望楼从树林顶上探出，高得足以使附近的村庄可以看到危险或战争将临时点燃的烽火。在和平时期，这些烽燧也标志着从这圣地附近经过的通衢大道。南边是一望无际，碧波荡漾的罗布泊，周围点缀着一片片森林，湖边则是无边无际的芦苇荡和莎草丛，里面有数不尽的鱼儿、野鸭和大雁。当时这幅图画中北边的背景应该与现在一样，在晴天时可以看到库鲁克塔格山。那里的人们生活在泉水与绿洲旁，一条无疑是通往吐鲁番的道路穿行其间。换言之，在我们这些后世的朝圣者的眼中，那时这个地区比如今塔里木盆

图 241 佛寺附近的夯土塔楼

地的任何地方都要美丽。因为，现在亚洲的这一角落根本就看不到装点得如此雅致、如此有艺术美感的房子。不需要多少想象力，就可以想象那大量的植被与绿荫将使这栋建筑物显得分外美丽。

想想那幅图景，再看一看如今展现在我们面前的这幅图景！满眼尽是断壁残垣！这是什么造成的呢？这只是因为一条河（即塔里木河）改道了，如今注入更靠南边的一些新的湖泊。旧湖似乎很快就干涸了，也许就在几年的时间里；尽管森林与芦苇凭借渗入地面的水分活了很长的时间，但后来它们也渐渐枯萎，树根扎得最深的那些树木当然活得最长。但现在它们都死了，这个地区形如一片墓地，只有墓碑上的文字将这里昔日的郁郁葱葱永远保留在记忆中。

夕阳西下时，我们收工回营，大家都对那一天的工作成果很满意。风又刮起来了，东边的天空灰蒙蒙的，很是吓人。尘雾更大了，看起来我们将要受到沉重打击，大家都急于在天黑前赶回家中。大风扫过沟壑，或者说土台之间的洼地，刮起一条条沙子的溪流。我们可以清楚地看到这些沙流锉平台地的侧面与边缘的破坏力。最

图 242　发现手稿的废弃建筑

图 243　在楼兰塔楼点燃烽火

终我们看到库特楚克点燃的烽火，成功在天黑前赶回营地。大家都因17英里的跋涉而累得筋疲力尽。不过，其实使我们感到疲劳的主要不是距离，而是因为糟糕的地形。由于我们一天都没喝水，那一大桶加了柠檬汁与糖的冰水真是别提多爽口了！

第二天是3月8日，早晨黑沙暴仍在肆虐，空中弥漫着沙尘，几乎难以找到寺庙的废墟。但是大家的积极性都被我的悬赏调动起来，在营地四周到处挖掘，不停地干着。这一次，他们的努力取得了我根本不敢梦想的结果。他们在一些木房子里过滤沙子，但没有发现任何东西，于是就把注意力转向一个土坯房。它看上去像是一个三间的马厩；不管怎样，它显然是整个村子里最没有潜力的地方。但是毛拉在这里（在最高的那间马厩里）找到一个纸团的碎片，上面写有一些清晰可辨的中文字。可以毫不夸张地说，墙围起来的范围内每一粒沙子都被筛过一遍。我们在深埋于积沙下面2英尺的地方发现一个土堆，或者说"垃圾堆"。那里面有各种各样罕见的珍贵物品，如地毯的碎片、几块鞋上的皮子、羊骨头、小麦与大米的谷粒和秸秆、鱼骨头。在所有这些垃圾下面，是200张写有文字的纸条和42片木质简牍，这些简牍形如小小的平尺，上面也写有文字。

这是一个不小的成就。也许你会认为这不过是几张老旧的破纸。完全不对！我立刻意识到这些看上去无足轻重的纸片包含着一小段世界历史，也许是迄今为止尚不为人所知的一段历史。 不管怎样，它们将为我提供解决罗布泊之谜的钥匙。纯粹地理与地质的考察已经非常清晰地揭示了下述事实：这个如今完全是沙漠的地区在历史上曾是一个大湖的湖盆，而且曾有人类居住在这些废墟里。但这些支离破碎的文献将为我的辛苦考察以及我多年来研究与关注的课题画上一个圆满的句号。它们将明确无误地告诉我这个湖泊存在于何时，居住在这里的是些什么样的人，他们的生活状况，它们与亚洲腹地的哪些地区有着联系，甚至他们那个国家的名字是什么。这个已从地球表面上消失的国度，这些早已为历史所遗忘的人（也许没有任何编年史记载过他们的命运），我希望这一切现在都将大白于世。我手里攥着一个逝去的时代的故事。我希望能把它唤醒。尽管这些人属于一个很小的民族，一个微不足道的群体，我的发现将填补人类知识的一个空白。穆斯林们和往常一样，希望找到黄金；但给我多少黄金我都不会放弃这些肮脏的碎纸片。

我之所以认为这是一个垃圾堆，首先是因为这地方小得容不下一座建筑物，其

图 244 沙格杜尔的一些发现

次是因为几乎每一片纸都是碎片，这说明它们是被撕碎扔掉的。但正是这一情况使我希望，它们全是或主要是来自当地的信函，这样它们的内容就会涉及当地的情况，因此从我的需要来说，就比任何关于其他地方的大量文件有大得多的重要性。

我回到家中后，将所有这些写有文字的材料都发给威斯巴登的卡尔·希姆莱先生，他是一个知识渊博的汉学家。他正在研究这些资料，并将在适当的时候公布他的研究成果。但他的初步调查使他得出以下一些有趣结论。他在信中写道：

这些数据，以及其他日期的标示，都指向公元3世纪中期到4世纪前期这段时期。出土这些东西的地方似乎属于一个中国富商，他做的是某种租车生意，即将马车和驮畜向外出租，并向敦煌(沙州)递送邮件等等。人和货物都用马匹、马车和有角的公牛运送到这个城市。有一个文献提到一次军事远征，但没有给出日期。在地名中我们可以找到这个国家的名称，即楼兰。当地居民肯定从事农业，因为文献中经常提到谷物的重量与大小，有些提到不同种类的谷物。很可能在这些纸张出土的地方原来屹立着一个库房或某种谷仓，谷种会带到这里储存起来，或作为债务的抵押。这些文件都有一个特点，即纸的两面都有文字，现在的中国无论是手写稿还是印刷品都不是这样的。

无论如何，这些文物对中国人自身也将具有重大的意义，它将在很长一段时间里引起欧洲知识界的关注。某些纸页仅仅是在练字。另一些较为零散，在字体上与目前通用的字体有区别，但区别不大。同纸张相比，简牍有一个优点，即一般来说每个简牍都包含一个或更多完整的句子以及有意义的信息，如一头羚羊已被送交、某些谷种已经买进、为某些人提供了一个月或更长时间的补给[①]等等。

根据下面这个句子，我们可以判断，住在这里的官员统治着一个不小的地方："四十名官员将在边界（或岸边？）迎候大军，这里有大量的农庄。"[②]他的官邸里似乎还住着两位当地的王[③]。

这些文献多数可追溯到公元264—270年。公元265年[④]，魏国皇帝元帝[⑤]去世，接下来统治中国北方的是晋朝的武帝，他的统治一直持续到公元290年[⑥]。这里能够辨认出来的铜币多数是被称作"五铢钱"的钱币[⑦]，因此可以追溯到公元前118年到公元581年那个时期[⑧]。除此之外，这里还有大量的被称作"货泉"

---

① 提到羚羊的残片应为斯文·赫定编号108的木简，其内容为："黄羊一头耽去。"关于谷种和薪饷的残片则举不胜举，事实上，希姆莱所谓谷仓就是中国古代的廪，关于谷种和薪饷的内容大多是廪给出券，即对于领取谷物和薪饷的出纳记录。见侯灿、杨代欣编著：《楼兰汉文简纸文书集成》，成都：天地出版社，1999，第140页。

② 未见斯文·赫定木简中有此内容，最接近的部分应是编号5的木简："至镇军堤相迎营从左蔚"。后文亦提及此内容，似应为希姆莱解读错误所致。见侯灿、杨代欣编著：《楼兰汉文简纸文书集成》，第90页。

③ 楼兰残书中无相关内容，似应为希姆莱解读错误。

④ 曹魏咸熙二年，东吴元兴二年、甘露元年，西晋泰始元年。——译者

⑤ 魏元帝曹奂（246—302年）是三国时期魏国最后一位皇帝，此处希姆莱的叙述有误，魏元帝非在265年去世，而是在这一年禅位给西晋武帝司马炎，自己降封为陈留王，于公元302年去世。——译者

⑥ 西晋太熙元年、永熙元年。

⑦ 五铢钱，我国钱币史上使用时间最长的货币，也是用重量作为货币单位的钱币。西汉武帝元狩五年（公元前118年）在中原开始发行五铢钱，一直使用到唐代才退出流通。"铢"是古代一种重量单位，一两的二十四分之一为一铢。——译者

⑧ 实际上直到621年（唐高祖武德四年）铸造开元通宝时才废止五铢钱。希姆莱所谓公元581年是指隋文帝开皇元年，这一年开始铸造最后的五铢钱开皇五铢。

图 245　楼兰房屋内发现的木雕装饰

的钱币[①]，它们可以追溯到王莽时期，此人于公元9年到公元23年统治中国。因此钱币的时期与信件和简牍上的日期相符。

即使是希姆莱先生这一初步的评论也已经清楚地说明，从我带回家的这些收藏中将能获得重要的信息。首先它给研究公元后的头几个世纪时期中亚地区的政治关系带来意想不到的线索；其次，它表明世界的那个角落在过去1 600年中发生的巨大变化。

我曾把这些手稿给喀什的一位有学识的中国官员看。他告诉我，如今吐鲁番附近的鄯善地区古时叫作楼兰。把这个事实和下一章里将提到的其他历史文献，以及我对这一地区的自然地理考察再加上我对罗布泊游移性质的考察结合起来，无疑将具有不可估量的价值。它们不仅为我们提供了有关古罗布泊北岸的楼兰国的信息，而且为亚洲那一地区的其他几个未解之谜提供了线索。例如它们表明，在罗布泊与沙州之间有经常性的邮政服务，因此当时一定存在着穿越戈壁沙漠的交通手段。这一发现为从库尔勒开始沿着孔雀河的古道赋予了全新的意义——我曾在前面提到这古道有一连串的夯土塔楼（炮台）和岗楼。在本书前面的章节里，我曾提到营盘遗址[②]；它们无疑是同一条古道的一个重要驿站。

楼兰存在着农业，这可能是引起人们最大兴趣的一条信息。这怎么可能呢？如今没有一条小溪从库鲁克塔格山上流下来；天上也从不落下一滴雨。但有人可能会说，或许这里的气候曾经发生变化。但事实根本就不是这样。在一个广袤大陆的心脏地区，气候即使在十五到十六个世纪这样长的过程中也不会发生如此巨大的变化。不，人们肯定会从塔里木河或库木达里雅河引出运河，通过它们把水输送到如今在整个塔里木盆地都能看到的那种灌渠（*arik*）里。这里发现的那种谷仓如今在整个塔里木盆地都可以找到。它们置于中国政府的控制下，起着在当地人中间保持食物平均分配的作用。不错，我只发现了四座小镇，最大也只有十九座房屋；但沙漠中很可能还藏着其他的遗址。“军队”“四十名官员”和“众多的农庄”等文字说

① 公元14年（王莽天凤元年）始铸。货泉一直流通到公元40年（东汉光武帝建武十六年）。——译者。
② 见第一卷344页。——原注

图 246　左侧是陶土罐，中间是一个轮子，右侧是发现手稿的建筑物，远处是夯土塔楼

明，楼兰曾有过稠密的人口。也许他们多数人像现在一样住在脆弱的芦苇棚里。如果真是这样的话，我们发现的废墟就应该是政府中心的所在，是更有地位的人的住所。同样可能的是，这些建筑物屹立在望楼附近，而渔民的草棚则建在湖畔，它们比这些更结实的建筑物消失得早得多。

我们还剩一天时间可以在这个——我要说神圣——的地方度过。总之，这个地方使人深感人间的一切都终将荡然无存，使人意识到，城市也罢，民族也罢，都会随风而逝。3月9日早晨我醒来时，大家已经干了两小时了，把他们发掘出来的一些东西拿到我的蒙古包前。这包括一些和昨天一样的纸片和简牍，它们都是在东北方那个马厩里发现的。在其他的那两间马厩中没有发现任何东西。众人展示的“宝藏”有鱼骨、家畜骨骼（包括猪的骨骼）、麻袋片、两三支炭笔、一根鞭子、一只老鼠的骨骼等等。也许最重要的物品是一个红色土罐，它保存完好，高2英尺3.5英寸，半径为2英尺1.5英寸，但没有柄。也许它是放在它附近发现的一个有提手的柳条篮子里提来提去的。类似容器的碎片数不胜数。我们还挖出一个小一些的罐子，它保存得也很完好。

这一天大部分时间我都用来临摹建筑物的细节，尤其关注将房屋骨架的横梁、立柱和木板固定在一起的方式。最高的立柱仍然保持在原来的地方，高达14英尺1英寸。

下午，旅队从泉眼抵达这里，带来装满冰块的十个芦苇袋和六个山羊皮袋。

07 楼兰

也许读者有兴趣对本章标题中那个国家再多了解一些，为此我在这里摘录权威专家的两篇论文大意，看看中国古代文献关于这个国家有何记载。一篇是希姆莱先生在《彼得曼通讯》（*Petermanns Mitteilungen*）中发表的文章（1902 Part XII., pp. 288-290），题为Sven Hedin's Ausgrabungen am alien Lop-nur（即“斯文·赫定在古罗布泊湖畔的考古发现”）。另一篇是喀什的乔治·麦卡特尼先生在《地理期刊》（*Geographical Journal*）中发表的一篇文章（1903年3月）。

经过一番简单的介绍之后，希姆莱先生写道：“罗布淖尔这个地名并不是现在的突厥语系居民所发明的，因为‘淖尔’（意思是湖泊）这个词是蒙古语词汇。18世纪中叶之前，喀尔喀蒙古人与卡尔梅克人（或西蒙古人）[①]的边界就从这里经过。赫定在《彼得曼通讯》No. 131(1900）中写道，他认为更靠东南方的喀拉库勒湖是这个古代湖泊的残余。但早在蒙古人的时代之前，中国人就知道这个湖泊的存在。它有好几个名字，有些是汉语，另一些是当地语言：如盐泽（Yen-tsö），在中文里是‘盐湖’的意思；蒲昌海（Puthshang-hai），最后一个字在中文里是‘海’的意思；泑泽（Yao-tsö）；楼兰海（Lôu-lan-hai）；等等。楼兰是一个古国的名称，它虽然是个小国，

---

① 此处指历史上的卫拉特蒙古人。卫拉特蒙古人也称斡亦剌惕、瓦剌或西蒙古，其中包括四大部盟，即准噶尔、土尔扈特、杜尔伯特、和硕特。17世纪部分卫拉特蒙古人西迁到俄罗斯伏尔加河流域，18世纪部分卫拉特人东归中国，没有“东归”新疆的那一部分为卡尔梅克人，意思是“留守者”。这里希姆莱误将卡尔梅克与西蒙古混为一谈。

却由于地处中国通往欧洲的北方大道和南方大道[①]之间，而在公元前2世纪中国汉朝皇帝与匈奴（突厥人或匈奴人）之间的战争中扮演着非常重要的角色，在两者之间起到缓冲国的作用。著名的朝圣者玄奘在从印度返回故乡的途中，曾于公元645年从和田穿越沙漠途经这里。即使在那时，当地居民也已经流离失所，他们的住房已被沙漠掩埋；实际上和田以北的几个城市已经沦为废墟。但流沙并不是人们担心的唯一威胁：大量的积水也成为威胁。据《水经注》记载，水集中在鄯善（即楼兰）东北、龙城（'龙的城'）西南的一个盆地里[②]，后者在至大年间（1308—1311）被一场洪水摧毁。但其遗迹至今仍在。也许这就是赫定在上一次考察罗布泊地区时重新发现的那个遗址。他发掘出来的物品中有一些盖子，它们被编了号，多数上面有小槽，以便用绳子捆绑。这些盖子是用来当作装文件的'信封'，这一点既可以从那些编号中推测出来，也可以从斯坦因博士于1901年1月在尼雅河附近发现的同样物品推测出来；见他的《初步报告》（*Preliminary Report*）中图9，其清晰地显示了同样的盖子[③]。在出土的较小物品中，铜钱具有特殊的意义。除了一个例外之外，都是中国钱币，时间跨度在确定的几百年范围之内。它们的中央都有一个方孔，这是为了方便将钱币每一百枚一串地串起来。公元376年开始的那个时期中华帝国钱币上一般都有，而公元621年以后中华帝国钱币上也无一例外都有的那种刻字[④]没有出现在赫定收藏的任何一个货币上。他的货币一般都带有用篆字书写的数字'五铢'（5铢，或5/24两，1两相当于1盎司[⑤]），其中'五'字很像罗马数字中的10（X），这种字体流行于公元前118年与公元581年之间。有些货币刻有'货泉'二字（根据恩德

① 即丝绸之路北路与丝绸之路南路。——译者

② 《水经注·卷二·河水》:"河水又东注于泑泽，即《经》所谓蒲昌海也。水积鄯善之东北，龙城之西南"。关于龙城，《水经注·卷二·河水》中同样有记载:"龙城，故姜赖之虚，胡之大国也。蒲昌海溢，荡覆其国，城基尚存而至大。晨发西门，暮达东门。法其崖岸，余溜风吹，稍成龙形，西面向海，因名龙城。"根据此段描述，希姆莱所述似乎有误，《水经注》中所载的龙城在其成书的北魏晚期就早已经"蒲昌海溢，荡覆其国"，而并非等到希姆莱所说的元至大年间才被洪水摧毁。许多现代研究质疑是否确有古城"龙城"的存在，认为其不过是貌似废墟的雅丹地形"魔鬼城"而已，古人误以为是古城遗迹。而今的新疆所谓"龙城雅丹"地区即为此种地形。

③ 所谓盖子，似应为信函的封简。

④ 应指年号。

⑤ 1盎司应为28.35克，此处所指的"两"并非现代常用的市两，而是以1市斤的十六分之一作为1两，约为31克，大致接近1盎司。

图 247　发掘楼兰遗址，前景是大陶罐

利歇尔 [Endlicher] 的翻译，这是‘货物交换手段’的意思），一般认为它们流通于王莽统治时期（公元9—22年）。有一枚钱币中央的孔是长方形的，那上面的刻字至今尚未破译。

“在剩下的物品中，有一个经过切割的小宝石具有特殊意义。它上面显然是个赫尔墨斯（Hermes）[①]的形象，他作为旅者之神，通过巴克特里亚（Bactria）[②]传入中亚。还有制作精湛的三角形箭头和也许是用于射鸟的较小的扁平箭头，它们都是青铜制造的；拉线棒；镶有珍珠的耳环；铜丝；铁钉；货贝（上有锋利工具钻出的孔）；红铜与黄铜铃铛（马铃？）；小型青铜手铃的碎片；琥珀与琥珀珠子；铜戒指；各种家用器具或它们的碎片（由不同种类的矿石或半宝石制成，如软玉和雪花石膏）；带有装饰的绿玻璃等等。这些物品都使我们得以一见当地手工艺的发达程度，或当地居民对其他民族的产品是多么看重。

“至于这个地方是何时被毁，以及它的名称（无论是这个城镇还是这个国家），赫定发现的文献提供了更为清晰的答案。简牍与碎纸片上都出现了‘楼兰’这个名字，而且其上下文毫无疑义地表明，这就是信件送达之地或保存之地的地名。其中一条简牍提到送往敦煌与酒泉（即肃州）的信件。在同一个简牍上这些文字的下面，写有泰始六年三月十五日的字样[③]，也即是说，楼兰收到某封信[④]的时间是晋武帝统治的第六年（公元265年）[⑤]。有一个盖子与斯坦因博士的《初步报告》图9中的盖子一模一样，只不过更小一些。这个盖子上注明在楼兰收到这一信函的是‘湖王及夫人’（Tien-shi Wang Hu）[⑥]。残片中出现的最早日期是公元264年，那时魏国正统治着‘三国’中的北方地区。其他的日期为公元266年、268年、269年和270年。楼兰这个词在碎纸片中出

---

① 希腊神话中的商业之神、旅者之神、众神的使者，在罗马神话中称墨丘利(Mercury)。——译者

② 公元前3世纪中期亚历山大东征后希腊殖民者在中亚草原地区建立的希腊化的奴隶制国家。约相当于今阿富汗地区。——译者

③ 此残片应为斯文·赫定编号107的木简，其内容为：“出：长史函书一封诣敦煌府蒲书十六封具十二封诣敦煌府二诣酒泉府二诣王怀阚颀。泰始六年三月十五日统楼兰从掾位马厉付行书民公孙得成”。见侯灿、杨代欣编著：《楼兰汉文简纸文书集成》，第139页。

④ 希姆莱对此木简的解读似有误，此简是登记信件收发的封简，其日期是楼兰发出这些信件的时间，而非收到的时间。

⑤ 此处希姆莱有误，泰始六年应该是公元270年。——译者

⑥ 英文意译与音译不同，且斯文·赫定残片中似无此类内容，可能为希姆莱解读错误所致。

图 248 在楼兰的"发现"。背景是黏土荒漠

现了两次，这些碎纸片似乎是被故意撕碎的。其中一个的内容相对重要，提到楼兰一位姓马的人在六月六日不需到场[①]；残纸中出现了公元310年，相关地点是安西[②]。

"这些不同文件的内容有很多种。有些提到谷物的送交；有些是来自敦煌的消息；有些提及与高昌（古代吐鲁番）的通信[③]；有些与司法程序有关；不一而足。那些简牍显然部分是日志，部分是给下属的指令。其中一道指令（简牍已支离破碎）提到，已经抵达边界（这里我们尚不能确定是边界的'边'还是湖边的'边'）的四十位军官将被安排在堤坝附近的农户。一个小简牍上有非中文的刻字；它与斯坦因博士

① 希姆莱的解读似有误，未见斯文·赫定木简中有此内容，最接近的部分应是编号15.2的残纸："六月六日楼兰贱甥马厉再拜白"。见侯灿、杨代欣编著：《楼兰汉文简纸文书集成》，第182页。

② 此残片应为斯文·赫定编号20.1的残纸，其内容为："永嘉四年八月十九日己酉安西和戎从事军……"（后略）。见侯灿、杨代欣编著：《楼兰汉文简纸文书集成》，第206页。

③ 104号、114号木简均提及高昌，与高昌的通信有关的木简应为114号，其内容为："兵曹：泰始四年六月发讫部兵名至高昌留屯逃亡物故等事"。见侯灿、杨代欣编著：《楼兰汉文简纸文书集成》，第142页。

的佉卢文[①]文字很像（见图9、10、40）。

“所有这一切都确定无疑地说明，这就是古楼兰所在的地方，楼兰就位于古代罗布泊湖畔。这个城市似乎被4世纪初的一场沙暴或一场洪水（或两个同时）摧毁。人们似乎在附近又修建了一个城镇，即所谓龙城，但那个城镇也在1308至1311年间的暴风和洪水中被摧毁。”

我的老朋友，喀什的乔治·麦卡特尼，是一个博学的汉学家，他在《地理期刊》1903年3月那一期发表了一篇论文，我经过他的允许，在这里长篇引述。那篇论文的题目是“来自中国的关于楼兰（或鄯善）古国的消息”（*Notices, from Chinese Sources, on the Ancient Kingdom of Lau-lan, or Shen-shen*）。与希姆莱先生的论文结合起来，这篇论文为那个近两千年前的王国提供了一个非常清晰的概念。

“楼兰这个名字对于现代中国地理学家来说并不陌生。但显然到目前为止，无论是他们还是欧洲的知识界都未能对那个古国的地理位置提供哪怕一丝一毫的准确估计。著名的汉学家伟烈亚力（A. Wylie）[②]于1880年计算出这个地方的经纬度为北纬39度40分，东经94度50分。如果我们可以正确地把赫定博士发现中文手稿的那个被称为‘楼兰’的地方的经纬度确定为北纬40度40分，东经90度的话，那么伟烈亚力的定位就有250英里的偏差。更准确地给楼兰定位（现在显然已成为可能）也许能使定位它周边的其他古国更为容易一些，我们知道这些古国的名字，但它们的位置对现代地理学家来说仍然是一个谜。

“如果我们查阅《前汉书》[③]，以及法显和玄奘留下的记录，我们将会发现它们提及了许多地名，并列出了它们与楼兰之间的距离。《前汉书》（大致写于公元前100年到公元50年）[④]中提到下述距离：扜泥城[⑤]（楼兰的首都）至阳关（显然在敦煌方向）1 600里；至长安6 100里；至西北方向的都护治所（未提具体地名）[⑥]1 785里；至西

① 即121号木简。佉卢文也称佉卢虱咤文，起源于古犍陀罗地区，后通行于丝绸之路各地，5世纪左右逐渐消亡。——译者

② 伟烈亚力（Alexander Wylie，1815—1887），英国汉学家，伦敦传道会传教士。1846年来华致力传道、传播西学，并向西方介绍中国文化。在向中国传播西学和向西方介绍中国方面做出重要贡献。——译者

③ 即班固编纂的《汉书》，为尊重原文，仍译为《前汉书》，但注释中统称《汉书》。

④ 麦卡特尼的说法有误，《汉书》由班固于公元54年开始整理编纂，成书于公元80年。

⑤ “扜”字音“Yu”，麦卡特尼原文误作“Wu-ni”。

⑥ 指西域都护府，《汉书》所载西汉时期都护府位于今新疆维吾尔自治区轮台县境内乌垒城，（转下页）

安府（Si-an-fu）[1]1 365里；西北至龟兹（回鹘）[2]1 890里[3]。法显（公元5世纪）在他的旅行记中给出下列距离：从鄯善（或楼兰）至敦煌，约17天路程，1 500里；至乌额[4]（维吾尔？），步行往西北走需15日路程[5]。我们从玄奘的著作中得知，楼兰（他称其为纳缚波），位于折摩驮那（也称为涅末）东北1 000里的地方[6]。因此，楼兰的位置可以作为确定其他几个地方的位置的参照。或许以上的数据能给以后的考古调查者提供有用的线索。

"但这远不是中国文献中关于楼兰的全部记录。《前汉书》告诉我们，中国在汉武帝统治时期（公元前140—前87年）就开始与这个国家接触，那时汉帝国的西部边界似乎最远就到阳关（也许到敦煌）和玉门关（现代的嘉峪关？），其以西的地方被当时的中国地理学家含混地统称为西域（西部地区），他们认为这个地区有三十六个王国[7]。我们被告知，从中国到这一地区有两条路；'从楼兰沿着波河（塔里木河下游？），南山（阿尔金—乌斯腾塔格山？）以北，向西到莎车（叶尔羌）是南路。从龟兹（距离楼兰1 890里的回鹘王国？）前王廷沿着波河向北山（天山）方向一直到疏勒（喀什）是北路。'[8]

"对于塔里木盆地的河流是这样描述的：'河流（和田河？）向北流，直到与葱岭（在色勒库尔[9]附近）方向来的另一条河汇流，随后流向东，注入蒲昌海。蒲昌

（接上页）为汉代西域最高军政机构。——译者

① 原文如此，麦卡特尼有误，《汉书·西域传》此处原文为"山国"。

② 原文如此，麦卡特尼有误，《汉书·西域传》此处原文为"车师"。

③ 《汉书·西域传》："鄯善国，本名楼兰，王治扜泥城，去阳关千六百里，去长安六千一百里……西北去都护治所千七百八十五里，至山国千三百六十五里，西北至车师千八百九十里。"

④ 原文如此，《法显传》原文为"焉夷"。但麦卡特尼所引《法显传》应为理雅格早期译为英文的文本，理雅格所用的《法显传》原文为"乌夷"。

⑤ 《法显传》："行十七日，计可千五百里，得至鄯善国。……复西北行十五日，到焉夷国。"

⑥ 《大唐西域记·卷第十二》："……折摩驮那故国。即涅末地也。城郭岿然人烟断绝。复此东北行千余里至纳缚波故国。即楼兰地也。"

⑦ 《汉书·西域传》："西域以孝武时始通，本三十六国……东则接汉，厄以玉门、阳关"。此处麦卡特尼的推测有误，玉门关与嘉峪关并非同一地区。

⑧ 《汉书·西域传》："从鄯善傍南山北，波河西行至莎车，为南道。……自车师前王廷随北山，波河西行至疏勒，为北道。"可见麦卡特尼在此处颇多错误，首先"波"并非河名，而是动词"沿着"的意思；其次将"车师"误作"龟兹"。

⑨ Sarikol，也称萨雷阔勒，今新疆塔什库尔干塔吉克自治县。

海也叫盐泽。离玉门关和阳关300多里，这个湖长宽都是300里。水面平静，无论冬夏都不会增加或减少。据说河流会潜行在地下，在积石重新流出地表，成为中国的黄河。”①

以下是《前汉书》中关于公元前1世纪中国与楼兰的政治关系的记载概要。书中说，汉武帝希望结交大宛及其周边各国，多次派使前往。但楼兰为必经之路，而楼兰人又勾结龟兹，在道路沿途骚扰汉使，并抢劫攻击汉使王恢。此外，楼兰人还为匈奴人担任间谍，并数次帮助匈奴人抢劫中国旅客，引起中国人的不满。是可忍孰不可忍，于是武帝发兵讨伐这一讨厌的国家，派赵破奴率兵一万讨伐龟兹。数次为楼兰人所苦的王恢接到命令担任赵破奴的副将。赵破奴率领轻骑七百，俘获楼兰王，征服龟兹，并凭借军威震慑乌孙与大宛的属国。楼兰人很快就屈服了，向汉武帝进贡。但他们对汉朝的臣服得罪了他们的盟友匈奴，立刻遭到匈奴的袭击。为了使这两家强邻都满意，楼兰王将一个儿子送给匈奴做人质，将另一个儿子送给中国皇帝做人质。②中国与这个国家之间的关系的第一阶段就这样告终。

但对于楼兰来说，麻烦还在后面。汉武帝出于某种原因，下令对大宛和匈奴进行又一次讨伐。匈奴人感到汉军强大，认为最好避免与其正面对抗；但这并不妨碍他们将部队隐藏在楼兰，那里的居民并没有停止与他们的合作。这些部队经常骚扰武帝的军队。汉人很快就获悉楼兰与匈奴秘密结盟的事实，因此派任文将军去谴责他们。任文来到城下，城门打开了，他责备国王背信弃义。国王为自己辩解说：“小国夹在两个大国之间时，不两面结盟就无法自保。但现在我愿意举国迁进汉朝境内。”汉武帝体谅其处境，使楼兰王重登宝座，命其监视匈奴的动静。③

---

① 《汉书·西域传》：“其河北流，与葱岭河合，东注蒲昌海。蒲昌海，一名盐泽者也，去玉门、阳关三百余里，广袤三百里。其水亭居，冬夏不增减，皆以为潜行地下，南出于积石，为中国河云。”——译者

② 《汉书·西域传》“初，武帝感张骞之言，甘心欲通大宛诸国，使者相望于道，一岁中多至十余辈。楼兰、姑师当道，苦之，攻劫汉使王恢等，又数为匈奴耳目，令其兵遮汉使……于是帝遣从票侯赵破奴将属国骑及郡兵数万击姑师。王恢数为楼兰所苦，上令恢佐破奴将兵。破奴与轻骑七百人先至，虏楼兰王，遂破姑师，因暴兵威以动乌孙、大宛之属。……楼兰既降服贡献，匈奴闻，发兵击之。于是楼兰遣一子质匈奴，一子质汉。”——译者

③ 《汉书·西域传》“后贰师军击大宛，匈奴欲遮之，贰师兵盛不敢当，即遣骑因楼兰候汉使后过者，欲绝勿通。时汉军正任文将兵屯玉门关，为贰师后距，捕得生口，知状以闻。上诏文便道引兵捕楼兰王。将诣阙，簿责王，对曰：小国在大国间，不两属无以自安。愿徙国入居汉地。上直其言，遣归国，亦因使候司匈奴。”——译者

图 249 旅行中重新装货

公元前92年这个国王驾崩，楼兰出现了王位继承的问题。读者可能还记得，死去的国王有一个儿子在汉做人质。楼兰人于是请求皇帝将这位王子送回，以便他继承王位。但皇帝并不喜欢这个王子。实际上，他在中国期间一直被软禁在蚕室宫。因此武帝对楼兰的请求很不以为然，但他的答复却很委婉："我与陪侍我的贵王子感情深厚，不忍与其离别。"皇帝还建议奏请者应该拥立老王的下一个儿子为王。[①]

楼兰人照办了。但是新王的统治很短，他去世后又一次出现王位继承问题。大家应该还记得，匈奴人中也有一个楼兰王子在做人质。匈奴人觉得这是在楼兰恢复其昔日势力范围的绝好机会。因此他们把那位王子送回，并将其推上国王的宝座。这个绝招惊动了中国人，他们力图通过贿赂和计谋恢复他们的霸权。他们没有直接

① 《汉书·西域传》:"征和元年，楼兰王死，国人来请质子在汉者，欲立之。质子常坐汉法，下蚕室宫刑，故不遣。报曰：侍子，天子爱之，不能遣。其更立其次当立者。"麦卡特尼误将"下蚕室宫刑"五字解读为住在一个叫"蚕室宫"的地方。实际上这段话的意思是"由于楼兰王子在汉时触犯刑律，被送到蚕室处以宫刑"。

将匈奴的保护人推下王位，而是派遣使者要他去访问中国的朝廷，声称皇帝将有慷慨的封赏。但皇帝和特使都没有怀疑到，他们需要对付一个狡猾的女人。国王的继母就在身旁。她给他出主意说："先王曾派两个儿子去中国做人质，他们都没能再回来。哪有你再去的道理？"国王因此将特使遣回，回答说："本王由于新近登基，国事繁忙，无法在两年之内入朝。"[①]

直到这时，新王与皇帝之间尚未有公开的对抗，尽管他们之间的关系无疑是很紧张的。但一个结束楼兰王国独立地位的事件即将发生。楼兰的东部与中国接壤的地区有一个叫白龙堆的地方。这个地方位于中国经过楼兰通往西域的大道之上。这里遭受旱灾，缺乏水草。中国人经常要求楼兰人提供向导，并为路过这里的中国官员提供水和补给。在履行这些义务时，当地居民经常受到中国兵士的粗暴对待。因此冲突屡屡发生。但这一情况因为匈奴而变得更糟。他们一直在暗中鼓动楼兰反对中国人。最后，楼兰人下决心彻底断绝与汉武帝的友好关系，在他的特使途经楼兰时将其杀害。国王的弟弟尉屠耆向皇帝举报了这一背叛行为。这时尉屠耆已经臣服汉帝，正图谋将他的哥哥赶下王位。于是，公元前77年，中国将军傅介子被派去杀死楼兰国王。傅介子匆忙挑选了几个随从来到楼兰，事先放出话来说他要去一个邻近的国家进行友好的调查，带有给国王的礼品。毫无察觉的国王在傅介子到来之后大摆宴席。趁国王酒醉，傅介子向随从发出信号，他们便将刀剑插入国王的后背。他的首级被砍下来挂在城的北门上。作为对尉屠耆背叛国王的奖赏，他被立为王，王国改名鄯善，并制作了新的国玺。皇帝还将内宫的一位女士赐给新王做夫人以提高他的地位。当尉屠耆离开中国首都时，那里举行了声势浩大的欢送仪式。尉屠耆就这样登上王位。但他在这个新的位置上并不感到安稳。他统治的老百姓对他这个中国人的亲信并不信任。此外，故去的老王有一个儿子，尉屠耆无时不在担心被他刺杀，因此请求皇帝在楼兰境内的伊循城屯兵，称"其地肥美"。于是皇帝派遣一个骑兵军官率领四十个兵士"在伊循城屯兵，填抚百姓"。于是大汉君主的统治就

① 《汉书·西域传》："后王又死，匈奴先闻之，遣质子归，得立为王。汉遣使诏新王，令入朝，天子将加厚赏。楼兰王后妻，故继母也，谓王曰：先王遣两子质汉皆不还，奈何欲往朝乎？王用其计，谢使曰：新立，国未定，愿待后年入见天子。"麦卡特尼的解释不是很准确，"国未定"并非国事繁忙，而是政局不稳的意思。"愿待后年入见天子"解释为"无法在两年之内入朝"虽然意思大致相同，但语气上却有天壤之别。——译者

这样延伸到楼兰国，或鄯善国。①

在这部编年史成书的时代（应该是在基督诞生前后）②，鄯善国有1 570户，14 100人，军队2 912人。③

关于这个国家的自然地理特点，《前汉书》写道（这里采用伟烈亚力的翻译）："这里的土地多沙含盐，耕地很少。这个国家在谷物与农产品方面依赖邻国。这里盛产玉石，到处是芦苇、红柳、胡桐、白草。百姓逐水草放牧，有驴、马、骆驼，与婼羌人一样，能制造兵器。"④

关于《前汉书》里的信息我们先说到这里。下面是法显关于楼兰的论述。他在公元5世纪从中国到印度取经的途中曾经过那里（这里采用J. 理雅格[Legge]⑤博士的译文）："经过十七天的旅行，估计从敦煌算起行路约1 500里后，朝圣者们到达鄯善国。这里多山，土壤贫瘠。普通人穿粗布衣服，与汉地大体相同，一些人穿毡衣，还有人穿粗毛线织成的衣服。国王信奉佛法，国内的僧人至少有四千多，均信仰小乘教义。这个国家及其邻国的百姓和沙门（和尚）都遵循印度的仪轨，只不过后者更严格，前者更宽松而已。朝圣者们在这里停留了大约一个月，然后继续往西北进发，步行十五天来到焉夷国。这里也有四千多僧人，均信奉小乘教义。"⑥

---

① 《汉书·西域传》："然楼兰国最在东垂，近汉，当白龙堆，乏水草，常主发导，负水儋粮，送迎汉使，又数为吏卒所寇，惩艾不便与汉通。后复为匈奴反间，数遮杀汉使。其弟尉屠耆降汉，具言状。元凤四年，大将军霍光白遣平乐监傅介子往刺其王。介子轻将勇敢士，赍金币，扬言以赐外国为名。既至楼兰，诈其王欲赐之，王喜，与介子饮，醉，将其王屏语，壮士二人从后刺杀之……介子遂斩王尝归首，驰传诣阙，县首北阙下。封介子为义阳侯。乃立尉屠耆为王，更名其国为鄯善，为刻印章，赐以宫女为夫人，备车骑辎重，丞相将军率百官送至横门外，祖而遣之。王自请天子曰：身在汉久，今归，单弱，而前王有子在，恐为所杀。国中有伊循城，其地肥美，愿汉遣一将屯田积谷，令臣得依其威重。于是汉遣司马一人，吏士四十人，田伊循以填抚之。"——译者

② 《汉书》成于公元80年。

③ 《汉书·西域传》："户千五百七十，口万四千一百，胜兵二千九百十二人。"

④ 《汉书·西域传》："地沙卤，少田，寄田仰谷旁国。国出玉，多葭苇、柽柳、胡桐、白草。民随畜牧逐水草，有驴马，多橐它。能作兵，与婼羌同。"——译者

⑤ 理雅格（James Legge，1815年—1897年），近代英国著名汉学家，曾任香港英华书院校长，伦敦布道会传教士。著有《法显行传》。

⑥ 《法显传》："行十七日，计可千五百里，得至鄯善国。其地崎岖薄瘠，俗人衣服粗与汉地同，但以毡褐为异。其国王奉法，可有四千余僧，悉小乘学。诸国俗人及沙门尽行天竺法，但有精粗。……住此一月日。复西北行十五日，到焉夷国。焉夷国僧亦有四千余人，皆小乘学，法则齐整。"可见麦卡特尼所引理雅格的译文颇多错误及不准确之处。如"粗与汉地同"中的"粗"并非是"粗布"的意思，而是"大致"（转下页）

法显后两百年，玄奘（公元629—645年）[①]从印度返国途中曾经过楼兰。但他只是极为简略地提到这个国家。他只是告诉我们，经过折摩驮那（或称涅末）的废墟后，他往东北方向行走了千余里，到达了纳缚波，也就是楼兰。[②]

这些文献都说明，楼兰在它的那个时代是个重要的国家。在这里的进一步考古挖掘很可能会带来比我的发现重要得多的发现。

（接上页）的意思。对“但有精粗”的理解也是错误的。

① 此时间为玄奘西行及返国时间，原书中麦卡特尼似乎以为这是玄奘的生卒时间，显然十分荒谬。

② 见前注所引《大唐西域记》。

第八编

调查罗布荒漠：游移的湖泊

08 调查罗布荒漠

3月10日一早营地就忙起来。我们离开之后，这些沉默的废墟将恢复千年的宁静。楼兰的城墙内还会有欧洲朝圣者的足迹吗？

我们给骆驼喂了三麻袋冰块，让它们可劲吃饱玉米。即使这样，它们的负担也太重了。木雕和其他文物被打成捆，行李也重新摆放，因为我现在要把旅队分为两部分。我本人计划带着沙格杜尔、库特楚克、霍代·库鲁和霍代·瓦尔第向南穿越沙漠前往喀拉库顺湖，目的是精确地测量罗布泊古湖盆的高差。我们只带了四头骆驼，其中三头用来驮运冰块，一头用来驮运我们的行李。我们只带食物、衣服、测量高差的调平镜、半个蒙古包和我用的半张床。其他人将在露天过夜。我们的口粮仅有大米和面包，被分为够用八天的定额。旅队的另一半包括六头骆驼、三匹马、四只狗和所有较重的行李，以及四天的冰和粮草，他们需要走另一条路。我让费苏拉带领这支队伍，让李老爷和毛拉协助他。

费苏拉前一年曾陪我从六十泉跨过沙漠，我让他直接去库木恰普干，在那里等待我们的到来。我把如何使用罗盘一五一十地教给他，以防万一，并向他反复强调必须保持西南方向。我高度信任他的谨慎和判断力，但我仍然觉得最好还是由我自己照管我的地图、手稿和来自楼兰的木板、我的日记和我的科考观测记录。费苏拉在出发之前还要帮助霍代·瓦尔第。后者留在后面照顾四头骆驼。

与此同时，我把土楼下我的蒙古包所在的地方（差不多完全是出于偶然）作为测量高差的起始点。约13英尺高的水准标杆就第一次立在那里。它总是固定在一个铁板上，这样当我们将它转半圈时就不会往下沉。我让沙格杜尔来负责这个工具，他干得非常出色。我们扛着调平镜往南走了100米（不是码），然后我进行第一次观测。接下来沙格杜尔带着水准标杆走到我南边100米的地方；我们就这样轮流交换着位置，一天接一天向50英里外的喀拉库顺湖走去。调平镜与标杆之间的距离是库特楚克和霍代·库鲁用一个50米长的卷尺量出来的。库特楚克还拿着调平镜和支架，而我则记录下读数，进行方位测量，记录路线，并写下地表轮廓的笔记。

对于我的属下来说，这些都是全新的工作，起初我们进度很慢，但他们很快就学会了该做的事情，后面就一切顺利了。

我们从楼兰向南走，很容易辨认出来在什么地方跨过了旧湖的湖岸线。死去的树木、灌丛和芦苇突然终止，我们几乎是一步就迈进荒芜的灰黄色黏土，上面没有任何哪怕是最小的植物痕迹，而在旧湖的湖底到处都是这种东西。在停下来过夜之前，我们将调平镜与标杆移动了90次，共走了5英里外加1 196码。黄昏迅速来临，但霍代·瓦尔第和那四头骆驼仍不见踪影。我们爬到最近的山岗上，依然看不到骆驼！他们发生了什么事吗？难道霍代·瓦尔第误解了我的指令？他是否跟在费苏拉后面？他是否留在废墟了？或者他迷路了？我们刚一找到足够的燃料，就点起一个大大的信号火堆。沙格杜尔在黑夜中去找他。我真是焦急万分。如果霍代·瓦尔第迷路了，他就死定了。他从未到过这一片地区，也不知道喀拉库顺湖的方向。如果他不出现，我们自己的处境也将十分危急，因为我们既没有水，也没有食物。通往那湖泊的距离是如此之远，我们几乎不可能到达那里；回到那小泉眼则是连想都不要想了。我最怕的是因为一个随从的愚蠢而丢失四个月的工作成果。

我们往火堆里填着柴火，仔细地倾听着；四野一片鸦雀无声！这沙漠就像一个无人居住的星球那般死寂荒凉。经过一天的艰辛工作，我们又渴又累。不但没有水解渴，还得与沮丧不安搏斗。如果再来一场沙暴，我们就算倒霉透顶了。不过，事情并没有我们想象的那么糟糕。接近半夜时，我们在黑夜中听到蹄子踩在地上的声音；那正是霍代·瓦尔第带着骆驼来了。我看到他们时是那么的高兴，竟然忘记给那家伙一顿痛骂。他解释说，是黏土台地使他向右边偏离过多，结果无法再找到我们的脚印。夜晚来临时，他看到一堆火，知道那是费苏拉的火堆，在西南方向。于是他明白了自己的位置，便掉头往回走。最后他看到我们的火堆，但距离还很远。不过，他坚持朝着这个方向走，最终找到我们。黑夜中居然没有一头骆驼在跨过台地

图 250 水准考察队

之间的深沟时摔断了腿，这真是一个奇迹。我们赶忙搭起帐篷，把水烧上。直到今天我也无法理解，一个通常很有常识的人如何能在一块不到6英里的（沿着我们走过的直线）的地带来回走上12小时。而且那天夜里即使从我们的营地看过去，楼兰的土楼也清晰可见。

但此时沙格杜尔还没有回来。于是我派霍代·库鲁开了几枪作为信号。过了片刻，我们听见枪声在远处逐渐消失。最终霍代·库鲁回来了，但他仍然没有找到沙格杜尔。于是我们就去睡觉，因为我并不为沙格杜尔担心。我知道如果需要，他一定能找到喀拉库顺湖；另外，他随身总是带着一个罗盘，知道如何使用它，而且熟知我的地图。

第二天一早，我被一场猛烈的风暴吵醒，它裹挟着浓云与细沙横扫我们露营的那个洼地，犹如一条涨满水的河流涌入一道刚挖好的水渠。测量的工作当然是不要想了。我们必须原地不动。我无事可做，就在骆驼身边待了好久，轻轻地拍着它们，和它们说话。骆驼们都一如既往地很镇静、满足、保持着尊严，似乎认为它们在沙漠中来来回回走上二三十英里是天经地义的事。我不计后果，命令给它们一袋子芦苇吃，再加上一袋子我们从泉眼带来的冰块。除了一头以外，这些可怜的家伙们后来都死在西藏！

大约中午时分，我十分惊讶地看到沙格杜尔健步如飞地从厚厚的沙尘雾霭中冒出来。这个了不起的家伙！无论是哪一天，他一个人都能顶得上一打其他人！他从前一天下午五点钟起就一直在路上。他看到费苏拉的火堆，于是晚上到了他的营地，原来，我为了试验，让费苏拉点燃一堆大火，这样我们就可以知道隔着12英里的沙漠是否能够看到这样的信号。但我们没有看到。沙格杜尔从费苏拉那里得到一点大米与冰块的补给后，冒着当时已经降临的风暴，立刻出发赶回我们的营地。幸运的是，他保留了一份他的罗盘定位的笔记。但是他居然找到我们，我仍然认为这是一个了不起的壮举。唯有一个一辈子都生活在野外，同时又是个地道的哥萨克的布里亚特人才能做到。要知道，这两个营地之间隔着足足12英里，地表平得犹如一个桌球台。而由于正在肆虐的沙尘暴，50码以外就什么也看不见。大风很快就把我们留下的脚印刮得无影无踪。

我并没有计划就这样失去一天时间。但既然不会遭到我所担心的严重损失，这又有什么关系呢？我们试着继续工作，但没有成功。风速高到每小时24.5英里，标杆根本就立不稳，调平镜也是如此。于是我们只好耐心地等待，在那个令人情绪低落的地方再过一夜。

但是3月12日却是一个少见的好天，我们一大早就出发了，一直工作到太阳下山，中间只在下午一点钟停下来十分钟左右以记录气象仪器的读数。现在我让霍代·库鲁带着骆驼紧跟在我们后面。我们的路线是往东南偏南方向走，但是由于风蚀洼地的走向是西南，我们当然就得以直角跨过一连串的土垄或“台地”。这对于那些步行的人倒没有什么，但却使骆驼倍感疲劳，因为它们必须绕很大的圈子。其中一个洼地至少有400英尺宽，26.25英尺深。这一定是过去那个湖里最深的地方了，或是古代河床的一部分。那天晚上我饶有兴趣地检查了一天的工作成果，发现地表在接近7英里的距离内降低了8英尺。若不是预期这项工作将带来重要的成果，我根本就无法将这疲劳单调的活计继续下去。

第二天，尽管这地区看上去单调得令人沮丧，但另一方面却较容易勘测。我们的工作进度很快。库特楚克看到一连五群野鸭子从头顶上向北飞过，便聪明地猜测它们是被托克塔·阿洪率领的接应队伍在喀拉库顺湖的北岸惊动起来的。这些野鸭可能在这些沼泽地过冬，但去巴格拉什库勒湖度过夏天。这一天，地面的高度上升了9英尺，因此现在仅仅比我们在楼兰的起始地点高出6英寸。准确地说，在20英里内我们只升高了4.25英寸多一点！这一天的工作成果为我提供了解答罗布泊之谜的关键。头两天我们的高度在下降，而第三天我们的高度又升高了；因此我们显然是跨过了一个洼地，而那个洼地就是罗布泊旧湖的湖盆。无论下一天的工作成果如何，这一结论都不再被改变。无论喀拉库顺湖同我们的出发点相比高度是多少，我们实际上已经是跨过了一个盆地；而这个盆地曾经有水这一事实可以由螺壳以及我已经提到的其他情况来确切证明。

七点整，我们听到东北方向传来一阵咆哮。两三分钟后，黑沙暴从天而降。我们急忙采取了一切必要的预防措施——熄灭篝火，检查蒙古包的固定绳索等等。九点钟，沙格杜尔来到我的蒙古包，将沸点温度计固定好，然后出去回他自己的住处。半小时后，我听见另一个方向传来微弱的呼叫声。于是我高声喊起来——沙格杜尔出现在蒙古包的开口。尽管他睡觉的地方离我这里只有十五步，他居然迷失了方向。不过当时一片漆黑，而且根本就不可能立起身来。沙格杜尔一直是匍匐前行。现在他只能靠盯着我为他把帐篷口掀开所露出的那一线光芒爬回自己的住处。只有那些经历过这种风暴的人才能对这种情形有点概念。你会迷失方向，只想往前走，不知东南西北。你平时的方向感都瘫痪了。尽管你以为你走的是一条直线，其实你是在绕圈子。这是一种沙暴症，与其说它像海上晕船或高山反应，倒不如将它比作你在悬崖边上时感到的那种恐慌，因为它会影响大脑的思维。如果霍代·瓦尔第遇到这样一场风暴，他肯定会迷失方向。

第二天早晨，这场剧烈的风暴带来的后果处处可见。我的蒙古包四周堆起了沙子，骆驼身边避风的那一侧堆起一座座小沙包。所以，流沙一旦遇到障碍，立刻就开始形成沙丘，否则风就会把它刮向西边。幸亏十一点钟风停了，使我们得以继续勘测。这荒漠单调得让人难以忍受：地面是当地人称为“硕尔”（*shor*）的东西，即沙子、灰尘、石膏和盐的混合物，被太阳烤得硬如砖头，尽管有时表面上盖着一层薄薄的盐。湖水消失后，这种硕尔似乎扩大了，因为无论往哪个方向看，都有无数

图 251　盐漠上的一道沟

的小垄，其中有些高达两三英尺。这里自然没有任何有机生命的迹象，就连螺壳都没有。毫无疑问，这里曾经是一个盐湖的湖底。而我们知道，中国人在古代的确称罗布泊为“盐泽”。在喀拉库顺湖，也存在着与主湖之间联系被切断的一些盆地，里面的水含盐；而在主湖南边，昔日曾在湖水下面的地区如今看上去与古罗布泊南岸这个地方一模一样。

地表仍在上升，尽管在7英里中只升高了2英尺。因此，当我们在第四天晚上扎营时，我们比出发的地点高出2.5英尺。这未必是件好事！按照这个速度，我们将很快就会发现，喀拉库顺湖比楼兰还要高！

3月15日，一整天都是硕尔，硕尔，还是硕尔，单调得令人厌烦。不过天气倒是很不错，下午一点钟的温度没有超过11摄氏度（51.8华氏度）。但目前遇到的一个严峻现实是我们的口粮已经所剩无几。大米都已吃光；我们只剩下一小袋炒面。除了这个，再加上众人的茶叶和我的咖啡与白糖，我们便一无所有了。对骆驼来说问题倒是不大，因为它们可以吃驮鞍。另外，我们还有很多水，尽管都是羊皮袋的味道。不过这水里仍有几块冰，味道一点也没有变。

我们望着天边，试图找到托克塔·阿洪的信号火堆，但什么也看不到。那天结束时，我们遇到一些胡杨树干，半埋在硕尔里。这是些浮木，是在这里还位于水下时漂过来的。这一天的勘测结果是10英里才降低1英尺。地球上不可能找到比这更平坦、高低差更小的地区了。因此我们已经跨过了分水岭（如果有这么一个地方的话），而且现在地表很可能会向南边的湖盆倾斜。

根据我们前一年的行程表，我们在3月16日早晨出发时距离喀拉库顺湖只有12英里。出发后不久，我们就遇到正在接近这个沙漠大湖的湖岸的第一个征候：两三株死去或正在死去的红柳。过了一会儿，红柳越来越多，而且旁边都有它们最喜欢的伴侣：沙丘。在背风的一面，这些沙丘有三四英尺高。我们还看到一些野鸭子。但奇怪的是，它们的行动非常没有规律，时而飞向北方，时而飞向南方，然后又从西南方飞来，转了一圈后又消失在东南方。这意味着什么呢？这一天工作的发现是10英里的距离下降了7.125英尺。因此这时我们已完全下到了喀拉库顺湖盆里面，即罗布荒漠的南部盆地。

17日醒来时，大家情绪都很高涨：我们现在一定是接近这次旅程的尾声了。野鸭子在我们的南边从东往西飞过去。我们甚至看到两三只鹰；第17杆插在一个沙丘上。众人在那里停下来，指着南边大喊："水，到处都是水！"实际上，我们离湖非常近，第19杆就插在水里。喀拉库顺湖的北岸与前一年我们去的时候是多么不同啊！湖边寸草不生，只有一窄条沙地。湖面非常空旷，除了很远的地方，根本看不见芦苇。尽管湖水非常咸，但总比我们那装在羊皮口袋里的又难闻又稠的"汤"要好一些。

我们刚一停下来，我就派霍代·库鲁日夜兼程往西南方向走，直到发现托克塔·阿洪为止。后者一定在不远的什么地方。湖边没有任何足迹，因此他不可能已经走过我们遇到湖泊的那个地方。我的哨探消失在厚厚的尘雾中，没有带任何食物，不过倒也用不着担心他因没有水喝而口渴。与此同时，我们就在原地等待他回来。

我们再一次过上鲁滨逊那样的生活。我们的第一个目标就是找到能吃的东西。沙格杜尔带着鸟枪出去了，带回来几只肥肥的野鸭，我们像兄弟一样把鸭子分着吃了。库特楚克不愿落在他的同伴后面，说他如果能有条船的话要钓鱼试试运气。读者们应该已经知道，我恰好是一个经验丰富的造船者！我那个防水的仪器箱子两侧裹上山羊皮，再加上半个测高标杆，就构成了库特楚克的船的主体。然后再用一把铁锹做船桨，库特楚克就开始在湖面上划起来。但是他没有捕到一条鱼，因为这湖水太咸，水中没有任何鱼儿可赖以为生的植物。

库特楚克冒着生命危险的同时，我将当天的勘测结果做了归纳，发现我们又降低了21.5英寸。因此，喀拉库顺湖的北岸比我们在楼兰的出发地点低7.5英尺。这也就是说，在整整50.5英里的距离上，落差没有超过7.5英尺。因此，我不仅证明了罗布地区的北部可能存在过一个湖泊的猜想，而且证明了那里确实存在过这样一个湖泊。当然，我的勘测线不是绝对的可靠；因为我应该回到出发地点，再次核对我的读数，直到偏差率被减低到可忽略不计为止。但季节已经过晚，我没有这个时间。但这个简单的勘测已足以实现我的主要目标：证明这里确实存在一个盆地。

接近傍晚时，第四场风暴向我们袭来；幸亏它不是在午间来的，否则我们就得停下即将完成的工作。因为这场风暴持续了很长时间，空气浑浊得犹如泥汤一般，使我们整整两个白天加三个夜晚都不能出门。我很后悔不该让霍代·库鲁走，尤其是到了第二天早晨还没有他的消息。显然出了什么事。我开始坐立不安。幸好，沙格杜尔打下五只野鸭子，使我们美餐了一顿，尽管它们的肉里掺满了沙子。时间过得慢得吓人，一想起托克塔·阿洪带走的那个邮袋，就令我焦虑不安。

3月19日，我们的口粮全部用尽，饿红了眼。自从1895年塔克拉玛干沙漠那些可怕的日子后，我还从未经历过如此缺乏补给的情况。沙格杜尔出去转悠时有个意外的发现。他在我们营地西边不远的地方遇到一个向西北和北方伸展着的湖泊，他在沿湖的地方看到了霍代·库鲁的脚印。这倒是一个线索：我们被困进一个由数个游移湖泊组成的迷宫里。也许托克塔·阿洪遇到了同样的障碍。我们必须做点什么。如果让其他人自己想办法，我们则沿着喀拉库顺湖的东岸和南岸去阿不旦如何？不行。我们没有粮草，两三天内就将坠入绝境。不过我还是派库特楚克去东边探路。他走了大约7英里后回来报告说，他发现一些废弃多年的芦苇小棚，爬上一座小山，看到湖水消失在脚下的雾霭之中。仅此而已。

09 游移的湖泊

20日早晨，我觉得没什么可迟疑的了，我们不能再指望霍代·库鲁。他肯定是没有找到其他人。实际上，如果他自己能在饿死之前就遇到人就已经算是幸运了。因此我们匆忙离开这条件恶劣的湖岸。想当初我们还对它抱有很大的希望呢。天空彤云密布；散射的光线没有投下任何影子；水面被来自西南偏西方向的阵阵微风吹皱。沿着沙滩结了一窄条冰，大约四分之三英寸厚。我们装了半麻袋冰块。这总比吞下那羊皮口袋里难闻的水要好一些。骆驼都缓过劲来了，它们身上的负担也减轻了，因此我们走得很快。左边的水面是我离开喀拉库顺湖以后看到的最大一片水面。它迫使我们转向西北和北方。但是水很浅；成千上万的野鸭子在离岸边很远的地方正喧闹得不可开交。我们的右边则是沙漠。

走了几个小时后，我爬上前一年我用过的那头骆驼背上，以便尽可能扩大视野，告诉大家前边哪里有沼泽地和水道。在距离水边80到90步的地方，我们在一窄条沙丘中又看到人类存在的痕迹：两座被沙子一直埋到屋檐的芦苇棚。一条独木舟斜靠在其中一个棚子上，船头从沙子里探出约2英尺高。这一发现还是有一定意义的。芦苇棚、独木舟和留在那里的家用器皿说明，有两三家渔民大约二三十年前曾生活在那里。我最初的想法是，何不利用一下那条独木舟？于是众人拿着铁锹过去，但挖到它露出沙子6英尺时，才发现侧面有一个大窟窿。所以我们便把这船留在那里，任它变成朽木。

这以后不久，我们向西方急转。这里的水边有芦苇丛。沙格杜尔爬到另一个废弃的芦苇棚后面，朝一群野鸭子开枪射击，打下来至少七只。他的归来受到凯旋般的欢呼。我们接下来两天又不用发愁了。但这个湖泊似乎无边无际；根本看不见它的南岸。这一天的大部分时间我们是沿着霍代·库鲁的足迹走，直到湖泊的走向使我们得以转向西南。还没有走多远，就发现霍代·库鲁又绕个大圈转向西北。这个人到底是怎么回事？他疯了吗？他为什么要重新走进沙漠？最后我们来到一些小盐池，旁边有很多可供骆驼食用和烧火的芦苇。于是我们就在那里停下来过夜。

那天深夜，当尘雾减轻了一些时，我们又用红柳的干树枝点燃一大堆火。火苗蹿起，发出噼啪的声音，火焰变得通红，最后熄灭，但我们仍然没有得到回应。夜里万籁俱寂，鸦雀无声，无论是可疑的还是不可疑的声音都没有。没有人骑马带着好消息往营地疾驶而来。我的烦躁不安每一分钟都有增无减。我们对霍代·库鲁是不做任何指望了。费苏拉这会儿肯定也已经安全地抵达库木恰普干了。但为何始终没有托克塔·阿洪的消息呢？当他在安南坝离开我们时，我特别叮嘱他在这里迎接我们，而且应该几天之前就抵达这里。他为什么不在呢？我知道他是完全值得信任的。我开始怀疑他是否遇到什么事故，根本就没有能回到若羌？或者只是因为他被这些每年都发生变化的奇怪的游移湖泊迷惑了。谁能回答这些令人不解的问题呢？

第二天我们继续朝着同一个方向走，沿着湖边，绕过小溪和水湾。地面始终是寸草不生的荒原。沙格杜尔继续打野鸭子，又打下来两只。最后我们来到一个淡水湖，那里的芦苇比其他地方更茂密。我们发现自己被一条狭窄的水流挡住去路。它只有两三码宽，也不深，但是水下却是烂泥，松软危险，让骆驼蹚过去我们连想都不敢想。为了从南边绕过去，我们很快就发现，除了我们过来的那条狭窄的通道以外四面都是一片汪洋。我们想往西南方向走。但第二天早晨却被迫返回，转向东北偏北。我比以往任何时候都更觉得喀拉库顺湖只是一片浩渺的沼泽地：它根本就不是一个湖泊，而是一连串可恶的淹在水中的洼地。

夜里又有新的湖汊形成了，我们必须起床匆忙离开，否则就会被困在一个小岛上。那对我们来说没有什么，但对骆驼来说可就是致命的了。那片湖岸很奇怪，没水时硬得像块砖头，被水一淹就变得像稀粥一样。我们来到一个宽阔的水道，再次看到霍代·库鲁的脚印；他显然是游水过去了。我纳闷那个可怜的家伙现在怎么样了，因为我把他派走已经有五天时间了。我很怀疑他是否还活着，但即使他还活着，他也不会而且也不可能回到我们这里来。我曾告诉他，如果他耽误时间太长，我们就会往相反的方向走，即朝东南方向绕过喀拉库顺湖。

3月23日，我们仍朝着东北方向行进，沿着一串被小小的水道彼此相连的湖泊旁边走。我骑马走在大家前面很远的地方，看到（真的是亲眼所见）喀拉库顺湖正向北面和东北面古代罗布泊湖盆一点点移回。还有什么能比这一点更充分证明我在1896年形成的理论是正确的呢？我越来越明白，托克塔·阿洪和霍代·库鲁，也许还有费苏拉，他们都被这整个地区正在发生的变化搞糊涂了。它的面貌与我给他们描述的毫无相似之处。精疲力尽、情绪不佳的我在一个地方停下来。这里小溪在注入一个湖中之前缩窄为七八英尺宽，鉴于这条水流的底部是坚硬的蓝色黏土，我觉得这是让骆驼过去的一个好机会。但开始之前，我派沙格杜尔去北边看一看。足足一小时后，他出现在下一个湖泊的东岸，开始用最最激动的方式手舞足蹈地招呼我们往他那边去。但我倾向于先听一听情况如何再动窝。于是沙格杜尔开始奔跑过来，他一到我们可以听见他声音的距离，就指着西南方上气不接下气地喊起来："骑马的人！骑马的人！"

果然，有两个骑马的人在一团烟尘中向我们全速飞驰而来。我们激动无比地透过望远镜看着他们。很快我就认出了他们。这正是托克塔·阿洪和——切尔诺夫！我们得救了！

我那优秀的哥萨克看到我是如此高兴，他激动得浑身颤抖，面颊涨得通红。他急于告诉我他所知道的一切。切尔诺夫！是的，正是切尔诺夫！如前所述，前一年夏天曾有一位信使来通知我，由于亚洲形势动荡，我的两位哥萨克（西尔金和切尔诺夫）需要立即返回喀什。但他们到达那里两个多月后，圣彼得堡给彼得罗夫斯基总领事发来一份电报，以沙皇的名义命令两位哥萨克立刻找我来报到，无论我当时在何处。这个命令是星期六送到的。总领事把两位哥萨克召来，命令他们立刻购置马匹，第二天早晨出发。他们问是否可以待过星期天再走。不行，来自沙皇的命令不容耽搁。因此星期天一大早他们就上马出发了，经过阿克苏和库尔勒来到若羌。他们骑马走了四十八天，是在12月底到达那里的。但是他们在若羌没有找到我，于是便不声不响地开始自觉地尽其所能做些工作。西尔金接过气象观测的工作，而切尔诺夫则前往塔里木河下游三角洲，绘制了反映那里最近发生的变化的一系列地图。由于他不会写字，就随身带了一个书记员（*mirza*），由他来绘制地图。这些信息极有价值，这项工作贡献匪浅。

至于托克塔·阿洪，他的任务也完成得十分令人满意。他从安南坝骑马返回若羌，在路上仅仅损失了六匹累坏了的马中的一匹。他把我的信件都交给了伊斯拉木让他转送；然后，一补充了粮草与新换的马匹，他就同切尔诺夫一起经阿不旦来到库木恰普干，沿着喀拉库顺湖的北岸朝东北方向进发。他只在一点上没有遵循我的指令。他从库木恰普干出发后只走了两天而不是三天；但这完全情有可原，因为他被那新近形成、给我们找了很多麻烦的湖泊拦住了。

这两人在我们前一年遇到湖岸的那个渔村附近扎下营地。他们在那里建造了一个小棚，设套子抓野鸭子、捕鱼。所以我们现在绵羊、家禽、蛋类、面粉、面包和玉米供应充足。每天晚上天黑后，他们就在一个山岗上燃起一个大火堆，1900年我正是在这个山岗上首次看到喀拉库顺湖的湖水。但尘雾使我们看不到彼此的火堆。其实他们的营地与我们第一次被水挡住的地方之间只有2英里的距离。虽然只有2英里的距离，可怜的霍代·库鲁却用了五天时间才赶到那里。实际情况是，这两个营地被新近形成的又深又宽的湖汊隔开。这些湖汊从喀拉库顺湖溢出，向北面流去；而只有向右边绕过这些湖汊或游泳横渡过去才能抵达托克塔·阿洪的营地。

在等待我们的那十二天里，切尔诺夫和托克塔·阿洪过着牧歌式的生活：散步、划船、打猎、捕鱼，直到晴朗的一天，我们那位善良的霍代·库鲁突然从沙漠里冒出来，结束了他们的好日子。一小时内他们就装好行李出发来寻找我们。霍代·库鲁带路，现在他们终于找到了我们。

我们畅谈一番，把分手后发生的事情一一道来，然后去我们3月20日的营地附近的一个水潭，顺路接上霍代·库鲁。他正坐在一个草丛上，一见到我就大哭起来。想起那危险的五天中的种种经历，他就激动不已。他走啊走啊，最后终于觉得无计可施，只能游过几个湖泊。第三天，他正坐在另一个湖的岸边，筋疲力尽，情绪低落时，忽然一群野鸭子从他头顶飞过。仿佛奇迹一般，一只野鸭正巧落在他的脚边，它的翅膀不是折断了就是受了伤。他如野兽一般扑了上去，把它连骨头带毛活吞了。靠着这顿饭增强体力后，他又往前走了两天，直到最终找到他要寻找的人。

他在几个地方遇到过费苏拉旅队的足迹。他因此判断那些人还活着，包括三匹马和三只狗。但最终足迹离开那个湖泊，插入沙漠，仿佛老费苏拉突然失去方向感。

图 252　在喀拉库顺湖的一个新湖汊边的营地

他究竟跑到哪里去了，我们是一点也不知道。我开始为他感到非常担心。他的旅队携带着一切我最珍贵的东西，除了我的地图之外，包括所有我的科考记录、照相底片和我们在楼兰发现的木刻及大部分手稿。我会失去这一切吗？不过托克塔·阿洪安慰我说，他派去深入沙漠去寻找费苏拉的那两拨人（一拨来自库木恰普干，另一拨来自阿不旦）一定会找到那位老人的。此外，费苏拉是一位聪明谨慎的人。

对霍代·库鲁表现出来的勇气和能力，我用银子给予报偿。他非常平静地告诉我，他一路都决心不往回走，而是要完成任务，尽管那会使他失去生命。自从他打死那只野骆驼后，霍代·库鲁的声望就扶摇直上。这以后人们都称他为“巴特尔”（Batir，即英雄）。这是你想要的人，但这样的人实在是万里无一。

现在我们那漫长的游荡已经接近尾声。我的幸运之星没有抛弃我。我终于可以放下对各个分旅队的那份担心了。能在这清凉澄澈的水潭边休息一下是多么令人心旷神怡！我们在那里又待了两天，享受着接应队伍带来的大量补给。他们甚至带了茶叶和烟草。但最好的是来自家乡的邮包。它使我待在我的蒙古包里不想出来，好不容易才出来进行纬度观测。我的信件里充满了消息。但很奇怪的是，居然有一封来自斯德哥尔摩的信告诉我中国正在发生的义和团运动。瑞典外交大臣阁下提醒我多加提防。所以，我们在离沙州一步之遥时没有去那里也许是件幸运的事。

这个营地在我的地图上标号为第170号，它是整个旅程中最好的一个营地。我不会轻易把它忘记。

也许在一定程度上，喀拉库顺湖的北部这个独特的延伸部分也是整个塔里木盆地的水文关系造成的。在前一个夏天和秋天里，整个塔里木盆地的河流水位都比以往高，这显然是由于周边群山中不寻常的大量降雪引起的。而这一情况又只能通过更加综合地考虑各种广泛的因素才能得到解释，如大气压的分布、风力，尤其是雨季风力的大小。由于河流中洪水泛滥，塔里木水系末端的那些湖泊自然膨胀到超过往日的规模。

26日，我们转向北方。这一天和下一天的路都十分难走。黏土垄与沟都是东北走向，因此我们必须斜跨它们中的每一条。而那个新的湖泊溢出的河流都沿着同一个方向像手指一般流出去，逼得我们为了绕过它们转来转去。当我们绕过了这些障碍中的最后一个，终于可以转向西方和西南方时，我们离楼兰只有一半的路了。如

图 253 游移湖泊的一个分支，水面的白色部分是泡沫

果我对这里的水的规律有点概念，我就会把勘测工作限于这段距离的前一半。就在我们掉转方向的地方，枯树很多。有些胡杨树和红柳还直立着。我们也许正沿着古罗布泊的南岸前进。

在这个地区的两三处地方，我非常惊讶地遇到很久以前留下来的骆驼粪。很显然，只能是野骆驼留下来的。这说明这些动物有横跨沙漠的习惯，而且知道靠南的地方存在着湖泊，尽管对这些行走如飞的家伙们这点距离根本算不了什么。

我们转向西南方后，行走更容易，速度也加快了，因为现在我们可以顺着风凿出来的沟走；实际上，我们有大段的距离是沿着费苏拉的足迹走。如果我们以前还不敢确定走在我们前面的是否就是他的旅队，当我们遇到躺在路上已经死去的沙格杜尔的黄马时，这些疑云都被驱散。这牲口已被开膛，内脏已被取走，身上比较嫩比较好的肉也已被割下，这说明旅队已经到了弹尽粮绝的地步。

我们在一条新近形成的溪流旁停下，那里的水流很强劲，流向东北。这肯定是我们勘测时跨过的那个更北边的洼地，而北部湖盆与南部湖盆之间的高地在这里完全不存在或已经消失。

28日，我们继续沿着这任性游荡的湖岸前进。我们在一个小水池旁观察到一个很有趣的现象。这一片水域是切尔诺夫七天前来这里测绘地图后才形成的，来自地下的水已经改变了这里。它的表面大概有12英亩，就像开了锅一样在沸腾。水面上气泡翻滚，宛如下面燃着熊熊烈火。这泉水向上抛出气泡，每一个都变成一片白色泡沫的中心。有时这突突外冒的水喷出几英寸高，犹如一个小型喷泉，水池被搅得哗啦哗啦的，仿佛大鱼游到水面上来。水的比重为1.0036。对我们这些已经习惯更咸的水的人，这水的味道几如淡水一般。水池的最大深度为7.25英尺，而这个小湖完全是在一星期内形成的。就在我们站在那里观望时，池水还在飞腾四溅，形成许多新的细流，它们点点滴滴地流走，渗入地面上的每一道裂缝和每一个小洞。在年底之前，这些新的湖泊将走出多远？它们能否一直走到古罗布泊？这些问题只有等到将来有机会再去考察那个地方时才能得到答案了。

就这样，我们先往西，然后往东南，再往东，绕过那些湖泊。可怜的霍代·库鲁曾饿着肚子在这里踉跄着勇敢前行。当我们抵达费苏拉走进沙漠的地方，我觉得那举动实在危险，就派沙格杜尔去看一看那条路通向何方。他凭借罗盘的帮助在一张纸上记下了大约6英里的路线，确定那位老人只是绕个圈子，然后又朝着原来的方向走了。其实他如果不离开湖岸，再走一天就可以到达托克塔·阿洪的营地。随后，我们在前一年曾露营的第一个盐湖旁看到两三个食品罐头盒。上一次我们以为这个盐湖的水源是西尔格恰普干，因为它只是一个狭窄的港汊，我们轻而易举地就蹚水过去了；现在湖水大涨，我们如果这样做就会使大家和骆驼都淹死在里面。

夜里，海鸥在湖面上尖叫，预示着一场风暴将要来临。天亮时风暴如期而至。广阔的水面翻起浪花。我们围着这个令人疲劳的湖泊走完最后一天，终于抵达托克塔·阿洪的营地。我们发现，托克塔·阿洪在那里日子过得很舒服，却是孤身一人。来自库木恰普干的所有人都以为我们是从另一个方向绕过喀拉库顺湖的，因此已返回大本营。幸亏他们留下了两条独木舟。除了鲜鱼外，我们这里有充足的口粮。托克塔·阿洪骑着他的马立即出发去库木恰普干带些鱼回来。

3月30日，我们一整天都被风暴困在帐篷里。但第二天尽管仍在刮风，我们总算能够测量正在流回古罗布泊的水量。湖面上浪太大，不适于驾一叶扁舟去冒险，于是我们将两条独木舟并排捆起来。切尔诺夫和霍代·库鲁做我的船夫。在大家等待我们那一段时间，切尔诺夫曾在这个迷宫里朝各个方向探寻过，所以他知道该往哪边走。尽管如此，这趟旅行仍很艰难。六天前霍代·库鲁和托克塔·阿洪在前往小棚的路上曾游过八条很宽的小溪；但我只测量了其中六条，并将每一条都在地图上清晰地标出。这些小溪的总流量达到每秒1 130立方英尺。这个数字肯定是太低了。因为有大量的水渗透进茂密的芦苇滩下面，使我无法测量。不管怎样，我们可以确定大量的水正流向北方。考虑到这一地区极为平坦，每24小时1亿立方英尺的流量足以形成一个很大的湖泊。水流最急时流速可达每小时1.25英里。这个湖泊向北推进不过两天时间，这无疑是很奇怪的。但不要忘记，大量的水分被干涸的地面吸收。首先那深深的沙壤先要得到润泽，在它吸满了水分之后，那躁动的水才能给自己找到一条坚实到足以流过的水道。

不过，我开始厌倦这些沼泽地了，开始渴望地望着群山。

在过去几十年中，也就是说自从普热瓦利斯基来到这里以后，喀拉库顺湖显示出明显的干涸趋势。芦苇荡年复一年地伸向湖中，沼泽地的面积在缩小。我认为几年后这个湖泊将恰好就在中国制图师们过去确定的那个位置上，也就是冯·里希特霍芬男爵根据其天才的推理而确定的那个位置。我前面说的已经够多了，事实完全符合冯·里希特霍芬男爵的理论。在这个荒漠上出现这种情况其实并不稀奇，因为正如我的勘测所证明的那样，这里的地势一马平川。当荒漠南部存在多年的喀拉库顺湖终被淤泥、流沙和腐朽的植被阻塞后，干燥的荒漠北部被风掏空吹走，地面降低。这些地面相对高度的变化完全是因为力学规律和当地大气条件而形成的。作为塔里木水系的尾闾，这个湖泊必然会非常敏感地反映这些条件的影响。湖水溢出、流向较低的洼地，这只是物理学上的必然。而植被与动物以及鱼类则不可避免地会逐水而居。于是老的湖床就干涸了。同样的现象将会重演，但将按照一个相反的顺序，尽管决定这一现象的仍然是同一些物理法则。但只有到了那个时候，我们才能获得更多的资料，确定这一循环的周期。现在我们唯一可以确定的是，公元265年（魏元帝末年），罗布泊的位置是在这个荒漠的北部。实际上，罗布泊是系在塔里木河钟摆上的一颗铅坠。尽管一次摆动就将持续千年之久，但按照地质学的时钟来衡量只不过是区区一秒钟而已。

4月1日，我们来到一个去年我就已经有所了解的地区。关于它唯一值得一提的就是：我现在可以在新绘制的地图和我过去绘制的地图之间进行比较。例如，来自西尔格恰普干的新溪流现在的流量是335.5立方英尺；与此相比，1900年这里的流量是微不足道的。4月2日，尼亚孜·巴基长老、努梅特长老前来迎接我们，同行的还有我们的老朋友毛拉，他告诉我们费苏拉与整个旅队都已安全抵达阿不旦。

到达阿克库勒湖之后，我们在日落时停下来等待船只。那是一个美好的下午，宁静而凉爽。倒不是说我们有什么理由抱怨炎热，但八个月的冬天使我们对温度很敏感。最后，我们听到船桨在水中激起的哗啦水声和船夫们的声音，一支由五条独木舟组成的船队从水面轻驶过来。我们就用这支船队将行李运过阿克库勒湖及其彼岸的另一个湖群，最后来到昆齐康长老以前的住所老阿不旦对面那条滔滔大河上，1896年我曾去那里拜访过他。臂膀强健的船夫们从那里划船带我们在塔里木河上溯流而上。当时月华如水，我借着月光继续我的地图测绘。在那迷人的夜晚月下旅行是一种永远都不会忘记的体验：水平如镜，河面上泛着银光，令人想起美妙的威尼斯夜景。这样的良宵我曾在这条宁静的河流上享受过两三次。当我那飞快的独木舟在狗儿们的狂吠中靠岸时，夜已经很深了。一旦认出我们，它们又欢快地叫起来。

第二天，我测量了河水的流量，它达到每秒5 517立方英尺；这是我在塔里木水系所测到的最大流量。正如我已经解释的那样，这是因为冬天寒冷多雪，冰结得比以往更厚，而且持续的时间更长。

费苏拉对我讲了在楼兰与我分手后他所经历的事情。他在路上走了十七天，并有几个意外的水文发现。但关于这个话题我在这里就不赘述了。

早晨十点钟，黑沙暴一如既往地轰鸣着向我们扑来，将一切没有拴好的东西席卷而去。第二天什么事也做不了；顶着这样咆哮的大风出去是不可能的。这场风暴是沙漠在恋恋不舍地向我告别，它足足持续了41个小时。当它最后停下来时，空中充满了尘埃。不过，我们购置了三头强壮的骆驼，使骆驼的总数达到十七头。

我们在无法避免的又一场风暴中走了三天，终于来到我们在若羌的大本营。4月8日晚，一大群骑马的人来迎接我们，带着我们穿过零零散散的果园，来到我们的住所。

10

为进藏做准备

现在我在这个沙漠边缘的小镇享受着愉快和必要的休息。不过我实在很难把这称为休息，因为我从早忙到晚，有无数的事情要安排，无数的准备工作要做。这些都是为了实现我计划中的最后同时也是最艰难的一部分，即穿越西藏之旅。我住在若羌河(Charkhlik-su)左岸中国衙门(当地长官公署)附近的一个很舒适的大车店里。

一条公共过道从两旁都是灰色土坯房的街道通向院子，里面有喂养骡马的半开放式马厩。院子对面的墙上开出另一条通道，连着一间大屋子。穆斯林们就住在那里。那里又有一个通道连接着哥萨克们的住处。这旁边又有一个较小的房间，西尔金已把它改装成一个洗相暗房。这个房子后面有个很大的花园，四周围着墙，里面种了桑树、杨树和柳树。人们在这里的树荫下为我搭起一座很大的蒙古包。夜里，我们总是派一人在大车店的大门站岗，派另一人在花园里站岗。在这个宁静的世外桃源里，我免受好事之徒的干扰，只有两只狗作伴。一只是尤达什，另一只是大黑狗尤尔巴斯（老虎)，它在英格可力被一只野猪伤得很厉害。没有陌生人敢接近它，尽管它在我的面前总是像只羊羔般安静。这花园里还有一个住户，那是一只长着褐色大眼睛的漂亮雄鹿。它是幼年时在车尔臣河的森林中被捕获的，是这里的地方官江大老爷送给我的。这头公鹿很温顺，让我用手喂它面包。我只是在最初的两三天里坐在安乐椅上略微休息过，那椅子是伊斯拉木·巴依住在铁木里克的窑洞时为我打造的。但即使那时我也没闲着，而是阅读信使雅霍甫不久前从喀什给我带来的一大堆积压了很久的信件。首先当然是来自那些我最亲近、最亲爱的人的家信，然后是厚厚一摞的瑞典报纸、最后是我最喜欢的作家的作品：拉格洛芙、吉卜林和其他

图 254　雄鹿。左侧是一个汉人、切尔诺夫、图尔杜·巴依，右侧是伊斯拉木·巴依

几位作家。晚上的时间则被用来冲洗我在过去四个月中拍摄的照片。西尔金在这项工作中派上很大的用场，他将暗房准备就绪，在我使用后又将其收拾干净，并负责混合各种化学物、晾干和洗印胶板的工作。除此之外，他还负责照看设在平屋顶上遮光良好的气象观测站。同时，切尔诺夫的责任是照管一切与旅队有关的事务，并为我烹饪饭菜。切尔东是我的个人侍从。

但这种状况只持续到了4月12日，那天，我交给两位布里亚特哥萨克一项特殊且重要的任务。我希望在重要的横跨西藏之旅期间，尽可能乔装为蒙古人进入拉萨。为了实现这个目标，我必须有一套蒙古人的行头：实际上要包括蒙古人去那个圣城朝拜时所要带上的一切物品。沙格杜尔是旅队中唯一知道我的计划的人，所以我派他去喀喇沙尔采购我所需要的东西。这将是一次漫长的旅行，往返路上需要一个月的时间，所以我派切尔东与他同行。

时间过得飞快，但仍有很多事情要做。不过我安慰自己，现在进山还为时过早。首先，那里的草才刚刚发芽，较高的地区则还需要六周的时间才能长出草来。与此

图 255　若羌果园里的蒙古包

同时，我们的牲口都在休息，为它们必然即将面对的艰难时刻而养精蓄锐。我们让它们敞开肚皮吃饱芦苇和玉米，并给予它们精心的照顾。图尔杜·巴依是骆驼队的队长，负责使它们保持良好状态。骆驼队是整个旅队的中坚，它们的行列中最近又增加了二十头新骆驼，都是伊斯拉木·巴依在若羌购置的。因此，最后出发时我们共有三十九头骆驼，但其中三头是小骆驼。其中最小的一头是5月6日出生的。我立刻就去看它。小家伙的腿又长又弱，几乎是勉强地站着，好奇地观察着它突然被置于其中的忙乱景象。不过几天后，它就在马厩的院子里跑来跑去地玩起来，一点都不认生，很快就成了大家宠爱的对象。白天，骆驼们都被带到城外去吃草，但夜晚降临时就会被赶回大车店外的一个空旷的场地，饱餐一顿摊在席子上的玉米。与此同时马匹和骡子则在它们自己的食槽里吃玉米。天气暖和时，我们带它们去一个大池塘洗澡。这个池塘就在大车店的入口外面，周围绿柳成荫。这个过程总是能招来一大群好奇的围观者。

维持我这个已经人畜众多而且不断扩大的旅队很快就耗费了大量金钱。我必须负责所有在我的旅队名单上的人的食宿，还得预支他们的工资。我们每天都宰掉至少一只羊，而大米、面包和鸡蛋则成批地消耗掉。但另一方面，无论是人还是牲畜都必须为我们面前的艰难日子做好充分准备，这是至关重要的。在本书里，我将陆续介绍我的旅队新成员。甚至在我们回到若羌之前，我已经让伊斯拉木·巴依储备好足够这支旅队十个月的补给，包括大米、面粉和炒面。炒面是一种干的炒制面粉，掺水以后像稀粥一样吃。我们打算主要依靠我们猎手的武器来获取肉类。尽管如此，我决定在出发时买一群绵羊，赶着它们与我们一起走。我自己则有几百听罐头食品，那是赛特谢夫上校从奥什给我送来的。但我很快就吃腻了，把大部分都送给了哥萨克们，水果、蔬菜和汤的罐头除外，这些总是吃不腻的。

我们为骆驼和马匹购置了许多袋玉米。这可是相当不小的负重。起初我打算买一些毛驴，因为若羌的驴子很便宜，一匹只卖10萨尔，即30先令。但这有一个缺点：为了满足我们的要求，这支毛驴队将至少需要五六个人来照管。而当这些毛驴都死掉后，就会有这么多人无事可做，而还要为他们提供食粮。因此我决定雇70条毛驴使用两个月。当然，这样做也成本不菲，每个月5萨尔，这几乎就等于是我把它们买下的价钱了；但当我不需要这些毛驴时，那些赶驴的人就得自己返回若羌。我同

图 256　大车店中马厩—院子的一角。西尔金坐在米袋子上，图尔杜·巴依站在驼队前面

一个来自布哈拉，名叫多夫列特（Dovlet）的旅队老板谈下这笔生意。他很诚实也很富有，尽管他从这笔交易中没有赚到多少钱；几乎所有的毛驴都在回家之前就死掉了。

4月28日，我的老随从毛拉·沙从且末来到这里。他对我来说是必不可少的。他曾陪同利特代尔先生去过腾格里淖尔（Tengri-nor）[①]和拉达克，因此对那个地区和当地的资源比任何其他人都更了解。每天都有人来到我的花园求我雇佣他们，但我的队伍已经有足够的人手。我不想雇太多的人。实际上我已决定，翻过阿尔卡塔格山，牲口们习惯了它们的工作后，我就将遣回已经雇佣的一些人。前来看望我的还有阿尔达特的老父亲。我给了他一些钱。若羌的地方官江大老爷去喀喇沙尔出差，但他那六岁的儿子经常来看我。他的言谈举止都显露出有文化的中国人那种典型的

图257　西尔金和切尔诺夫与两头小骆驼在一起

① 即藏传佛教圣湖纳木错，位于西藏自治区当雄县和班戈县。——译者

儒雅教养。我送给这男孩一些甜肉干和画报，还有其他一些小东西，他非常喜欢这些礼物，并给我带来水果或让人送来几捆喂马的苜蓿作为回报。但5月初这个小家伙因出麻疹而病死，而他可怜的父亲一天后才回到家里。

天气极佳，几乎每天都有暴雨，使空气保持清新凉爽。现在不过是4月底，白天温度最高时能升到25摄氏度（77华氏度），最低也有12摄氏度（53.6华氏度）。空气中充满了尘埃，我们连太阳都看不见。到了晚上，有时冷得我必须在蒙古包里点上一个火炉。但白天时我很享受风从桑树与李子树上吹过的声音。在若羌的逗留使我想起1896年我在和田那个宁静的花园里度过的一个月。那还是在我那次藏北之旅之前。但是到5月初，天气已经变得很热；5月1日树荫下的温度是32.7摄氏度(90.9华氏度)。大气仍然宁静明亮，因此我们可以看到阿斯腾塔格山最高峰上的雪坡。

但日子过得很快，已经到了该出发的时间了。行李被分成等份，装进箱子和麻袋里，后者又被捆在驮鞍上，放在随时可以抬起来装在牲口背上的地方。当这些都摆成一排放好时，那景象很让人吃惊。但图尔杜·巴依安慰我说，牲口们驮运它们不成问题。为了尽可能减轻负重，我已经剔除了任何不是绝对需要的东西，包括科考收藏，如地质标本、动物骨骼、植物标本和楼兰发现的考古文物。这些东西装满了八头骆驼，被送到喀什，由彼得罗夫斯基总领事照管。我能把这样重要的一支驼队交给谁来负责呢？我是否应该把它交给中国人来代管？绝不可能。我正在考虑是否写信给库尔勒的卡尔梅特的时候，这个问题以一种非常简单和非常出乎预料的方式解决了。一天下午，我正独自一人坐在我的蒙古包里，伊斯拉木·巴依来见我，恳求由他来把我的收藏带到喀什去。我很惊讶他居然在旅途中最困难与危险的阶段即将开始时想离开我，但没有多问就回答说“可以”。他说他之所以要走，是因为他已年迈疲倦，担心他无法像我预期的那样对我有多少帮助。与他分手是件很难的事，但我已经发现他不喜欢那些哥萨克，而且对穆斯林们非常严厉，他在他们之间保持着极好的纪律。我的确有很多需要感谢他的地方，为了表示信任，与他作出以下安排。他将把我的收藏带回喀什，路上经过库尔勒、库车和阿克苏，先用骆驼到库尔勒，其余部分则改乘大车。他在路上一共要走两个月。除了支付300卢布金币(约32英镑）作为欠他的工资外，我还承担了他与牲口在路上的所有开销。我还为每个将经过的较大的城镇各开了一封介绍信给他。离开喀什后，他也许会回到他在奥什

图 258　若羌大车店边的柳荫

的家中，在那里住上五个月，然后回到喀什替我做一些事情。彼得罗夫斯基总领事会告诉他该做什么。他将带着一大笔钱款和我的邮袋在拉达克与我会合，那时邮件肯定会多得装满一大包。我的这一信任的表示不仅使伊斯拉木感到受宠若惊，也使我们得以缓解离别的酸楚。

老费苏拉陪他一路到喀什。他已很疲倦，而且害怕高山缺氧。他为我效力两年期间忠心耿耿，堪为典范。所以我送了他一大笔钱和一匹供他骑用的马。因为他很招人喜欢，所以其他人企图说服他与我们同行，但没有成功。伊斯拉木的离去却使人皆大欢喜。

他们5月5日出发，带了八头骆驼、三匹马和三个帮手，这些人将陪同他们走到库尔勒。那天刮着暴风，他们走到第一个胡同的尽头时就消失在厚厚的一团尘埃中。过去这一年里我见到伊斯拉木·巴依的日子并不多。他总是在大本营担任旅队总管，而我总在路上。没有人在我面前对他有过任何微词；但他一离开，我就注意到情况的变化。人们情绪更高，工作中充满乐趣，高兴而满足。

我让伊斯拉木·巴依带走一个很重的邮件包。仅一封写给我父母的信就有216页，其实那简直就是一本书。此外还有给瑞典奥斯卡国王和俄国沙皇的长信，此外还有给家乡几个朋友的信，其中包括阿道夫·诺登舍尔德男爵。他在去世几天前收到这封信。他是那种只有死神才能从你身边夺走的朋友。另一封重要的信函是发给印度副王寇松勋爵的，将由麦卡特尼先生从喀什转发。我告知寇松阁下我预期将在这一年的年底抵达拉达克的列城（Leh），请求他允许我在那里取出200英镑的钱款。我还暗示了一下短期访问印度的可能性，请求准许我随身带一名哥萨克去那里。本书另外一章将提到我后来从寇松勋爵那里收到的盛情回复。

11

伊斯拉木·巴依的离去

我选择前往西藏高原的路线是先沿着若羌河的窄谷而上，这是一条以前没有任何欧洲人走过的路。但这条路骆驼绝对无法走，对驮马来说也是极为艰难的。因此，我只得采用以下的安排，即让旅队的大队人马由切尔诺夫、切尔东（待他回来之后）与图尔杜·巴依率领，经过塔特勒克布拉克和巴土盖前往下库木库勒湖的西岸，而我只带几个人沿着山谷向上走。这条路更近，但也更难走。

5月8日，出发的准备都已就绪，80份行李已经在大门外摆了一长排，很快就将放在牲口的背上。这支规模极大的旅队是我所率领过的最大的旅队，实际上也是欧洲人带进西藏腹地的最大的一支旅队。它被分为几个部分，各部依次出发。首先是我的盒子与箱子，接着是队员们的物品，然后是帐篷和小船，再后面是各种储备。如果是在海上旅行，或是从离海不远的地方出发，那么将我的收藏品送回家就要容易得多。但是在亚洲的腹地，所有的物品都要从旅行开始的时刻就放在骆驼背上或马背上，在极为不利的条件下运载上千英里。每天早晨和晚上，日复一日，月复一月，都要给牲口装上或卸下这些行李。如果不是达赖喇嘛后来慷慨地伸出援手，我根本就不可能把这一刚刚开始的旅途中所积累的收藏送出西藏。

我让旅队带走那顶宽敞的大蒙古包，因此必须转而使用一顶较小的蒙古包，它由二十根立柱、出烟口和几张白色的毡子组成。直到拉达克之前，这就是我的住所了。当人们将我的物品从一个蒙古包挪到另一个蒙古包时，他们在一个箱子下面发现一只丑陋的大蝎子，它呈稻草黄与灰色。也许它一直在陪伴着我，但奇怪的是它一直没有伤害我。而当我的一个属下给牲口喂稻草时，却被一只蝎子狠狠地蜇了一

图 259　出发前一天在若羌

下，在床上躺了几天才好。

旅队离开了。年纪稍大一些的小骆驼跟着他们的妈妈，但最小的则被裹在毡子里，高高地放在我那头老骆驼的背上两个箱子中间。它的母亲紧跟着它，发现它在那里后十分不安。马匹们在休息期间都长膘了，上路后玩起恶作剧来。它们甩掉行李，挣脱控制，奔驰而去。不过由于它们驮的货物只是装玉米的麻袋或类似的东西，这并没有给我们造成太大的损失。驮畜那长长的队伍离开我们那安静的大车店和柳树的浓荫，蜿蜒而去，骆驼的尖叫声和马嘶声一片喧嚣。当我站在那里望着它们时，我为自己能率领这样一支雄壮的旅队而感到自豪，但我的心里也充满了悲伤和惋惜，因为我担心，担心它们中大多数会在这次旅途中送命。而事实上这次旅途的确是我所经历过的最艰难困苦的一次。我们死了两三个人，而其他人，包括我本人，在抵达西藏的另一端时都已筋疲力尽。实际上，我本人有两三次比1895年在塔克拉玛干沙漠差一点就渴死那次还要更接近死神的门口。在塔克拉玛干沙漠里，我的苦难不过持续了几个星期，而在西藏的苦难则是多少个星期中每天的常态。我宁愿再横跨塔克拉玛干沙漠十次，也不愿再像这次一样穿过西藏一次。

切诺夫是旅队的最高总管。图尔杜·巴依是驼队的领班。我给他们的指令是先去阿不旦，然后从那里沿着大家都很熟悉的小道上山。他们在阿不旦要购置五十只羊，并等待切尔东，他将从喀喇沙尔回到那里。那只雄鹿也跟他们在一起，像只狗一样追随着骆驼们。他们有七条狗，包括玛伦基与玛尔其克，它俩都曾与我们一起穿过戈壁荒漠。

他们走后，院子里空荡荡的，大车店显得十分荒寂。现在西尔金做我的贴身侍从，李老爷做厨师，毛拉·沙则照看马匹。我身边只留下这三人。尤达什一如既往地担任我的蒙古包的忠实卫兵。

现在只剩下毛驴队需要派出去。它们将穿过奥伏拉孜萨依（Ovraz-sai），经过喀拉绰卡（Kara-chokka），在巴土盖与旅队大队人马会合。13日早晨，毛驴队的队长多夫列特老人已经准备就绪，他的七十头毛驴都已装好玉米袋，他的十名手下个个配备了粮草和毛皮。于是这些“*tross*”（营地追随者）也走了。我的队伍比以往任何时候都更分散了。我在若羌这里；大队人马正在通往阿不旦的路上；毛驴队正在前往阿斯腾塔格山的途中；沙格杜尔还没有从喀喇沙尔返回；伊斯拉木·巴依则要在夏季最热的几个月中将我的收藏带到喀什去。我觉得自己很像一个将军，需要确保麾下的每一支分队都在掌控之中。

5月14日，一个来自罗布人村寨的男人带着沙格杜尔的口信来到这里，他报告说一切顺利，但沙格杜尔的马匹都筋疲力尽，因此西尔金准备带着三匹备用马去迎接他的同伴；但他还没有出大门，沙格杜尔就已带着他的小旅队骑马进来。切尔东已在车格里克乌依收到我的命令，带着一条独木舟匆忙赶往阿不旦。沙格杜尔圆满地完成了他的任务。他不仅带回一整套我们去圣城朝圣所需要的蒙古行头，而且还带来一个地地道道的活人喇嘛。他叫薛瑞伯喇嘛（Shereb Lama），27岁，是乌尔嘎人①，但属于喀喇沙尔外面的一个寺院。他身披僧侣的红色长袍（很像欧洲的长睡衣），腰间系一条黄色腰带，头上戴一顶中国式西瓜帽。我非常友好地欢迎了他，为的是让他从一开始就感到宾至如归。我立刻开始练起已经忘得差不多了的蒙文。没过几个星期，我就可以很流利地与喇嘛（我们一般就这样称呼他）谈话了。这个人成了我们这支旅队中最有意思的一个人。他只用了两三天时间就变得极有自信，经常向我倾吐他的小忧虑。的确，他甘愿为我牺牲自己的生命——实际上，他没有因为我而丢掉自己的性命，这本身就是一个奇迹。他前一年刚从拉萨回来，在那里的两个寺院研习佛经。与他在一起的还有喀喇沙尔的另外一个喇嘛，他们在路上曾遇到科兹洛夫在柴达木的探险队。这是我在旅途中唯一一次听到关于我这位俄国朋友的消息。

沙格杜尔刚一接触他，喇嘛立刻就表示愿意陪这位布里亚特哥萨克去拉萨，而且把那个圣城的辉煌着实渲染了一番，使沙格杜尔恨不得立刻就能赶到那里。不过他也不是完全没有怀疑我们，还问是否会有个“俄国人”与他们一起去。他说如果是那样的话，他就不能与我们的旅队有任何关联。这对他来说是性命攸关的事。沙格杜尔抗议说，没有任何“俄国人”会与他一起去。只要不是拉萨，无论我想让他去哪里，我们的喇嘛都无二话，而且只要付他两个银锭（20英镑），多长时间都没有问题。我们的喇嘛不时告诉我一些关于圣城及朝圣之旅的事情。其中一条消息就是，在距离拉萨还有十天路程的那一圈地方都有边防军驻防，对所有的过往旅队和

① 乌兰巴托旧称，见第一卷第一章“从斯德哥尔摩到奥什”注。

图 260 骑着金耳朵的喇嘛，用绳子牵着尤尔巴斯

行人严加盘查。简言之，他们会命令所有的人停下，只有当他们的通行证被送到拉萨并得到检查之后，才对他们放行。去年经过我们在铁木里克的营地的那支蒙古人大旅队被扣留了十天时间，而这仅仅是因为关于我们的旅队正在柴达木蒙古人的边界的传闻使西藏人担心有什么可疑的人混在他们的队伍中。

沙格杜尔还带来另外两位来客。他们都是我的老相识了。其中一位是发现楼兰佛寺的奥尔德克；另一位是来自库尔勒的卡尔梅特。因此我们的小旅队一下子增加了四个很有意思的人，我们的情绪也再次高涨。沙格杜尔向我汇报了他的使命经过，将账目交代清楚，并把我给他的钱款的剩余部分（约原款的一半金额）归还给我。其他人都很可能会自然而然地把这笔钱揣进自己的腰包，但沙格杜尔是个诚实和正直的人。贪污这个想法对他来说是完全不可思议的。奥尔德克的身体现在已经基本恢复，他以最令人感动的方式恳求我无论去哪里都要带上他，条件由我来决定。他前一年离开我的理由是他当时正患着一种恶性疾病；此时他告诉我，那并不是实话。

真正的原因是伊斯拉木·巴依威胁他，如果他胆敢在铁木里克露面就杀了他。现在可怜的伊斯拉木不在了，关于他的负面新闻似乎有些山雨欲来的兆头。我按照以前的条件雇佣了奥尔德克，让他去追赶毛驴队，然后去库木库勒湖。

接下来轮到卡尔梅特，但在他说话之前，我先问他是否能帮我个忙。当然他很愿意。我是请他借给我10锭银子，按当时的汇率这相当于100英镑。一小时后，他在我的帐篷里点出银子后交给我。若不是这些钱补充了我的金库，到了西藏南部后我的情形就会极为困难。根据我的口授，卡尔梅特用察合台突厥语给彼得罗夫斯基总领事写了一封信，我在落款处签了名。这是一张注明金额的借据，将按照里面注明的时间偿还。

最后一切都已就绪，我们将于次日（5月15日）早晨出发。但命运却另有安排。到了早晨五点钟，天气发生了变化，下起瓢泼大雨，滚滚的雷鸣声在山间回响，这个背景倒是与那天晚上等着我的那个令人伤感的意外挺匹配的。

不幸的伊斯拉木·巴依头顶上又积聚了新的乌云。卡尔梅特抱怨说，伊斯拉木在库尔勒向他借了27萨尔（约5英镑5先令）；当他提醒伊斯拉木这笔借款时，伊斯拉木对他报以辱骂和嘲笑。他接着说他有充分的理由认为我也被伊斯拉木骗了。我不知道他是什么意思。伊斯拉木！不可能！这个与我同甘共苦五年的人，这个在沙漠中与我并肩直面死神的人，这个多次显示了忠诚的人，这个因忠实而得到我的国王的金质奖章的人！不可能！我无法相信，也不愿相信。但是我在若羌谨慎地调查了一番后，一些我不能无视的情况开始水落石出。沙格杜尔在若羌曾看见他从一个来自博卡雷克的淘金者那里买了价值165萨尔（约33英镑）的黄金，但没有干预，因为他很自然地猜想那是按照我的指令而做的。西尔金和奥尔德克都被他骗过，一个人被骗了16萨尔（约3英镑3先令），另一人被骗了10萨尔（2英镑），但他们两人都不愿因为这事儿来打扰我。可以说我是纯粹通过偶然才发现事情的真相的。以前我曾请卡尔梅特购置白糖和其他物品，然后给我们送来。回到大本营查阅他的账目时，我发现数字高得离谱。不管伊斯拉木有何解释，他必须承认，这比正常的数字高出了23萨尔（4英镑10先令）。于是我让人去找卡尔梅特的兄弟，若羌的一位商人奥斯曼·巴依（Osman Bai），向他透露了我的一点想法，对他说他的兄弟可能是个不老实的人。奥斯曼为他辩护，以一切圣灵的名义恳求我不要相信诽谤。当他发现无法说服我时，就派了一位特别信使去库尔勒见他的兄弟，让他火速赶来，否则将遭受严重的伤害。于是卡尔梅特就与沙格杜尔一起赶来了。当他们在铁干里克附近遇到伊斯拉木时，伊斯拉木很不安，说他受命告知哥萨克们我已经更改了计划，如果他们想找到我，就必须走经过阿不旦和祁曼的路。如果他们信了他的话，就要等6月初到了库木库勒湖以后才能见到我。伊斯拉木的如意算盘当然是此时他已在通往喀什的路上走了很远了。但布里亚特人像真正的士兵那样服从命令。他们懂得，他们做任何事都必须有我本人的书面或口头命令，而幸运的是，就在几天之前，我曾通过中国邮政系统给沙格杜尔发了一封信，因此他没有理会伊斯拉木的小动作，而是直接回到若羌。

我对这一切进行的初步调查耽误了我们两三天时间，当我们最后终于出发时，那位领事代理陪着我们走完第一天。当他返回库尔勒时，他给总领事带了一封信，要求他在伊斯拉木·巴依抵达喀什时将其逮捕（伊斯拉木是俄国子民）[①]，并对他的一切物品进行搜查。如果他在这些物品中发现任何金银，就将其扣留。

但是，在说到伊斯拉木在喀什的遭遇前，让我先说明一下他的确是自作自受，罪有应得。我到达库木库勒湖与大队会合后，立即把我的属下一一召来，挨个盘问。除了一人之外，他们都被他骗取过钱财，有的人多一些，有的人少一些；加起来，他们一共被骗走12个银锭（120英镑）。切尔诺夫是他们中间唯一没有被骗的。我还发现，伊斯拉木·巴依从我这里贪污了9个银锭，其中大部分是他在上次购置骆驼时揣进腰包的。另外我曾在英格可力为我的属下购置了大量的突厥斗篷、皮毛和靴子。这些东西倒是都分到他们手里了，但我发现伊斯拉木让他们每个人都交钱，并把收上来的钱都揣进了自己的腰包。我承认，奇怪的是我居然从来没有注意到自己为这种流氓手段所欺骗。但这件事也不难解释。首先从我的金库里付出的每一笔钱都如数进账了，没有什么是直接从我这里偷走的。伊斯拉木不会蠢到那个地步。但是每次大宗的采购（补给、骆驼、马匹）以及大家的薪酬都要经伊斯拉木之手，因此他有机会从中扣减，少付给供应商他们应得的金额。从未有钱从我的钱库流走。我总是知道支出多少钱和还剩多少钱，每一笔都入了账。遭殃的是那些本地人。

① 作者这里显然是指当时沙俄帝国在新疆对俄国侨民具有领事裁判权。——译者

你也许会觉得受骗的人里竟没有一个人来向我举报，这实在不可思议。的确，回过头来看，我本人对此也颇感惊讶。但伊斯拉木是个强壮的大个子，穆斯林们看见他总是觉得矮三分。他们对他就像对一个亚洲的专制君主那样提心吊胆，从不敢多言，而是默默地接收他愿意给他们的东西，尤其是如我在库木库勒湖听到的那样，他威胁要打碎任何敢于向我抱怨的人的头。因此当他还在身边时，这些人都不敢讲话。但现在他不在了，真相就露出水面。他们哭诉着说："啊，天呐，有多少人因他而哭泣！"

在渡船上和穿越且末沙漠这两次旅行中，伊斯拉木在我眼皮下效力时，他还是1893至1897年陪我走完全程的那个可靠忠实的仆人。正是因为这个原因，我挑选他来负责我的大本营，而没有在我那些长途旅行中把他带上。当我从这些旅行中返回时，没有人向我作出过任何抱怨，一切似乎都很正常。我们总是不在一起这个现实在很大程度上解释了为什么我从未注意到任何不正常的情况。除此之外，我一直都没怀疑过他，我一直给予他最高的信任，从这一点来说，我对他的最终遭遇负有责任。我很快就从心理上找到他堕落的原因。三年来他一直是我的旅队总管。我把他从一个在奥什与喀什之间走商队的马夫提拔为一个旅队的队长，这是因为他以堪为典范的忠诚为我效力。在这次旅途中，他也一直是我的左右手，直到哥萨克们到来。当然他们比伊斯拉木要有用得多，因此我自然更看重他们的陪伴。所以，当哥萨克们担负起更多照顾我的职责时，伊斯拉木则承担起管理穆斯林们，以及管理营地生活这项更艰巨的工作。他为自己被"不信仰真主者"挤到后台而感到不快。我敢肯定，他是这样想的："如果我给他们让位，那我至少要得到一些补偿。"于是他开始在英格可力侵吞公款，一直继续到我们搬到若羌后。我一度曾很可怜这个可怜的家伙，下决心尽一切努力减轻他的惩罚，尤其是因为穆斯林们一般都会夸大他们的指控。但是，哪怕他们对他的指控只有一半是真的，也足以把他送到西伯利亚了。但我无法忘记，他在塔克拉玛干沙漠为我节省了23个银锭（200多英镑），而且很多次为我提供了出色和宝贵的服务。

但与此同时，又有几桩令人不快的事暴露出来，使我对他完全硬下心来。在英格可力他找了三个年轻的"妻子"，其中一人是米拉卜的女儿，伊斯拉木为了娶她花了100萨尔（15到20英镑），而当时他的薪水还不到30萨尔。他在且末逗留的那十二天，当我正在前往安迪尔的强行军途中，他又娶了一个老婆，然后在若羌又娶了一个。当他从一个地方搬到另一个地方时，就把这些女人一个接一个地甩掉；而现在他最后将要前往喀什了，就与她们全都一刀两断。最糟糕的是同时他在奥什的家中还有原配妻子和五个孩子。要知道，养活五个老婆可是很奢侈的一件事。首先，你必须有现金买下这个女人，然后你还要给她购置衣妆，满足她对中国丝绸和其他东西的要求；最后，还得养活她，或许还有她的父母。这最后一项需求显然可以从我这儿搞到。所以实际上是我，而不是伊斯拉木，承担了这笔费用。

也许，我最好在这里交代一下他的结局。伊斯拉木到达喀什后，彼得罗夫斯基总领事检查了他的物品，但没有发现多少现金。不过他搜出的那些钱都还给了失主。伊斯拉木被允许保持自由，但不得离开喀什。当我于1902年5月抵达那个城市时，他仍然没有找到工作。他跑出很远来见我，扑倒在地，眼泪汪汪。我由衷地可怜这个人，他看上去非常苍白憔悴，明白他把自己的一生给毁掉了。我真诚地恳求他在将要在喀什进行的审判中把事情的真相一五一十地说出来。如果他这样做了，他就能逃脱惩罚。但如果他撒谎，我就撒手不管了，让他自己去面对“仁慈”的俄罗斯法律吧。他承诺他将遵循我的劝导。如果他在这次旅行中同上次表现一样，他将在自己的故乡成为一个体面人物。他的名字将传遍整个中亚。但现在他的名字成了坏人的同义词。在审讯中，证人们受到盘问时，伊斯拉木冰冷僵硬，固执地否认了对他的每一项指控，连哪怕是最明显的小错误都拒绝承认。他反而起誓这一切都是彻头彻尾的诽谤。我提醒他，坦白是符合他的利益的，但都是对牛弹琴。没有任何人出来为他辩护。他被命令去奥什向赛特谢夫上校报到，在那里将根据俄国法律对他宣判。他的盗窃行为触犯了俄国刑法典，而他的不道德行为则触犯了沙里亚法，即穆斯林的习惯法，因此法院宣布他应流放西伯利亚，但他的实际惩罚被减为三个月监禁。由于我的特别斡旋，又被减为十四天，因为他还要应对穆斯林们。俄国当局曾经承诺为表彰他对我的服务，将会允许他穿镶金边的长袍；这些特权以及许多其他的荣誉都因他的傲慢与愚蠢而丧失殆尽。伊斯拉木的故事就这样结束了。我再也没有见过他。

这整个故事的道德训诫是，永远不要轻信别人。你可能觉得对于这么个为你忠实服务了这么多年、获得了这么多恩惠的人，应该完全信任。但有的人不是这样，他们总觉得你是个外来者。也许在道德层面，他们好像是处于比较低的水准，但不应对他们进行过于严苛的批评。他们的生活条件实在是太差了。蒙古人比他们要好不少。如果你有幸能有哥萨克同行的话，那只要再雇几个力工就够了。不过，我的随行人员当中也有很多是一流的，例如图尔杜·巴依、霍代·库鲁、库特楚克、奥尔德克，但他们也从没受过什么强烈的诱惑。

第九编

从北向南穿越西藏：在云间旅行

12

翻越群山去库木库勒湖

5月17日，我终于能够再次上马去进行一整年的漫游，对亚洲中部的广袤荒野进行考察。我出发时又充满了勇往直前的决心，对探索这个大陆上最难以接近的那个地区充满了期盼。如果我的计划能够成功，那么相对而言那个地区就很少有我没去过的地方了。我对这次旅行抱了很高的希望，但也完全清楚，这将是我所经历过的最艰难的一次。但是困难自有其吸引力。在日复一日的艰苦奋斗中，一想起正在"高山另一边"等着我的那些探险之旅，我就会热血沸腾。

但就在离开这个沙漠边缘的好客小镇时，我们发现了一件很令人不快的事。我们出发前一天的下午，一支由十名蒙古朝圣者组成的旅队从塔尔巴哈台(Tarbagatai)[①]来到这里。他们有十一匹马和十二头骆驼，把帐篷搭在离巴扎不远的树林里。沙格杜尔和我们的喇嘛曾在喀喇沙尔见过他们，知道他们是去拉萨。而那些蒙古人也知道附近有一支大型旅队。因为他们中间有两三人会讲突厥语。当然我们要想出发时不被人看到是不可能的。当西尔金骑马带着马队路过他们的营地时，他们就直截了当地问他去哪里。他回答说他是在前往拉达克和喀什的途中。沙格杜尔、喇嘛和我都非常怕被他们看见。他们两人一大早就出发了，往西边绕了一大圈，而我则沿着河床往上走。陪着我的有卡尔梅特和那位值得信任的老绅士，若羌的托格达辛长老。就是他曾经带着我们穿过艾特克塔里木河床。不过，绿洲的树林一旦从视线中消失，我们就与沙格杜尔和喇嘛会合了。不管怎样，那些蒙古人没有看到

---

① 即现在的新疆塔城。——译者

我，因此如果我们又在关键时刻相遇，他们也不会认出我来。

但是有什么必要对这队和平的蒙古人这么小心呢？他们连一只猫都不会伤害。原因是：他们将在我们之前抵达拉萨，肯定会报告当局我们正在前往那里的途中。他们的骆驼已经很疲倦了，他们将要走很长时间才能到达柴达木，在那里他们通常还要把牲口换为马匹。但即使把这个时间也算进来，他们一路也将比我们更为轻松，走得更快，因为我们计划穿越西藏条件最恶劣的地方。尽管我们极为小心，但我的担心最后还是应验了。

这次和我一起翻越昆仑山系北部山脉的这支旅队包括沙格杜尔、西尔金、毛拉·沙和李老爷，此外还有喇嘛和一位向导。我们带了十二匹马和狗儿尤达什。巍峨的群山在我们面前高耸入云；东南方向就是若羌河流出的那个山谷。南边则伸展着我们首先需要跨过的库鲁克萨依（Kurruk-sai）和克鲁姆鲁克萨依（Korumluk-sai）。河流穿过阿斯腾塔格最北边支脉的那条沟谷太深，路太难走，无法上去。太阳炙热，蠓虫穷凶极恶，但我们一进入那一直延伸到山脚下的贫瘠荒野，它们就无影无踪了。我们可以看到左边远处有几个孤零零的人骑在马上望着我们。他们是蒙古人。

我们扎营的第一个地方叫依格德里克土盖（Yiggdelik-tokai），位于若羌河左岸，河水呈浑浊的红色，在一条130英尺深的深沟下面翻着白沫滚滚流下，两岸是砾石形成的陡峭悬崖。我们沿着一条惊险万分的小道走下悬崖，来到水边。尽管下午一场狂烈的暴风雨袭来，温度骤然下降，一直担任我们的向导的卡尔梅特和托格达辛长老就在这里离开我们，原路返回。

次日早晨天气清新凉爽，我们发现还是穿上厚衣服更保险。出发不久后，我们就走进“石头谷”那充满回声的峡谷，两面都是悬崖，由一条条黑红相间的花岗岩和坚硬的黑色片岩组成。前方的视野多半为光秃秃的嶙峋石峰挡住，尽管我们偶尔能在一连串的侧谷上方看到一幅群山的雄伟景象，山峦越来越高，层层叠叠，凸起的石峰、山顶和山峦搅在一起，接近山顶的地方偶尔悬挂着如画的雪坡。深谷的底下遍布大块的石砾，以及大大小小的花岗岩碎块，这使骑行极度困难。到处是红柳和石楠，在一个地方，即托格拉克布拉克（Tograk-bulak），有几株孤零零但十分美丽的绿色杨树。夜里下的雨产生了一条潺潺的小溪。我完全被这世外桃源般的景象迷住。我们在单调且寸草不生的沙漠里度过了漫长的冬天，现在让目光再次落在千

图 261　若羌河谷的营地

变万化的群山上，听着悬崖间回荡着我们的声音，感到自己的胸肺因山里的清新空气而张开，而不再裹在那无休无止的沙尘中，这一切真让人心旷神怡。

有时这条山沟非常窄，我们不得不爬上从两侧探出来的低矮山梁。现在我们是向东走。骑马翻越一片自成一体的小山岗后，我走进若羌河的主河谷。大雨使河水高涨，在峡谷尽头附近的一个急转弯处，我们在一棵孤零零的杨树下扎营过夜。我们必须在这里待一整天，等待我雇来驮运喂马的玉米的十匹毛驴陪我们去库木库勒湖。不过没有人反对在这样一个美丽的地方耽搁一点时间。我们都有很多事情要做，而且这里有用之不竭的草场。此外，我们没有必要着急。我们总会在行动迟缓的骆驼到达之前赶到会合地点的。

毛驴队天黑之后赶到。第二天我们再次踏上征途。我们面前是一段陡峭的山路，需要爬上深切的山沟，两侧是灰色的花岗岩峭壁，有的地方下面长期受到洪水怒涛的剥蚀，上面探出来犹如拱顶或房顶一般。我们知道我们至少要跨越若羌河十六次，因此一刻也不能放松警惕。路上遇到一位牧羊人，他带来的消息一点也不令人鼓舞。他的马在溪流里跌入水中，他失去了它所驮运的所有面包、玉米和衣服。河水在这里达到每秒318立方英尺的流量，在冲刷得光溜溜的大石头之间轰鸣着翻卷着浪花。但幸运的是，我们由于小心谨慎，没有出现任何意外。穆斯林们穿的衣服较少，每次都先下水探路，然后我们才蹚水过河。驮运最珍贵的物品的所有马匹都被一匹匹地小心牵过河。在一处过河的地方，我们带来的两匹骡子之一拒绝追随其他牲口，而认为它可以从旁边一点的地方过河。结果它跌倒后被河水卷走，在下游很远的地方才扑腾着爬上一片碎石河滩。哥萨克们没脱衣服就跳进水中，帮它站立起来，但它的驮包却找不回来了，幸亏里面装的只是面粉和大米。不幸的是我们现在被笼罩在大雾中，在微弱的下午光线中，一座座山峰犹如香烟缭绕的庙宇房顶那样消失了。实际上，我们宿营的那个地方叫买其提（Mesjid或Meschit-sao，意思是“清真寺谷”）。

第四天，我们离开若羌河，走上一个侧谷，它比前一道山沟更窄更荒芜。最后它变得如此狭窄，我们只得下马步行；在一些地方我们真的需要手脚并用地往上爬。要使驮运货物的马匹爬上这些陡峭的地方可是一件极为困难的事：它们的驮包不断地滑到后面，或掉到肚子下面，需要我们不断摆正。在石头地面上很少能看到任何

图 262　若羌河谷的最后一个急转弯，就在上一幅照片下面一点的地方

道路的痕迹——实际上，这条路鲜有人涉足。我们曾在悬在头顶上的石峰上看到三只野羊；但距离太远，哥萨克们无法用枪射中它们。最后我们抵达下一道山脊上的一个深深的缺口，称为亚曼达坂（Yaman-davan，糟糕的山口）。这个名字真是恰如其分。它的顶部如此陡峭崎岖，每次只能过一匹马。山口的两侧都被峥嵘的峭壁锁住。山口的东面，下坡平缓多了，地表覆盖着土壤，长满了草。空气再次变得清澈起来。这里风景如画。关于气温我们也没什么可抱怨的，在山口顶部温度只有2.6摄氏度（36.7华氏度）。

第二天，我们继续赶路，沿着一条新的峡谷向上走去。起初峡谷很窄也很难走，有一个地方完全被花岗岩的碎石堵住。我们不得不把行李从牲口身上卸下来，大家一起努力，将它们逐个拉上一道十二三英尺高的石槛。但过了那个地方以后，山沟又宽敞起来，路也好走了。除了山鹑和"山燕"之外，我们没有看到任何动物的迹象。两三匹马与一头骡子因为道路坚硬多石而显得步履蹒跚。那天晚上我们在一个叫托尔克里克（Tolkolik）的地方扎营过夜，那里的温度只有5.4摄氏度（41.7华氏度），而夜间降到零下6摄氏度（21.2华氏度）。仲夏时分的冬天！那一年我的夏天也就持续了六个多星期一点。

5月23日，我们走了很远的一段路，十分疲倦，最后来到一片开阔的高原，这里事实上是一片高山草甸，有些地方覆盖着前一年留下来的已经枯萎的草。我们翻越了最后一道边界山脉，已经身在西藏高原了。现在开始偶尔会出现一两头藏野驴。欢迎我们到来的是浓密的乌云，它们不时把裹挟的雨水和雪花倾倒在我们头上。接近夜晚时，我们骑马走下一条夹在石壁中的沟壑，来到一个叫哈谢克里克（Hasheklik）的地方，就在我们的老朋友若羌河的对岸。这里的河水流量较小，呈一种独特的奶白色，这显然是因为它或者是发源于或者是经过了某种白色的碎石。

喇嘛身披红色长袍，腰系黄色腰带，头戴蓝色小帽，是我们这支旅队中最引人注目的一个人。下雨时，他用一顶蒙古"*bashlik*"（兜帽）来保护那顶小帽。他已经同沙格杜尔和我都建立了亲密的关系，但与其他人仍很陌生，因为到这时为止他只会讲几个突厥语的词汇。但他学东西很快，不久就开始能懂一些了。在这长时间的行军途中他一般都心事重重，但我不知道他想的是什么，除非他想的是他结伴而行的这些人是多么奇怪。让他把视野从僧侣的虔敬转向观测天文和绘制地图这类实用的事物真不是一件令人开心的事。他显然把我当成一个奇异的人，对我坚定不移地信任，甚至流露出某种程度的爱戴，令我感动。他完全明白，尽管我们是陌生人，但绝不会伤害他。每天下午他教我蒙古文，我写下一个词汇与短语的单子，到第二天就基本背熟了。我很少有过这么令人愉快的老师。他非常殷切地希望我能尽快学会他的语言，这样就能同他讨论他最感兴趣的事情。

我们让马匹在哈谢克里克的草地上休息了一天，不过天气却是冬天般的阴冷，风雪交加，还有冰雹，所以根本不可能在外面工作。因此我把喇嘛唤来谈话。无论将来发生什么，我不希望他会觉得我用欺瞒的手段引诱他参加一次疯狂的冒险。我想在他的名誉受到损害之前给他一个返回故乡的机会，如果他想那样做的话。所以我想最好在我们走得更远之前就告诉他我希望化装成蒙古人跟着他和沙格杜尔一起去拉萨。这消息使他极度不安，他企图说服我这根本行不通。没有人敢碰我和沙格杜尔，但是作为一个喇嘛，他肯定会丢掉性命。他并不怕达赖喇嘛，或那个城市里的蒙古或汉人朝圣者，但他害怕把守通往那里的道路的西藏人。

他说："即使他们不杀我，他们也会毁掉我的喇嘛生涯；我将会被视为一个给欧洲人带路来拉萨的叛徒。"

但即使他的决心有所动摇，他仍建议整个旅队应该直接前往那个城市。能够发生的最糟糕的事情无非是我们被坚决但客气地挡在门外。如果是那样的话，他就可以假扮为一个突厥人，而他在拉萨的朋友们也就不会怀疑他与我们是一伙的。但当我坚持要按照原计划行动时，他建议我应该自称是一个乌梁海人（Urankha），这是一个居住在阿尔泰山里的民族，他们信奉喇嘛教，但讲的是一种类似察合台突厥语的突厥语方言[①]。我的察合台突厥语倒是很流利。

我们用了一整天讨论这个问题，结束时，喇嘛变得非常烦躁不安。不过他同意陪我们走到库木库勒湖。我向他承诺，如果在那里他想回家，就请自便。反正有一些赶驴的人也要从那个湖泊返回，他可以同他们一起回若羌。他说，他害怕低地的夏天，宁愿去祁曼。我立刻就看破了他的心思：他想去加入那支蒙古旅队，与他们

① 乌梁海人即当今的图瓦人，是居住在西伯利亚与蒙古国阿尔泰山地区的一个古老民族，血缘上接近蒙古人，但语言属于突厥语系，目前有少数人居住在中国新疆阿勒泰喀纳斯地区。——译者

图 263　恩库尔鲁克（Unkurluk）的营地，从侧谷向上看

一起去拉萨。在那里只要他稍不留心，就会被人诱使把我的计划全盘道出。我必须不惜一切代价阻止这件事。无论我们是否企图进入拉萨，他对我都有非常重要的作用。我在西藏需要一个翻译。如果我不希望穿过西藏未知地区的漫长旅途失去一半的意义，就必须同沿途遇到的人交谈。这是非常重要的。我把这一点解释给喇嘛。他立即看出我是正确的。最后，我向他建议，他可以同旅队一起留在后面，而我和另外两名布里亚特哥萨克人自己前往拉萨。但这对他也不合适：他不是没有自己的雄心，也不是一个懦夫，正如他以后几次证明的那样。

这以后的几天里，他沉默无言，情绪低落，独自骑行，显然是在想自己结伴而行的这伙人比他原来想象的要更奇怪。从这时起，他与沙格杜尔不像过去那样友好了：他认为沙格杜尔应该在他们离开喀喇沙尔之前就把我的秘密目的告诉他。当然他这样想没有什么不对的。我向他解释，沙格杜尔是按照我的明确命令而行事的，如果他一开始就明说有个欧洲人正在考虑乔装前往拉萨，那么整个蒙古也不会有一个喇嘛接受他的邀请。这以后，无论是当我们沿着山谷骑行时还是黄昏时分停下来以后，我们每天都一起讨论前往拉萨的计划。喇嘛真的是做出了一种精神上的牺牲。我非常享受他的陪伴：他是我所认识的最好的人之一。从虔诚、泰然自若和心地善良这几方面来说，他很像金（Kim），吉卜林塑造出来的最好的角色之一。就目前而言，我们达成了这样一个安排：他将陪我们一起去库木库勒湖，然后再做决定。那时他就会像站在岔路口上的赫拉克勒斯（Hercules）①：要么他可以回到喀喇沙尔寺院里他那安静的小房间；要么他就得下决心面对许多非同寻常（甚至可能是危险）的经历。

接下来的几天里，我们跨越了几条流向西北汇入若羌河的小河。我们在漫天的暴风雪中抵达恩库尔鲁克那个形如大锅的山坳之后，看到周围山坡上散布着几群绵羊。但尽管哥萨克们把附近找了个遍，却没有看到任何人类的痕迹。再往上走一小段，我们在一条侧谷的入口处停下来，那里有很好的牧草，但没有水。空气变得明澈一点后，我们看到两顶帐篷和十来个人。哥萨克们骑马去找这些山里人买一些燃料和牛奶以及十来只绵羊。他们了解到，这里住着十八个牧羊人，放牧从且末赶过

① 希腊神话里的大力神。——译者

来的绵羊与马匹，冬天就住在毡垫半遮半掩的可怜兮兮的土窑洞里。这个地区有大量的禽类和其他动物——岩羊、野山羊、野牦牛、熊和狼。但从去年秋天以来，牧羊人就再没看见过野牦牛：这些动物夏天喜欢待在较高的地方。山坡上到处回响着山鹑互相应和的啼鸣。哥萨克们出去打下来一些。那天下午大雪纷飞，我们再次回到严冬。

5月27日我们离开时，寒冷刺骨。我们在这里告别了若羌的向导和五头毛驴（它们背上的玉米已经用完），换上了三位牧人以及十几只瘦骨嶙峋、没有肥大尾巴的绵羊。我们现在所处的位置海拔很高（12 458英尺），这从呼吸困难这一点可以看出，尽管到这时为止还没有人出现高山反应。

第二天，我们翻越了四个较为平缓的次级山口，跨过一片上下起伏、覆盖着白雪的地带后，来到卡尔雅格第（Kar-yaggdi）山谷。这里有一个泉眼，里面冒出极为明亮的泉水。白雪覆盖的群山挡住南方和东南方的视野。山谷缓缓地升高，走起来一点都不费力，一条小溪分成几个河汊从谷底的中央蜿蜒流下。这条小溪来自新近落下但已融化的积雪，溪水被附近已风化成碎片的砂石染成红色。那以后不久，我们翻越了一道山口。它虽然很平缓，却具有极为重要的地理意义。它是塔里木盆地与祁曼山谷的分水岭。它的海拔是13 383英尺，山上铺着厚厚的积雪。

我们通过一条伸向东南的开阔山沟来到宽阔的祁曼山谷。皮亚孜力克山那白雪皑皑的山脊展现在我们面前，极为壮观。这里现在比去年10月要更冷一些，更像冬天；虽然现在是夏天，所有的山峦，除了最上面的石峰，都是银装素裹。我们在小溪的左岸扎下营地。小溪的下游连接着托格里萨依。

沙格杜尔在这里突然病得很厉害。他的脉搏达到134下，体温升到38.6摄氏度（101.5华氏度）。至于我本人嘛，我的体温即使在13 000英尺或更高的地方也很少超过36摄氏度（96.8华氏度）。我们必须在这里停留一天以照顾病号。西尔金带枪出去打回两只藏羚羊来，这样我们就能让我们的绵羊再多活几天。在这个季节里，藏羚羊都很瘦，因为新草还没有长出来。到了秋天它们的肉会更加肥美。30日，沙格杜尔觉得好些了，坚持我们应该继续赶路。我们跨过托格里萨依的宽阔溪水，走入那个伸向东南方穿透皮亚孜力克山脉的纵谷。天气极佳，湛蓝的天空上没有一丝云，新落下来的雪差不多都已融化或蒸发了。

图 264　从恩库尔鲁克牧人那里买羊

沿着侧谷向上走了很大一段路后，我们还没有看到我们的病号和喇嘛，于是我派李老爷去看看他们怎么回事。过了一会儿，他们三个都赶上来，沙格杜尔感到头晕眼花，勉强骑在马鞍上。我从一个储存动物标本的瓶子里倒出来一些酒精，给他做了一杯掺水烈酒，然后用毡子把他裹起来，直到他大汗淋漓。到了晚上他明显有所好转，体温降到37.2摄氏度（98.9华氏度），脉搏降到112下。除了这种酒精，我没有带任何烈酒。这里我得夸奖哥萨克们和我的其他属下一句，他们中间似乎没有一个人想喝酒。在旅队中烈酒不是什么好东西，它很容易导致纪律涣散，削弱人们的力量。我们在这里又休息了一整天，这样我们的病号就能有机会彻底恢复；等我们抵达库木库勒湖时，他已经好很多了。

我们抵达湖边时已是6月1日。第一次从远处看到它明亮湛蓝的辽阔湖面时我们正朝着东南方向行进，地面很好走。在东面，卡尔塔阿拉南山的巨大山体展现在我们面前，它的雪峰在暗影中闪烁着白光。每一条水道和沟壑都是干涸的；此时这个湖泊没有任何溪流注入。因此我们费了很长时间去找水。最后一个牧羊人指给我们一个地方，他认为我们在那里挖一眼井或许能够得到淡水。他还真猜对了。这一片地区有大量的藏野驴和藏羚羊。

按照事先的约定，我们在这里等待旅队。我们等到6月2日，又等到6月3日；但旅队还是没有露面。强劲的东风在库木库勒的湖面上掀起很大的波浪。打破荒野寂静的唯有风儿那单调的呜咽声。我们不时被一团尘雾笼罩；但即使雾散时也无法看到湖的东岸。这风犹如海风一般清新凉爽；实际上，当它带来一阵阵冰雹或飘雪时，就有点太凉了。那些牧羊人已经完成他们的任务，现在急于回家。他们把还剩下的三袋玉米在哥萨克们的帐篷边上放妥后就动身了。他们日复一日，年复一年地在这群山中游荡，为别人放羊，我简直无法想象还有什么样的生活能比这更枯燥。可是这些牧羊人很乐天知命，一点小事就能让他们笑得前仰后合。对我来说，等待旅队两天时间就够让人不耐烦的了。我开始猜测是否出了什么事，尽管我知道旅队有切尔诺夫、切尔东和图尔杜·巴依这些可靠的帮手替我照管。

与此同时，沙格杜尔得到按摩与冷敷治疗，身体逐渐恢复。西尔金骑马去湖西北边我们去年的营地，测量我的路线的一条控制线。他在那里留下一个标记——一块木头上画了一只手，它指向西面我们营地的方向，以防万一旅队从那个方向走到湖边。

6月4日是个晴朗的日子，大气极为清澈，因此我们可以一直看到卡尔塔阿拉南山脉的两端。它的顶峰似乎缩小为针尖那么大。湖面上色彩骤然一变，浅绿色中夹杂着一条条白色的浪花。马匹在离营地有一段距离的地方吃草，多数人在睡觉；但我们的喇嘛却一直在眺望着等待旅队。他对我的望远镜非常感兴趣，很喜欢用它。我正在我的蒙古包里工作，他忽然进来说他觉得他看见旅队过来了。我拿起望远镜一看，果然是他们在山脚下——一条长长的黑线，后面跟着几个小黑点。那一天大家没有再干别的，都忙着观看行进中的旅队。

距离仍然太远，他们无法看到我们的帐篷，但他们没有朝我们的营地直接走来，而是往正东方向去了。然后，让我们大为惊讶的是他们竟然停下来，把行李卸了，然后把骆驼放出去吃草。我派毛拉·沙去找他们。最后我们看到一个人骑马出来迎接他，两人一起往营地去了。然后骆驼又被赶到一起，旅队再次出发，长长的队伍蜿蜒着，犹如一列绕过山谷尽头的火车。随后，东边的小山岗中间出现了一个

图 265　驮包在库木库勒湖边堆起来

孤零零的骑马的人，疾驰而来。这是库特楚克。旅队的领队切尔诺夫两天前派他先行一步，来报告他们的到来。库特楚克看到了西尔金在湖的北岸安放的标记，马上就明白了它的意思。他骑的是我从喀什带来的那匹老马，带来的都是好消息。

与此同时，旅队以整齐的队列向我们走来。两位哥萨克拍马上前，对我行过军礼，然后报告一切正常。无论是人员还是牲畜都处于最佳状态。不过有一头骡子因不适于干活，被留在巴土盖。我把它送给了一些即将返回的人，看看它是否对他们能有些用处。接着到达的是毛驴队，由多夫列特队长率领。在这支混杂的队伍后面跟着一条藏野驴，在一团烟尘中冲着我们的营地直奔而来。但当它发现自己正往虎口里跳时，就掉转方向，朝西边奔驰而去。

接下来轮到带着骆驼而来的图尔杜·巴依；它们个个膘肥体壮，一副调皮样，显然很喜欢山里凉爽的空气。能够摆脱低地那令人窒息的炎热与要命的蚊虫，它们的喜悦是很容易理解的。途中休息时，人们制作了白色毡毯来保护它们不受剧烈温差的伤害。那三头跟在妈妈后面的小骆驼披着白毡毯的样子十分可爱，实际上，最小的那一头蹦来蹦去，一点也没有疲劳的样子。当它初次遇到高山缺氧的空气时才刚出生几天，因此它的肺很快就适应了。我确信正是出于这一原因，它比其他两头小骆驼都更有韧性，比它们活的时间都长。那头一直追随着骆驼的雄鹿也长膘了。它只有一个缺点：它玉米吃得太多，却碰也不碰山间的黄草。

队列的最后是驮运行李的马匹和赶马人。每个分队都从我与站在我身边的哥萨克们面前走过，每个人走过时都客气地向我们行礼致意。整个队伍的检阅过程用了不少时间。然后他们搭起帐篷，并把行李堆放在我们营地的南边，把驮包摆成一个圈做羊圈。我们现在有一大群羊。在路上它们都老老实实地跟随着来自库车的大公羊万卡（Vanka）。这只公羊自从1899年的秋天以来就一直跟着我们，当我们一年后回到喀什时，它是整个旅队幸存的唯一动物。

当营地全部建好后，湖边就像一个生机勃勃的小广场：一群群人围坐在篝火旁闲谈，牲畜们散布在贫瘠的荒原上，尽可能找点什么可以啃的东西。与此同时，湖水拍打着湖岸，一阵东风席卷而来，将湖面搅得浪花翻滚。滂沱大雨倾盆而下，把我们的营地浇了个透。

我们用了一整天时间来为再次踏上征途而做准备。首先，我把旅行箱重新装了

图 266　骆驼们在库木库勒湖边

一遍，以便把我每天都需要的那些仪器和其他物品都放入两只永远放在我的蒙古包里的箱子。西尔金负责照管的气象观测仪器放在一个特殊的盒子里，由他照看。那些很快就会需要的罐头食品则分开装起来。

现在到了需要我们的喇嘛做出最后决定的时刻了。他必须决定是陪我一起走还是回家。他已经做出决定——在李老爷的帮助下。后者在近一年的时间里的工作是无可挑剔的，现在希望离开我，声称他听说他的老父亲在克里雅去世了，他必须回家料理自己的事情。但我并没有把他的话当真，因为当我们还在沙漠中时，这故事他就讲过两次。若不是在若羌已经预支了他半年的薪酬，其实这倒也没什么。说实话，他没有自己跑掉就已经是个奇迹了，因为他骑的是自己的马，而且那是整个旅队里最好的马之一。我们的喇嘛已经下了决心要和李老爷一起走。他的意图是在祁曼山谷或柴达木找到那支蒙古人旅队。但是，当他了解到我不可能允许李老爷回去（尽管我们得盯着他）之后，他却改变主意，来到我的蒙古包，宣称不管发生什么事他都将追随我，哪怕是天涯海角。他的唯一条件是，如果他生病了，我不要抛弃他；我很快就使他确信，他不用在这方面担心，因为即使是我们的牲畜，只要还有一线希望，我们都不会抛弃它们。因此这件事很快就定下来了。没有喇嘛，我们在西藏有人居住的地区就将寸步难行；李老爷的真实姓名是托克塔·阿洪；尽管他有点“神神叨叨”的，却很受大家喜欢。他会讲有趣的故事和各种笑话，直到拉达克为止一直都把自己的工作做得很出色。

最后，我把所有的穆斯林召集到一起，正式任命图尔杜·巴依为骆驼队长（*tugachi-bashi*），任命哈姆拉·库尔（Hamra Kul）为马帮队长（*att-bashi*）。他是一个来自若羌的大个子，身体强壮，带着一个十六岁的儿子图尔杜·阿洪（Turdu Ahun）。我命令其他人在有关牲畜的事情上要绝对服从这两个人的命令。但我没有提升毛拉·沙，因为在前往库木库勒湖的路上，当应该看住马匹时，他连它们已经跑掉了都不知道。还好，到了晚上那些马匹都被他找了回来，除了五匹之外，它们到第二天早晨才又出现。当然，哥萨克们比穆斯林们的地位要高，而且每个人都有特殊的职责，此外还要负责管好所有的杂事。

13

从库木库勒湖到阿尔卡塔格山

第二天是我从开始穿越亚洲中部的跋涉后第一次把整个旅队收拢在一起。现在我们要作为一个整体向南穿越西藏。拔营和装行李的工作进行得非常顺利，因为每个人的分工都很明确。一些人拆下帐篷并重新装好每次露营需要的箱子，其他人将货物装到骆驼和马匹的身上，每一部分准备好了就自行出发。

首先出发的是分为五个部分的骆驼队，每个部分都有自己的领头人。图尔杜·巴依骑马走在前面。正如人一样，有些牲畜也有自己的特点。例如，那三头小骆驼在它们的母亲后面颠颠地跑着。最小的一个只有一个多月大，毫不费力地就走完23.5英里的路程。在较大的骆驼中，那头高大英俊的公骆驼显得尤为突出。1896年，我靠着它穿过了克里雅沙漠，然后我们最近又在若羌把它买下来。那头单峰骆驼纳尔（Nahr）曾与我们一起穿过戈壁滩来到楼兰。它总是戴着一个嚼子，为的是防止它去咬其他的骆驼。两匹被骟了的骡子（*artan*）参加过所有三次沙漠之旅，其中我骑的是最安静的一匹，载着我的仪器箱子。我以前骑用的那头骆驼是抵达拉达克后幸存的九头骆驼之一。

我们共有四十五匹马和骡子，也分为几个部分依次走过，每一部分都有步行的人跟着，以防止驮包歪斜掉下。绵羊跟着万卡，基本不需要照看。我们有八条狗，它们在牲口们周围跑来跑去，又蹦又跳，仿佛这一切都是个巨大的玩笑。至于那头雄鹿，第一天它就病了，无法跟上队伍，也吃不下玉米。当我看到它没有力气与我们一起旅行时，就下令将它宰掉，尽管这样做很痛心；但是我保留了它的骨架。

毛驴们总是最后准备完毕的。我们很快就把它们甩到后面。实际上，它们那天根本就没赶到营地。虽然现在有六十只左右，但只有两三只活到旅行结束时。

这个由牲口组成的长长的旅队，承载着箱子、盒子、帐篷、蒙古包、行李卷和麻袋，看上去颇为壮观。它们踏着缓慢、沉重的步伐，穿过碧蓝的湖泊旁边那荒寂的原野。哥萨克、俄国人、布里亚特人身穿褴褛的军服，他们的毡子绑在鞍子的后面。穆斯林们身穿长袍，戴着小圆帽，赶驴的人简直就像一群衣衫褴褛的土匪或者叫花子，身穿红袍的喇嘛一会儿出现在旅队的这一部分，一会儿又在另一部分冒出来，犹如一个好脾气的精灵。这一切都构成一幅变化多端的生动图景。这使我想起一支前去征服一个新国家的军队。实际上这正是我们的写照。只不过这是一次和平的征服，即将陌生的土地置于人类知识范围之内。但这支队伍能维持多久？经验告诉我，早晚它会消融。我完全知道，这次旅行必将有牺牲者。我一共有三十人，不过其中几人在我们达到阿尔卡塔格山时将原路返回，这包括所有的赶驴人。

我的位置有时是在前面，有时则在队伍的后面；但我的特殊工作一般会占据我的大多数时间，其中最重要的是计划行军路线。

最初我们是往南走，紧贴着湖泊，但很快就因危险的沼泽地和烂泥地而被迫转向东南。然后沿着一条山脊的脚下走，左边是一个大潟湖，里面的水含盐量极高。我们翻越了一个小山口来到山脊的另一面，那里的地面是由松软的土壤形成的。对于装满行李的骆驼来说，这种地表很难走，非常容易疲倦。在那一面，我们直接走到一条小溪旁，它顺着一条很深的沟壑往下流。沟底都是红砖色的稀泥，如果不是因为我们走在小溪的中间，早就陷进去了。尽管溪水在流动，但在某些地方却很咸。骆驼们不断滑倒，跪倒在地上。为了逃脱这个倒霉的陷阱，我们遇见第一条侧谷就赶紧往上走，然后又翻越了一个隘口，跨越了一道山谷，爬上第三个山口。这个隘口周围都被松软的红褐色土壤形成的陡坡围住，它们形成奇形怪状的碉楼和堡垒，使人感觉就像穿过一座古城的废墟。

落日时分，我们在能想象到的最令人沮丧的地方扎下营地（第12号营地）。我们根本就没有指望在这里能够找到草场或燃料，但的确希望能找到水。幸亏到了九点钟左右下起密密匝匝的大雪。我们立刻把所有的杯子和盘子都放在外面，这样收集的雪水正够每个人喝几口茶用。我们让牲口们敞开肚皮吃玉米，因为很显然毛驴们不可能再走多远，最好快点消耗掉它们的负担，总比把这些东西留下来或扔掉更好一些。

雪刚一停下来，尽管天色已晚，我们还是立刻开始工作，并挖了一口井；挖到3.25英尺时，我们发现没有希望就放弃了。但第二天早晨，那里出现了一个很大的水池，大到足够所有的人和狗用的。多夫列特带着他的毛驴队的一半赶上来。那天我们只走了一小段路，以便让旅队的其他部分有时间赶上我们。

切尔诺夫已去前面探过路，现在带着我们向西南而去，穿过坚实的地面。地表上只长着稀稀拉拉的"*yappkak*"草丛，周围布满藏野驴走出来的小道。我们仍然可以看到北面的卡尔塔阿拉南山脉，但山脉这一边的湖泊却被我们前一天翻过的那些小山岗挡住。这时我们对典型的西藏天气已经很熟悉了：狂暴的冰雹后面紧跟着的是阳光灿烂的晴空，四周的地平线上则堆满正在孕育中的厚厚乌云。

我们停下来过夜的顺序与行进中的队列是一样的。只要周围的地形允许，每天晚上的营地都是按同样的格局摊开。在长长的一排驮鞍最边缘是图尔杜·巴依的帐篷，哈姆拉·库尔、毛拉·沙和罗西·毛拉（Rosi Mollah）与他同住。罗西·毛拉是旅队里的伊斯兰教士，他来自若羌，是个招人喜欢和可靠的人，四十岁左右的年纪，能读会写。他像李老爷一样，骑自己的马，领取的薪酬与多数穆斯林一样，即每个月8萨尔（约30先令）。

库特楚克住在行李堆另一端的帐篷里。他把这帐篷当作我和哥萨克们的厨房。切尔东是我的贴身侍从，库特楚克给他打下手。切尔诺夫给哥萨克们做饭。这样我们的厨房就可以同穆斯林们的厨房分开，因为他们拒绝与"不信真主的人"一起吃饭，而且极为忌讳哪怕是只沾了一点猪肉的锅。反过来，哥萨克也绝不愿他们的锅被野驴肉玷污，而穆斯林们却非常喜欢野驴肉。

再过来的是西尔金、沙格杜尔和喇嘛住的那顶大蒙古包。每个人都有自己用毡子和毛皮铺成的床铺和一个枕头，并把自己的私人物品放在一个盒子里。当地人的个人物品都不太占地方：多数情况下一个皮制的库尔钦（*kurchin*，双面背包）就足以装下。

尽管我让沙格杜尔病后不要干重活儿，他很快就又开始和最有力气的人一起搬运箱子和麻袋了。至于我们的喇嘛，我早就告诉他，作为一个"神学博士"，他不必去干旅队中的体力活儿，因为那是穆斯林们分内的事。我对他说，他唯一的责任

图 267　图尔杜·巴依的帐篷

就是教我蒙古语，然后等我们进入西藏后做我的藏语翻译，在蒙语里称作“*Tangut-kälä*”。这些话我说过几遍，但都没有用。在喇嘛看来没有什么是粗活，尽管他那细嫩的手更习惯于翻阅佛经。他会冲过来抬起最重的箱子，或像旅队中的任何其他人一样把它们举起来。老图尔杜·巴依只是呵呵笑着，庆幸自己有这样一个能干的帮手。这使我们的喇嘛在旅队中很受欢迎，并使穆斯林们也较起劲来。真主的信徒当然不能输给一个“吃猪肉的异教徒（Kaper）”啦。喇嘛是个敏锐的观察者，而且阅历丰富。很快他就摸透了旅队中的每一个人，按照两种指标来衡量穆斯林，一种是他们的工作能力，另一种是他们作为一个人的内在价值。

下一个帐篷是切尔诺夫和切尔东的小蒙古包。切尔诺夫负责监督旅队的具体体力工作；他得确保每个人各司其职。切尔东则正如我前面所说的那样，是我的贴身侍从和厨子。

营地的另外一端是我的蒙古包，由尤达什和尤尔巴斯看门。它们常常为了想象中的敌人而过于激动——这是指我们自己的马匹和骆驼，它们有时正好在附近老老实实地游荡。有时当它们找不到吃的东西时，就会到图尔杜·巴依的帐篷旁边，乞求得到些玉米。

其他的人就得凑合用一些临时搭起的类似帐篷的东西，如将毡毯盖在驮鞍之间。他们在过道上和我们的帐篷城的“市场”点起的篝火上做饭。有些人每天夜里值班，守望牲畜，防止它们走得太远。当然他们是轮流做这项烦人的工作。切尔诺夫则需要确保没有人逃避自己的职责，有时甚至半夜骑马出去到牲口吃草的地方，亲自看一眼值班的人是否没有睡觉。由于有狼群，羊群到了晚上都被圈起来。

每天晚上，帐篷刚一搭起来，营地上就呈现出一片生机勃勃的繁忙景象。在大约一小时的时间里，人们用察合台突厥语、俄语和蒙语交谈和争论着。然后图尔杜·巴依牵着骆驼，哈姆拉·库尔牵着马匹，带它们去草地上放牧，并向他们的属下发号施令。然后补好所有裂开的驮鞍；而那些状况不佳的骆驼和马匹则被留在营地里，受到特殊的照顾。我们现在几乎完全靠野牦牛粪和藏野驴粪来做燃料。但放行李的结实木架子在必要的时候可以作为宝贵的储备。随着货物逐渐减少，这些驮架失去了原来的用处，一点点被用掉，但一开始只是用来引火。准备晚饭时，人们围坐在篝火旁，边聊天边休息。当通常来自西边的风暴从营地上席卷而过时（就像这天晚上发生的那样），大雪从天而降，几分钟之内就使周围的大地变得白茫茫，一片冬天的景象。此时众人只是将毡毯围在肩上，不动声色地继续准备晚饭。

同大家一样，我的床铺也是直接铺在地上的毡子与毛皮。一旦我的蒙古包搭起来，我的床铺好，我就坐下来写当天的日记。吃完晚饭或晚餐（随你叫它什么），我就绘制地图，计算方位与距离，将新营地的位置在一张特殊的或一般的地图上标出。这样，我总是知道我们的具体位置，以避免与利特代尔先生、杜特雷伊•德•莱因斯先生在西边的路线或奥尔良亲王亨利与邦瓦洛先生在东边的路线重复，同时仍旧可以使我们的路线保持在通往拉萨的方向上。

毛驴队有自己单独的营地，但与我们的营地紧挨着。此刻只有三十头毛驴赶了上来，我们不知道其他的那些驴子怎么样了。第二天早晨（6月8日），我派多夫列特老人去看看它们遇到了什么情况。

与此同时，我们沿着一条干涸的沟壑继续向上走，它是从松散的黏土与红色的沙子中切削出来的。当时彤云密布，周围的草长得稀稀拉拉的，唯一能看到的动物是野兔。过了一段时间，地形变得难走起来。几百条干涸的水沟汇合为一条伸向北方的山沟，它深深地切入山岗之间。我们下坡走进这条沟，沿着小溪的河底前行。但这里的地面非常松软，骆驼们每走一步都会泥汤四溅，很快就陷进去了。警告的呼声与鼓劲的叫声此起彼伏。一头骆驼摔倒了；一匹马将驮包甩掉了；一头骡子陷进烂泥！无论你怎样往坏里想，都无法想象我们走过的这片地面有多么糟糕和令人疲倦。有时这些深深的一条挨一条的沟槽只不过是1英尺宽的小沟。成千上万条这样的小沟以很大的角度汇合成较大的小溪，而这些小溪又汇合成更大的溪流，直到最后都流入向库木库勒湖倾斜的那个主山谷。因此，走在那条主山谷的谷底就仿佛穿着铅鞋或绑着哑铃的靴子行进一般。在这样的地面上，所有的人都只能步行。我走进一个水池，靴子被泥粘住，结果只有脚拔出来，踩进齐膝盖深的泥里。即使通往但丁的地狱的道路也不会比这条七层的可恶道路糟糕多少。最糟糕的是，它白白地浪费了牲口的体力。事实上两头骆驼很快就累坏了，必须将它们身上的货物卸下来。但是从远处看，这些山岗看上去是那样无邪，那样容易走，众人甚至说我们在那里应该是如履平地。

最后情况太糟糕了，几乎使我们寸步难行。无论用什么办法我们都必须尽快走出这片泥沼。图尔杜·巴依建议爬上左边的河岸，他召集了十来个人带着铁锹修一条向上的斜坡。与此同时，切尔诺夫骑马去前面探路，但很快就回来报告说，即使是步行的人也不可能朝那个方向继续往前走。我立即下令原地返回。长长的队列立即调转方向，每一头牲口都保持在自己原来的位置。但由于空间狭窄，此事并不容易。如果说沿着这条沟往上走不容易，那么往下走则要糟十倍，因为此刻路面已经完全被踩成一片烂泥了。经过无数的小意外，我们终于挣扎着撤出这个危险的陷阱。接下来我们又试了另一条山沟，它通向西边的另一个隘口，西尔金已经前去查看过。这条沟的中间是一条两旁都是峭壁的干涸水沟。我们必须跨越它两三次。由于两边都是面粉一般松软的红土，这使我们用铁锹上上下下费了很大的气力。爬到那个小隘口的顶上后，我坐下来看着旅队从我身旁依次走过，走向隘口另一边更宽阔的地面。两头骆驼无力再往前走，我们只能把一头带过来，那也还是靠五个人硬把它推上来。我看得出来，下一个倒下的就是它了。

我们在一个淡水泉眼旁停了下来，那里有一小片草地。这样做有四个理由：其一，这里的草地非常好，远胜于库木库勒湖畔。其二，牲口们已经都累坏了。其三，我们反正要等待毛驴队，它们现在已经落得很远，步履艰难，过去这两天里已经死了几头。最后，必须派人去前面探路，寻找一条切实可行的通往南边的道路。如果不搞清楚前面的地形就让整个旅队往前走纯粹是浪费时间。我把探路的任务交给毛拉·沙和李老爷，指示他们找不到一条好路就不要回来。

三点钟，一场风暴夹杂着雪花从西边袭来。到了九点钟，另一场风暴又从东边袭来。我裹在毛皮大衣里半靠着小火炉坐着工作。而现在正是盛夏，而且这里比伦敦低了整整十六个纬度。当然，我们是在海拔13 000英尺的高度。我真的很可怜那些可怜的骆驼，正当它们褪毛时被带到这样寒冷的气候中。不过我们尽其所能给它们盖上厚厚的毡毯。第二天下了整整一天大雪，只是在午间天气稍晴，使我得以观测一下纬度。下午探路的人回来了，说他们发现了一条可行的道路。得到这个消息后，我决定立刻出发。我们可以在下一个营地等待毛驴队赶上我们，也可以再派人出去探路，以便为下一天的旅程做准备。在西藏旅行可不像某些人所说的那么容易。这需要预先想好许多事情、做好功课。到了夜间，温度降到零下13摄氏度（18.6华氏度）。白天温度也很少升到零度以上。

现在我们的前哨带着我们向正南方向前进，虽然路不难走，我们很快就得将两头骆驼留在后面。其中一头是那个对翻越山口有着根深蒂固的反感的家伙。最终我们接近了一条相当大的河流的左岸。这是我们相当长一段时间以来遇到的最大的一条河。河里水很满，水面上浮着一大块薄冰。我们在离它岸边100码左右的一个山坡上停了下来，那里有刚刚露出地面的嫩草。我向河边走去，发现自己站在一个由松散的砾石形成的悬崖边上，它有76英尺之高。这种地方对骆驼来说很危险，它们的重量会引起地面坍塌。晚间，多夫列特带着他的三十头毛驴赶到营地。

这里很适合做营地，于是我们在这里休息了三天，但把骆驼牵到一个更安全的山谷放牧。又有六头毛驴带着完好无损的驮包来到营地；但剩下的那些就不知音信了。我派切尔东带着几匹骡子和马匹去接应它们。三天后他才回来，但他带回的只是它们全部的驮包。一天之内就死了九头毛驴，另一天又死了十三头，结果只有两三头幸存下来，而它们也无法再用了。我们留在后面的两头骆驼中，有一头被图尔杜·巴依带来，另一头我交给了准备回家的赶驴人，让他们尽可能把它带到气候较

图268　16号营地的景象

温暖的地方。

哥萨克们利用这段时间去打猎，打来几只藏羚羊和大雁。那几只大雁正在前往北方的途中休息。晚上西尔金一般会给他的同伴们朗读普热瓦利斯基第四次旅行的探险记，他们对此都极有兴趣。

西尔金和毛拉·沙被我派去探路，他们带上了口粮和厚厚的大衣，以备万一在天黑前回不来的不时之需。这是6月14日。我们出发时情况不错，在一个宽阔的山谷里缓缓向上，尽管在最低的地方还是很危险的。有一次切尔诺夫几乎连人带马都看不见了。这里到处都是大雁。人们说它们属于一种特殊的种群，在上库木库勒湖以北一般是看不到的。哥萨克们开枪打伤了一只，它扑腾着坠到谷底。奥尔德克飞也似的跃下陡峭的山坡去追这只大雁；但他忘记了自己身在何处，因喘不上气和心脏狂跳差一点就晕了过去。打死那只大雁后他平躺在那里好一阵，一动不动。我派了其他两个人去帮他，一小时后他才恢复正常。沙格杜尔打了三只山鹑，西尔金在再往前一点的地方又打了一只藏羚羊。这里藏野驴也很多，一般每一群都有二十来头。但我们没有看到野牦牛，不过到处都能看见牛粪。

旅队在大铃铛的叮当声中徐徐向前。我们正走向一条山沟，它插入挡住我们去路的那座巍峨的山脉。山沟的入口处草长得很密，但不高，而沟底几乎完全为一大片薄冰所覆盖。这是一个理想的宿营地，错过它就太可惜了。我们刚搭好帐篷，就发生了一件意外的事情。我们的位置就在那片薄冰的边上，大家很快就发现，在那薄冰的对面有一个黑色的物体，开始他们还以为那是块石头。但它动了。然后大家认为那是一头被母亲遗弃的幼牦牛。我听见哥萨克们在一起激动地嘀咕起来。切尔诺夫拿着望远镜向我爬过来，极度兴奋地低声说："那里有一只熊！它正在向营地走来！"果然，那只熊根本就没注意到帐篷或骆驼，正朝我们的方向大摇大摆地走来，仿佛它与我们是一伙的。人们赶忙把狗儿们集中起来牵走，以防它们坏了这桩好事。哥萨克们跑向他们的马匹，因为他们担心这只熊很快会闻到我们的味道，然后跑掉。但我劝他们在原地等待，不要出声。透过望远镜看着这野兽的动作很是过瘾。这位身披长毛的隐士离我们越来越近。它一定是又聋又瞎。现在它已踏上薄冰，离我们只有200步远。它斜穿过薄冰，直冲着营地走来，步伐极慢；显然是很疲劳了。它不时停下来闻一闻地面，但它始终没有抬起头来。随后它走进一个覆盖着冰的小

图 269　藏熊

坑，在那里喝了一会儿水。我建议猎手们趁机爬到薄冰的边缘，在那里等着它。

这只熊又动起来，一步步接近死神。三声枪响同时传来。但这熊并没有停下来，而是奔上营地另一面的山坡。马匹早已备好，猎手们刹那间跃上马背向它追去。又是一排枪响，那熊跌下山坡，像个球似的滚到陡坡的底下。我拿起大相机，走向它躺着的地方，给这位山间的隐士——藏熊——拍了两三张照片。随后众人剥下它的皮，因为我希望保存熊皮和骨骼。它身上满是弹孔，牙齿显示这是一只年迈的公熊，因为上面布满又大又黑的窟窿。它肯定曾饱受了牙痛的折磨，但这个问题现在以一种极端的方式解决了。我们在它的胃里发现一只它刚刚吞下的旱獭和少许野草。它是把那只旱獭连皮带肉整个吞下去的，尽管它无法将骨头咬碎。不过为了使它的午餐尽可能更加可口，它显露出极大的才智。它把那旱獭的皮一直剥到脚趾头，然后把它毛朝里卷成一个球，一口吞下去。

第二天西尔金和毛拉·沙回到营地为我们带路，往前走了两天。我们原打算6月16日出发，但当人们在早晨叫醒我时，他们告诉我一场暴风雪正在肆虐。大雪下了一整夜，地面上的积雪有几英寸深。在这种情况下，我们决定等一等。于是我们就在原地等待。雪下了一整天，使我们在那里又待了一整夜。但第二天的天气改邪归正，碧空如洗，阳光明媚。积雪很快就不见了踪影。在西尔金的指引下，我们走上一条宽阔无水的山谷，它一直延伸到阿尔卡塔格山下。除了绿色多汁的苔藓外，草地消失了。当我们最后遇到一个小泉时，觉得最好就在这里停下。下午一场西北偏北的风再次带来雪花，蒙古包很快就变成白色。

第二天仍是西尔金带路，我们爬上一个平坦易行的山口。一小时左右后，我们登上了这道几天来一直挡在我们面前的山脉的顶峰。西南方向，又有一道山脉屹立在我们面前，它从上到下都是银装素裹。这只能是我们的宿敌阿尔卡塔格山。在两道山脉之间离我们更近的地方，是一个自流盆地，最底下有一个小小的淡水湖，完全封冻了。由于这里的湖边有草，我们决定停下来过夜。第二天一大早，三个人又去探路，我给他们的指令是如果在6英里内找到草地就都回来。但如果找不到，他们中的一人应回来报告，其他两人继续找。到了午间，其中一人返回，但我们到了两天之后才看到其他两人。他们报告说他们发现了一个山口，但那里的路不太好走。这个营地（第18号营地）的海拔是15 529英尺。我从这里遣回几个同伴。剩下的几头毛驴状况很可怜，带着它们翻越阿尔卡塔格山实在是太残忍了。因此我准许毛驴队的队长多夫列特返回大本营。他充其量也只能救下五六匹他的毛驴。我把那只熊和那头公鹿的骨骼与毛皮装进箱子里，把它们交给这位老人，请他到家后把这些东西送到喀什去，因为他身边既有毛驴又有马匹。同时我把从若羌雇来的三个人也遣回了，即尼亚孜（Niaz）、卡迪尔（Kader）和库尔班（Kurban）。他们都不愿回去，但我们多出三个人，而且都是最没有用处的人。

人员减少之后，我们在6月21日再次向西南偏南方向行进，从各方面来讲路面都很理想——缓缓的上坡，地面坚实得正好经得住牲口的踩踏，长满了稀疏的野草。当我说到草时，我不想夸大事实。总的说来，这个地区是一片荒芜，只有几小片草地上长着坚硬锐利的黄草叶，一两英寸高；这就叫草。我不会建议任何身穿夏日薄衣的人躺在那种“草”地上睡午觉。它硬得像鲸鱼骨头，锋利得如针尖一般，可以穿透很厚的衣服。然而在这不适于人类居住的地方，这就是唯一可以找到的饲料了。

沙格杜尔和西尔金打了两只羚羊。当西尔金骑马去捡他的猎物时，他的马驮着他翻了一个跟斗，把他甩出去滚了很远。这匹马已经死去，一动不动，不是脖子摔断就是中风了。奇怪的是一瘸一拐地回来的西尔金却没有受多大的伤。他很为失去自己最喜欢的坐骑而伤心；那是一头漂亮强壮的牲口，马鬃长长的，使我想起查理十二世[①]时代的战马。

我们那位痛恨山口的朋友又一次落在后面。留在它身边的图尔杜·巴依半夜一个人赶上来。第二天早晨我派了两人回去，告诉他们如果它还是不走的话就把它杀掉。但等我们翻过阿尔卡塔格山以后，我才知道他们实在不忍心，就没有杀掉那牲口。那头骆驼很健壮，他们就把它留下，让它自己原路走回去。

在第19号营地，我那头老骆驼琼阿尔坦（Chong-artan）患了一种十分罕见的病。它的后腿似乎瘫痪了，无法移动，除非人们把它们挨个抬起。我总是很不愿失去我的老兵们，让人给它们额外的照顾。但现在我们的旅程才刚开始，就有多达九头骆

① 查理十二世（1682—1718），瑞典国王与军队统帅，具有非凡的军事天才。本书上卷已经提到，斯文·赫定正在阅读海顿斯坦的作品，而海顿斯坦最著名的作品恰恰是《查理十二世的人马》。本书上卷

驼显露出疲劳的迹象。每天晚上我们都喂给它们大把的面粉——实际上，我们消耗这一重要物资的速度使我们的储备从原来计算的十个月降到只够用六个月，这是很可怕的。另一方面，驮畜（疲劳的骆驼）的减少使幸存者的负担更重了，我们觉得与其把这面粉留下来，还不如慷慨一点把它用掉。那头瘸腿的骆驼得到按摩，在翻越阿尔卡塔格山时没有驮东西。它恢复得惊人的好，正如我前面所说的那样，成为一直走到拉达克的九个幸存者之一。它总是走在驼队前面，身上挂着一个大铃铛。

我们抵达第19号营地那一天，路上走了20英里。那以后很长时间我们都没有再取得过这样好的成绩。

14 在暴风雪中翻越阿尔卡塔格山

6月22日我被叫醒时天刚破晓。早晨天气阴冷，而蒙古包里也暖和不了多少。我匆忙穿上衣服。旅队也很快准备好了，于是我们出发去冲刺阿尔卡塔格山。但我们还没来得及把营地甩在身后，一头骆驼就不行了。我们卸下它的驮鞍；它站起身来，往前走了几步，然后一头栽倒在一个斜坡上。它显然是没希望了，人们一刀下去，结束了它的痛苦。

我们出发时天空看上去就不妙，当我们往山谷上走了一半路时暴风雪就来临了。这是我在西藏经历过的最糟的一次。西北风席卷而来，把大雪和冰雹排山倒海般地抛向人们、骆驼、马匹和群山上。落到衣服上的雪融化后，我们一个个都被淋透冻僵了。要想躲开刺骨的狂风根本是徒劳的。虽然这里的坡度本身不值一提，但在那个海拔和这样的天气里却能要人的命。骆驼一个接一个地累得停下来，拒绝再往前走。我们把它们一头头松下绳子，留在后面，每一头都有一个人跟着。

大雪弥漫，使人根本就无法看清我们在往哪个方向走。正午时分已经像黄昏一般，而黄昏时则变成一片漆黑。鹅毛大雪下个不停，直到一切都白得耀眼。只有那小溪像一条黑色的缎带般蜿蜒着从山谷的中央向下流去，潺潺的溪水发出叮叮咚咚的金属般的声音。我俯身趴在马鞍上，尽可能保护住我的地图。我们正朝哪里走我一点都不知道。我只是盲目地跟着最近的旅队驼铃声走。我们像蜗牛或乌龟一般慢慢地爬上那悲惨的山口，越走坡度越陡。空中不时传来骆驼的嘶鸣,不时响起警告声：“*Tuga kalldi*”（一头骆驼停下来了！），然后某个人就会出于对那可怜的牲口的同情而把它拉到一旁，让队伍过去，随后再慢慢地跟在后面。

积雪越来越深。我带着喇嘛上前去看看这个山口是否过得去。它本身并没有多难。但那海拔！那大雪！我们坐在那里等着，等着，裹在我们的大衣里，在马匹身后寻找挡风之处。我们被冻得浑身发抖，费劲地喘着气。我们所在的地方海拔已达17 025英尺。暴风雪在山口顶上最为狂暴。透过咆哮的风雪我们能听到人们的喊声和凄惨的驼铃声。但只是过了很长时间以后，他们才像幽灵一般出现在狂舞的风雪“圆柱”之间。

当我数到第十三头骆驼从我身边走过时，心里不禁说道：“感谢上帝！”除了四头以外，所有的骆驼都上来了。那四头中有两头在最后一次下坡的下面就不行了，另外两头则是快到山口顶上时才倒下的。这其中包括那三头小骆驼中最大的那个和它的母亲。所有的马匹都熬过来了，骡子们也干得不错。绵羊们更是出色地经受了这次考验。

阿尔卡塔格山的南坡是一个漫长平坦的斜坡，宛如一座宽阔的露天圆形大厅，四周围了一圈较低的山峦。但这里脚下的地面却是极为讨厌：新落下的积雪变成了稀泥，每走一步都溅起来，粘在脚上。最糟糕的地方我们只得远远地绕过。在这种地方扎营当然是无法想象的了。那将使我们在泥沼中失去所有的骆驼和行李。此刻我们只有一个念头，那就是找到一块干燥坚实的地面好搭帐篷。至于牧草和燃料，这些都是我们连想都不敢想的奢侈。最后我们终于来到一片砾石斜坡，上面渗出一些水滴。我们就在那里搭起帐篷。

那天夜里图尔杜·巴依和其他几人直到十点钟才赶上来。他们不得不把四头骆驼留在后面，但到了6月23日天亮时，他们又带着马匹返回那个地方，如果无法挽救那些牲口的生命的话，就把骆驼身上的行李以及它们驮鞍里的稻草装走。但是他们的希望成了泡影，那几头骆驼已经奄奄一息，只能把它们杀死。其实我们不到确信完全没有希望时是不会采取这一最后措施的。这样一来一天之内我们就损失了至少五头骆驼，就算把1896年穿越塔克拉玛干沙漠的那次旅行也算上，这也是我曾经经历过的最大损失。旅队的大部队就这样减员了六分之一，对剩下来的驮畜来说负担太重了。因此我下令，让马匹和骆驼敞开肚皮吃面粉和玉米。第二天我们只走了7英里。

当务之急是找到一个合适的营地，这样牲口们可以在千辛万苦之后得到休息。

最后我们在一条小溪的对面找到了这样一个地方，那里有少许的草叶正从地里破芽而出。这也是所有疲劳的骆驼都可以勉强到达的地方。有一匹马看上去生龙活虎，却在帐篷之间倒地猝死。不过这只是刚刚开始。我们每天都至少失去一头牲口。这一段路完全可以用我们留在身后的死去的牲口标出来。这是一条伤心之路，是用尸骨当作里程碑的一条路！我时常看到，当一头骆驼感到接近死亡时就开始流眼泪，血液也在它的静脉里开始凝固。

现在天气开始好转；阳光和煦，很快就把我们在阿尔卡塔格山上湿透的衣服晒干。这大大减轻了我们行李的重量。仲夏早晨，尽管天空晴朗，但原野看上去却像又回到了冬天。我吃完早饭，立刻去彻底检查了一下旅队的牲口。那一天人们向我报告，马帮的队长哈姆拉·库尔病得很厉害。他的情况看上去的确很糟糕。他说全身疼痛，但我给他一些奎宁，让他骑马。由于骆驼的行李被转移到马匹身上，前一天所有的穆斯林都被要求步行。

接下来就轮到我最喜欢的那匹坐骑。它几乎站不住了。我们的喇嘛不仅是一个僧侣，还是一个专业的医生，他总是带着一箱子来自拉萨的药物，它们或多或少地总有些疗效。他把我的马接过来，许诺说一定能治好它。他把它的两条前腿的动脉血管切开，流出足足一大杯黑色的血液。然后他把伤口扎好，那匹马踉踉跄跄地跟着我们回营地了。一些骆驼身体不适，它们都累坏了，其中两三头没有驮运行李。

仲夏那一天没有再发生其他意外。我们往南边蜿蜒而行，在无数的淡水小湖和水潭之间绕来绕去。它们散布在低矮的山岗之间，多数都覆盖着一层冰。过了一会儿，我们看到山岗后面露出另一道巍峨的山脉。一直在领路的图尔杜·巴依想要从我们遇到的第一个山口翻越它；但我说：“不，让我们沿着这条通向西北偏西的宽阔山沟来走吧。”于是我们就朝那个方向走去。在我们遇到的第一片草地停下来，在那里遇到一场从空中劈头盖脸砸下来的冰雹。我们首先检查了一下牲口，将其分为两类，状况良好的被放出去吃草，状况不好的就留在帐篷边。喇嘛又给我的马放了一次血，然后带它去最近的小溪里洗了很长时间的冷水澡。接下来这匹马很快就有所好转，啃了些青草，然后又嚼了一两把玉米。由于我们还剩下六头骆驼驮包的大米，我下令将大米与玉米混起来喂给牲口们吃。这一方面是为了使它们在我们抵达新鲜草地之前能够保持体力，另一方面也是为了减轻它们的负担。

图 270　涉水通过藏北的一条河流

从我开始这一系列的旅行之后到现在已过去两年。回首看看我已完成的工作，我觉得自己应该满意和感恩。

我们已经很长时间没有遇到任何燃料了。驮鞍的木架子消耗的速度与骆驼死去的速度一样快。我在自己的帐篷里不用小火炉就无法工作。早晨冷得刺骨，夜里温度一般会降到冰点以下。因此天亮后有几个小时地面都是硬邦邦的。

6月25日，我们几乎是往正西方向行进，沿着阿尔卡塔格山脉南边与它平行的那条横向山谷前行。我们走了不到12英里。我想去1900年9月28日与29日我们停留的那个营地。我通过天文观测确定了它的位置，现在我想通过一系列新的观测来控制那个位置。在这些藏北的山脉之间宽阔、荒芜、寸草不生的山谷中，到处都是一片单调不变的景象，几乎没有任何野生动物的迹象。如果我们看到一只藏羚羊从山谷中跑过，这就算一件大事了。地面有些起伏，视野并不是很开阔。我们可以看到向导在下一道山脊顶上那清晰的剪影，于是便觉得那人的眼前一定是一片一望无际的图景。但事实完全不是那么回事。就在他前面不远的地方挡着另一道相同的山脊。一整天都是这样，山脊一道接一道，层层叠叠，直到我们停在一个冰封的小湖旁。湖边有些地方的冰已经融化了。

黄昏时分，我如往常一样在营地巡查了一圈。现在很少看到有人身体状况良好。哈姆拉·库尔的病况有所好转，但现在教士罗西·毛拉又患了嗓子疼，而赶骆驼的老人买买提·图尔杜则抱怨胸口疼。我给了他们一些药，也许是由于心理作用，这些药很快就使他们感觉好些了。与此同时他们都被免除劳作。另有几个人抱怨头疼，我给了他们分发了安替比林粉，并安慰他们，在这种高海拔的地方，大家都会产生一些“*tutek*”（高原反应）。不过幸运的是我本人从来没有出现过任何症状。

我的马现在已脱离危险，但有几头骆驼瘦得可怜。由于那两头小骆驼得不到所需的母乳，我用一种面粉糊糊喂它们。当我们把这糊糊揉成团放进它们的嘴里时，它们贪婪地将其吞下。九点钟一场风暴从北边席卷而来，温度升到8.9摄氏度（48华氏度）。

我们显然是第一次穿越这些山峦的人，因为没有发现任何曾有人来过这里的迹象。我们早就破釜沉舟，现在得完全依靠自己。但是，在这些荒芜的群山里前进的途中，我们的牲口接二连三地死去，幸存下来的也日渐衰弱。

6月26日，我们遇到了极不寻常的天气，早晨晴空万里，空气温暖得犹如夏季，但很快就从西边刮来一阵狂风，朝我们迎面扑来，使人喘不过气。即使没有这风，我们的牲口已经在缺氧的空气里挣扎着，所以逆风而行对它们来说实在是太艰难了。用雨季西风来形容也不算太离谱，因为这里的风总是来自同一个方向。这与我们去年秋天在56号营地遇到的那种狂风一模一样，它将沙尘卷到空中，似乎将要使帐篷与蒙古包拦腰对折。我们现在的第25号营地就是去年的第61号营地，这给我的地图带来宝贵的控制点。我们上次来这里扎营时留下的痕迹现在只有篝火的灰烬了。我们就在小溪的左岸同一个地点扎下营地。

那个湖泊[1]基本上仍覆盖着一层稀软的冰，但要到7月中旬才会全部融化，然后到了11月就会再次结冻。封冻的时间自然与每个湖泊的大小、含盐度和暴露的程度有关。靠近阿尔卡塔格山的淡水小湖每年多数时间都是封冻的。如前所述，这时

---

① 似应为雪梅湖。

正是夏季天气，尽管有风暴，下午一点钟温度升到20摄氏度（68华氏度）。实际上，这是一种温暖的气流，一种吹过这些冰冷的高地的焚风——吹过冰封湖泊的夏风！

我们在这里休息了一天，我利用这段时间进行天文测量来确定方位。同时西尔金和图尔杜·巴依去西边探路，没有发现任何阻拦我们前进的障碍。考虑到这个地点的重要性，哥萨克们用石片搭了一个双体的石堆地标，西尔金和沙格杜尔在上面刻下自己的名字，而我们的喇嘛则在另一个大石板上刻上他那永恒的六字真言。这个敖包屹立在溪流右岸的一个高坡上，将来如果有任何旅行者往那个方向走，就会很容易看到它。实际上，如果他随身带着我绘制的那份详细的地图，就能直接走进我们的营地。穆斯林们不愿输给“不信真主者”，为他们自己建造了一个更大的金字塔石堆。

28日，我们沿着湖边继续往西南走去，很快就来到另一个湖泊[①]，沿着它又转向

图 271　我们的地标

① 似应为银波湖。

东南；不过为了避免前一年在附近旅行时陷入的那些困难的山地，我们还是尽量往西南方向走。

6月29日，我们走了16.75英里，先是前往一个低矮的隘口，它就如整个地区一样，没有积雪覆盖。从那个山顶上可以一览无余地看到一条新的横向山谷，它又宽又平，谷底湖泊星罗棋布。其中最大的一个位于西南方①。由于它没有冻冰，我们推测那应该是个盐水湖。在较远的那一面，也就是说南边，这山谷背靠着一列颜色通红的浑圆小山，与湖水那壮丽纯粹的湛蓝色形成鲜明的反差。这种效果由于整个地貌的单调灰色而更为突出。

此刻我们最缺的就是水。流入湖中的那条水沟里有一条小溪，但那水是咸的；湖的左岸没有任何泉眼。于是沙格杜尔骑马往前走了一小段，然后发现一个淡水泉眼。日落时一片寂静，但到了八点钟一阵狂风从北边刮来，风速达到每小时38英里。它那呜咽声淹没了一切其他的声音，除了人们在什么没有绑紧的东西将要被吹走时发出的尖叫声以外。

第二天我们没有遇到任何麻烦就翻越了湖那边的红色山岗，但那以后的路途则异常艰难，因为我们必须翻越三座山口，它们都是从松软的红土中切削出来的，里面掺杂着闪亮的石膏晶体。最后我们遇到一条小溪，很快就发现我们最近就曾在它的上游露营过。早知如此，我们肯定会避开那些山口，而是沿着溪流的河床走，因为它的下面是坚实的。但我们是在一个世界上完全不为人所知的地方旅行，而正是这种意外的发现才给旅行带来愉悦和迷人之处。

7月1日我们走了几乎17英里。我们的面前升起一道雄伟的山脉，山顶上白雪覆盖，闪烁着寒光。当然我们只得绕过它，不是从这一边，就是从那一边。切尔诺夫去西边探路，切尔东与喇嘛则去看一看东边情况如何。切尔诺夫很快就回来了，声称骆驼们不可能从那边绕过去。而切尔东与喇嘛则报告说我们可以前行，但必须准备好要爬陡坡。

我们缓缓地向那些令人目眩的山峦走去。路越走越陡。我们越接近积雪，水流就变得越宽，因为每一个石缝里流出的无数小溪都汇入这条溪流。溪水是红颜色的

---

① 似应为仙鹤湖。

浊流，滔滔流下山沟。

这里不再能看见任何植被，甚至石砾间也看不到任何一点苔藓。我们终于征服了最后那一段陡坡来到顶峰。骆驼们喘着粗气。可以听见它们在费劲地呼吸。那些照顾行李步行爬上来的人一头栽倒在地上。每个人都感到天旋地转。喇嘛站在山口顶上等着我们，由于周围的基本色调，他那红袍子远不如平时那么显眼。这里的岩石是红色的砾岩，整个地貌都被染成一片红色。

尽管骆驼中有五头情况很糟糕，另有三头是卸下驮包才上来的，但最终它们都登上山口，这里海拔17 511英尺，比阿尔卡塔格山要高出不少。幸亏这山口没有雪，又幸亏我们没有遇到难以避免的暴风雪。我们离开位于右上方1 000多英尺的雪坡，走下这座俯视群山的山结的光秃秃的南坡。我们在那里又发现一条很大的溪流，它蜿蜒着向东南而去，消失在嶙峋的山岗之间。正如过去常常发生的那样，我们无法确定它流向何方；最大的可能是它注入某个我们现在还看不见的湖泊。我们在它的右岸设立了第28号营地。

现在每到一个营地我都要把药箱子拿出来，这成了每天日程的一部分。切尔诺夫头疼欲裂，图尔杜·巴依眼睛发炎。当我给他可卡因后，它的作用给其他的人留下深刻的印象。昨天我用几滴“药水”治好了哈姆拉·库尔的牙疼后，也出现了同样的效果。也许是好奇心而不是真正的需要使三个新的病人来见我。其中一个是若羌的伊斯拉木·阿洪。他抱怨牙疼。实际上他们是想看一看这药物的作用是否符合哈姆拉·库尔的描述。最糟糕的是买买提·托克塔，他抱怨心绞痛和失眠。我有时给他吗啡来帮助他睡觉。结果他很长时间都不干活，而且他注定了再也不干活了。因此我的药箱被视为一个奇迹般的吉祥物。我只要一把它拿出来，所有没在做事的人就都聚集在我的帐篷外面。在那些漫长的日子里，多少双期盼的眼睛盯着那箱子上的铜锁。就我本人来说，我很庆幸自己没有一次需要试试箱子里面的药物。

7月2日天气也不错，我们走了16.5英里。这里的地貌完全由红色的砂石形成。最糟糕的是，由于缺乏足够的草地，骆驼们越来越瘦，迅速地用尽它们的气力。我们只剩下三袋玉米。我们能够及时赶到条件更好的地区吗？现在这成了至关重要的问题。

最后我们遇到一条往下通向南方的山谷，但很快它就缩为一个糟糕的峡谷，弯

图 272　受伤的藏羚羊

来弯去，谷底充满了磨伤骆驼蹄子的砂岩石片。为了避免这种状况，我们不得不转上一个低矮、浑圆的山口。西尔金在那里打倒一只小藏羚羊。尤达什不顾一切地冲向那受伤的动物，但被一对严阵以待的锋利犄角吓了一跳。我的属下打猎从来不是为了娱乐，而仅限于我们缺乏食物时。我们必须节省弹药。每个哥萨克只剩下142颗子弹——如果节省一些，这还够用。但我们不知道将来会遇到什么情况，因此最好不要浪费弹药。

翻过一座马鞍形山脊，我们看到它的前面有一个小湖，而它的对岸是——绿草！一小时后我们抵达那里。诚然，这里的草又稀又短，但它很鲜嫩。而且，喜上加喜的是那里还有足够的藏野驴粪可以做燃料。

一整天，天气都好得不能再好了，暖和得根本穿不住冬天的衣服。过去几天我发现这个地区的风有一个特点。西风几乎总是在日落时平息下来。然后是黄昏时分的一片死寂。我一般就在那个时候点着灯，敞开帐篷吃晚饭。但一过8点钟就有一场大风从北边刮来，顿时整个营地一片混乱。人们跑来跑去，拴好帐篷，将外面任何可能被风刮走的东西放在挡风的东西下面。从我们的篝火中升起的火星如彗星的尾巴一样旋舞着，我们必须十分小心地防范，不让任何东西被火点着。那天晚上风力达到每小时36英里。一般来说这风暴要到我睡着或半夜以后才会停止。但当我在早晨不到七点钟被叫醒时，已经风平浪静了。因此这些地区有两种主要的风向。一是西风，一是北风。前者白天刮，后者夜间刮。沙子总是聚集在南北走向的山谷的西侧，也就是说，避开西风的地方。

那天下午的风暴来临之前，我们的营地和它的周围呈现出一幅田园般的图景——如果可以把“田园”这个词用于西藏的风景的话。太阳已经下山，但它的紫色余晖仍然依依不舍地留在天上。在东边，苍白清冷的明月静静地滑过墨蓝色的天空，它的光辉透过一层薄薄的白雾，将一切都置于魔术般的光影之中，使刺眼的颜色变得柔和，隐去尖利的轮廓。月亮中间横着一条窄窄的乌云，犹如一个银球上缠了一条黑色的绸带。这使我忽发奇想：仿佛土星和它的光环不知怎的在天上走偏了。天空中飘着轻柔的云彩。旅队的牲口们散布在山岗上，贪婪地啃着稀疏的牧草。没有力气这样做的骆驼就在图尔杜·巴依的帐篷旁边卧在一起，附近则是那两头小骆驼和它们的母亲。

我们在这里又待了一天。我估计这就是我们在去年埋葬阿尔达特的那个山谷，不过他的坟墓在更东边大约20英里的地方。

7月4日，我们基本上是往正南方向走，跨越一片起伏的丘陵，上面长着薄薄的一层草，有无数的小盐池和大量的野生动物，尤其是藏野驴和藏羚羊。牦牛粪也多得很，而且对我们来说最重要的是这些牛粪是干的。同去年秋天相比，地面基本上很干。那一次我们好几回都差一点就被泥沼吞没。不过已经有很长时间没有下大雨了。刮风时，旅队的道路上悬浮着一团团烟尘。

我们再次接近一个新的山口，我们通过一条铺满碎石的深沟爬了上去。上坡时我们抛弃了一头骆驼。在海拔17 094英尺的山顶上，牦牛藓是唯一的植被。山口上展现了一幅最广阔的远景：前面四天的路上似乎都没有严重的障碍。但回首望去，又是一幅多么不同的景象啊！重峦叠嶂的群山一直伸展到天边那座我们爬过的高山山结，上边是高耸入云的山口和终年积雪！地表多为浅色，以红色为主。淡黄色和绿色是我们离开不久的草地。有些地方可以看见闪闪发光的白雪。整个景象显示了一片平阔的沙漠图景，而这一切的上方则是碧蓝的天穹。我们在山口往下走的斜坡上搭起帐篷，那里的海拔是16 582英尺。我们在一个干涸的小溪中挖井获得饮水，但第二天早晨发现了一眼泉水。西尔金和切尔东打下来六只山鹑；在另一处他们又打下两头野牦牛。虽然我们因此吃得很好，但骆驼们看上去瘦得可怜。马匹的情况也好不了多少，我们在这里的第30号营地不得不结束其中一匹的性命。没有别的选择，只能让其他牲口休息一天。

在这些休息日里，沙格杜尔和喇嘛忙着为我准备我的蒙古服装。喇嘛身上发生了一个非常显著的变化：现在他的勇气倍增，真的是渴望回到拉萨。而与此同时，我的蒙古语课程也在不间断地进行。喇嘛为我画出圣城的平面图，包括它的寺院和广场。在他的眼里，整个计划都有了更光明的前景。他喜欢用下面这句意味深长的蒙古语来表达他的观点：“*Mo bollneh ikkeh mo bollneh gué, sän bollneh ikkeh sän bollneh*”，意思是：“如果搞不好，也不会太糟糕；如果搞好了，就会非常好。”

每天晚上九点，我准时去西尔金、沙格杜尔和喇嘛住的大蒙古包，查看西尔金记录的气象日志，检查自动温度记录计上的读数。这后一项工作我从来都是自己做。然后我会坐下来和他们谈上一小时。与此同时，图尔杜·巴依和哈姆拉·库尔会来报告他们各自负责的牲口的情况。那天晚上他们告诉我，剩下来的玉米连一麻袋都不够了。无论我们要面对什么样的后果，都必须把尽可能节省下的全部大米和面粉喂牲口吃。图尔杜·巴依认为寻找草地是我们的当务之急，找到后我们必须给骆驼们至少一个月时间来恢复体力。

他们给我带来的另一条消息不太令人满意。原来那一天所有的绵羊都跑掉了。天黑前谁也没有注意到它们不在了，但这会儿多数穆斯林们都已经去找它们。切尔诺夫也骑马参加了搜寻，还带上了几条狗。我担心这又重复了前一年发生的事情，想起我将要责备那疏忽的人心里就不舒服。结果事情的真相是：羊群被留给那头大公羊万卡来照管；实际上这项工作它做得一点也不比穆斯林们更差。十点钟，搜寻者纷纷返回，但没有带回羊群。他们说他们会等一小时，待月亮升起后再去寻找羊群。他们最后回来时已是半夜，但幸运的是他们带回了所有的绵羊。他们是在一个侧谷里找到它们的，这些羊正卧在它那深深的水沟下面。

随着驮畜体力的减弱，我们每天的行程也越来越短，每天很少能超过12英里。但是7月6日，牲口们走得比以往更慢了。我一般会带着喇嘛骑马去前边，然后在某个山口等待它们。但那一天我们等了很长时间。

现在包围着我们的是最为荒凉可怕的原始大自然。从未有人踏过这片荒原。日复一日，周复一周，月复一月，我们是给这个地区带来生命的唯一的人。这里的地貌仍然是我们前一年观察到的那种多道平行山脉。所有的山脉和它们之间的每一条山谷以及每一个山峰，均为东西走向。由于我们是往南走，所以必须不断地跨越它们。几乎很少有一天我们没有翻越山口的，实际上我们经常是一天就要翻过几个山口。但很奇怪的是，岩石露出地面的情况极少。无论是那一天还是第二天，地表都是一种松软的沙质土壤，它干燥，还算得上是坚实，虽然在谷底一般有一些砾石。渐渐地草质也变好一些了。我们停下来时，两头骆驼像往常那样落在后面了，其中一头还是1896年就买来的，久经考验了。现在它的日子屈指可数。但是它死以前我给它拍了照。

图 273　西尔金牵着参加过 1896 年远征的骆驼老兵

15 首次接触藏人

7月7日的旅程异常轻松；我们无须爬过任何山口，地面也很坚实。我们的路线顺着一个平坦、开阔的大锅形山谷的斜坡往下走，谷底是一个几乎圆形的湖泊。它的湖水清澈碧蓝，湖边是一圈盐的结晶形成的宽带，从远处看就像冰雪一般。湖的西岸升起一排土红色的高岗，岸边是一窄条潮湿的盐碱污泥，因此很难去舀一罐水看看它究竟怎样。实际上，库特楚克制作了一双临时雪橇或雪靴后才敢冒险穿过那个危险地段。但湖水中的盐分极高，液体比重计只能沉入一半。当然那计量是根本没用了，我们不得不在玻璃上做一个特殊的记号。幸亏这一危险的泥沼地带与斜坡之间被一圈明显的隆起隔开。经过这个湖泊以后，我们朝东南方走去，目标是一个通往下个山口的山谷入口。现在我们开始寻找水源，因为这附近的水源可不像在阿尔卡塔格山里那样多。我骑马走在前面，看看谷底是否有个泉眼。最后我们在那里挖了一眼井，在接近2英尺的下面找到冰冷的淡水。

7月8日，尽管我们走了不过区区8.75英里，却只有二十七头骆驼走到了营地（第23号营地[①]，海拔16 540英尺）。骆驼们现在过于疲倦，我们即使遇到很不起眼的山口，也宁愿绕个大圈子，而不愿冒险翻越这些山口失去一两头牲口。但我们前方那个海拔16 600英尺的山口是无法避免的。我们的喇嘛已经前去探过路，安慰我们那并不艰难。的确，上坡真的不费劲。不过，对我们那些疲劳的牲口来说这仍非易事。在山的另一边，地表更复杂，也更不容易走。有几处山顶是无论如何也无法避

① 原文如此，似应为33号营地。

免的，而我们脚下是四个淡水小湖，镶嵌在山岗之间犹如茶盘一般。沙格杜尔前去探路，回来报告说，下一个山口对骆驼来讲太高了。现在已经有三头落在后面，我们迟早得停下来等它们。于是我们就在第五个小湖边停下，尽管那里的草地又稀又薄。第二天，那三头落在后面的骆驼中有两头抵达营地，第三头则躺在它被留下来的地方，身体已经冰冷僵硬了。

事情很清楚，我们不能再这样继续下去了。我们行进的序列必须改变。最好的办法似乎应该是将体弱的牲口剔除，让它们慢慢地跟在后面，而由我带着其他部队加快步伐向前推进。首先要探明我们的位置，因为我们现在仿佛是置身于一个口袋里，如果我们不能在某处找到一个窟窿，就无法钻出去。切尔诺夫骑马去东边看了，道路被峭壁挡住，毛拉·沙试了南边，他报告说他翻越的两三道低矮山口并不很困难。

接着我们挑出十一头骆驼，其中五头在过去两三天并没有驮过任何货物，再加上六匹马，让它们休息几天，然后让它们跟在我们后面，每天的路程较短，较容易走。我把这个重要的任务交给切尔诺夫，并让五个人给他做帮手——即罗西·毛拉、毛拉·沙、库特楚克、霍代·库鲁和阿力玛斯（Almaz）。最后这个人是个来自若羌的老人，他的昵称意思是“宝石”。我还给他们留下四条狗——玛尔其克、哈姆拉、卡尔马克（Kalmak）和卡拉伊特（Kara-itt），并把我们剩下的羊群（现在只剩下十来只）分给他们一半。这些牲畜是由图尔杜·巴依和哥萨克们精心挑选出来的。起初只挑了十头骆驼，第十一头是在我们正要出发时挑出来的。让他们带的行李装了八头骆驼，都是口粮。一切仪器和其他重要的物品都由我们携带。

当时这样把旅队一分为二给我们造成极大的不便，因为我们正在接近有人居住的地方，也许需要整体的力量。但我们没有选择。我给后卫留下精良的装备——两支步枪和几把左轮手枪。

我与切尔诺夫商量好，我们将在坚实的地面（尤其是当我们经过谷底的河道时），或跨过硬砾石时，留下石头堆以标志我们前往哪个方向。当然我无法告诉他旅队的大队将在哪里停留。道理很简单：我自己也不知道。那将完全取决于具体情况，主要是哪里有草地，以及遇到人的概率有多大。

在第33号营地时天气发生变化。早晨还是大晴天，到了中午冰雹就像女巫狂欢般在山坡上群魔乱舞起来。第一场大风还没完全停下来，第二场大风又骤然而至。那以后，一整天都是阴雨霏霏。到了傍晚则转为持续的瓢泼大雨。我们从噼噼啪啪的单调雨点声中没有获得多少乐趣，因为我们知道每一滴雨水都只能使帐篷和蒙古包像铅一样沉，加重我们行李的分量，同时又把地面变为一片泥沼。

7月10日，我们同后卫们一一道别。切尔诺夫明白，如果他能把我留给他照管的十一头骆驼大部分保存下来，那将成为他的一项光辉业绩。下了一夜大雪后，地上粘脚易滑。周遭如此凄凉，使我们留在后面的旅队显得比往日更加凄苦可怜。只有一两头牲口觉得值得在湿乎乎的雪地上寻觅一口草吃。其他的只是卧在那里休息。穆斯林们祝愿我一路平安。离别时我用力地握了一下切尔诺夫的手。我只有在拉萨朝拜之旅结束返回后才能与他重逢：如果我的确能返回的话。

一整天的天气都很糟。有一场冰雹非常狂暴，我们完全无法迎着它往前走，只得停下来，裹在斗篷里，等它过去再走。紧接着太阳出来把我们晒干，然后老天又开始泼水下来了。我和喇嘛骑马走在前面，挑选宿营的地方。我们走了14.5英里；因为虽然旅队已经淘汰了情况最差的牲口，比往常走得更好更快了，我们却仍然必须等很长时间他们才能赶上来。对于老天爷来说，这段时间可不能错过，雨又下起来，而且是倾盆大雨。喇嘛坐在那里，以哲人的耐心反复念诵着他永不停止的六字真言，任他的念珠串上的108颗珠子从手指间滑过。

总的来说，那天沿途的地面还不错，尤其是当我们翻越了两座低矮的山口之后。在第二个山口的南坡有六头野牦牛在吃草。因为我们已有一段时间没有鲜肉了，西尔金和沙格杜尔拿起步枪，每人打下一头。接着图尔杜·巴侬和奥尔德克用刀子和斧子把最好的肉割下来。

与此同时，我从那山口的顶上（海拔17 015英尺）可以看到眼前令人心旷神怡的景象——那是一片开阔平坦的地区，至少有两天路程那么远。但是我的喜悦转瞬即逝；因为从东南到西南，天边横亘着一道连绵不断的巨大雪坡[1]，显然没有任何躲开它的可能性。在那宽阔的横向山谷（它照例呈东西走向）中即使有稀疏的草地，

① 根据斯文·赫定的地图，这道巨大的雪坡应该是今西藏自治区双湖特别区境内的普若岗日冰盖。——译者

也主要是苔藓和野葱。这种野葱极受欢迎。它使我的汤味道鲜美。穆斯林们生嚼野葱，说那样有助于防止高山反应。骆驼对它比对任何其他东西都更喜欢，根本就吃不够。如果没有更好的事情可做，图尔杜·巴依就让众人去采集这种野草；即使在行军途中，如果有很多野葱，他也会时而停下来，让骆驼尝尝那多汁芬芳的叶子。

我们下一个营地的海拔是16 346英尺。7月11日是两个与海拔有关的事件的纪念日。四年前，可怜的安德雷（Andrée）[①]从斯匹次卑尔根岛大胆地起飞（从任何一方面来讲都可以说是成功的起飞），开始那次没有归途的旅行。我故意用“成功的起飞”这一字眼，因为那个计划在概念上是如此大胆，气势如虹。没有任何一个国家拿得出任何可以与其匹敌的东西。十一年前，也是在7月11日，我曾攀登波斯北部的德马万德峰（Mount Demavend）。那一次我辛苦了一整天，爬上海拔18750英尺的高度，但那时我只需要攀爬一座山峰，而且它周围都环绕着笑脸相迎的山谷；而现在展现在我面前的却是无边无际的荒芜高原，我们将不得不拖着沉重疲惫的脚步走过。

我们行进的方向是东南偏南，虽然我们没有遇到障碍，但我们似乎并没有明显地更接近那道遮掩在暗淡的边缘小山岗后面的雪岭。这里的雨水真多，一场雨与下一场雨之间隔得太近，地面来不及变干，因此总是盖着一摊烂泥，把骆驼滑倒。我们的喇嘛说，这是雨季的开始，它将持续两个月。他补充道：“至少在拉萨是这样。”我无须描述我们遇到的瓢泼大雨有多厉害，总之这是最糟糕的西藏天气里最糟糕的一个特点。没有比这更可恶的了。这一天的行程既令人疲倦又不舒服。我们在地上摊开我们的床时，它们变得很潮，蒙古包也发出难闻的味道。我很少有机会能使用我的照相机或天文仪器，而我正在测绘的地图纸也很快因潮湿而卷起边来。

第二天，我们沿着营地附近的小溪向东一直走到午后，然后转向东南，跨过略微起伏的地面。但我们未能找到好的水源。我们遇到的第一个水潭里面是咸水。我们挖了一眼井，里面的水是咸的。后来沙格杜尔带着几个铜盆骑马出去；大约一小时后我们看到他骑马奔驰回来。我们纳闷他急匆匆的有什么事。他说他遭到一只狼

---

① 安德雷（Salomon August Andrée），瑞典探险家，于1897年尝试乘坐氢气球从挪威的斯匹茨卑尔根岛出发跨越北极，因气球失事而遇难。——译者

图 274　7 月 13 日营地

的袭击，它两次向他扑来。因为手里只有那两个铜盆可用来抵挡，他把铜盆朝狼抛过去，然后就上马跑了。我们在望远镜里看到那只大狼几乎是白色的，沿着沙格杜尔走的小路跟了过来。但当沙格杜尔和西尔金带着步枪骑马出来迎接它时，大灰狼觉得还是逃之夭夭最好。那天夜里我们更仔细地把羊群圈起来，并指定专人守护马匹和骡子。

第二天我们向着与前一天相同的方向进发，穿过一片圆圆的土岗和山脊，其间点缀着许多小盐池；我们翻越了六座不起眼的山口，来到一条相当大的河流边上。但我们又失望了。这条河水流得极为缓慢，最后注入一个长条的湖泊，那湖泊四周围着一圈盐结晶。但不管是湖水倒流进小河，抑或那条小河本身就来自一个含盐极高的地方，反正河水的含盐量极高。不过，往前不远，我们找到了一个小淡水塘，所以最终可怜的牲口们还是喝上了水。

在附近的一座小山上，狗儿们对一头大个子黑色公野牦牛发起了攻击；有好一阵子，它们和那野牦牛跳来跳去对峙的样子十分可笑。那野牦牛打着响鼻，嘴里呼呼地吐着气，尾巴翘得高高的，头上的双角低下来，准备冲上前去。尤达什这个狡猾的坏家伙不断去咬它垂下来的长毛。这野牦牛是如此专注于这场表演，使我有足够的时间把它用相机拍下来。可惜底片不怎么样。我差一点就把它当成一头从某个藏人家逃出来的家养牦牛，因为它对我们毫不在意。

就在这个过程中，图尔杜·巴依来到现场，宣告了野牦牛的死刑；我们正缺肉吃。人们把狗儿们叫走，很快就传来两声枪响。但那野牦牛似乎根本就没注意到任何一发子弹。人们再次把狗儿们放出来攻击它。但这一次这野牦牛勃然大怒，对狗儿们径直冲了过去。它们纷纷跑上山坡，但是那野牦牛却一头栽了下来。我们到它身边时，它已经完全死去。这是一头漂亮的公牛；它的犄角顶端在很久以前同对手的角斗中已被磨光撞裂。取走了最好的肉和脂肪后，我们把剩下的部分留给了沙格杜尔的朋友，那只狼。

奇怪的是，我们走了整整两天却没有找到水，尽管这是雨季，而且四面八方遍地都是水潭。我们从一处淡水水源到下一处水源足足走了10到20英里。我们在哪里才能找到优良的草地以及设立营地，这成了一个每天遇到的问题，一个最重要的问题。我们距离腾格里淖尔的西北角还有近240英里。但我们几乎无法指望在抵达那道高山的另一侧之前会遇到人。那座山脉偶尔会在山岗的后面露出它的雪峰。我们刚打死的那头野牦牛显然从来没有与人类接触过；否则它就不会冒着生命危险让人给它照相了。但奇怪的是，这里遍地都是藏野驴和藏羚羊的骨骼与骷髅；这些必然是自然死亡的野兽，或被狼咬死的，因为藏族人从来不动藏野驴。

13日，我们始终沿着横向山谷走，以避免让骆驼翻越山口。不过这里的草真是非常可怜，但我们看到了一种从未见过的野草，喇嘛称它为“*buka-shirik*”，意思是“牦牛草”。他说这种草在拉萨附近以及蒙古朝拜者前往那个城市的沿途都很普遍。这个地区遍地都是野兽——野牦牛、藏野驴、藏羚羊、野兔和山鹑。抵达一条流量为每秒177立方英尺的小溪时，我们觉得最好在这里停下。那一天有雨有雪还有冰雹，有时轮流降临，有时则同时到来。

虽然前一天夜里温度低到零下3.4摄氏度（25.9华氏度），但7月15日温度升到11.1摄氏度（52华氏度）。我们仍然继续往东南方向行进，仔细观察把我们与喇嘛教圣地的秘密隔绝开来的那道巍峨山脉中是否有缺口。那道天然的大墙很可能也具

图275 驼队涉水通过小河

有气候方面的重要性。一旦到了它的另一边，天气应该会更暖和一些，我们会遇到更好的草地，另外那里肯定也会有人居住。直到现在，我们还没有看到任何人类活动的迹象。大概在这一天的路途中间，我们跨过离开塔里木河后遇到的最大的一条河。它流向西北方，注入一个非常大的湖泊[①]，我们只是从很远的地方看到那个在山岗之间闪闪发光的湖泊。那条河分为约二十多条宽大的河汊和同样多的较小一些的河汊，流量达到每秒810多立方英尺，流速达到每小时2.25英里，最大深度接近两英尺。如果河水都集中在一条河道里，没有船就根本别想跨过这条河了。就是现在这个样子，我们也用了整整半个小时才抵达对岸。河底是细小的砾石。我真想把小艇拿出来，顺流而下划到湖上。但是仔细一想，觉得这样的事还是推迟到那危险的拉萨之旅结束后再来做更好一些。

在远处，我们正在跨越的这个开阔的山谷的坡上，有一个高高直立的东西正向我们移动。我们以为那是一个人。但由于距离太远和大气的反光而不敢确定。西尔金、喇嘛和图尔杜·巴依从望远镜里仔细看过后，都确定这是一个人。喇嘛还说这人正在收集牛粪，他的身后有两顶黑色帐篷。在我们刚跨过的那条河的左岸山坡上散布着一些牦牛，总数约有七十五头。这么早就遇到藏人和他们的牦牛！在路上遇到这样出乎意料的情况对我们的计划是一个打击，它将使我们的蒙古伪装毫无用处，打乱了我们所有的计划。我也从望远镜里看着这个接近我们的流浪者；然后我们又等了一段时间，让他走得更近一些。最后，这个人变成一头藏野驴，我们看到的是它正面。那黑色的帐篷其实不是别的，只是一条严重切削的沟堑的投影，牦牛则是野生的。

又往前走了一段路后，尤尔巴斯惊动了一只小野兔，但它成功地逃进一个洞里。不过这可怜的小家伙并没有因此得到安全，因为沙格杜尔伸手进去把它拉了出来。我接过这怯生生的小生灵，一边抚摸一边轻轻拍着它；当所有的狗儿都跟着旅队走过，一切都安全后，我把它放了。它嗖地一下就窜走了，为这意料之外的释放而感到欢喜。但它还没走远，一只我们谁都没有注意到的老鹰就对它俯冲下来。沙

---

① 似应为多格错仁。在多格错仁南侧有三条大河注入，分别为长水河、源泉河和东温河。斯文·赫定遇到的可能是长水河。后文提及的可能是东温河。

图 276　在宽阔的横向山谷中勉强放牧

格杜尔急忙拿着枪冲过去，但已为时太晚。小兔的眼珠已被啄掉，马上就要死了。真是刚脱虎口，又入狼窝！正是这种微小的事件给非常单调的旅途带来些许变化。

这以后不久，我们来到另一条河的西岸，它在往下游一点的地方汇入我前面刚提到的那条河。这里有片我们很久没有遇到过的上好草地。鉴于这里也有大量的燃料（牦牛粪），我们决定停下来。天气非常好；苍蝇在周围嗡嗡叫着。山坡靠上一点的地方星星点点遍布着牦牛，这里的藏野驴与藏羚羊多得数不胜数。甚至山鹑、大雁和它们的幼雏也是这个宜人的地方的常客。

7月16日，我们在这里休息了一整天。我派图尔杜·巴依和哈姆拉·库尔去山谷的尽头看看我们整个旅队是否可以通过。我不想再掉头返回。我刚把经纬仪架好准备观测，一场冰雹就劈头盖脸砸了下来。西边的天空变得一片漆黑，雷声滚滚而来，地面都震动了。我庆幸自己及时爬进帐篷。冰雹如豌豆粒一般打在帆布上，地面很快就成了白花花一片。

随后我们听到激动的喊叫。当天值班的切尔东宣称，另外两名哥萨克赶出一头大熊，它当时正颠颠地朝营地跑来。但是，这熊突然转身，跳进河里，在溅起的水花中窜过河，然后爬上对岸。两名骑士纵马狂奔，紧追不舍。他们的身影刚一消失，只听啪的一响，那是切尔东的步枪发出的声音。原来是一只大灰狼正悄悄接近营地，结果为它的大胆妄为而付出代价。

一小时或再长一点时间过后，我们看到两名哥萨克骑马轻快地奔驰过来。他们正对着我过来，甚至在他们停下来之前，我就明白他们带来了重要的消息。原来那只熊虚晃一枪后竟然逃脱，但这两名哥萨克已经骑马冲进一个藏人的营地。一个带枪的男子看见他们过来，便消失在附近一座小山岗后面。附近有马匹在吃草。也许，我们前一天看见的那些牦牛真的是家养的。哥萨克们见既然无法与那人交谈，便匆忙回来向我报告这一新情况。

一旦面临现实，我们的喇嘛现在感到十分纠结。当我们的旅程穿过无人区时，我的计划对他来说无疑是有些模糊，所以他并没有意识到后果有多严重。但现在危机已经来临。既然已经与当地人发生接触，现在是旅队停下来的时候了，我们需要考虑如何开始我们的探险之旅。也许，我们前一天看到的那头藏野驴的确是一个人；不管怎样，这是一个警告，说明我们正在接近有人居住的地区。

我们立刻开会商议。必须抓紧时间。哥萨克们的印象是那些藏人们会立即开始赶回他们的牦牛和马匹，打算离开营地。不能让他们跑掉。不论用什么手段，我们都必须留住他们。首先，他们可以为我们提供有关路线和其他情况的有价值的信息。其次，最好能够赢得他们的信任，让他们陪我们一起前行，阻止他们先去散布有关我们来到这里的消息。我们深知，这消息一旦传开，就会像野火一样蔓延到拉萨。

西尔金说，他们的营地离我们不到2英里。他们肯定已经看到我们，因为我们在这个地方已经停留了一天多。但是，他们是藏族牧民还是唐古特抢匪？也许他们不过是和平的野牦牛猎人，带着牦牛肉和牦牛皮去南边。我并没有预料到会如此早地遇见当地人。奇怪的是我们到这时为止尚未看到任何营地篝火的残留痕迹。

我一刻也不耽误，立即让喇嘛和沙格杜尔骑马尽快赶到藏人的营地，拦住他们，与他们交谈。不过，我的哥萨克在出发之前穿上他的蒙古服装，他看上去很像那么一回事。不过这也是他的本来面目。布里亚特人本来就与蒙古人有血缘关系。我给了他一些钱购置马匹，如果藏人们愿意卖的话，并让他带一些茶叶和烟草做礼物，以使那些藏人们相信，与他们打交道的这些人对他们并没有恶意。 两人骑马蹚过河水，消失在暮色中。

我希望尽量拖延的那个时刻突然到来。让旅队的主力推进到尽可能靠南的地方将为我们提供明显的优势，有利于我们与它保持较近的距离。我们已经决定，一旦接触到当地人就立即停下，哪怕是在途中。我们的计划是，一旦看到当地人，我们这几个装扮成朝拜者的人就立刻换上我们的伪装，在没有人看到的情况下骑马往回走，然后从另一条路前往圣城，这样才能避免人们以为我们与这支与欧洲人有关的大旅队有任何关系。

两小时左右，我们的骑士们回来了。当时已是一片漆黑。但那些西藏人已经走了，他们的脚印通往东边；但当沙格杜尔和喇嘛抵达他们的营地时，他们用牛粪燃起的火堆还在冒烟。沙格杜尔认为他朝那只熊放的第一枪必定使他们大吃一惊，所以他们立即开始收拾东西准备起身。据喇嘛说，他们是三个野牦牛猎人，那附近还留着两三个野牦牛的头和一些蹄子。我们最初打算去追赶他们，但想到他们那天夜里和第二天一整天也许会不停地走，我们只得放弃这个主意。我们的马匹还没有得到充分的休息。

图 277　受伤的小藏野驴

16 泥沼与高耸入云的山口

从这一天起，我们的营地就不再有安宁。夜里布了岗哨，我们始终没有让旅队的牲口脱离我们的视线。我们差不多处于战时状态。其实我已经开始问自己，离开旅队是否过于冒险。很快这里所有的人都会知道有一支旅队正在到来，我离开以后，我的人也许会有遭到袭击的危险。因此，我从这个角度出发，在与沙格杜尔商量之后，决定让切尔东留下来与西尔金保护营地。随后，待切尔诺夫带着伤病员到达之后，他也会大大加强我们的防御能力。不过，鉴于我们不可能在关于我们的消息——经过夸张和扭曲的消息——抵达圣城之前就先赶到那里，在我们所在的那个地方设立大本营的必要性就小一些了，尤其是因为我们的马匹已经很疲倦了。从这里去拉萨往返需要650多英里，对我们的马匹来说这肯定是太艰难了，尤其是如果我们准备通过强行军来抵达目的地的话（而我们的确需要那样做）。

但是，我们必须在第38号营地再停留一天，等图尔杜·巴依和哈姆拉·库尔回来。我们利用这段空闲时间将我们的蒙古人行头准备齐全，以便我们一接到通知就立刻悄悄离开旅队。我在我的蒙古套靴里缝了一个口袋以放置温度计，并在我的大衣里子上缝了其他口袋以放置手表、无液气压计和笔记本。两位探路人在黄昏时返回，声称他们走过的那一片山谷里没有遇到任何可能影响我们前进的障碍。他们在一两处遇到有旧营火的迹象，这说明野牦牛猎人很熟悉这条山谷。

7月18日我们继续向东南行进，三次跨过河流。那天有一头骆驼费了九牛二虎之力才慢慢走进营地。它看上去一点问题也没有，其实平常它比其他骆驼走得还快呢。第二天，我们无法使它动窝，于是就把它留下来。这只是无法改变过来的懒惰习惯，切尔诺夫和他的人会收容它的。穆斯林们说它不会有被狼袭击的危险，因为这些野兽虽然很凶猛，却从未听说过它们曾袭击过一头身上负有驮鞍的骆驼。不过，我们还是把一根蒙古包的木柱插在附近一座小山上，在它上面绑了一个空罐头，里面放着用突厥语写的一张纸条："我们在这里留下了一头骆驼。如果你没看到它，沿着它的脚印就能找到它。"我们觉得，它休息一小会儿后，也许会追上来找它的同伴。

这是十八头骆驼中第一头掉队的。我们最后一次看到它时，它还在低头吃草。我们谁也没再见到它。结果，一向和我们在同一地点扎营的切尔诺夫在这里偏偏绕行了，所以根本就没看到那头骆驼。这是我留在身后但不知其结局的唯一一头骆驼。

我们现在开始上坡了，一直沿着河的左岸走。但地形很快发生变化，地面光秃秃的，寸草不生。天气也变了，前一天夏天般的温暖和苍蝇被冬天的大雪和冰雹所取代。

再走一天我们就该达到很长时间以来一直位于我们右边的那道冰雪覆盖的山脉。骆驼们还能坚持，但它们的力气迅速减弱。看来下一个躺倒的将是那头单峰骆驼；它已是骨瘦如柴，每当我们停下来就哀哀地流下眼泪。作为晚饭，我们喂了它一大桶面粉团子、从驮鞍中抽出来的稻草、两三块生羊肉（据说极有营养）。

但是太阳和那高山地貌都很快就消失在彤云之后。现在我们是朝着西南偏南方向走，我遇到的最糟糕的一场暴风雪迎面扑来。兜帽一点用也没有。冰雹与风雪横着向我们刮过来，粘在我们大衣的领子里面，融化后就顺着脖子流下来。我们不时得转过身来背对着风暴，否则便喘不过气来。在这种情况下骑着马写字真不容易。我们什么也看不见，但觉得自己是在逐渐上坡，但暴风雪略微减弱时我们才沮丧惊讶地发现，其实离那群雪山还是那么远。即使这样，我们还是顽强地坚持着往前走，逐渐地攀升，但是上升的幅度非常微小缓慢。实际上，这上坡极为不易察觉，有时我觉得我们正走在一个完全平坦的地方。唯有那些小河说明情况并不是这样。但是那些骆驼可就惨了。它们时常滑倒，蹄子陷进地面。有一头轰然一响倒了下来，把地面都砸得颤动起来。使这条小路如此难走的不仅是因为它像稀粥一样，而且还像海绵一样吸满了水。几条冰川像手指一样从两旁伸向山口。它们都完全被埋在积雪之下，但每一个冰川都流出一条小溪。冰川边上满是野牦牛，黑压压一片。我们数了一下，远远超过300头，其中很多是小牛犊。切尔东射杀了一头小牛犊充实了一下补给。我们接近时，它们渐渐地移到山口的南边。

在我们爬上山口顶部的那条宽洼地的中间流淌着一条两三码宽，不超过3.5英尺深的小溪。它的两岸是丰茂潮湿的牦牛草，水里则有小鱼。是的，海拔16 500英尺的地方有鱼！像往常一样，我兴致勃勃地采集了标本。

不过，最终小溪小河都消失了，上坡更为陡峭。我与喇嘛一起爬到顶峰。当时的海拔是17 921英尺，无液气压计显示为394毫米（15.5英寸）。旅队还在挣扎着爬上坡来。另一侧的下坡路被一头大个子牦牛挡住。它看上去野性十足，虎视眈眈，它的尾巴在空中卷来卷去，犄角也低下来，没有半点要逃走的意思。我们觉得最好是等步枪过来。但当第一头骆驼在山头出现时，那头野牦牛就颠颠地跑掉。

与此同时，我们用望远镜观察着展现在山口另一边的地形。那是一群错综复杂的山峰和山岭，中间夹杂着迷宫般的许多纵谷。稍往下一点，我们遇到一条很大的溪流，决定就沿着它往前走。这里有七头牦牛受到狗儿们的袭击。其中四头立刻就跑走了。三头停在原地不动，但是当它们的敌人集中攻击其中一头时，另外两头就悄悄溜掉了。最后那一头牦牛与来犯者闹腾了一会儿，最后发现了一个聪明的策略：它站在小河的中央，泛着浪花从它身边流过的河水可让狗儿们犯难了。过了一会儿，另外两头牦牛回来看看它们的同伴情况如何。但到了这会儿，狗儿们也对这场游戏感到厌倦，伸着舌头坐在地上望着它们的受害者。

正当众人忙着将驮包从骆驼身上卸下，准备过夜时，一名哥萨克对着一只一动不动地坐在那里望着我们的山鹑放了一枪。在它临死前的扑腾中，我们发现它正在抚养三只幼雏。它们正叽叽喳喳地焦急寻找它们的妈妈。如果不是因为这里是一片不毛之地，我们又是如此缺粮，我会为打破如此无辜的生灵那田园般的平静生活而觉得自己像个罪犯。过了很长时间我才不再去想那懦夫般的一枪。唯一能够安慰的是我知道那只山鹑反正也会受到狗儿们的骚扰。

那天的大雨过后，地面又软又湿，像海绵。由于这里的草不仅稀少，而且粗糙坚硬，骆驼们一拽就把它连根拔起。即使这样的草，它们也要寻找很大一片地才能凑上够嚼几下的一口。

喇嘛这个聪明的人正确地评论道，这道令人目眩的高山在藏民们的心目中占据着阿尔卡塔格山在塔里木盆地当地人心目中所占有的那种地位，即它起到一道边境界墙的作用，将未知的与无人居住的地区挡在外面，形成一道除了野牦牛猎人外很少有人跨越的分界线。现在我们离腾格里淖尔的北岸只有170英里，随时都有可能碰到牧民们的营地。

当我在7月21日早晨醒来时，大雪纷飞。黑沉沉的乌云悬在雪岭顶峰的上面；实际上雪峰被笼罩在云里，如果不是因为有两道手臂般的冰川如一只巨大的北极熊的两个前爪一般从云层下面伸出来的话，简直就看不出那雪峰的存在。我估计，雪线在山口以上350英尺的地方，也就是说，在海拔18 250英尺的高度。尽管身处这一令人目眩的高度，我们中间没有一个人有强烈的高原反应。只有前去追赶野牦牛的切尔东感到头疼。

我们沿着那条河往正南行进，顶着冰雹和骤雨走了整整一天。刺骨的寒风吹上山口。再往下走一小段，我们这条河与右边流过来的另一条小溪相汇，然后又转向东南。在两条小河交汇之处，有两三层残冰，但上面布满大缝，透过其间可以看到下面的水流。这些薄弱的冰桥在骆驼的重量下居然没有塌陷，这使我感到很奇怪。但冰面松软破碎，所以牲口们走在上面就像在石砾或沙子上一样安全。过了一段时间，冰面渐厚，形成一道连续的河岸，沟的两边是直立的边缘，而小河就流淌在它们中间。我们走在右岸上，但在山沟的一个拐弯处，冰面断裂，我们不得不下到河床里的石砾上。这个陡坡有6.5英尺，所以我们不得不拿出我们的斧子、十字镐和铁锹，凿出一道斜坡来。这用了很长时间。与此同时，沙格杜尔骑马去探路；因为从我的角度来看，这条路极为危险，尤其是因为那峡谷迅速变窄。我们在冰上洒了沙子以后，小心地牵着牲口一一走下谷底。那里有60到120英尺宽。那以后，我们不时走在溪水中，水花四溅。由于温度高于冰点几度，冰的边缘上的融水啪嗒啪嗒滴个不停。总的来说我们的四周相当潮湿。

这样走了好一会儿，我们才遇到沙格杜尔。他说我们可以再往前走三四英里，然后就没有冰了，小河钻进一条无法穿过的深谷。如果我们不注意，就有可能进退维谷。如果水从上面下来——而这条河很可能在夜深之前一直涨水——我们有可能无法掉头返回，而且这深谷里又没有任何可以供我们的骆驼躲避的宽敞地方。

于是我们原地掉头，跨过所有的水潭和那条河，跨过冰面！到处都是水、

图 278 两条冰带

水——四周都是水，而冰面急速地断裂崩塌。难怪这条山沟在冬天从一边到另一边铺满了冰。真没有想到这么大量的冰会一直冻到7月中还不融化。这一方面是由于这里的高度，另一方面也是因为悬崖峭壁使南边的阳光无法照入山沟来。

抵达两条溪流的交汇处时，我们沿着支流向上走，在两条河的分叉处留下一堆石头，又把另一些石头摆成一个指向西南方的箭头，以便切尔诺夫能够知道我们往哪个方向走了。就这样，我们不但没有如希望的那样走向海拔更低的地方，而是被引向一个寸草不生的更高的地区。冰雹的暴烈比以前有过之而无不及，但我们现在已经不在乎了，反正已是筋疲力尽。由于前面显然还有另一个山口，而且只有翻越这个山口后才有抵达草地的希望，我们决定停下来。

傍晚时分，天气转晴。夕阳将云彩染成绛红色；黄昏时豆大的雨点噼噼啪啪打在蒙古包上。我钻进西尔金的帐篷里去聊天。我们猜测着，不知切尔诺夫带着那些疲劳的骆驼现在如何。然后我们谈起拉萨之旅。我建议将两三个较重并占地方的物品藏在骡子的驮鞍里偷偷带去。

“不行，”喇嘛斩钉截铁地说：“在这里从来不会安全。他们也许会把骡子连带驮鞍一起偷走。”

第二天的地形没有任何改善。我们又垒起一个石堆，然后爬上山口。从远处看它微不足道，但实际上比我们上次翻越的那个山口更难走。我和喇嘛骑马沿着河床走上去，因为那是唯一地面坚实的一条地方。马从水里走出来不到两步蹄子就陷进泥里。那个斜坡上是厚厚的一层烂泥，犹如稀粥一般，从贯穿其中和周围的裂缝来看，那一大片地面正在慢慢地，几乎难以察觉地整体往山下滑去。极大的高度和陡峭的山坡，再加上移动不定的落脚之处，足以给任何旅队带来巨大的灾难。然后更糟糕的是，一场狂暴的冰雹袭来，使我们每个人从头湿到脚。骆驼们用了两小时才爬上来，只有十五头上来了，两头被留在后面，每一头都有一人照看。但是在南面的山坡上下坡比上坡还要糟糕十倍。没有一寸土地是坚实的地面，骑马是根本不可能的。一个人先去前面找路。图尔杜·巴依带着骆驼跟在后面，赶着它们尽快往前走，以免它们在烂泥里陷得太深。可是，这并没有太大用处。一声尖叫响起。一头骆驼与前面一头骆驼之间的绳子绷得太紧，摔倒时割破了它的鼻子。人们冲上前去帮它。驮包被卸下，它被拉起来。接下来，那一串骆驼继续前进。地面极为松软黏脚，当骆驼抬起蹄子时，下面的窟窿立即合上。大雨倾盆而下。乌云压在我们头上，天暗得犹如半夜。一线光也穿透不过来。人和牲口都被浇得像落汤鸡一般。喘气很困难而且很痛苦。真是一片可怕的土地！我真不知道骆驼们是如何走过来的。甚至骡子们也开始出现问题。其中一头陷进烂泥，我们费了九牛二虎之力才把它弄出来。不但人们拒绝帮助我们，就是自然万物和土地本身也在合谋将我们折磨死。我们将永远不会抵达那些新鲜的草地，得到我们梦寐以求的休息！切尔诺夫那些可怜的骆驼将如何走过这个地段？我最后得出结论，它们一头也不会活着走过这两个山口和流动的烂泥。每一场雨都必然会使情况变得越来越糟。

最终我们来到一个很大的溪流。它从哪里来，向哪里去，我们都无从得知。雪很厚，大雨如注。不过我们至少有一件事值得庆幸：铺满砾石的河床是坚实的，我们不必再担心被活活地吞噬。我们都淋透了，在溪流中间溅起水花不会使我们更湿。再往下一点，我注意到右岸上有一些草。沙格杜尔在那里捡到一个大陶罐。喇嘛根据它的大小判断说它属于外来者，不是当地牧民的，因为后者不会带着这样大的一

图 279 在冰上开出一条向下的路

个东西搬来搬去。这显然是野牦牛猎人留在一个永久营地里的。

留在后面的两头骆驼中只有一头最后到达营地；另一头就停在那烂泥山口的下面，哈姆拉·库尔提出要与它一起在那里过夜。毫不夸张地说，那可怜的牲口被烂泥吞没了，所有把它弄出来的努力都失败了。哈姆拉·库尔让人来问我他该如何处理。我派了两个人带着食物与燃料回去见他，同他一起陪着骆驼过了一夜。第二天早晨，当地面稍微冻结一些时，他们应尽力用铁锹与毡子把它弄出来。此外，我承诺我也会派所有其他人回去帮助他们。因为李老爷在半英里下面发现了一片上好的草地，所以我们将在那里停留一整天。但我们为了解救那可怜的牲口的一切努力（本身都很周全）都白费了。早晨人们发现它死在那片危险的烂泥里，已经冻硬了。

第二天，出去打猎的西尔金和沙格杜尔报告说，在这山谷中再往前走两三英里，到处都是低矮的小山，上面覆盖着美丽的草地，比我们遇到的所有草地都好。实际上图尔杜·巴依在那里待了大半天，看着那些骆驼吃草，高兴得根本不想走。他声称那里的草足够吃一个月的，一段长时间的休息是挽救旅队的唯一办法。我立刻决定将这里作为我们的大本营。在这里应该支起帐篷，储存行李，并在周围挖一圈壕沟。然后，在通过天文观测确定了这里的方位之后，我们将在这里完成准备蒙古衣装的工作，出发去拉萨。而且也是时候了。两三个出去收集燃料的穆斯林听到一声枪响。也许我们有邻居。最好仔细防备。

最初，我是打算带着两位布里亚特哥萨克和喇嘛一起去拉萨的。但是由于我们的到来显然已经被我们不期而遇的野牦牛猎人上报了，我不敢只留下一名哥萨克来保护我的大本营。虽然藏人袭击我们的营地这种可能性很小，但小心起见，还是应该为任何可能发生的事做好准备。而且切尔诺夫带着旅队的其他部分赶上来也许还有很长一段时间。所以，我决定把切尔东留下来；他那支连发枪对营地的防御将是一个不容忽视的补充。我告诉他这个决定时十分遗憾，而且尽量推迟这样做的时间。我知道这将使他非常失望，因为对喇嘛教徒来说，去召庙[①]（拉萨）朝拜的神圣意义与穆斯林去麦加朝圣的意义同样重要。但是，我安慰这个可怜的人说，其实我们突破藏人们在拉萨周围设下的严密的封锁线可能性极小。我还许诺，他和他的伙伴们在旅途终结之前一定会去某个神圣的寺院的。一般来说，哥萨克们不会表露他们的思想和感情；他们只是简单地回答："谢谢先生。"他们的唯一宗旨就是服从。但我太了解这一计划的改变对诚实的切尔东意味着什么了。

这一决定对我们三位朝圣者也意味着很大的变化，因为我们的力量一下子就减弱了四分之一。不过整个计划都是极为冒险的，所以我们是三个人还是四个人倒也没有多大差别。

7月24日我们搬到哥萨克们发现的那个嫩草福地。路程只有2英里，但我一路上脑子里被一些忧虑所困扰。这是否是我同旅队最后一次一起旅行了？还有再与他们重逢的一天吗？他们能否平安地等到我回来？

深谷里下坡路很陡。河水一层层跌宕而下，形成多级瀑布。我们不断地跨过这条小河。它蜿蜒而过的山岗上草地越来越好。其实这草并不厚，而且也不成片，而是一块块的，但草质多汁丰茂，尤其在向阳和避开寒冷北风的南坡上更是如此。我选择在一个浑圆山包的平顶上设立那个重要的营地，在河的左岸附近，海拔16 822

① 蒙古族喇嘛教的寺庙通称召庙。

英尺。但尽管这里的草地与人们说的差不多，从战略角度来说这个营地的位置很糟糕：它周围环绕着居高临下的山岗。如果有群唐古特人想对我们开战，这里简直是他们所能指望的最佳位置了。

我决定7月27日出发。最后一天晚上，我把留下来的贵重物品都锁在箱子里，只有天文钟例外，我把它们用棉花和羊毛包起来放进专门的箱子里。我把这些交给西尔金来照管，教他如何小心地为它们上弦。而他真的是很小心，过于小心了。我们离开后的第一晚，其中一台停了，因为西尔金不敢把它拧到头，怕把发条崩断。第二天，另一台也出现了同样的情况。不过这并无大碍，因为我后来有机会重复我在这个第44号营地所做的观测。我不在时，西尔金还负责进行气象观测，这项工作他完成得极为出色。我在所有的人面前正式任命他为大本营的负责人，要求他们像服从我的命令一样服从他的命令。但由于图尔杜·巴依在照管骆驼方面的技能和经验，我授予他在他认为适当的时候转移营地的权力。他认为他们可以在原地停留十天，然后略作移动。我们还约定，他们离开这个营地时应留下一份文件，告诉我们他们所走的方向和路程，并在后面每一个营地都这样做。

我与每个人都进行了单独谈话，要求他们恪尽职守。李老爷有他自己的算盘。他要求陪我一起去拉萨。当我明确拒绝后，他又要求允许他翻过群山走原路返回若羌：这段路有570英里。然后毛拉·沙和哈姆拉·库尔也来说他们要与他同行。我比他们更清楚这样做有多荒唐，但还是平静地回答说他们完全可以作出自己的选择，不过我在任何情况下都不会省下马匹给他们用，所以只有自己有马的李老爷可以骑马走。我承诺给他们口粮，此外李老爷有他自己的土造枪支。然后我拿出我一路绘制的大地图，指给他们看我们从若羌出发后经过的每一个营地，最后我还向他们指出，这个疯狂的计划是多么成问题。毛拉·沙是个老人，他将成为第一个累垮的人，会被留在后面，因为他无法假定其他两人会为了一个病人而耽误自己的行程。然后就会轮到李老爷，他的身体并不很强壮。我说，哈姆拉·库尔这个健壮的大个子如果拼力一搏，倒是有可能挣扎着返回若羌，但是他不可能办到。他会被阿尔卡塔格山里的狼群撕成碎片。我祝愿他们一路平安，祈祷真主保佑他们。

不知是因为这幅图景给他们留下深刻的印象还是因为他们最后比较明智地考虑了这件事，反正他们晚间来到我的帐篷，谢罪般地跪倒在地，乞求我看在老天的面上让他们留在我身边。我当然立刻就同意了这一要求。我从没能想明白他们的脑瓜里进了什么邪念，我还要忙自己的事，也没工夫去调查。他们发誓这只是因为他们想家。但就在那一天，西尔金在营地后面的一条山沟里发现了一个人的脚印，这个人有时在走，有时骑马，而且前一两天夜里狗儿们狂吠了一阵。当时营地里已经有人悄悄地嘀咕，说藏人正在对我们进行侦查，将我们置于严密的监视之下。不过我并不相信这一点，我们在路上看到两旁不时出现藏野驴。西尔金发现的足迹很可能是它们踏出来的。一群乌鸦在营地周围飞来飞去：在当时的情形之下，这可不是什么好兆头。

最后，我同西尔金也谈了一会儿，把我们这次所冒的风险有多严峻向他和盘托出。他静静地听着，心情沉重地摇了摇头。我说："如果我们两个半月后仍未返回，你就得拔营回若羌，从那里再去喀什。"我并不觉得我们会丢掉性命；但我必须做好最坏的打算，为我的地图和笔记本作出妥善的安排。我把我的钱箱子钥匙交给他，以便他有钱在若羌装备一支新的旅队，虽然当地穆斯林对那附近的了解足以使他们找到归途。尽管骆驼们能够活着回去的可能性很小，某些马匹还是有可能挣扎着回去的。西尔金知道哪些箱子他必须不惜一切代价加以保护。此外，无论他们在第44号营地待多久，他们都必须日夜严加防守，只有在两个武装人员和三只狗的陪同下才能让牲口出去吃草。说完以后，我就上床睡觉，这将是下面几天中最后一次在"文明条件"下睡觉。我立刻就睡着了，一觉睡到第二天一早沙格杜尔来叫我出发的时候。

第十编

向拉萨冲刺：
神圣经文所在的禁地

17 出发去拉萨

在第44号营地休息的那两天中，我们打算带走的那五头骡子和四匹马受到特殊的照顾。它们被重新钉掌，鞍子和垫子都经过修补。我们所有的行李被塞进两个蒙古箱子。我随身带的仪器就是三个海员罗盘、两只手表、一个气压计、两个温度计、三副彩色边框眼镜和那部维拉斯科普（Verascope）照相机及八打照相胶板。此外，下列物品也是不可缺少的：俄军总参谋部绘制的大张亚洲地图（包括拉萨）、我写日记用的小笔记本和记录行程的笔记本、墨水、纸张和钢笔、测量用的罗盘、剃须刀和肥皂、剪刀、马灯、斧头、一打硬脂蜡烛、几盒火柴、一些药品和10个银锭（75到100英镑）。我们带的口粮包括面粉、大米、炒面和肉。但我只带了十听罐头食品，只是为了头一两天吃，每个罐头吃完后都会装满石头沉到湖里或小溪中以防万一。我们的武器包括一支俄国连发步枪、一支博尔丹（Berdan）步枪、一把瑞典陆军军官配备的手枪，各有50发子弹。除此之外，我们每个人还随身带了蒙古人出门都要带上的小物件：如套在我脖子上的念珠、装圣物用的嘎乌盒（*gavo*），里面有一个神像[①]。我的腰带上挂了一把餐刀、吃饭用的中国象牙筷子、一只装烟草的皮口袋、一只长烟斗、火石和火绒。每个人都带了两套衣服，因为我们很可能没走多远就会被淋湿。我们所有的器皿，如饭锅、杯子、茶缸等等，都是地道的蒙古货。我们挑了一顶最小最轻的蒙古包供住宿用。最后但并非最不重要的，喇嘛用厚厚的白色毡子做了一个舒适的斗篷以用于夜晚值班时穿。一切可能引起藏人怀疑的东西都藏在我

① 即佛像。——译者

们口粮袋下面的一个箱子里。这些东西多数都可以在情况紧急时藏入水中而不会受到严重损害。当然，如果不是情况极为严重，我也不会轻易与我的仪器和笔记本分手的。

沙格杜尔叫醒我后，我匆忙乔装打扮，将我在旅途中需要的仪器装进隐藏它们的地方，感觉自己现在真的是个蒙古人了。我从一开始就很适应我那件暗红色的新外套。它很柔软舒适，我觉得它唯一的不足是缺少我那件阿尔斯特大衣[①]的许多方便的口袋。我干脆把罗盘和路线图塞进我的外衣里面，相信腰带会使它们保持在应该待的地方。我用来遮头的是一顶带有可以翻上去的护耳的黄色帽子。我已经穿了一段时间粗糙笨重的蒙古靴子了，为的是使它们变得更舒适合脚。此外，我发现这种靴子在有水的地面上很有用，因为它们有厚厚的鞋跟和翘起的鞋尖。

那是一个阳光明媚的早晨，空中到处是苍蝇和蝴蝶，因此我不用穿我那件黄色的大袍子。我挑选的马是我最喜欢的那匹白马。它现在已经完全恢复正常了。我正在调整那柔软的蒙古马鞍，西尔金忽然走到我身后，对我讲起蒙古话来。但后来他发现原来是我，大吃一惊，改了过来，他把我当成喇嘛了。其实这个错误倒使我感到很自豪。这说明我的伪装还是挺到位的。

所有的狗都被拴起来，只有玛伦基和尤尔巴斯例外，它们两个将与我们同行。这支小小的旅队已整装待发，我们翻身上马，就这样出发了。西尔金转过脸去来掩饰他的泪水，哈姆拉·库尔则像个孩子一样哭起来，步行跟了我们一段路，伤心得不顾一切地蹚水走在河里。第44号营地消失在山岗后面。我们骑着马轻快地走下山谷。我们还能看到那宁静的地方吗？我对已经引导着我穿过沙漠、翻越群山的上苍之手从不怀疑。沙格杜尔则对我们将要开始的冒险之旅的前景感到欢欣鼓舞。至于喇嘛，他就如同一碗酸奶一样平静，当我根据我们在库木库勒湖达成的协议问他是否愿意留下来时，他连听都不要听。他说，他不会抛弃我，而将与我同行，即使为此要付出自己的生命。

沙格杜尔骑了一匹黄马，喇嘛骑的则是那匹很有知性的小骡子，我们前一年在屹立着两座石堆的那个湖畔差一点就失去它。我的两位同伴牵着驮运行李的牲口，

---

① 起源于爱尔兰，是呢子制作的沉重的长外套，后来也指各种毛呢外衣。——译者

图 280　穿着蒙古衣服的作者

而骑着第四匹马的奥尔德克则盯着行李。我带他来是为了让他在头两夜替我们照看牲口，那以后我们就得自己看牲口了。切尔东和图尔杜·巴依也陪我们走了两三个小时，随后与我们道过别就踏上归程。

我们走下去的那条山沟非常狭窄，两旁都被陡峭的山岗锁住。多数时候小溪在一条河床里流着，但有时它也分成几个汊。由于过去两天的阳光加快了冰川融化的速度，小溪的水量大增。旅途刚一开始，我们就至少九次蹚过这条河。在急转弯处，它的河岸陡立，几条源于天然泉水的小溪从左边汇入。这里的岩石主要是砂岩，但是已经瓦解得很厉害，简直看不到什么坚硬的石头了。我们看到的多为石砾和大块的石子儿。由于这个原因，整个地貌呈现出一种红色。右岸的一处有两小堆石子儿，显示那里有个涉水过河的地方。果然，我们在附近发现了猎人营地的痕迹：那里有三个被烟熏黑的石头，摆成支撑饭锅的样子。曾有人来过这里的另一个证据是一只死牦牛，它于不久之前刚被射杀，虽然现在它的尸体已经干瘪了。另外，不是在那一天就是在前一天，曾有一只熊在附近转悠。

又蹚过那条河两三次后，我们来到一片开阔的地带，除了很远的天边，任何方向都看不到山。我们在这里离开了那条河，它转向东北，而我们的路线则是通往东南。我们身后的山峦南坡与北坡相比积雪要少得多。藏野驴、野兔和旱獭，以及一只孤独的狼，基本上就是我们在这空旷的荒原上所能看到的全部野兽了。来到一个泉眼（*namaga*）边的一片开阔的盆地后，我们看到那里草地丰茂，就在那里扎下第一个营地。我们之所以在这里停下，一个原因是一头骡子的腿已经瘸得很厉害。我点起火来，而其他人则干着更艰难的工作。马匹和骡子们的一条前腿与一条后腿之间都拴上了绳子，以免它们走得太远。随后我们准备了一顿便饭，包括烤肉、米饭、面包和茶。当食物端上来时，我们用手和中国筷子吃饭，用一个木制的蒙古小杯子喝茶。勺子和叉子都是我们不敢放进箱子里的奢侈品。我们的喇嘛没有胃口，实际上他似乎处于一种非常糟糕的状况，抱怨头疼。在我们使他已经卷入如此之深后，如果他不能再陪我们了，那将对我们极为不利。但他的身体极为不适，我真的担心他可能不得不与奥尔德克一起回去。

那天下午我躺在地上晒太阳，伸展腰腿。但到了八点钟我们都去睡觉了，因为实在无事可做。我们这三个朝圣者钻进帐篷，如弟兄一般睡在一起，同时奥尔德克

图 281　从大本营出发

在外面看着牲口。外面月华如水，我真的很庆幸我们面前的那些艰难的夜晚有这轮明月的照耀。我决定让奥尔德克再陪我们一天，因为我们的喇嘛还远没有恢复过来。他在马鞍上转来转去，不得不经常下马躺倒在地上。

地面坚实好走，因此我们很轻易就走了24英里。尽管我们沿途经过的山岗和山谷只有稀疏的草地，野牦牛和藏野驴却多得很。有时我们可以数到上百头。但那里的苔藓和野草是我们的家养牲口连看都不会去看的。我们其中一人不时会骑马去下一个山包顶上，观察另一边有什么。但是直到这时我们仍没有发现任何人类的迹象。我们现在倒不想躲避他们，正相反，如果我们遇到一个游牧人的营地或骑马的人，我们将首先让奥尔德克不引起任何注意地离开，以便他安全地返回第44号营地。然后，我们这些堂堂正正的朝圣者就会径直前去与他们相会。现在我们所走的方向是东南偏东，我们的前面，东边的地平线上有一片巍峨的雪山群，山脚下有一个美丽的蓝色湖泊。来到湖边后，我们本想沿着它向东南方向走，却被屹立在水边的砂岩峭壁挡住去路。它们的颜色是那种西藏地貌特有的土红色。费劲地绕过一串低岗后我们再次来到湖边，发现这一次没有那么困难。围绕湖岸的一圈圈沙滩和台地说明，这个湖泊正在缩小，因此必然是个咸水湖。实际上，这里没有任何生命的迹象，四面一片光秃秃的，寸草皆无。

我们不想让我们的牲口过于劳累，是该考虑在何处停下来的时候了；但在盐湖的附近寻找淡水是徒劳无益的。不过，沿着一条藏野驴踏出来的小路走了一段距离后，我们看到另一个湖，比前一个小一些，但奇怪的是，它却是个淡水湖，尽管它的周围同旁边那个咸水湖一样平坦贫瘠。我们就在这里扎下第二个营地。我们的喇嘛现在好多了，大家情绪都很高涨。我们坐在火堆旁谈天，讨论前往圣城的计划。喇嘛描述了西藏人在那曲是多么严格地检查所有来自蒙古的朝圣者；因此我们觉得最好避开那条路，不管有路无路，都尽可能走腾格里淖尔的东端，然后穿过拉尼拉山口（Lani-la）[①]南下拉萨。这样我们将走上那曲与拉萨之间的朝圣者大路，可以混在大队的朝圣者中间而不被认出来。

---

① 即今西藏自治区当雄县境内的那根拉山口，海拔5 150米，位于纳木错东南，是从藏北草原和纳木错翻越念青唐古拉山脉去拉萨的必经之路。——译者

接下来是非常可笑的一幕：我的头发必须全部剃光。我坐在火边的地上，沙格杜尔像个汪达尔人[1]一般把我的头发一扫而空。他把我的头发尽可能用剪刀剪短，然后在我头上涂满肥皂，接下来奥尔德克拿着他的剃刀登场。几分钟后我的脑袋就像一个台球那般亮闪闪、光溜溜的了。沙格杜尔和喇嘛在一旁认真地看着。然后我攥住我的八字胡，转瞬间它就不见了。我得承认我认为如此无情地毁掉一个并不难看的人的相貌是很可惜的，我还是庆幸自己至少还能保住眉毛和睫毛。当这个毁容过程结束时，我承认自己看上去非常面目可憎，比恺撒大帝的胸像还糟糕。但是这里也没什么人会看我，而我的面貌与周围那光秃秃的高原倒是十分相符。

但是我的考验还没有结束，因为这才刚轮到我们的喇嘛登场。他如同精于此道的老江湖游医，开始在存放他的药物的各种纸袋和布袋里搜寻，然后轻轻地将我的脸上涂满了油脂、煤灰和一种褐色的东西，直到我的面孔看上去犹如阳光下的一发圆形炮弹一样闪闪发光。我掏出随身带着的小镜子一看，立刻觉得自己非常逼真。我的形象几乎把自己都吓坏了，需要仔细看半天才能确认我看着的这个狒狒一般的蒙古人真的就是我父亲的儿子。这混合物干了以后，我的面孔变成了脏兮兮的灰色。

① 汪达尔人为古代日耳曼人部落的一支，曾在罗马帝国的末期入侵过罗马，因其在455年洗劫罗马而成为肆意破坏和亵渎圣物的同义语。——译者

18

夜袭

我们的营地位于两个湖泊之间，地势开阔，只有西南方向有几座小山。我们觉得自己在这里是绝对安全的，因为没有看到任何有人来过的痕迹。我们的狗儿们也非常安静。大约五点钟，风从北面刮来，将团团的沙尘从盐湖和我们的营地上吹过。我们当然立即躲进蒙古包。到了八点钟，天色将黑，我们爬到毛皮与毡子的下面。奥尔德克在大约200码左右以外，守着马匹和骡子。他整夜都要值班，这样就能给我们最后一个睡个好觉的机会，到了早晨他就得返回第44号营地。

半夜时分，奥尔德克把帐篷帘子掀开，探头进来带着哭腔轻声说："那边有个人！"他的话使我们三人像触了电似的一跃而起，拿着步枪和手枪冲了出去。暴雨仍在继续，破碎的云朵从天上疾驶而过，偶尔露出惨白的月亮。奥尔德克在前边带路，边跑边告诉我们，他看到一个黑影悄悄地钻在马匹中。但他吓坏了，没有发出警告的喊声，而是跑到帐篷来告诉我们。结果，我们当然来得太迟了。在层云遮住的暗淡月光中，我们只能看到两个黑影赶着两匹解开缰绳的马匆忙跑走。一瞬间，他们就消失在山岗后面。沙格杜尔开了一枪，但没有任何作用。于是他和喇嘛与奥尔德克一起去追赶盗匪，而我则在后面守着营地。或许这营地早已被盗贼的同伙们包围起来也未可知。一小时后我的属下归来，显然是劳而无功。

我们立刻开会商量。首先是要检查我们的牲口。所有的骡子和两匹最差的马都还在，正安静地吃草，但我们最好的两匹马，我的白马和沙格杜尔的黄马，都不见了。从脚印上看，似乎有三个骑马的人在大风中悄悄接近营地。他们牵着自己的马步行，然后把马藏在一个伸向湖边的洼地或干涸的河床。其中一人从那里向营地匍匐而来，直到他接近最外面的两匹马。然后，他一跃而起，将它们赶向湖边。他的两个同伙带着他们的马匹正等在那里接应。随后他们上马飞奔着翻越山岗。我们正是在这时冲出帐篷看到他们的。我觉得自己平生从没有那么愤怒过。竟让人在我们的守夜人鼻子底下把马盗走，而他还有两只凶猛的大狗可以帮忙。我的第一个反应是索性放弃去拉萨的探险之旅，让这些盗贼为他们的大胆而付出代价。说什么也要把他们找出来，哪怕这需要几周时间，然后以同样的方式偷袭他们。我完全忘了去责备头脑简单的奥尔德克；他到那时为止一直是个能干的人。但是沙漠和类似的无人居住的地方才是他的家。他常说，人是你所要对付的最坏的敌人：比老虎和沙尘暴还糟糕。这话有一定的道理。

但是过了一会儿我的气就消了，可以更冷静一些地分析眼前的形势。我们再次沿着小路来到山岗的顶上，在那里发现脚印消失在坚硬的碎石上。我们费了好大力气才拦住沙格杜尔不去追赶那些盗贼；他的武器在他手里都快冒烟了。丢掉他的马使他非常伤心，他对它就像对自己的孩子一样爱惜。但是我告诉他，这些人——无论是专门的盗贼还是觉得机会太好不能放过的野牦牛猎人，都会马不停蹄地一直跑到第二天半夜才停下来。这使他也冷静下来。此外，我们骑着那两匹不顶用的马是无论如何也赶不上这些盗贼的。他们偷走的是我们最好的马，而他们自己的马无疑也很精良，并适应高山的空气。再者，他们熟悉当地的地形，而我们则对其一无所知。因此他们可以充分利用河道与碎石河床，那既能遮掩他们的足迹，又能使我们迷路。最后，如果我们两个人去追盗贼，两个人留下来，就会进一步削弱我们这支已经很弱小的队伍。因此，必须放弃那个主意，它风险太大。我们也许应该庆幸，盗匪们仅仅偷两匹马就满足了；我安慰沙格杜尔说，如果换了我，我就会把所有的马都偷走，使人根本就不可能去追赶。

对我们来说，这是一个教训。去拉萨这件事的难处现实地摆在我们面前，我们必须下决心更加警惕。即使在这些寂寞荒凉的山里，也会有一群盗匪仿佛从地底下冒出来似的，把我们的马匹偷走，连狗都不会叫一声。他们与我们在第38号营地看到的那些野牦牛猎人应该没有关系；更可能的是，西尔金在山谷里看到的脚印，以及穆斯林们同时听到的枪响，与我们半夜的访客有些关系。他们显然从那时起就一直在盯着我们。他们不敢动大旅队，因此躲在某个隐蔽的山沟里，在那里等待着他

图 282　夜袭

们无疑预见到总要来临的机会。他们看着我们这支小小的朝圣者队伍出发，悄悄地在远处跟着我们，最后利用那场暴风雨来达到罪恶的目的。但是我们决心从这次经验中获利。从这时起，我们必须像在敌人的国土上那样生活，日日夜夜准备着应付来自某个方向的袭击。

那天晚上想再睡着无疑是不可能了。因此我们就在蒙古包外面燃起一小堆篝火，围着它蜷伏下来。我们把身体用大衣包起来，点燃烟斗，坐在那里闲谈。月亮时而从低沉的云层中露出脸来。接近拂晓时，我们煮了一壶茶，外加米饭和面包，就算是早饭了。然后我们早早地就动身了。我和沙格杜尔骑着剩下来的那两匹马。至于奥尔德克，他坐在火边哭泣着，想起他还要一个人手无寸铁走40英里的路回到第44号营地就吓得要死。他苦苦地央求要和我们同行，保证他将来一定会更认真地守夜。看到同我没有商量的余地后，他又要那把手枪；但半夜发生的事故使我确信，我们穿过那个地区必须带着武器。

我从笔记本上撕下来一页纸，匆忙地给西尔金写了一个条子，告诉他发生了什么，并要求他加强戒备。这一带盗匪横行，而且他们显然很了解我们的情况。他必须昼夜严防，尤其要小心不要让人偷走旅队的牲口。最后我指示他让切尔东、李老爷和另一个人去追踪盗贼，但超过一个星期后就不要浪费时间接着找下去。其他情况他可以从奥尔德克那里了解到，他可以带他们找到盗贼的踪迹。奥尔德克将信放进他的腰带里。我给了他一盒火柴，这样当他停下来过夜时可以点一堆火。当他离开我们时，他看上去就像一个被判死刑的罪犯走在通往断头台的悲惨道路上。我们刚一上马，就看见他悄悄沿着湖边一路小跑。我猜他以为抢匪们一整天都会像雨点般从天而降，任何一瞬间都可能有一颗子弹会嗖地飞来，穿透他的心脏。

后来，当我们的拉萨探险之旅结束后，他告诉了我自己是如何回到营地的。7月29日那一整天，他一步也没有停下来过。而且他不敢走我们之前走的那条经过开阔地的小道，而是像一只野猫那样悄悄穿过沟壑与河道，不管它们是多么曲折和绕远。他一整天都在苦苦盼着夜晚的降临；但当夜晚真的来临，大雨瓢泼而下时，他又害怕黑暗，觉得任何时候他都有可能遇到杀人不眨眼的强盗。有两三次他几乎被安静地吃草的藏野驴吓昏过去。然后他会停下来趴在地上，像一只刺猬一样把身体蜷成一个球，大气也不敢喘地一动不动。不过，最终他在漆黑的夜幕中来到营地所

图 283　扮成朝圣者的沙格杜尔、作者和喇嘛

在的山谷入口，然后他一步也不停地飞跑起来。身边的河流在深深的河床里轰鸣着，盖住所有其他的声音。一路上他总觉得有啪啪的脚步声跟在他身后。他也不知道自己是如何在夜幕和大雨中找到那条走下陡坡的路的。他只是匆匆往前赶，摔倒了再爬起来，一次又一次蹚过河水，一直湿到腰。

即使到了那时，他的麻烦也没有结束，因为在接近营地时，他差一点被岗哨开枪打死。后者发出警告。但幸运的是，奥尔德克大声朝他喊话时，那岗哨认出他的声音。其他人都出来了，惊讶地将他围住，问了他一连串的问题。但奥尔德克半天都说不出话来，他已经筋疲力尽，像一块湿抹布一般，气也不喘地就一头栽倒在地。随身带的那块面包他连碰都没碰，直到第二天睡了一整天后他才恢复了胃口。

奥尔德克的故事和我的信自然引起营地上人们的恐惧，因为看到我们出去后的第二夜就遭到袭击，使他们担心会发生最坏的情况。从那以后，我的属下一直保持警惕，如果真有盗匪糊涂到竟敢半夜来营地拜访，他们必然会受到盛情招待的。

次日一大早，切尔东准备好出发。他带着图尔杜·巴依和李老爷同行。奥尔德克的身体状况不适于一起去。尽管有雨，一整天都能看到我们的足迹。他们也遇到了盗匪的脚印。后者在离我们的营地20到25英里的地方曾经停下来过，那时正是清晨。有另外几个人带着十五头牦牛在那里与他们会合。那以后，这些盗匪来到河边，在碎石路上和溪水中走了很长一段，所以切尔东和他的同伴们没能再找到他们的足迹。

19 大雨中守夜

但是，还是回到我们的朝圣之旅这个话题吧。奥尔德克离开后，我们向东南和东南偏东方向进发，走了大约24英里的路。再多走一些路对骡子们来说也不成问题，但我们得为那两匹马着想。在一片水边，我们营地的附近，我们发现前不久曾有羊群吃草的痕迹。这里是一个开阔的山谷，牧草很多。右面不远处的一个山坳里有二百来头牦牛。由于这些牦牛看上去像是家养的，我们便停下来用望远镜寻找牧人。但是一待我们走近，那些牦牛都跑掉了。野牦牛从来不在有人居住的地方附近活动，因此可能我们还需要两天时间才会遇到游牧的藏人。

所有的山沟与水流似乎都在向西南方汇聚，那里无疑有一个湖泊。这里藏野驴和藏羚羊多如繁星。但是一整天沿途的景色丝毫没有变化——眼前总是一片开阔的平原，南边有一列低矮的山峦。我们在一条小溪旁停下。鉴于我们只有三个人，我也帮着卸行李搭帐篷，其实我是把所有需要做的事都做了。沙格杜尔和喇嘛负责照看牲口，把它们前后腿拴住，我则用我那肥大的蒙古袍的衣襟收集牦牛粪。我发现这是一项很有意思的工作。我的活儿干完后，另外两名朝圣者祝贺我在这么短的时间内就收集了这么一大堆牛粪。

我不再是“*Vasheh Prevoshoditelstvo*”了；因为我要求沙格杜尔和喇嘛绝对不要对我表露出任何尊敬的迹象。正相反，他们必须把我当成仆人那样来对待。沙格杜尔将假扮我们的领头人，当我们露营后，他的任务是下达各种命令。讲俄语是绝对禁止的；我们的嘴里只能讲出蒙古话。沙格杜尔将他的角色扮演得很精彩。我觉得可以说我的表演也丝毫没有走样。起初我那好心的哥萨克向我发号施令时还有点犹

图 284　三个朝圣者的营地

豫。但最后他也不那么在乎了。至于我们的喇嘛，他不需要扮演任何角色，他只需做他自己就行了：一个喇嘛教的喇嘛。我的任务最艰难，因为我必须同时扮演两个角色，一个是蒙古人，另一个是干杂活的小工。在光荣地完成了收集燃料的本职工作之后，我吃了晚餐，喝了茶，抽过烟斗，然后躺下来像块木头一样睡到八点钟。当我醒来时，身边一个人也没有。另外两个人去把牲口赶回来过夜。但是沙格杜尔和喇嘛都没有像往常那样兴高采烈。我睡觉时，他们看到三个西藏人翻过东边的一道山口，骑马经过我们的营地向西北方去了。有一次这些人停下来，似乎在一起商量着什么，然后转向我们的营地。但最终他们还是消失在一座山岗后面，没有再露面。这些人的举动非常可疑。他们显然是在等待夜幕的降临。我们现在确信自己已被探子们盯上，骑马的探子一直在我们前进的路线上巡逻。但究竟沙格杜尔刚才看到的那些人是自发地这样做还是遵照别人的命令，我们当然是无从得知。

八点半，我们把牲口拴在一根系在两根木橛子上的绳子上。那天夜里我们营地的布局遵循了我们一向的做法。鉴于夜袭一般总是来自逆风的方向，而且我们有狗，所以我们把帐篷的开口对着逆风的方向，而将牲口拴在它前面五六英尺的地方。天刚黑，我们就把篝火熄灭，把箱子、炊具、马鞍等物品从外面搬进帐篷。我们把大黑狗尤尔巴斯拴在马匹与骡子的另一边；而把玛伦基，那只黑白相间的凶猛大狗拴在帐篷的另一边一定距离以外。

我们将夜间的值班分为三班倒，每一班三个小时，即九点到十二点、十二点到第二天三点和三点到六点。一般来说，我值第一班，喇嘛值最后一班。因此我是第一个值夜班的人。这一夜我没费什么力就保持着清醒。这一是因为在这之前我已经睡了个好觉，二是我以为会有人来袭，因此始终绷着一根弦。其他两人则在九点以前呼呼大睡了一通。由于前一天兴奋过度，他们此刻都很疲倦。开始值班以后，我在营地上前后走来走去，有时贴近帐篷，有时走得更远。我永远也不会忘记我一个小时又一个小时走在玛伦基与尤尔巴斯之间那无数沉重的脚步。时间过得很慢。我数着我转了多少圈——五圈、十圈、十五圈、二十圈——这才用了十到十二分钟。啊，那些令人乏味的夜晚啊！然后我坐下来与尤尔巴斯玩耍。我拍它一下，它就叫一声，高兴地跳起来。然后我又停下来抚摸马匹，然后是骡子。然后我去给玛伦基鼓鼓劲。然后——但有什么必要把我用来消磨时光的那些索然无味的伎俩都一一道来呢？

早晨很温暖，时而落下一阵大雨。下午天气还算晴朗；但到了九点三十分，一场狂风暴雨席卷而来。天空像墨水一般黑，闪电从云的后面发出道道亮光，滚滚惊雷在群山之间轰鸣，凶神恶煞地从我们的营地席卷而过。最糟糕的是洪水般的滂沱大雨。我从未见过这样急的大雨。它抽打着帐篷，敲得帆布哗哗作响，似乎要把它撕成碎片，而帐篷里面则充满了弥漫的水汽，仿佛从香水瓶里喷出来的一样，浸透了所有的东西。但熟睡中的人对潮气与雨水毫不理会，他们只是把衣服往上拉一拉，径自"赶着猪去集市"[①]。外面，噼啪落下的雨点在蒙古平锅和锅盖上演奏起喧闹但欢快悦耳的曲调。那些锅还没有来得及从火上拿下来。

我在两只狗之间泥泞的地上来回走动着，最后被淋得像一只淹死的猫，只得钻进帐篷来避雨。月光这时一点作用都没有，因为云层形成一个结实的大团。而瓢泼大雨似乎永远也没有要停的样子。不过，倒也不是黑得伸手不见五指；月亮射出暗淡的散射光，勉强能显示出旅队牲口的影子，比它们身后的夜幕仅仅暗那么一点，这样我总算还能看出它们的数目。

然后，我点燃烟斗，在一个小箱子盖的后面放一支蜡烛头，把我对那天夜里的喜悦和美的感想都记录下来。写下一个句子，然后在营地上转一圈；然后回到烛火边写下又一个句子，然后再转一圈！雨水从我的衣服袖子上嗒嗒地滴下来，我的帽子粘在我的秃头上，仿佛焊在了一起。同时，我那经过艺术处理的面孔在雨水不断的冲刷下，与斑马的皮几乎没有区别。温度始终没有降到零下4摄氏度(39.2华氏度)以下。所以我们没有理由抱怨太冷。倾盆大雨下个不停，它那单调的噼啪声淹没了所有其他的声音。但是，听！那是什么？远处的一声嚎叫！难道西藏人将要像唐古特人于1896年在喀拉沙鲁因库布（Karasharuin-kubb，即喀拉淖尔，Khara-nor）那样上演一场鬣狗的音乐会吗？[②]不是。那只是尤尔巴斯对自己不得不在连绵的大雨中趴在外面而表示不满。另一声警报！那是什么？那只是远处滚滚的雷声。就这样，我一次又一次被雷声和雨声欺骗，一次又一次冲出去，斗篷下面手持保险已经打开

① 英语谚语，意思是睡觉打鼾。——译者

② 1896年斯文·赫定在青海湖附近曾被土匪跟踪了一段，但没有遭到袭击。——译者

的左轮手枪，站在那里透过哗哗的雨水声仔细地听着。随后，等到一切恢复平静后，我再次回到我的蜡烛头跟前。真是糟糕透了，尤其是当我的烟斗点不着时更是如此；它也在赶时髦，像其他一切一样湿透了。

雨势虽然未减，猪儿们却不那么需要人来赶了[①]。我们明天的行程将美好无比，我心里想。骡子们那单调的呼吸开始使我感到困乏，我的眼皮越来越重。但我走神从未超过五分钟。如果我没能站好岗，我将羞愧不堪，瞧不起我自己。

当雨水使它们发痒时，牲口们不时地用尾巴抽打着自己的体侧。狗儿们偶尔轻轻地发出低声的咆哮。每次它们发出这种声音时，我都会跳起来，绕着营地走一圈。十一点三十分我再次出去，下决心不到我那一班结束时就不回来。我一直待到十二点以后。沙格杜尔睡得香极了，我实在不忍心叫醒他，正对自己说要让他再多睡半个小时，突然间两只狗都同时狂吠起来。喇嘛醒过来，匆忙拿起他的步枪。我打开左轮枪的保险。我们把灯灭掉，悄悄绕过骡子们，朝我们觉得危险所在的那个方向走过去。在那里，我们清楚地听到马蹄声；喇嘛甚至声称他听到另一个方向有狗叫声。他刚打算开火就被我制止了。我决心不做首开战端的人；但如果西藏人袭击我们——那就是另一回事了。

就在离我们几百码的地方有骑马的人，这一点没有任何疑问。我让喇嘛守在帐篷边上，唤醒沙格杜尔，两人一起往下风方向悄悄地小心地走去，每走几步就听一下。随后我们清楚地听到一匹马离开了。那以后一切又静了下来，狗儿们也不叫了。

现在轮到沙格杜尔值班了。我爬进潮湿的羊皮里时，听见他走过溅起泥浆的声音。这样的夜晚看似令人兴奋但没什么意思——读起来比亲身体验要更加有趣。“但是你很快就会习惯的”，我心里想。然后我很快就睡着了，睡得十分香甜。

我们的喇嘛完成了最后一班后，五点钟来把我们叫起。他认为，在这样的环境里骑马走路要比早晨坐在那里享清福更好一些。经过昨夜那新奇的体验后我们绝对说不上精力充沛。空气又冷又潮。我们身上则是又潮又冷，而且所有的东西都有一股酸臭味。但是正是这一切形成一个整体；正是这些微小的细节使我们感受到什么是现实。谁也没有听说过去拉萨的朝拜者身上“味道非常好闻！”就我本

---

① 斯文·赫定这里是继续借着前面关于“赶着猪去集市”的俗语来开玩笑。——译者

人来说，我开始觉得我们的处境还不错。在我们当时所处的那种情形中，人的印象很容易受到太阳的影响。你有一种强烈的愿望想知道你在往哪里去以及你的周围是什么样子的。而夜晚，掩盖一切的夜晚，即使对那些毫不惧怕黑暗的人来说也是招人讨厌的。

当我开始这次疯狂的探险之旅时，我的穆斯林属下显然认为我在什么地方以某种方式失去了相当一部分大自然赋予我的常识。我必须承认，仅仅为了看一眼拉萨就去冒这么大的风险，包括我的生命，的确是一个疯狂的计划。其实，由于已有印度测量员与布里亚特人[①]的描述，有他们带回来的地图和相片，现在拉萨无论是在地貌还是外观上已经比多数中亚城市更为人所知。但是，我应坦承，经过两年来穿过这个大陆无人区的宁静之旅后，经过长时间的艰难困苦后，我觉得很难抵御一次真正带有一点危险的探险对我的诱惑。我迷恋着这样一种想法：将自己置身于如此困难的处境，它将迫使我拿出自己所有的男子汉气概才能全身而退。实际上，我希望与自己的命运做一番较量。我希望用我的机警、我的勇气、我的能力和我的果决来对抗强有力的命运之手。一句话，我所追求的，远不是抵达拉萨本身，而是冒险。我的朋友喇嘛已经把那圣城描述得让我厌烦了。我希望看到藏人——我想与他们交谈，我希望能找到他们那种对欧洲人根深蒂固的敌意究竟出自何种原因。几年前曾有一个毫无原则的年轻人声称他曾在西藏受到酷刑折磨[②]，使大家都很惊讶。但我一点也不为他那危言耸听的故事所吓倒。原因很简单，我根本不相信他的那些故事。不能说实话的人最好不要写书，这样对一切相关的人都更有益。

你可能会猜到，那天早晨我们谁都没有什么胃口，尤其是当食物只是面包和茶时。但是等到我们点上烟斗，骑在马鞍上出发之后，那一天就像平常一样。不过，在一匹犹如老式家庭马车那样移动的马的背上计划我们的路线真是考验我的耐心。

---

① 斯文·赫定此处所指的应是英印殖民当局派遣潜入西藏的印度测绘员与沙俄当局派遣潜入西藏的布里亚特蒙古人。——译者

② 斯文·赫定这里未点名所指的当是英国人兰多尔（Arnold Henry Savage Landor）。他声称自己于1897年从中国、印度、尼泊尔三国交界之处翻越喜马拉雅山，抵达西藏阿里地区普兰县，在前往拉萨途中被西藏军队拘留关押，受到酷刑折磨，后经英印当局斡旋，被拉萨当局释放回印度。具体细节见Arnold Henry Savage Landor, *An Explorer's Venture in Tibet*, New York and London, Harper & Brothers Publishers, 1910, p. 163.——译者

那个白天就像前一天夜里一样枯燥阴沉，一丝阳光也看不到。乌云垂得那样低，我们总是觉得它随时都可能撞到地面上。但是当那大雨降临时，却没有像我们预期的那样厉害——只是在我们翻过南边的山峦时落下几阵零星小雨，其间夹杂着猛烈的冰雹。

那天上午，喇嘛声称他在东南方向看到一座黑色的帐篷，想去那里了解一些情况；但我宁愿继续往前走。进入通向山里的那条山沟以后，坡度渐渐增大，直到它最后变成一个陡坡。我们离开沿着山沟流下来的小溪，转来转去骑马走上由风化了的红色砂岩形成的山岗。在两三处地方，我们看到最近使用过的营地痕迹。山口顶部有一个石堆。在山口的另一面，我们沿着一个十分陡峭的山坳走进一个宽阔的山谷，它通向东南方向。再往下面走一点，在山沟的一个延展部，我们遇到一只绵羊的尸体，它的背上还驮着货物，包括一个两头开口的装盐口袋。这显然是一支藏人绵羊旅队留下来的，它们是到我们的盗匪朋友拜访我们的那几个小湖去取盐的。正如我前面提到的那样，那里的湖边有厚厚的盐层。我们的确曾在那里看到过绵羊的足迹。我们前行的过程中，被遗弃的营火遗迹变得越来越多，还有藏人们吃剩的动物骨头。此外，一群牦牛最近曾走上我们刚经过的那个侧谷。

到达我们这条山沟折向西南的地方后，我们就将它甩在身后，走进下一道山脉。沙格杜尔在这里遇到一条经常使用的小道，它把我们带上一个山口，从上面望去，南边再次出现宽阔的视野，尽管这不是一幅令人鼓舞的景象：茫茫望不到边的一道又一道山脉。看不到一个人、一顶黑帐篷，一群牛羊。因此，我们还能再走一小段时间而不被人注意到。不过，我们一直有个感觉，有隐藏的间谍一直跟在我们后面，牢牢地盯着我们。铁灰色的天空阴沉沉的，时间过得很慢。尽管那时还是白天，但我们仍然很紧张。我们对正在穿过的地区一无所知，对当地的情况和老百姓一无所知。但我们坚信，无法预料的事情早晚会发生。我们一刻也不敢放松警惕，千钧一发的时刻很可能在我们最没有想到的时候来临。从山口开始，我们再次沿着一条清晰可辨的小道前行，它显然有很多人走过，直到我们来到一道山谷，那里到处都是沼泽、水塘、天然泉水、小溪、小河，草地丰茂。牦牛粪都被翻过来晒干；不管这是什么人干的，他们显然是准备再回来。而且，四周都有游牧人的营地的痕迹。

图 285　在倾盆大雨和泥沼中前行

由于远处的草似乎越来越不好，而这里在视线上又有战略优势，所以我们决定原地停下来。我们在两个湖之间的一片230英尺宽的地方扎营。对于即将来临的夜晚，我们都有点惴惴不安。我们觉得要发生些什么事情，但不知道是什么。日常活动结束了，我们躺下试图睡觉，然而，我自己一直听见雨水汇成激流淌过；事实上我觉得它在顺着帆布哒哒哒地滴到我身上。

八点钟我们按照通常的方式拴好牲口。没有风，但雨下得就像是在吉兰和马赞德兰（Gilan，Mazanderan，波斯靠近里海的两个省份）一样，事实上，我以前只在阿斯泰拉巴德（Asterabad）见过这样的雨。但这一晚实际上比前一晚糟糕得多：似乎有几百个排水沟在朝我们的帐篷里不间断地灌水。但这个季节本来也是雨季，所以我们也没权利抱怨。如果你像我那天晚上一样放四小时的哨，被浇得从头到脚一块干地方都没有，你就不需要再问这么一场善良、透彻、诚实、好心肠的雨到底意味着什么了。有时我坐在帐篷门口试图多少避避雨。雨点打在骡子的驮鞍上就像是在盆里唰唰唰洗衣服的声音，雨水从它们身上汇成小河流下来。当牲口抖水的时候，就像是瀑布在喷水。它们不时竖起耳朵，狗儿也不时发出低吼。

我把玛伦基松开了一点，这样它就能出去在附近找点骨头吃，过去的两三天里它和尤尔巴斯只吃过面包。突然它俩之一开始大叫，马上另一个也跟着叫了起来。但这是假警报：一头骡子挣脱了，正在附近的山坡上散步。我当然过去把它带了回来，但说起来容易做起来难。它活泼好动，在山坡上跟我玩了半天捉迷藏才被我抓住笼头。它的这次恶作剧鼓舞了一个同伴，后者也如法炮制。抓住它又是费了相当一番工夫。有半个多小时的时间，我完全不会抱怨自己“无事可做”。

我只睡了两小时就被叫醒帮助打包行李，这时是7月31日的早晨，雨还在以同样的劲头下个没完。然而管不了这些了，命令毫不留情：“天亮时上马出发。”因此我们离开营地，往东南方走去，经过一片崎岖起伏的地区。现在我们这支小小的旅队里连一片干布都找不到。雨水也不可能使我们更湿了。但是，我们的确渴望哪怕是一线阳光出来把我们晒干。但那一天一点阳光也没有。阴沉沉的云层始终就没有散开，而是非常“慷慨”地供我们享受。当我骑上我那柔软的马鞍，水从里面被咕叽咕叽地挤出来，我的靴子很快就充满了水，每一次我动一下它们，里面的水就吱呀吱呀地前后流动，仿佛在拧一片湿布。西藏的雨啊，你的名字叫“凄惨”！唉，哪怕是下雪也比这个强。

现在我们看出来了，我们走的这条路显然通往拉萨。翻过五座山口后，小路与来自西方的另一条路汇集一处，还有一大群牦牛最近留下的脚印。由于大雨很快就会抹去所有牲口的脚印，我们判断这些牲口显然是不久前刚走过去的：也许就是那个早晨。如果我们抓紧，或许能追上那支旅队。

20 第一次遇到牧民

我们还没走多远，就看到远处有一些黑点：那是牦牛。再往前走一段，一群绵羊在半明半暗的前方出现。然后一顶帐篷出现在一条小溪边，它刚才还被挡着看不见。我同沙格杜尔继续往前走时，喇嘛骑马走到那顶帐篷前去看看是否能发现里面住的是何人。当然我们假定他们是蒙古朝圣者，揣度是否可与他们结伴同行。但他们原来是唐古特人，从中国西北的衮本寺来这里朝圣。他们走得很慢，在每一个营地上都要休息一两天。考虑到这一点，他们还需要两周才能抵达拉萨。他们对我们的兴趣似乎有点过分，提出无数的问题：我们是什么人？一共有多少人？从哪里来？到哪里去？等等，等等。他们有五十头牦牛，两匹马和三只狗；但后者很快就后悔不该与尤尔巴斯和玛伦基套近乎。

羊群至少有七百只，只有一个老妇人守护。但她似乎对朝圣者很习惯，丝毫也没有畏惧我们的样子。当然她也没有任何害怕我们的必要。经过所有的雨水、稀泥和泥沼之后，我们看上去与乞丐相差无几。这条路上最落魄的骑士也无须在我们面前脸红，因为我们外表上的任何秀气都已被雨水认真彻底地冲刷殆尽。那老妇人告诉我们，在下一道山沟里，我们会看到一顶黑色帐篷，在那里我们可以找到所需要的一切，尤其是关于去拉萨的路的情况。

果然，我们在她说的那个地方找到那个帐篷，在离它四分之三英里的地方扎下营来，为了安全，选了一个开阔地。喇嘛立刻去见帐篷的主人，回来时心满意足。他发现那个帐篷有狗看家，里面住着一男两女。但他们拒绝卖给我们任何绵羊、奶、肥油或糌粑，理由是那天是个神圣的日子。但如果我们耐心等待到第二天，就可能得到所需要的一切。不过，看到我们是和平的“蒙古人”，他们还是当场就给了我们一些干牛粪，喇嘛带了一口袋回来。幸亏他这样做了，否则我们自己的柴火都湿了，很难点起火来。喇嘛问他们是否能卖给我们两三匹马，那些人回答说这要由营地的主人来决定。当时他恰好不在。

喇嘛刚讲完他的故事，那个人就在不远处的山坡上出现了。他看见我们后，先停下来仔细地观察了一番。但当喇嘛走过去邀请他来我们的帐篷坐一坐时，他没有客气，丝毫没有半点害怕的样子就过来了，蹲在帐篷开口对面的湿地上。他名叫桑波桑结（Sampo Singhi），年纪四十岁上下，面孔黢黑（尽管不是晒黑的），脸上没有胡须，布满皱纹；他的脏头发如乌鸦翅膀一般漆黑，雨水从上面流下来，滴落在他那麻袋片一般的衣服上；他的靴子由粗糙的毡子制成，原本应该是白色的；腰带上挂着烟斗和烟草袋；从头到脚都脏得无可言状——这就是我们接触到第一个藏人的模样。他头上光光，腿上也光着，只穿了双靴子——换句话说，他简直糟得无法形容。穿着这种原始的服装在雨水里骑马一定非常凉爽。

他不断用手指擤鼻涕，而且非常用力；为了安全起见，我们也如法炮制，因为我们不知道在西藏的礼节中，当你遇到生人时是否必须作出这些客气的动作。我们在那场倾盆大雨中的场景足以使众神看了都哈哈大笑。可惜没有人能看到我们！

桑波桑结肆无忌惮地把我们所有的东西都翻了一遍，幸亏我在他来之前就把所有的仪器和笔记本都放起来。他特别喜欢我们那上窄下宽的水桶，以一个行家的口气说，蒙古人总是带着这样的水桶。他对我没有任何怀疑，当然我当时脏得与他半斤八两。大家算是彼此相识了，也建立了信任的关系，于是我们的喇嘛成功地从桑波桑结那里挤出一些信息来。前一天我们在两个小湖之间扎营的那个地方叫梅里克（Merik）；我们那天在东边看到的河流叫加楚桑结河（Garchu-sanghi）。我们当时扎营的地方叫锅吉马（Gom-jima），东南方最近的山脉叫哈拉姆克卢鲁马克（Haramuk-lurumak）。他还告诉我们，在后面两天时间里我们不太可能遇到很多游牧藏民，但到了第三天，他们的帐篷就会变得很多。如果我们走得慢，每天行程较短，到拉萨需要十二天；但如果我们保持那一天的速度（接近26.25英里），八天就可以到达拉萨。他说我们所走的那条路正是通往拉尼拉山口。

沙格杜尔与喇嘛都吸鼻烟，他们说服桑波桑结也吸一撮。他不应该那样做：他

图 286　年轻的藏族牧人

图 287　年长的藏人

是太调皮了。他开始不停地打喷嚏，仿佛永远也停不下来似的。当我们都哈哈大笑时，他一点也不介意。他非常天真地问我们，我们是否习惯将辣椒放进鼻烟盒里。但我们再也无法引诱他吸第二口。

沙格杜尔忽然意识到他的位置所带来的责任，对我吼了一句：“小子，不要张着嘴坐在那里。出去赶马回来！”我们不知道桑波桑结是否听得懂蒙古语，但当我一跃而起，跑上山坡，开始把牲口赶回帐篷这边时，他没有显示出任何惊讶。幸亏这项工作我只干了一小会儿他就离开了。否则他会醒悟过来，在心里问，这家伙对骡子究竟知道多少？因为我刚把这些骡子赶到一起，萨利克库拉克（Sarik Kullak，“黄耳朵”）就自作主张地跑回我找到它的那片丰茂草地。我追上前去把它赶回来。但刚一到我留下其他骡子的那个地方，才发现它们都不见了。形势都在骡子们的掌控之中。最后，我终于抓到三头，小心翼翼地牵着它们，直到我把它们赶进圈里。

到了傍晚，落日屈尊从厚重的云层下赐给我们一线夕阳；大约九点钟时，月亮把脸露出来几分钟。但十点钟以后，西边就刮起风来。我必须盯着帐篷。不一会儿，大雨又倾盆而下，下得不慌不忙、没完没了。我所能做的只是看着牲口了。不过，那天夜里我们都心宽多了。自从那次与野牦牛猎人的不期而遇，我们还没有遇到任何当地人，尽管我们觉得他们一直像鬼魅一样悬在我们前进道路的上方，甚至有一次赶上我们正在午睡。但现在我们有和平的游牧人做我们的邻居；而且桑波桑结向我们保证，那附近没有盗匪。但即使那样，我们也丝毫没有放松警惕；唯一的区别是现在我敢把帐篷里的火炉点上。于是泥巴上又多了一层煤灰，使我们本来就脏得恶心的住所更加肮脏。

8月1日，我被这句话吵醒：“有三名藏人正过来看我们！”我急忙起床将所有散布在外，可能暴露出我是一个奇怪的外国人的物品都藏起来。走过来的是两男一女。即使从远处也能看出，他们只能是带着和平的目的而来，因为他们牵着一只羊，手里还拿着其他一些东西。桑波桑结把各种美食摆放在我们的篝火周围，他照例担当代言人，“好东西！好东西！”他叫唤着。在过去几天那可怜兮兮的食物之后，我们要像君王一样欢宴！他给我们带来一大块肥油（*mar*）、一碗酸奶（*sho*）、一盘奶酪粉（*chord*）、一罐鲜奶（*oma*）、一些结块的奶油（*bema*）。我们还能有什么更多的要求呢？而且，实话说这些东西均属上乘，除了那奶油之外，因为它黑黢黢的，看上去就像一包长了毛、被挤成一卷的皮。奶酪粉是糌粑的主要成分，其他成分是面粉、茶、肥油块或黄油块——都以一定的比例揉在一起，然后在一个盘子里搅。我得承认，我从来没能培养起对这种美食的喜好，但蒙古人却对其嗜好有加。另一方面，对于酸奶我就要赞不绝口了。它比我以前吃过的任何酸奶都好吃；如果我把它吃完后有个福图纳图斯[①]（Fortunatus）出现在我的面前，任我在世界上所有

① 欧洲中世纪末期传说中的人物，曾从幸运女神那里得到宝物，想要什么就有什么。——译者

的美食中选择一种，我将毫不犹豫地再要一碗酸奶。这酸奶醇厚、洁白，略带点酸。西藏的酸奶在全世界的酸奶中真是无与伦比！

但是到了该为这些好东西付账的时候了，沙格杜尔掏出几个中国银元。桑波桑结接过去掂量了一下，然后说这银子虽然好看，但他只收拉萨锻造的银元。我们没有那种银元，于是便问他收不收蓝色的中国布帛。这一招奏效了。桑波桑结轻轻地抚摸着它，让它从手指间滑过，把它放在眼前细看，然后又伸直手臂看看是什么效果——一句话，他对这布爱不释手。他那高贵的妻子的一双小眼睛里闪烁着向往的光芒。我们带了两匹这样的布帛就是为了以货易货。桑波桑结高兴地反复对我们说，他可以接受这种布帛。于是一场典型的亚细亚式讨价还价过程开始了，最后以桑波桑结同意三分之一匹（九又三分之一码）布告终。但无论我们用什么来引诱，他始终不愿卖给我们任何马匹。这一重大的交易成交后，双方都各自庆幸自己占了对方的便宜！

在我的建议下，我们的喇嘛让桑波桑结宰一只羊并把它切好。为了酬谢他对我们的好客和友谊，他可以把羊皮留下。他很高兴地接受了这个建议。我装出一副漫不经心的样子，看着他如何完成此事。他把那羊拽倒，左侧着地，将它的三个蹄子绑起来，只留下左前脚没有捆。接下来他用一根细细的软皮带在它的鼻子上绕了几圈，然后拉紧；再后来，他把它的头按下去，使两个盘旋的犄角贴着地，脚踩着它们。那只羊仿佛被钉在地上一样一动不动。随后，桑波桑结将右手的拇指与食指伸进羊的鼻孔里，目的是把它憋死。我偷偷看了一眼我的手表来确定这需要几分钟，不过后来我忘记把时间记录下来。但我记得这个过程有好几分钟，而当我看着那可怜的家伙在垂死的抽搐中踢腿挣扎时，觉得有股说不出来的难受。在整个过程中，他急促地重复着六字真言："唵嘛呢叭咪吽。"这使我想起穆斯林的宰羊方法。他们也是在屠刀上沾满无辜的鲜血时，喃喃自语地念诵一串赞美真主的祈祷，仿佛是为了安抚自己的良心并取悦于造物主。

不过，最后那只羊终于停止挣扎，它的几条腿松垮下来，桑波桑结站起身来。目睹这残忍的行为而无法加以阻止让我很难受。但我不敢暴露我的感情；此外，对已成为传统的习俗进行干预不会带来什么好处。那以后，我们就着刚买下来的乳制品一起吃早饭，我让狗儿们也饱饱地吃了顿肉，算是对它们夜晚尽职的一份酬劳吧。至于桑波桑结夫人，她为了那块布而喜不自胜，已经没有什么胃口，只是不停地对我们每一个人轮流点头。她的装束与她的夫君相似，只是她那又粗又黑的头发梳成两根长长的辫子，垂在她的背后，不过她的头发多数如老鼠尾巴一般从她的头上向四面八方支棱着。她是如何搞得那样脏兮兮的，我这辈子也闹不清楚。但我又是多么“羡慕”她啊！我猜我的皮肤要细一些——不管怎样，雨水不断地把它冲刷“干净”。但是这位好夫人的脸蛋上有厚厚的一层污泥，她完全可以把几个土豆硬塞进去。我猜想他们皮肤上的汗毛孔都萎缩了—— 不管怎样，这些汗毛孔从来无法适当地起到应有的功能。

当我们再次动身时，桑波桑结好心地帮我们装牲口；我们的帐篷在雨水中浸透后，重量涨了一倍。那诚实的牧人祝愿我们一路平安，在拉萨玩好；据我们的喇嘛说，他祝愿时的客套说明他对喇嘛教的礼节一点也不陌生。显然他并不想挽留我们，

图 288　*藏族妇女*

否则他就会多少警告我们那一天结束之前我们将要遇到的情况。但他只是说，我们将翻越一道山口，而通往拉萨的道路到处都有，很容易找到，仅此而已。我们承诺回程时再来找他，而且也的确那样做了，但是没有看到他。他已经把他的全部家当都搬到一个新牧场去了。

我们大约九点钟出发时，浓云低垂在大地上，这不是一个好兆头。天空半明半暗。在山岗与圆包形的山丘后面我们遇到加楚桑结河。走近一看，情况很糟。我们往前走，山谷就迅速变窄，浑浊的河水轰鸣着在两岸的悬崖中间滚滚流过。路上有些地方非常难走，通过非常危险的小道从山肩上翻过。这里有大量的旱獭和野兔。我们的狗儿们乐此不疲地打破它们的宁静，给自己找了无穷无尽的不必要的麻烦。我们离开锅吉马五分钟后，无可避免的雨又来了，很快就把我们淋透。很快我们就会忘记不湿是什么感觉。大地就是一片无尽的烂泥。我们的牲口们踩在烂泥上溅起泥水，发出叽叽咕咕的声音。翻越了最后一座山口，走下一个陡坡后，我们发现眼前豁然开朗；透过雨水，目力所及的范围内南方没有任何山峦。但我们将加楚桑结河甩在我们的左边，再次转向东南方。高度小心，生怕偏离小路，走进那又深又粘的烂泥中。朝着这个新的方向走了一大段路后，我们发现自己正沿着一条河流的右岸笔直地往下走。这条河又大又宽，起初我们还以为这是一个湖泊，尤其是因为雨水使我们无法看到对岸。但是透过雨点溅落在水面上的声音，我们很快就听到一种轰鸣的回响，似乎洪水正在席卷而来。水的黄泥颜色也清楚地显示，这是一条河。当我们站在河边，望着它那滚滚洪流奔向西南偏西方向时，我们意识到，我们的命运已被决定了。要想过河，只能涉水。

这条河正是扎加藏布河（Sachu-sangpo），邦瓦洛先生、奥尔良亲王亨利以及洛克希尔先生都曾在这附近跨过这条河。由于大量的降水，河道扩宽了很多，被分为至少二十条河汊，每一条都宽到足以成为一条相当规模的河流。其中四条是如此之宽，我觉得我们恐怕无法涉水而过。总是在前面带路的喇嘛毫不犹豫，也不观察一下哪里容易过河，径直就骑马走进水里。我们自然是二话不说，紧随其后。起初一切都还顺利，至少有那么一会儿工夫是这样。除了在两三处外，河水不超过3英尺深。不过我还是觉得骑着最瘦小的骡子的喇嘛随时会消失在滔滔的河水中。我们就这样挣扎着把河过了一半，在一个泥滩上停下来休息一两分钟。这里的河水比较缓慢，只有1英尺深。直到这时为止，我始终处于高度紧张的状态，但这会儿终于把一颗心放下来。但是，我的庆幸为时过早。不错，我们已经把半个河面甩到身后，但另外一半还横在我们的面前，而我们正置身于一条滚滚洪流的正中央，它咆哮着从我们身边冲过；滔天巨浪向我们扑来，仿佛要把我们像稻草般卷走。在如此大片的河水急速地从我们两边流过时，要想保持镇静而不感到头晕可没那么容易。

喇嘛将脚跟紧贴在骡子的腹部，再次跃入涛涛的河水。刚走了十步远，河水已经漫到骡子尾巴那么深了。骑在马上的喇嘛把双膝抬起，以免河水灌进他的靴子。几乎就在同时，载着两只用皮包着的箱子的那头骡子遇到麻烦。那些防水的箱子将它的身体浮起来，而水流则把它转了半个圈，将它卷走。它被吸进水流最湍急的地方，最后只能看见它的头和两只箱子。我觉得它肯定没有希望了。但它不知怎么搞的，居然蹄子又踩到河底。这时它离左岸已经很近，自己就挣扎着爬了上去，虽然此时它已经在下游很远的地方了。

我们看到骡子的遭遇，立即使劲地向喇嘛喊话，让他回来。但他听不到我们的喊声。河水在他周围翻滚着，溅起浪花，仿佛他是一艘明轮汽船。他只是将双膝在马鞍上抬得越来越高，当他的骡子在水里越陷越深时不断地拍打着它。我不得不说，他在这种情况中显示出的那种对危险泰然处之的态度像个英雄。因为不要忘记，他与我们一样，身穿一件又大又沉，已经浸透雨水的羊皮袄，而且还不会游泳。我自己则系好外衣，放松腰带，以便在紧急情况下容易把它脱了。虽然我绝对不想洗个澡——意思是不想主动洗澡——我还是随时准备跳入水中。在那无休无止的雨水中我们已经身体僵硬、浑身无力，而天气太冷了，也没人想洗澡。尤其是现在，一切个人卫生都会与我们的蒙古人气质格格不入。

但是，幸运永远眷顾勇者。我们很快就看见喇嘛的骡子开始从水里冒出来，而那年轻人立刻把他的双脚插入马镫。而我们由于有身体较为高大的马匹，过河并没有如此危险。

但是扎加藏布河似乎要报复我们的大胆行为，决心让我不湿身体就别想跨过它。它说："既然你敢深入神圣的藏地，我就得给你一个理由来记住，你敢无视我摆在你前方的那些障碍是多么狂妄。"最后一条河汊也是四条最宽的河汊之一，虽然也不过是100英尺宽，水流却又深又急。喇嘛和沙格杜尔已经安全地渡过河去。我还在后面拖延。我没有注意到他们是从哪里过去的，就正对着他们站立的地方向河里走去。我的马一下子就被水淹到身体两侧。水越涨越高。啊！它已经灌入我的靴子！此刻水已漫过我的双膝。接着就到了我的马鞍上面。很快，除了马头和脖子以外，马的身体其他部分都淹没在水下了。喇嘛和沙格杜尔喊得脸都紫了，试图让我知道应该从哪里过河。但由于滔滔的河水声，我根本就听不见。此刻河水已经深及我的腰部。我马上就要从马背上滑下来，这时马的四蹄离地，开始游泳。我本能地抓住马鬃。其实那也正是我当时能够采用的最好方法；它很快就又着陆了，经过一番死命挣扎，终于爬上陡峭的河岸，河水从马的身上与人的身上哗哗流下。我算是彻头彻尾地洗了个澡。这番挣扎使我的膝盖后来发软了好长一段时间。

的确，我们早就已经被雨水浸透，在水里泡一下没有多大区别。但被雨淋多少要比穿着衣服整个泡进一条湍急的河里要好一些。我们的所有物品——帐篷、箱子、衣服、食物，也都处于同样的境况。经过这一冒险，我们这支小小的旅队站在河岸上，显得格外可怜。不过，能够安全抵达河流的彼岸毕竟是件好事。谁也说不上这无休无止的雨还要持续多长时间。在雨停之前河面肯定不会下降。我们用了26分钟渡过这条河；但我们涉水的速度不快，而且河汊之间的部分河床没有被水淹没。根据我的计算，我的马用了716步走过实际有水的河床。换言之，如果这些河汊连接起来，它们的总宽度可接近550码。在我们过河时的情况下计算这样一条分为多汊的河流的流量当然是无法想象的。但据我估计，流量应在每秒8 000到9 000立方英尺左右。扎加藏布河只有在雨季才可能有这样大的流量，而且即使在雨季也不常有。不管怎样，它是西藏腹地最大的河流之一。当然，不包括那些流入海洋的河流。后来，这条河注定要成为我们的老相识，那是在它的最下游的一段。

这条河流过的河谷向南偏西85度的方向伸展，但很快就消失在雨幕中。阴冷凄凉，灰蒙蒙的一片——这就是我们将扎加藏布河甩在身后时展现在我们面前的景象。现在我那双不透水的靴子很讨厌。最后我终于意识到，其实我早就可以将里面的东西倒出来。当然这不是我第一次用靴子盛水。上一次还是1895年在塔克拉玛干沙漠的时候。但那一次是为了救一个人的命。[①] 而这一次并没有谁面临生命危险，

① 作者这里是指年他在塔克拉玛干沙漠中探险时为了救同伴的命用靴子装水的经历。——译者

我们也没有理由抱怨缺水。于是我停下来把靴子里的水倒空，然后把它们拴在我身后的马鞍上，赤着脚骑行。那些箱子存水的功能没有那么好，水已经从里面滴滴答答往外流，一直滴到我们扎营的时候。我们每个人都很疲劳，因此很快就扎下营地。我们找到了一片绿草覆盖的山岗，那里的地面被雨水浸透，但并没有变成一片烂泥。我们就在那里的一条小溪旁停了下来。天黑之前，这小溪的水量同我们抵达时相比涨了三倍。我一想到我们身后的扎加藏布河这时会变成什么样子，便松了一口气。要想这时渡过那条河流是根本不可能的。我敢肯定，桑波桑结故意没有警告我们，要么是怕我们在他的牧场上待的时间过长，要么是因为他不愿意陪着我们，为我们指出哪里是渡过那条河的最佳地点。我只能简单地称这个营地为第50号营地，因为我不知道那里的地名。这真是一个让人欢欣鼓舞的营地！我们的行李都湿透了，有几件物品完全毁掉。我们的喇嘛最关心的是他的药箱——他用来装那些盛有草药和其他治疗用具的布袋与纸袋。有那么一小会儿功夫，我们简直不知道该如何点起一堆火来。到处都是牛粪，但是因为太湿而点不着。但是在剥去湿淋淋的外层，然后把里面的牛粪饼子用干纸包起来后，我们最终把火点着。随后我脱下衣服，在臭烘烘的牛粪火上将衣服烤干，尽管这样做有可能让火把衣服点着。

夜晚毫无怜悯之心，无动于衷地将大地蒙在她的双翼之下，月亮甚至无法给这片浸透雨水的西藏高原洒下哪怕是瞬间的光芒。当我开始那令人厌倦的四小时值班时，外面阴冷黑暗，狂风怒号，大雨如注，犹如天上的排水沟盖子被拔出来烧掉了！帐篷的帆布犹如风帆一样在刮来刮去的风中拍动。我觉得仿佛听见有悄悄接近的脚步声。接着似乎有些人骑马狂奔而来。我听见夜里有两次从两个不同的方向传来喊声。也许是那些来自衮本寺的朝圣者；但是不，他们绝不会愚蠢到企图跨越扎加藏布河的。

夜里站岗，白天累一整天，在这样的情况下，悬念开始折磨我们的神经。我们正在路上这一事实现在已不是秘密。我们已经置身于藏民之间，每一天都使我们离危机更近一些。不错，我们正在慢慢地但是确定地接近我们的目标；但我们也很疲劳了，非常疲劳。实际上，我几乎渴望我们被某种方式挡住去路。如果能让我睡个痛快觉，我可以放弃一切。另一方面，我觉得既然我们已经克服了抢匪袭击和横渡扎加藏布河这两大困难，命运肯定会对我们眷顾到底，让我们抵达拉萨。

那天夜里发生的另一件事是在我站岗期间一两头牲口跑走了。那时我那两位同伴睡得正香。奇怪的是，我们的喇嘛现在心情不错，对我们的前景非常乐观，而他起初还不想与我们一起来呢！沙格杜尔则是一方面很冷静，另一方面却心事重重。这两人都是一等一的伙伴；现在我开始做的这种事，如果不希望它以灾难而告终的话，身边就需要有这样的人。半夜一到，我就把沙格杜尔唤醒，没给这可怜人多睡一分钟的时间。他检查了一下自己的步枪，然后爬出帐篷走进雨中。我则爬上我那可怜兮兮的床铺。当时他还没有完全醒过来，而我又困得要命，所以两个人换岗时谁也没说一句话。

21 牦牛旅队

我们的喇嘛为了打破站岗的单调，将水果罐头盒子改成一盏油灯，用一根绳子头做灯芯，在他的油灯里放入羊脂。8月2日早晨，这油灯成了我们唯一的光源。那一天发生了一件极不寻常的事情：雨停了！当然天空仍然是阴沉沉的，似乎随时可能下雨，但接近傍晚时开始放晴。然而我们那些可怜的牲口顶多也只能走15.5英里。两匹马都已筋疲力尽，而两头骡子的背都磨破了。

今天，我们沿着昨天营地旁边那条小溪一直走到一个小山口。在翻越了一片乱纷纷的山岗后，我们再次抵达一片开阔地带，在东南方向很远的地方看到地平线上有一条神秘的黑带。走近时才发现，那原来是一群牦牛，属于一支旅队。他们的营地就在俯视着道路的山坡上。这一群有大约三百头，都是驮畜。

这支旅队共有二十五人，他们没有帐篷，就坐在篝火的周围。他们的货物是砖茶，都装在麻袋里，在他们的身边摞了十几堆。他们是从中国的甘肃省西部的衮本寺载着这些货物出发的，前往布拉马普特拉河边[①]的扎什伦布寺。因此他们很快就会折向右面，即折向通往拉萨的大路的南边。他们只在夜间行进，白天则停下来让牲口吃草。如果你认路而且不需要测绘地图，这无疑是个好办法。一群凶猛的狗迎着我们冲上来，但尤尔巴斯与玛伦基迎战的方式甚至赢得了那些狗主人的尊敬。我们默默地经过他们那些摞在地上的茶叶袋，他们则有几个人下到路边来观望我们。于是我们停了下来。他们都赤裸着上半身，外衣从古铜色的胸膛与肩膀上耷拉下来，

① 即雅鲁藏布江，流入印度后称为布拉马普特拉河。——译者

系在腰带上。他们的第一个问题是："你们有多少人？" 仿佛他们想知道一旦交手哪一方更可能获胜。接着他们又问道："你们有什么要卖的吗？你们从何处来？在路上多长时间了？你们去哪里？" 当我们回答说去拉萨时，他们一点也没有觉得这有什么奇怪。不过，我听见一个老汉碰了碰他身边的人，指着我蹦出一个词来："*Peling!*"（欧洲人）

这伙人个个长相粗犷，活像强盗。他们那脏兮兮的古铜色面孔、又粗又黑的头发（往往编成两根辫子）都使他们的外貌与北美印第安人不无相似。其中一人懂得一点蒙古文，和善地问："*Amur san baneh?*"（你好吗？）但多数人丝毫没有注意我，而是继续坐在他们的营火旁喝茶抽烟，仿佛朝圣者不足为奇。不过那个向我们打听的人邀请我们停下来，在他们旁边扎营；但我们并不急于找旅伴，又说了几分钟就

图 289　旅队中的藏人

继续前进了。

这时我的马已经筋疲力尽，跟不上骡子的步伐了。所以又走了1英里后，我们认为最好还是停下来在一条小溪旁的开阔地带扎下营来。那里在路南几十步远的地方。这条路现在已变成一条常有人走的大道，看得出过往行旅颇为繁忙。

这是一个美好的下午；阳光和煦，不，实际上是炎热。所以我们把所有的物品都摊在地上一一晒干——羊皮、包袱皮、毡垫等等。而轻柔的西南风也来为太阳助阵。不过，没过多一会儿，我们再次听见雷声，然后一阵狂暴的雹子袭来，接着就是瓢泼大雨。于是我们不得不匆忙地把东西都捆起来，把它们都塞进帐篷。这里的雷鸣多有一种特殊的金属声，犹如教堂钟声的回响一般慢慢地消失在很远的地方。我过去从未听到过这样的声音。这暴风雨只在我们营地的头顶上肆虐；周围的地方都沐浴在明媚的阳光里。那天晚上我们在营火前坐了很长时间，讨论我们的处境，决定一有机会就用我们那些累坏了的骡子和马换新的牲口——哪怕是牦牛也比什么都没有要好一些。

过去几天里，我们附近没有发生什么可疑的事情。但我们的喇嘛认为那些野牦牛猎人多半会把消息报告给那曲的总管；如果情况确实如此，那么后者就会立即派特别信使去他辖下每一个角落，让下边的人对通往拉萨的道路严加把守。一旦我们到达人口更稠密的地区，那里的人对朝圣者都已司空见惯，我们就不那么容易引起注意了。那天夜里我们仔细巡夜，因为附近那支运茶的旅队中至少有十个人带着枪，这不会让我们太放心。他们如果选择在黑夜中扑向我们，则将使我们陷入非常危急的处境。虽然危急的情况要求我们尽快继续往前走，我们还是决定8月3日那天就在原地休息。那地方被唐古特人称作安多—墨曲（Amdo-mochu）。当地人说一支牦牛驼队走五天可以抵达那曲，走七天可以到达拉尼拉山口。

睡了一夜好觉后，我在第二天早晨九点钟被同伴们唤醒。他们说那支茶叶旅队正在接近，值得一看；果然，那幅景象极为特殊，如画一般。他们以军队的队列行进，每一组有三十到四十头牦牛。牦牛们走着小碎步，行进速度很慢，但多能跟上队伍，没有给负责照管每一组牦牛的那两三个人找多少麻烦。如果有哪头牦牛恰好偏离队列，一个赶牛人就会朝它伸出双臂，吹出一声尖锐的口哨，那牦牛立刻就会回到自己的位置去。赶牛人发出短促、尖利的呼喊声，催促他们的牲口们往前走。

图 290　家养牦牛，我在 1902 年骑着它从列城到喀喇昆仑山

考虑到牦牛的力气，它们的负担不算太重。所有的人都是步行，没有一个人向我们打听任何事。虽然他们经过我们的帐篷旁边，却没有一人停下来往里看一眼；他们都正专心于自己的工作。

我们的喇嘛过去与两三个人交谈起来。他们改变了作息时间，昨夜休息，现在是白天走路；既然已经抵达草地丰茂、草质渐佳的地区，他们可以夜里放牦牛出来吃草，尤其是有月亮时。他们再次邀请我们整理行装，与他们一起去他们的下一个营地。这支来自衮本寺的旅队成员都是唐古特人，他们与藏人同属一个民族，操同一种语言。整个旅队，包括牦牛、赶牛人、他们的服饰、他们的武器、他们的狗儿们——所有一切都是漆黑的，而且他们还有黑影的陪伴，因为现在太阳已经出来了。他们就像一队行进中的魔鬼！正如我前面所说，他们是在前往那个神圣的扎什伦布寺和日喀则集市的路上。在那里他们将把茶叶卖掉。

由于后面还有一整天，我们决定彻底休息一下，因为这是我们第一次真正有机会晒干物品。我们把所有东西都放在太阳地里的羊皮和大衣上。温度是14.6摄氏度

（58.3华氏度），相当温暖。我甚至脱掉大部分衣服，把它们也都放在太阳底下。然后我们往靴子里塞满干燥的热沙，让它们恢复本来的形状。那一天我掌勺做了晚饭，其乐趣真是妙不可言。我先把几块肉切成薄片，然后涂上来自桑波桑结"农庄"的黄油在火上烤。上面再撒上奶酪粉和盐，真是一道极为可口的佳肴。可惜的是酸奶都吃完了。但我们还有一些茶叶和葡萄干作甜点。那些葡萄干是我们的喇嘛在翻弄他那些宝贵的草药口袋时发现的。那是他从若羌一路带来的，但过去从没有拿出来过。我把那一天剩下的时间用来一边晒太阳一边抽烟斗，用马鞍做枕头。我很少像1901年8月3日那天那样慵懒过。沙格杜尔与喇嘛多数时间都在睡觉；不过我们一整天都没让牲口离开我们的视线。

喇嘛一副艺术家的神气，在我的头上涂抹油彩，一直涂到我的发根，甚至我的耳朵里面。为了方便以后使用，他给了我一小盒褐色油彩和一个小刷子，这样我在必要时就可以借助我那明亮的表盒给自己涂颜色。我得说，当你像一个魔术师一样，嘴里数着一、二、三,一下子就把肤色改变了，然后却发现哪里露出一小条粉色，就如同舞会上美人的衣裙粘在一个扫烟囱的人的鼻子上时，那的确是很让人扫兴的。

我们所用的唯一语言是蒙语；我和沙格杜尔都没有说过一个俄语词。在继续前进之前，我们觉得最好准备一下万一我们受到西藏人的盘问时应该如何回答。我们的说法是我们都是来自萨克尔（Sakhir）的布里亚特人，已经穿过了喀尔喀蒙古人的土地和柴达木。我们的喇嘛无论如何不愿把自己视为一个蒙古人：他要说自己是一个布里亚特人，而且为了不让自己被拉萨的熟人认出来，他戴上一副我戴的那种涂黑的金属框眼镜，但他打算尽量避免与他们相逢。他最怕见到的是他曾修道的那个寺院的住持喇嘛。他知道如果他被认出来，将有严重的后果。西藏人会允许我们返回，但会把他扣下，理由是他是个拉萨喇嘛，并将把他作为一个叛徒来惩罚，因为他带着欧洲间谍进入了禁地。无论是在休息还是在翻越未知的山峰，他都会不停地念诵着对永恒神灵的祈祷，在内心纠结中为自己辩护。

他对基督教极感兴趣，不断让我给他讲解我的信仰。他能看到基督教与喇嘛教之间的许多共同点。而我与任何其他人一样有权利去拉萨朝圣。他的知识仅限于他从西藏与蒙古的佛经中所学到的，所以对于我做的许多事情他之前没有任何概念：

如考察地壳的属性、研究天体、阅读奇怪的书籍——他的结论是我至少不比一个喇嘛差，如果我决定去拜访拉萨当局，后者应该感谢我才是。达赖喇嘛是无所不能的，他应该知道我们是谁，为什么要去拉萨；实际上他知道我们每天都在谈论什么。他会确保我不会遇到任何不幸；但达赖喇嘛将如何看待我们的喇嘛则是另外一个问题了。如果我的上帝是无所不能的，我能不能向他祈祷，求他保佑喇嘛的性命和身体，因为他只是为了我才踏上这危险的旅程。我安慰他，让他彻底放心。无论发生什么，我们都会待在一起。我绝不会抛弃他。

夕阳西下后，月亮开始她跨越星光灿烂的天穹的夜之旅之前，有一小时极为黑暗。当最后月亮终于露面时，我们都松了一口气。我值第一班——从八点到十一点。一切都是那么静谧，远近皆无声。喇嘛和沙格杜尔改到帐篷外面来睡觉。我们距离危险地带越近，我反而变得越镇静。置身于危险之中远比等待它的到来要容易多了。

8月4日早晨，我们再次出发，行进的方向是东南偏南，穿过一片相当开阔的地带，上面布满很多带状的碎石堆。来到一个道路分叉的地方，我们不知该往哪一边走，只得停下来，但最后断定左边那条路一定是去拉萨的，而右边那条路则是去扎什伦布寺的。但是，沿着左边那条路走了一小时后，我们发现这条路向东急转，因此断定它是去那曲的。于是我们又转回到另一条路上，很快就看到我们的选择是正确的迹象。因为我们遇到一支由百来头骆驼组成的旅队，都没有装多少货，由五六个带着枪的人骑在马上赶着。他们正是来自拉萨。这些人都戴着又高又大的宽边黄帽子，还带着山羊和狗。但他们似乎很怕我们，匆匆从我们身边走过。

在优良的草地上休息了一天后，我们的骡子体力大大恢复。但不知是因为它们认为牦牛更好交际，还是因为它们觉得牦牛好玩，总之它们突然掉转方向，加入了那支旅队。但牦牛却不这么想——也许它们过去从未近距离接触过骡子，反正它们突然往平原的另一边跑去，它们的主人和我们那三头骡子则紧随其后，大家都在飞奔。西藏人吹着口哨，我们在叫喊，而我们的狗和牦牛旅队的狗则卷入一场血淋淋的混战，所以一切都陷入极度混乱中。不过最终我们抓住了那些不听话的牲口，秩序才得以恢复。但我们有一头骡子叫“东干”，因为它是从一个回族人那里买来的。它似乎被某种奇怪邪魔附了体，过了一小会儿，它毫无征兆地突然狂奔起来，直到背上的一切，包括马鞍，都被撒落在它身后的平原上。最后我们还是抓住了它，并给它装上行李。但是，由于同样的事又发生了两次，我们最后用一根绳子将那头过分兴奋的母骡子拴起来。这次休息使我的那匹马也受益匪浅，它也轻易地跑下了我们那天22.5英里的行程。我们的喇嘛在他的鞍子上打盹，晃来晃去，很是可笑。我多少次都觉得他马上就要跌到地上了，但他不知怎的从来不会失去平衡。

天气甚佳，两天不间断的阳光彻底晒干了地面，也使我们的行李减轻了许多。小路现在通向一个低矮易过的山口，那里有一个敖包做地标，它如往常一样由砂岩片搭成，上面刻满了无所不在的六字真言！地面上遍布一种小鼠的地道和洞穴，经常绊倒马匹，使骑行很困难。但是它们破坏公路的愚蠢行为断送了它们的生命，我们的狗儿们无休无止地猎杀着它们。玛伦基将它们连皮带骨一口吞下去，但尤尔巴斯则喜欢叼住它们脖子的后面把它们抛到空中后再吃掉。山口两边的斜坡上遍布羊群和牦牛，其间有几顶黑帐篷，但这些帐篷的主人我们一个也没有看到。

在山口的另一边，我们下坡走进一个开阔的碗形山谷，远处围了一圈小山。一

图 291　喇嘛在和本地人交谈

个老汉从这里的一个帐篷中出来，喇嘛和他搭上腔。但这牧民坚决不肯卖给我们或租给我们他的马。这个守财奴甚至拒绝卖给我们任何牛奶。他说他有很多，但就是不卖，都要留给自己。我们越往前走，道路越宽，标志也越清楚；但是很奇特的是，我们从未见到单个的旅人，无论是骑马的还是步行的都没有。旅行时要成群结队似乎是这里的习俗。这里到处都有草地，无论往哪一个方向望去，都能看到大群的牦牛、马匹和羊群，还有看管它们的羊倌和牧人。

22

囚徒们

现在帐篷开始多起来，像黑点一样布满大地。有一处竟有十四座之多，都挤在一起。通常每个帐篷外都有一大堆牦牛粪，这是为了过冬而堆起来的，不过有时为了晒干也摊开在地上。又过了一会儿，我们再次经过那个运茶叶的大旅队，他们在一个小湖旁设立了营地。我们没有看到管事的男人们。也许他们去牧人的帐篷里谈天、抽烟、喝茶了。我们觉得小心起见，还是再走1小时为好，然后在一个四座帐篷组成的小聚落旁扎下营。我们的喇嘛去了其中一个帐篷，带回来一块肥油和一碗酸奶，这是他用一个中国瓷杯换来的。

与此同时，有一位年轻的西藏人来看我们。这是一个非常友好健谈的家伙。他不停地说着，尽管我们一个字也听不懂，直到我们的喇嘛过来为我们翻译。这位不请自来的客人说他是安多人，他的方言与拉萨方言差别很大。他告诉我们离这里最近的那些山的名字，但我不敢说他讲的情况有多准确。他说我们在东南方看到的那个湖泊叫措那湖（Tso-nekk）[①]，即“黑湖”的意思。这个名字很可能是对的，因为在整个亚洲中部地区所谓“黑湖”是一个十分常见的名字，往往有不同的表达方式，如喀拉库勒（Kara-köll，突厥语）、喀拉淖尔（Khara-nur，蒙古语）等等。他说，我们走的这条路很快就会分为两岔，一条通往拉萨，另一条通往扎什伦布[②]；再往东

① 自东温河后，斯文·赫定的地图、其描述的地名、而今的西藏地区真实状况三者之间就开始存在较大的出入。根据本书地图所绘的路线，这里及下文提到的湖绝非安多地区的措那湖，应为巴木错。此处及下文保留斯文·赫定原文未作改动。

② 即日喀则，因班禅喇嘛驻锡地扎什伦布寺而著称。——译者

还有一条路，连着通往拉萨的大道。

我们都急于摆脱这个陌生人，因为我们觉得他是个探子，被派来打听我们的情况。但是这人拒绝领会我们的暗示，于是沙格杜尔和我回到帐篷里，关上帐篷的帘子，吃我们的晚饭，让喇嘛陪着这位客人。到黄昏时，这家伙终于离去。他先前把马放在外面吃草，现在就去牵马。但说着容易做起来难。那匹马往南走了，哪怕借助望远镜我们所能看到的也只是那匹马在前边小跑，而本应骑在它身上的人却在后面紧追不舍。当我们问他这附近是否有抢匪时，我们这位年轻的朋友回答说："对我们西藏人来说，没有；但对你们这些从远方来的人来说，这里很不安全！"

8月5日，星期一，我们走了22英里，那天夜里的营地是第53号营地。我们仍然是朝着同一个方向（东南偏南）行进，出发后不久就抵达措那湖。几乎那一天我们跨越的所有小溪和水流都注入这个湖泊。随后，我们又翻越了三个山口，来到一片四面环山的广阔平原，这些山峰（尤其是南方与东南方的）都很高。我们在十二座黑色帐篷附近停了下来。这里是我们这次旅途的尽头，走到这里就无法再往前走了；也就是说，我们距离大本营162英里，距离拉萨则是一天到五天的路程。现在天气较为暖和。一点钟温度达到20摄氏度（68华氏度）。

在骑行的过程中，我们惊讶地发现，我们走过去竟然没有引起任何人的注意。虽然我们看到西藏人坐在几个帐篷外的火堆旁，小孩子在与羊羔和小狗玩耍，但没有人过来与我们说话。当我们在一条小溪旁支起帐篷时，也没有人好奇地过来看我们。我们倒也不是特别希望有客人来或被人盘问。 就我个人而言，我会愿意去我们邻居的帐篷与他们打个招呼，但觉得从各方面考虑还是先不要接近他们为好。

在彻底地刮完胡须，涂好油彩之后，我吃过晚饭，然后躺了下来。黄昏时，沙格杜尔进来将我唤醒，说有三个西藏人正在走过来。于是喇嘛和他迎上前去，我则待在后面。这时天色相当暗，空中飘着小雨，而且由于天上有云，我几乎难以看见我们的牲口，也看不到任何人。他俩去了很久，我正开始担心的时候，沙格杜尔终于出现。他像往常那样镇静，但他用俄语同我讲话这一事实本身就说明他有重要的消息要告诉我。"情况似乎对我们不利，"他说，"他们说的话我一个字也听不懂，但他们不断重复'*Shved Peling*''*Chanto*'（穆斯林）[1]'布里亚特'和'拉萨'，一次又一次。我就让他们讲。喇嘛几乎要哭出声了，毕恭毕敬的，每讲两个字就要鞠一个躬。"

这以后不久，喇嘛本人匆匆钻进帐篷，情绪极为激动，也非常沮丧。他有好一阵说不出话来；但等他略微镇静下来以后，他开始用颤抖和带哭腔的声音断断续续地说，对方有个人从头饰来看应该是个诺仁（*noyyin*，头人），他的举止很有礼貌，但讲起话来却有一种不容商量的威严。而且，喇嘛补充说，他的眼光十分敏锐。那头人说三天前他们得知，有个"*Shved Peling*"（即一个"瑞典籍欧洲人"）正在前往拉萨的途中；他还说，据一些刚刚抵达那曲的野牦牛猎人报告，一些武器精良的欧洲人正带着一支大型旅队翻越群山往南方而来。然后可怜的喇嘛就被一大堆问题淹没了：你知道关于这些欧洲人的事吗？他们中是否有人和你在一起？这支旅队有多少人？有多少牲口？有没有武器？他们从何处来？又向何处去？他们为什么要选择这条蒙古人从来不走的路？那个头人说："你最好说实话。你这样一个喇嘛怎能与那些陌生的外国人为伍？"

我们的喇嘛回答说，他受喀喇沙尔的安办（地方官）的派遣，为欧洲人的旅队做翻译，一直走到拉达克。旅队正在山里，离这里九天路程的地方。当旅队的牲口休息时，他和两位同伴接到批准可以去拉萨。

那位头人接下来就旅队大队人马的情况提出一些问题，喇嘛都一一照实回答，因为他认为西藏人通过他们的探子对我们的情况已经了如指掌。他说了我们有多少驮运行李的牲口，以及主营地的人员共有三名"欧洲人"和十四名穆斯林。头人做出下述决定："你们就待在原地。明天我将来你们的帐篷继续讨论这件事。我将带一位蒙古语翻译来，这样他可以同另外两位交谈。至于粮草、马匹或牦牛，我们明天一揽子考虑吧。"

天已经很晚了。我们如往常一样将马匹和骡子围起来后，围坐在火炉旁讨论着目前的形势。首先要为第二天的盘问做好准备。沙格杜尔极力坚持应由喇嘛做翻译。

我特别感兴趣的是，他们是从哪里知道"*Shved Peling*"这几个字的。最初，

① 即"缠头"。

我想可能是关于我的计划的某些谣言通过印度的英文报纸传了过来。但是，*Shved* 并不是英文，而是俄文，即俄语中相当于“瑞典人”的那个词。于是我又想到1900年秋天经过我们的铁木里克营地的那支蒙古朝圣者的大型旅队。会不会是他们提起这个词？但那时没有人，哪怕是哥萨克们，知道我将来的计划，我只能推测，那些蒙古人在与沙格杜尔和切尔东用他们自己的语言谈话时问过我是俄国人还是英国人，而被告知我是一个*Shved*（瑞典人），这是一个无法翻译成蒙文的词。我的结论是，正是这些人把消息传到拉萨，因为他们深知举报这样不受欢迎的客人的到来会得到不菲的报酬。而我们在第38号营地看到的野牦牛猎人则会证实欧洲人旅队正在接近的消息。

不过，还有第三种可能性，即我们的喇嘛在与那个西藏头人交谈时首先使用了那个词。如果是那样的话，我们这位喇嘛可就心术不正了。实际上沙格杜尔提出，他所看到的一切都使他觉得这个人不可信任。他觉得喇嘛的面部表情在整个过程中都非常奇怪，他的对话宗旨似乎就是要附和对方。这件事完全笼罩在神秘中。唯一能够肯定的是，不知何故西藏人知道了“*Shved*”这个词，而同时又不知道它的确切意思是什么。在波斯语中，“*Fereng*”或“*Ferenghi*”的本意是“欧洲人”；通过某种渠道被引入藏文后，对应的词就是“*Peling*”。我认为西藏人加上这个词很清楚地说明了他们想要表达的意思。 这是我平生第一次——肯定也是最后一次——不为被称为一个瑞典人而感到自豪。无论如何我都不相信喇嘛心术不正。我那时不相信，现在也不相信。那一瞬间笼罩在他头上的这一片疑云后来很快就消失了，我从来没有让他感到（哪怕是通过一个偶然的口误）我对他存有任何怀疑。也许正是由于这个缘故，在以后的漫长旅途中，一直到阿斯特拉罕，他都表现出一种忠诚，它可以视为一种对一时软弱的悔改，也可以视为对一时懦弱的赎罪。当时那懦弱尽管会将我置于危险中，却能给他留一条万不得已时的后路。不过，有一件事却大大站在他这边。穿过那些监视着所有从北方通往拉萨的道路的守卫、探哨和间谍的封锁而不暴露他本人的真实身份，这一点对他至少与对我们来说是同样重要的。如果我们被发现，成为囚徒，他的境况肯定将比我们糟得多。因为，如果我决定抛掉伪装，宣布自己是个欧洲人，没有人敢伤害我。而喇嘛则要为给一个伪装的欧洲人当向导而负责，或许会被折磨致死。因为这个理由，我不相信他会将我们出卖给西藏人。此外，

图 292 一群藏人

当地人很可能在8月5日之前就在等着我们的到来。在一个游牧人的帐篷边，一位男子曾问我们是否在路上看见过欧洲人。读者也会记得，那个茶叶商队中曾有一人指着我，称我为“*Peling*”！

就我个人而言，我庆幸一切终于尘埃落定。要出事，但会出什么事呢？我们现在已经彻底地置身于这次探险之中，很快就会知道等待着我们的命运是什么。周围有那么多邻居，我们也许会觉得不会再有受到袭击的危险。但没人知道这些邻居是否在对我们图谋着什么。总之，至少现在还不应放松警惕。因此我们如往常一样将马匹和骡子拴好，小心看管。整整一夜，牧人们的营地上狗叫个不停，四面八方都能看见这些营地的篝火在闪烁。我们的喇嘛认为，牧人们正在将我们到来的消息从一个帐篷带到另一个帐篷，并谈论着将会发生什么事情。

第二天是8月6日，这一天将决定我们的命运。太阳刚一出来，三位藏人登门拜访，但他们不是前一天夜里那三个来盘问我们的人。在距离我们营地适当的地方，他们将几匹马的前腿用一根皮绳拴在一起，然后来到我们的篝火旁蹲下，开始往他们的烟斗里填烟草。那烟草是浅色的，干燥而细腻。他们的真正目的似乎是检查我的眼睛是什么颜色的，因为我刚一到他们身边坐下来，他们就让我摘下涂黑的眼镜。显然他们以为所有的欧洲人都是白皮肤蓝眼睛。因此当他们发现我的眼睛与他们一样也是黑色时，便十分吃惊。他们显然很满意，因为在一阵友好的点头之后，他们继续谈着，语速很快。接下来他们提出要看我们的武器。我们对此欣然答应。他们肯定对我们的武器印象很深。沙格杜尔给他们看了他的连发步枪，并解释如何使用。我也拿出我的左轮手枪给他们做示范。但当我们给他们示范如何装入子弹时，他们摇晃起脑袋，恳求我们将那些致命的东西放在一边。

之后不久，他们确信如果同我们保持一定距离会更加安全，不过在离开之前，他们不厌其烦地告诉我们，从我们所在的地方去拉萨还要走三个月。显然他们的目的是阻止我们继续前行。也许他们希望我们会主动原路返回。但我让喇嘛告诉他们，我们不需要这方面的信息，因为我们对于这一片地区的情况很了解。随后，他们站起身来，十分警惕地向他们的马匹慢慢走去，一直是退着走。直到他们认为自己已经远离我们步枪的射程后才上马。

那以后我们享受了半个小时的安宁，随后又看到另外四个人步行过来。其中三个人留着黑色的长发，非常肮脏，身上都佩戴着刀剑，挂着烟斗；但第四个人是个高个子喇嘛，灰色的头发剪得很短，身穿一件红色的长袍，头戴一顶黄色的帽子。他似乎是个不折不扣的“绅士”，一次也没有往我这边投来怀疑的目光，也没有提出任何不合适的问题。他想知道的只是我们大本营的实力。我们立刻告知以实情。

这位老人有一种十分可敬的风度，显得对世界略有所知。他以令人不安的果决答道：“你们在这里停留三四天，顶多五天。今天早晨我们已派信使去见那曲的总管，请示他我们是否应该对你们放行。我们或许会接到指示，或许我们的康巴噶本（Kamba Bombo）[①]会亲自来这里。不管怎样，在那以前你们是我们的囚徒。如果我们对你们放行，而后来发现你们没有权利去拉萨，我们将丢掉自己的性命。那曲的总管是我们的顶头上司，我们必须按照他的命令去做。”

我建议派一位特使去拉萨请求放行的许可，但被这位老喇嘛拒绝了。他说那样

① 旧西藏地方政府统管一“宗”的官员。——译者

有可能会需要一个月才能得到答复。随后我建议我们自己骑马去那曲。这也被拒绝了。我们的访问者无疑认为，我们一旦离开他们的监视，就肯定会继续前往拉萨，而不会去那曲。最后他终止了一切谈判，斩钉截铁地宣布，这件事没有继续讨论的必要了；他们知道自己需要做什么，而我们只能听凭他们摆布。显然他们完全清楚，我们属于那个正从北方接近的大型旅队；同样明显的是他们对我们的一切都已了如指掌，只不过想看看我们是不是讲真话。

离开之前，那老人从我们这里买了一只茶杯，并告诉我们他很乐于提供我们需要的任何物品。在谈话中，我们的客人暗示了他在喇嘛中的地位。不管那是什么级别，它给我们谦恭的喇嘛留下了深刻的印象。因为他立即站起身来，双手合十，与老人互碰额头。双方都遵循了通常的礼节，每一方都慷慨地表示友好和关心。最后这些客人也离开了。

我们希望这一天剩下的时间里终于可以消停一会儿了；但是一两分钟之内就发生了一件多少令我们感到不安的事。大约半英里外有一小片帐篷，我们看到许多小队的骑士正从四面八方向那里聚集，他们每个人都武装到牙齿，手持长矛、戟、刀剑和带分叉支架的长筒火枪。其中有些人头戴高高的白色有沿毡帽，另一些头上裹着黑头巾；每个人身上都穿着褐色、红色、黑色或灰色的斗篷。这些人虽然看上去更像土匪或劫道的强盗，但显然是士兵，被动员起来阻挡即将对西藏南部发起的入侵。他们是从何处突然来到这里的？这些人似乎是像蘑菇一样从地底下冒出来的。牧人的帐篷附近骑士越聚越多，已形成黑压压的一片。我们挨个地数了一遍，共有五十三人。他们正在手舞足蹈地商量着什么。他们翻身下马，搭起一个白色的大帐篷，然后分成小股围坐在一个个火堆旁。但从始至终也没有对我们这三个可怜的朝圣者看上一眼——这可不是好兆头！我们通过望远镜仔细地盯着他们。我们的喇嘛极为沮丧，认为他们会来夺取我们的性命。如果他们真的在考虑这样做，我们知道自己与他们相比根本就不是对手。但我觉得，如果他们真的想消灭我们，不用摆出那个架势也能做到，而且晚上进攻更容易得手。

那一天又阴又冷，还下着雨，我们的视线不时被弥漫的雨雾挡住。我们正在思忖和猜测西藏人这些举动是什么意思的时候，他们似乎是在回答我们的疑问，进行了一场演习。那可绝不是为了消除我们的担心。首先有七个人往东面（也许是那曲

图 293　藏人骑马冲过我们的营地

方向）奔驰，另外两名则消失在通往拉萨的方向。其余人以密集队形穿过平原，直接朝着我们的帐篷奔驰过来。有那么一瞬间我真以为这全是冲着我们来的。我们把武器准备好，坐在或立在我们的帐篷出口。西藏人在头顶上挥舞着他们的长戟和长矛，口中发出最狂野的呼啸，朝着我们直冲过来。马蹄敲在地面上的声音听起来让人惶恐，泥土在周围飞溅。有些挥着刀剑的人似乎在发号施令。来到离帐篷只有几匹马远的距离时，他们掉转马头，有些人往左，有些人往右，分成两翼，回到他们出发的位置。这一套动作他们重复了两三遍，与此同时，一些零散的骑手则一直在围着我们的营地打转。他们的目的显然是让我们产生适当的尊重。我们的这一猜测很快就得到了证实。他们翻身下马，开始用他们的黑色长筒火枪射击。

下午两点钟又出现了一个新的变化，西藏人再次上马，因为大雨倾盆，所以每个人都裹着短袍，骑马向西北方而去——也就是说我们来的那个方向。这使我大为紧张，因为我担心他们是去攻击我们的大本营，而我们却离它很远。我极想回去支援我的属下。

那些西藏人刚一离开，风平浪静（至少是我们附近）之后，两个牧民就从最近的帐篷里钻出来。他们带来肥油和酸奶，并对我们解释说他们的头人禁止他们从我们这里接受任何回报。我想给他们一只瓷杯，但他们说没有头人的同意他们不敢接受，尽管后来他们又回来说他们可以拿那只瓷杯，因为头人并不反对。

就这样，我们一整天都有邻居的陪伴。不过，最后也是最难打发的一拨当属下午三点钟来的四个人。其中一人甚为无礼，把每一样能够着的东西都拿起来左看右看。其中有一个水手罗盘使他很感兴趣，便问那是什么东西。当我仔细地解释给他时，他惊叹着说："是的，是的，汉人有这种东西。"有一两次他指着我说："那个人不是布里亚特人。"他打听来打听去，极招人讨厌。他问我们，为什么走小路而不走普通朝圣者走的大路。"你们不知道吗，"他说，"你们从这个方向来会丢掉脑袋？所有从这边过来前往拉萨的人都被砍掉了脑袋。"我们的喇嘛企图避开这个难题，解释说，我们与一个来自罗布泊的大旅队同行，计划继续走到拉萨。那人答道："你们必须首先获得那曲总管的许可。"不过，虽然这些人是探子，总的来说他们还算友好，无拘无束，并许诺次日给我们带来各种必需品。我们既然没有别的办法来摆脱这些讨厌的访客，索性上床躺下；但这仍不奏效。天空暗了下来，乌云密布，飘泼大雨骤然而至。于是外面那四位爬进帐篷，而即使没有他们，我们的帐篷里也已经很局促了。大雨如注，中间还夹着冰雹和雪花，所以他们一直待到黄昏。由于我们的帐篷立在一个缓坡上，很快我们不得不出去在它周围挖一圈壕沟，以便让雨水流走。那以后，我们坐下来抽着烟斗，用木碗喝酸奶，并一直谈到十点钟。我们那又潮又冷的住处就靠一支可怜的牛脂蜡烛发出的微弱光芒照亮。雨点打在帆布上，发出滴滴答答的单调声音。外面一片漆黑。糟糕的天气使狗儿们脾气暴躁。老喇嘛既然说了无须担心抢匪，那天夜里我们就把牲口放出去，任它们自自由自在地溜达。我猜测，没有人想剥夺我们离开这里的工具；正相反，他们唯一关心的就是如何尽快地摆脱我们。西藏人主动提出要为我们提供四个岗哨，但被我们拒绝了，因为这些人肯定是探子。夜里，我们透过模糊的雨帘隐约看到几处闪烁的营火，尤其是在通往拉萨的路上。后来我们得知，那天夜里我们周围至少布有37处岗哨。

现在我们三人可以同时睡觉，而无须为牲口和下雨担心了。身体对过去一个多星期的强行军和疲倦的反应使我们很快入睡。次日破晓时分，我被一阵低语吵醒；这是来看我们的第一拨藏人。8月7日那一整天，他们一拨接一拨地到来，我们连半个小时独处的工夫都没有。一拨人刚走，另一拨人又来，而且很少有哪个人是第二次来。这就如同永不停止的换岗。前一天我们那位爱打听的朋友又来了，给我们带来一碗酸奶，一口袋上好的干牛粪和一对风箱。最后这个礼物可是非常受欢迎。另一位藏民在我们这里待了足足三小时，边喝茶，边吃糌粑，边抽烟——实际上，他倒真是像在自己家里一样一点也不客气。他脸周围的黑头发茂密得像一片森林，向外支棱着，真是一点也没梳洗打扮过。挂在他眼睛上面的“同心锁”被截短了，虽然那并没有使他的面孔好看一些。他脑后的头发梳成一根辫子，在其末梢挂着两三个装佛像的嘎乌盒和彩带作为装饰。彩带上缝有彩珠或宝石。当他骑在马背上时，他把辫子缠在头上或帽子上。后来我们看到许多人有同样的发式。这个人似乎永远不会离去，明显是一个探子。他极为坦率，索性求我们夜里不要逃走，否则他将丢掉性命。他告诉我们去拉萨需要五天；但后来我们得知，路上沿途都有组织完备的驿站，在那里可以换马；因为当我们派去一位特使后，他第二天就回来了。这也就是说，去拉萨需要一天，回来也需要一天。我们宿营的那个山谷叫嘉罗科（Jallokk），而西边离我们最近的山叫本查（Bontsa）。

当这位令人厌倦的人最后终于离开我们时，我们看见三个骑马的人前来迎接他，然后他们四个人在那里谈了足有半个小时。那三个骑马的人显然在询问那个探子他了解到什么情况，以及我们问了他哪些问题。那以后，这四个人全掉转马头，将我们的骡子和马匹赶到另一片牧场上。第二天一早牲口一个也没露面，但接近中午时，它们又出现在不远的地方。显然他们是因为怕我们夜里逃走而把这些牲口赶走的。

来看我们的人中间有一位长发老人，在蹉跎的岁月重压下腰都直不起来了。其他的西藏人对他相当尊敬。虽然他讲起话来喜欢绕圈子，而且一半时间声音都轻得像在说悄悄话，其他的藏人却都极为认真地倾听着。我们的喇嘛听出他嘴里说的这些话："这三个人的来路不明。当然不能让他们去拉萨。还有两三天噶本就会到来。然后我们再看吧。同时，我们必须确保他们什么也不缺少，为他们提供所需的一切。谁也不得接受任何报酬。如果他们企图逃跑，无论何时，哨兵都必须立即向我报告。阿姆贡（Amgon）喇嘛已经占卜神意，确定这些人有问题，不得准许他们去拉萨。猎人翁吉（Onji）很早以前就曾在梅里克坚桑（Merik-jandsem）地区的山里看到过他们。他说他们有许多人。消息立刻就传到拉萨。"

"阿姆贡喇嘛是否认为那个人是布里亚特人？"他们其中一人指着我问道。

"他说他也看不明白。"那老人答道。

他每解释一句，其他人就应声道："*Lakso, Lakso!*"[①]这个词结合了服从、接受权威和敬意等含义。我们那可怜的喇嘛在与西藏人交谈时总是把这个词挂在嘴边。实际上，他在他们面前几乎要发抖了。他的态度顺从得让人难受，而他的声音则带着哭腔。他现在认为我们的前途非常暗淡，担心最坏的事情将要发生。

今天仍有许多骑马的人在附近来来去去。显然，整个地区都被武装起来。我们的客人中有一人非常坦白地告诉我们，这是因为我们在山里有个大营地。另一人则声称，这些只是被派去看看是否有敌人入侵领土的巡逻兵和斥候。我对大本营的担心远远超过对我们自己的担心。若不是我们成了落在西藏人手里的俘虏，我早就立即回去加强他们的防御了。

① 拉索。藏语中常见的敬语，"是""对""好的"的意思。

图 294　*藏族骑手*

大雨下了一夜；第二天是8月8日。我一大早就被令人窒息的浓烟熏醒。帐篷里到处都是烟，雨水像细细的喷水花洒一样钻进帐篷。实际上，这又是一个通常那种阴冷的早晨。打开帐篷的帘子，让新鲜的空气进来吧！至于大雨，管它呢。不管怎样，那天早晨不用化装打扮，醒来时就一切就绪，这还不错。上一次涂在我脸上的油脂现在已经盖上了一层厚厚的烟灰！

来客们和前一天一样，继续鱼贯而入，真让我们耗尽了耐心。最先来的是带着一只绵羊的五个人。他们问我们是否还需要别的东西，我们点了肥油、黄油、鲜奶和酸奶——这些东西他们都拿来远远超过我们能吃掉的量，甚至把狗儿们叫来帮我们吃都吃不完。他们又问，我们的大营是否离这些牧人的帐篷足够近，这样他们可以把我们的人需要的粮草送去。不管怎样，这是令人宽心的。我开始再次怀疑，那军事动员是否针对我们的营地。我们还被告知，那曲的噶本与南索（Nanso）喇嘛正在路上，次日就到。接下来盘问再次开始。但是我直截了当地告诉他们，干脆等到噶本到来再说。他想知道什么我都可以告诉他。我们是什么人与他们无关。如果

图 295　一个藏族士兵

他们不停止这一连串愚蠢的问题，我们就不再让他们进我们的帐篷了。这使他们很不安；弯下腰谦卑地说“*Lakso*”然后伸出舌头[①]。我们的喇嘛宣称，这些人很怕我。我承认我们的情况使我颇有点像瑞典国王查理十二世在土耳其[②]。我们深入异国他乡，以一支小到荒谬的队伍面对占压倒多数的力量。当地人不愿让我们去我们想去的地方，但又急于不惜代价来摆脱我们。

但我们的喇嘛情绪十分低落。他清楚地记得那曲的噶本以及他是如何仔细地搜查喇嘛上次去拉萨的那个蒙古朝圣者旅队的。如果噶本能够记得住他，他就完了。即使噶本记不住他，我们的喇嘛也是前途未卜。他曾告诉过我一个蒙古喇嘛的故事。那个人由于犯了某种戒规被剥夺了参拜圣城的权利。为了赎罪，被命令从大库伦（即乌尔嘎）一路磕长头去拉萨。他得趴下来，把双手向前伸直，将双膝向前移动靠近

① 伸舌头是西藏表示十分尊敬对方的礼节。后文也有提及这一习惯。斯文·赫定似乎不太理解这一行为的含义。

② 1709年查理十二世被俄国打败，逃到土耳其并成为俘虏。

双手，然后再向前趴到地上，就这样走完那漫长艰辛的旅程，用了六年时间才完成。当他在最后一天抵达城门时，达赖喇嘛拒绝让他进城。于是，这人又用双膝完成了第二次和第三次这样痛苦的赎罪之旅，直到他的膝盖长出骆驼膝盖和胸前长的那种胼胝。然后达赖喇嘛仍不心软。我们的喇嘛最后说："而今因为把你带到这里而犯了罪孽，我将受到什么样的惩罚呢？即使保住性命，我的生涯也算是毁了，我再也别想看到拉萨了。"

那天，前一两天都来过我们这里的那个探子本努尔苏（Ben Nursu）在我们的帐篷南边两三百码的地方搭起一个帐篷。他坦白地告诉我们，这是为了便于监视我们。大约中午时分，我们看到约十五名骑马的人向东边奔驰而去。我们估计他们是去迎接噶本，他也许离这里不太远了。下午无人打扰，我们睡了几个小时，其实我们除了睡觉、吃东西和做饭外也无事可做。这种无所事事的等待实在让人不耐烦。我们期盼着噶本的到来。唯一的安慰就是至少我们不必在永无休止的雨里骑马行进了，那是多么的阴冷潮湿、令人疲乏啊。

23 受到噶本的盘问

新鲜的、陌生的、一脸好奇的面孔接二连三地冒出来，但有一个人就像蚂蟥一样粘着我们不走，那就是本努尔苏。他不但与我们同吃，而且几乎与我们同住。但我们也给他派点活儿：在下雨时用风箱吹火。我们的访客来时几乎没有不带食物的；实际上，他们对我们的照顾就像他们对我们的关心一样，多少令人感动。据他们说，这一切都是遵照达赖喇嘛的指示。我们根据这一点推测，拉萨当局每天都收到关于我们营地发生的事的通报。拉萨方向来往的那些骑马的人正是信使。我们还被告知，这些牧民们给我们带来的用品最终会由拉萨当局支付。他们的士兵上战场时也是以这种方式获得给养的。士兵们有特权从牧民那里获取一切所需物品，然后由拉萨当局来支付。因此，我们的和平之旅大大地惊动了整个地区。嘉罗科变成了某种永久性的大营，到处是前哨、探子、信使、岗哨——各类骑马的人真是形形色色。

大约两点的时候太阳从云彩后面探出了一点。此时有七个老人正围坐在外面的火堆旁陪着我们。因此我们在悄声谈话。突然一队骑马的人出现在东南方。他们直朝我们的帐篷飞驰而来。

“哈！”老人们喊道，“那是那曲的总管。”

我们起身准备接待新来的人。但当他们接近时，我们的访客说这并非总管本人，而是他的蒙古语翻译，陪同的有当地的四个头人和他们的随从。

这翻译是个藏族人，他的蒙语比我要磕磕巴巴得多，但他是个成日乐呵呵，逗人高兴的家伙，而且一点也不喜欢乱打听。他告诉我们，我们到来的消息刚一传到那曲，噶本就立刻让他先来，而他，总管大人本人，将尽快随后赶来。于是这位可怜的翻译立刻翻身上马，带着他的随从日夜兼程冒雨赶到嘉罗科。然后，他连在那些藏民的帐篷门口都没有停一下就直接来见我们。

对我们的盘问再次开始，我们第二十次详细地描述了我们的大本营和我们一共有多少人。尽管西藏人无疑已经对我们的旅队进行了侦查，知道了我们所能告诉他们的一切，要想让这些新来的人相信我们的话却极为困难。他们认定了我们的大本营并不是我们的全部力量，而只不过是一个前卫。后面还跟着一支几千人的队伍。其实所有关于我到底是哪国人的询问的后面都是这一担心。那翻译说，我们从哪里来，属于哪一部落，这些都不重要。无论什么情况，我们都不得前往拉萨。 我们必须回到山里的大本营。不过我们不会受到伤害。这是达赖喇嘛本人的命令。

这以后，我和沙格杜尔开始用蒙语与他交谈，直到这位可怜的翻译——我敢肯定——急于让耳根清净一下。我们对他说，达赖喇嘛从未禁止俄国境内的布里亚特人前往拉萨朝圣。如果噶本大人阻止我们继续前行，这也许会使他丢掉脑袋。没有必要去找他来，因为我们绝不会与来自拉萨的高官以外任何人谈判的。我说的每一句话都被翻译给他的同伴，他们开始显得非常严肃起来。他们对于俄国和印度没有任何概念，所以我们说什么这些国家多么强大丝毫也不能给他们以任何印象。最后我们同意，他们可以派一名信使去见噶本，要求他尽快来这里。但前提是必须派另一位信使去拉萨。这位翻译是个真正的绅士，只有一条例外：他不断地向我们要白兰地，但那东西我们偏偏没有。我们对他说，我们碰上的地方真奇怪，和平的外乡人竟然无法避免遭抢的厄运。他似乎已经知道我们的马匹被盗，安慰我们一定会为我们赔偿那些牲口，使我们满意的。他还补充说，无论我们需要什么东西，只需提一下，就一定会得到的。我们告诉他，我们大本营的首领是两个“欧洲人”。他问我们他们的名字。我们告诉他西尔金和切尔诺夫的名字，他一一写了下来。但当他问起我们的名字时，我们说那与他无关，这只能对地位极高的人说。

最后这位特使离开之后，我们如往常一样又坐了很长时间，讨论当天发生的事情和将会发生的事情。至于我们的马匹和骡子，我们不再需要为它们担心。可以说它们已经由西藏人保管，我们甚至不知道它们在什么地方。

8月9日，我们那座浅浅的山谷再次出现一片躁动。一些骑马的人和巡逻兵忙着将牲口们赶到西南边的山里去，直到这一片土地上再次响起人的喧嚣声、马蹄

图 296　西藏头人的帐篷，白色带蓝边。（摄于之后的某个场合）

声、咩咩的羊叫声和牦牛气哼哼的喘气声。与此同时，小群的马队向那曲和拉萨两个方向奔驰而去。我们不知道这一切意味着什么。看上去像是牧民们正在转场，但喇嘛的眼里一片黯淡，认为他们是在为将要把我们一举踏平的骑兵清空场地。

十点钟，我们那位翻译朋友在三个人陪同下再次光临。我要他让另外三人走开；我们需要讨论几件重要的事，我觉得没有他们在，大家会更自在一些。但他却对这一提议表示强烈抗议；他认为独自一人和我们这种可疑的人留在一起太冒险了。此外，他是来送一个特别的口信的，转达之后就要返回。似乎那曲的噶本已经带着大量随从来到这里，想要见我们。与此同时，往南通往拉萨的路上已经搭起绵延1英里左右的一大片帐篷。其中一顶是白色的，镶着蓝边，非常高大。围绕着它的那些帐篷要小一些，其中有几个已经冒出袅袅炊烟。这个帐篷村里到处都是大群的骑士。我们的喇嘛简直无法放下望远镜不去看这幅景象。他的忧虑显然与日俱增。这时那个翻译过来，以噶本的名义邀请我们把帐篷和所有物品都带上，搬到他的帐篷旁边。此外，他邀请我们去与那个极有权力的总管吃晚餐。宴席正在准备之中。最重要的一道菜将是一只烤全羊；还有喝茶的瓷杯和吃糌粑的碗；我们光临之际，将会献给每人一束哈达（即一束浅色的薄纱巾，蒙古人和西藏人都习惯于将它献给贵客以表示尊敬）。

我毫不迟疑地答道，如果噶本懂得礼貌，他就应该先来拜访我们。此外，我们从来没有听说过这个人，不知道他凭什么拥有居于我们之上的权力。他不要指望我们会遵从他的旨意移动我们的营地。如果他想挨近我们，他大可以将他的帐篷搬到我们旁边。我们和他没什么可谈的，也没有去请他。如果他想来见我们，与我们交谈，他随时可以来我们的帐篷。我们在嘉罗科这几天已经充分了解到西藏人的无理，我们不会去做噶本及其随从的邻居，除非是被强迫那样做。我们是来自北方的和平的外乡人，完全有权利去拉萨朝圣。我们只是想了解去拉萨的道路是否对我们敞开。如果不是，我们将立刻返回大本营，让噶本来承担一切后果。我把这些话以及其他许多类似的话统统甩给那位可怜的翻译，直到他希望自己离得远远的，对这一点我毫不怀疑。他那中间人的角色可真不好当。他央求我们改变主意，与他一起回去。但我们丝毫不为所动。

“宴会已经就绪，”他说，“他们都在等你。如果你不来，我得受到责备，也许会丢尽脸面，丢掉饭碗。”

他纠缠了两个多小时，但我拒绝改变自己的决定。最后他终于起身上马，但就是在马鞍上他仍然再次恳求我重新考虑，发誓绝对不会加害于我。我只是对他说，我不在乎他选择以什么借口对噶本讲这件事，但我们不会去参加他的宴会。如果噶本认为他来拜访我们是不合适的，那他就别想见我们一面。于是那翻译对我行了个礼，告辞后骑马走了。

对于一个友好的邀请这样回应或许看上去很粗暴，缺乏礼貌，你可能会觉得三个微不足道的朝圣者对一个位高权重的总管摆架子不太合适。他是那曲的统治者。这个地区又称为“那格曲（Nag-tshu）”，沿着那曲河（即萨尔温江的上游）展开。他有责任检查来自柴达木，沿着翻越唐古拉山的大道去拉萨的所有旅队、行人、朝圣者和流浪者。如果他现在不行使他的权力，当一个实力强大的旅队带来真的危险时，他肯定会失去他的职位，也许甚至会丢掉性命。此外，显然他是接到拉萨当局的特别命令，暂时放下手里的工作几天时间，来嘉罗科确定这里究竟发生了什么。

说实话，我们的答复之所以那样严厉，并不是因为我喜欢找麻烦。而是自从我们停下来以后，西藏人一直对我们持一种好战的态度。他们调来军队，还对我们耀武扬威。从我个人出发，我承认我能理解他们为什么因我们这件事而感到不快，我们的目的真的使他们感到迷惑。没有人能够责怪他们这样想：“这个欧洲人企图乔装为布里亚特人潜入拉萨；这个曾经在拉萨学习过的喇嘛竟然充当那个外国人的向导随他一起来。让我们用他们来杀鸡给猴看，让天下人都知道这种伎俩必将受到我们的惩罚。”直到8月9日，我们仍然对前景如何一无所知。我们唯一能够确定的就是在任何情况下我们都不会被允许去拉萨。所以我们很自然地纳闷，我们所看到的那一切准备和藏民中间那无休无止的躁动，是不是都说明将要发生某种决定性的行动。这个邀请会不会只不过是给我们设的一个陷阱？赴宴的人通常都不会携带武器。也许西藏人只是为了找个借口可以使我们身边没有武器。他们知道这些武器不可小觑。如果他们真的不想让我们活着逃出这种囚禁状态，我们决心至少要让随身携带的那些弹药派上用场。欧洲人在西藏失踪的事确有其闻，最近的一次是杜特雷伊•德•莱因斯和莱因哈特（Rhinhard）。尽管发生的地点不像我们现在距离拉萨这样近。乔装打扮的欧洲人自然危险更大，因为如果将来追究起有关他的责任时，西藏人完全有理由回答："我们不知道他是欧洲人啊；他自己说他是个布里亚特人嘛。"因此，尽管我们那些新朋友中颇有几位信誓旦旦地说我们不会受到伤害，我得承认我在这种情况下可没有那么强的安全感。尽管我毫不惧怕身处这些一直对欧洲人怀有敌意的藏人中间所面临的巨大危险，虽然我已经把这次探险推到极限，但我仍然希望能把它光荣地完成。在必要的情况下，在他们消灭我们之前，我们将挺起脊梁，像过去的维京人一样，"做个男子汉"。

没有人再来打扰我们冥想了，于是我们坐了几个小时，讨论当前的危险局面。这期间没人接近我们。我们这里安静得像个坟墓。但那曲总管的帐篷那边却非常活跃，人来人往。他们在决定我们的命运。他们在说什么？他们在考虑什么？我们觉得眼前的危机一触即发。也许噶本正为我对他的无理答复而发怒。也许此刻他正在准备给我们一次严厉的教训。这等待似乎没有尽头，这悬念则令人惶恐。到现在我仍然清楚地记得当时的惶恐，仿佛就发生在昨天。

两小时或更长时间以后，人们又开始在白色帐篷周围列队。西藏人似乎忙碌得很，他们把武器拿出来，翻身上马，接着一长列骑士如一条黑色的小溪从帐篷间流淌出来，向我们的方向飞驰而来。那一会儿正好没有下雨，所以我们可以清楚地看到货真价实的壮观场面。西藏人迅速地接近我们，让他们的马稳步地奔驰着。起初我们只能听见一阵混成一团的轰隆隆声，但接下来就听到急速的哒哒声，那是马蹄敲打地面的声音。仿佛一场雪崩正朝我们席卷而来。再有一瞬间，我们就得被横扫一空。我们牢牢地端着武器，任何人如看到我们那样镇静地站在帐篷外面等待的情形，都猜不到当时我们有多紧张。

西藏人形成长长的一列，横跨了眼前的平原，中间是骑在一头英俊的大骡子上的总管，其他人都骑着马。紧随其后的文武官员和僧侣们都身着节日的盛装。两翼则是武装到牙齿的士兵，手持枪支、刀剑和长矛，仿佛他们正在战场上冲向一个敌对的部落。我们数了一下人头，他们一共有七十个人。

然后，一小队人与大队分开，加快速度，奔驰在其他人两三分钟的距离前面。他们下马行礼。其中一位是我那位翻译朋友。他简短地宣布，噶本大人即将光临。随后大人赶到，来到我们的帐篷前。瞬间功夫他的侍卫们就跳下马鞍，在地面上展开一幅地毯，供他们的首领下马落脚用。他在侍卫们递上来的一堆软垫上坐下来，

图 297　“不能再向拉萨前进一步”

他的身边坐着南索喇嘛，那是那曲的一名高僧。

我默默地走上前去，邀请他进帐篷来坐。他立即走进来，犹豫了一下，在我指向的贵宾席坐了下来。那是些散发着怪味、几乎发了霉的物品当中的一个装玉米的潮湿麻袋。他的脸上显示出狡黠和顽皮的幽默；他时常眨眼睛，也喜欢呵呵窃笑。他是个四十岁左右的矮个子，面孔苍白，一脸疲劳不堪的样子。不过他显然很高兴看到我们在他的土地上安然无事。他知道，当他把自己成功的消息报告给拉萨时，那就是一大功劳。他的服装雅致雍容。而他显然是特意为了这一场合而把它穿上的，因为那衣服上一尘不染。他的侍从们脱去他的外衣，包括一件红色西班牙式斗篷和一顶红色的兜帽。然后他站起身来，穿着一件宽袖的黄绸马褂和一顶蓝色的瓜皮帽，脚下是藏青色的蒙古靴子。一句话，华丽至极。一位属下拿来纸墨笔砚。于是盘问又开始了。噶本对我们几个人远不如对我们的大本营和旅队的实力更感兴趣。他自己动笔写，因为他要给拉萨呈送一份详细的报告。然后他检查了我们的物品。但奇怪的是，他没有一次表示出要看我们箱子里面的样子；我们告诉他那里面装的是我们的生活用品，他也就不再多问。对我本人，他似乎早有定论，甚至觉得提出有关我个人的问题都是多余。沙格杜尔在回答盘问时口气犹如一位陆军元帅。他说自己是俄国臣民和布里亚特人，因此完全有权利去拉萨。如果我们这些和平的朝圣者在朝圣途中受到阻拦，这将被俄国当局视为挑衅。

但是噶本笑道："你别觉得你可以吓倒我。我将履行我的责任。我刚接到达赖喇嘛关于你们的急令，我比你更清楚我该怎么做。你们不能去拉萨。你们休想再往拉萨走一天或走一步。如果你们一意孤行，那就别想保住你们的脑袋。"他猛地用手在喉咙前划了一下，并补充道，如果他允许我们通过，那么他也就别想保住性命。"你们是谁，来自何方，这都不重要。你们的行为极为可疑。你们是从小路潜入的，因此必须回到你们的大本营去。"

我们明白除了服从之外没有其他的办法。沙格杜尔接下来告诉他我们的马匹被盗的事。起初噶本有点模棱两可，说他无法为他管辖的地区之外发生的事情负责。沙格杜尔答道："啊，这就是说那里不属于你们，或许那地方属于俄国？"一听这话，噶本生气了，指出整个西藏都是达赖喇嘛的领地。沙格杜尔后来对自己的回答极为得意。这时总管站起身来，拉着沙格杜尔走出帐篷，在外面的软垫上坐下。过了一小会儿，我被叫出来。噶本愿意为我们购置两匹新马，但我必须为其中一匹付钱。我只是对着他的脸大笑一声，然后转身走回帐篷，一边说这样的礼物对我们来说是不能接受的。要么还我们两匹马，要么一匹也别还。于是噶本答应次日早晨给我们两匹马以取代我们丢失的那两匹。

总的来说他非常友善礼貌，丝毫也不因被打断日常工作、必须亲自骑马来这里而感到不快。他是一个非常容易打交道的人：他有自己的判断，也清楚自己要什么。他从未真正搞清楚我究竟是什么人。可是我猜想他认为在我那露了线的蒙古袍下面的一定是个不寻常的人。否则，他就不会如此大摆排场了。西藏与中国政府有密切的联系，当然，它属于中国。中国在拉萨驻有钦差，并在达赖喇嘛所在的布达拉宫附近设有驻藏衙门。毫无疑问，拉萨当局已经听说最近在中国发生的事情，知道冯·克林德男爵（von Ketteler）[①]在北京被杀害后所产生的严厉报复，因此知道他们必须小心谨慎，避免伤害一个欧洲人。

这场谈话进行期间，其他西藏人挤在我们周围，不停地看着我们，品头论足。他们的藏刀装在漂亮的镶银刀鞘里，刀鞘上面装饰着珊瑚和绿松石；身上挂着银制的装袖珍佛像的嘎乌盒、手镯和念珠；长长的发辫上也有五颜六色的装饰——总而言之，他们身着自己所拥有的最华丽的服饰。他们中间更有身份的人戴着插有羽毛的大白毡帽；其他人则在头上裹着头巾，而普通士兵则不戴帽子。

喇嘛被这豪华的阵势震慑住了。他跪伏在地上，眼睛盯着面前的土地。总管严厉地盘问他时，他不敢看总管的眼睛。他的回答很短促，仿佛他已经不再有任何可隐瞒的秘密。我们不知道他实际上说了些什么，因为他们讲的是藏文；但后来他告诉我们，噶本严厉地责备他不应该陪我们来，说他不会不知道拉萨是绝对不允许欧洲人去的。他的名字已经记录进各个寺院的黑名单，他将永远不得再踏上圣城的土地。如果他企图躲在一支朝圣者的旅队中混进去，他就必须承担一切后果。他没有恪守僧人的尊严，是一个叛徒。

最后我建议由我在我们的喇嘛和那位翻译的帮助下，给达赖喇嘛写一封信。我

① 克林德（Klemens Freiherr von Ketteler，1853—1900），德国男爵，1899年任德国驻华公使，1900年在义和团围攻西方列强使馆区期间被清军射杀，该事件曾被列强作为八国联军侵华的借口。——译者

图 298　西藏骑兵

说如果他知道我们是什么人的话，一定会非常乐意接待我们。但噶本回答说，这完全没必要。他本人每天都从达赖喇嘛本人那里接到有关我们的圣谕；身处他那个地位的人没有资格给达赖喇嘛提出建议；那可能会使他丢掉职位，甚至可能更糟。

随后，他客气地向我们辞别，翻身骑上他那装饰豪华的马鞍，在大群僚属的簇拥下轻快地离开了。这时已是黄昏时分。那支军队也很快从我们的视线中消失，我那个亲眼一见喇嘛教的麦加的希望也随之破灭了。群星闪烁在白色的拉萨寺院上空；没有一丝风打破夜的宁静，只有狗叫声时而从远处传来。

24 被护送遣返

那天晚上我们坐着谈了很长时间才睡觉。我们的喇嘛心情不佳，寡言少语。但沙格杜尔和我都情绪饱满。不错，我们进入拉萨的尝试失败了，但我们起码知道自己尽了最大的努力。当你遇到不可逾越的障碍，那就是该回头的时候了，也不必为此而感到懊悔。不过，奇怪的是西藏人居然一句难听的话都没有说就放我们走了。

8月10日早晨，我们让离我们最近的护卫们将我们的马匹和骡子赶到帐篷附近，因为我们决定那天早晨准备完毕立即出发。但是由于没有任何噶本那边的信使露面，我决定独自去找他。沙格杜尔和喇嘛都劝我不要这样做。他们认为我们应该像到那时为止所做的那样一直待在一起别分开。但是，我没有听从他们的劝告，骑马在沼泽之间向噶本那片白色的帐篷村缓缓走去。我刚走了一半路，就被一群持枪骑马的人围住，他们大约有二十人。他们一句话也没说，就在我前后排成两列。走到离他们的帐篷尚有半英里的地方，他们将我围起来，翻身下马，并示意让我也那样做。

我们只等了十五分钟。昨天那一队骑士从帐篷之间骑马走出，向我们奔来，中间的那一位身穿黄袍的人正是噶本。有人将地毯与软垫铺在地上。他邀请我坐在他的身旁。翻译也在场，于是我们又畅谈了一番。

这种在中立的场地上接待我的做法是出于礼貌，这样做既有理又有节。前一天我曾拒绝接受噶本的邀请。他的思维无疑是："我将向他们显示，他们不必麻烦到这里来见我。"他也曾说过："你不得再往拉萨多走一步。"所以他这也是来拦住我。不过我的话这一次并不比前一天更有说服力。他说："我不会为你而丢掉我的脑袋。从我个人来说，我才不在乎你去不去拉萨呢；但我接到了命令，而我得服从命令。"然后我以开玩笑的口吻对他说:“索性咱们两人走一趟，来回只要几天时间，谁也不会知道的。”但他只是摇头大笑说:“回吧，回吧！你必须原路返回。”

然后他眨了三次眼，嘴里蹦出一个字“*Sahib*[①]”，同时用手指向喜马拉雅山的方向。我不需要任何翻译来告诉我他是什么意思。“你是个印度来的英国人！”无论我再费多少口舌，也无法让他摆脱那个想法。我发现他不可能接受我的劝告以后，就彻底放下伪装，承认自己是个欧洲人，尽管不是英国人，而是来自一个北方的国家，远在俄国的另一边；但他只是大笑，嘴里不断地重复着:“*Sahib! Sahib!*”然后我告诉他，我还带着两名布里亚特哥萨克和两名俄国哥萨克，都是俄国沙皇借给我用的，问他是否认为一个英国人会与俄国哥萨克一起旅行，并问他是否认为虽然印度在西藏南边，但英国人却会从北边过来。对于我的这套逻辑，他的回答与前面一样。“他们都是*Sahib*。你既然能招来一位蒙古喇嘛，也同样能轻松找到一位布里亚

图 299　吹号的喇嘛

① 源于阿拉伯语，泛指有地位有身份的人；后来在南亚次大陆，尤其是英属印度殖民地广泛使用，专用于对英国人或其他人的称谓，相当于中国的“老爷”“大人”。——译者

特人。”

这时有人牵过来两匹马，一匹是褐色的，另一匹是白色的。噶本表示愿意把它们赠送给我。“让你的两个人骑上去跑一圈。”我说。他们照办了。但这两匹马瘦得像稻草人一般，走路磕磕绊绊的，怎么也不像是一流的牲口。于是我转向噶本，对他说：“你这样一位有钱有地位的人怎么有脸提出送给我这样两匹可怜的牲口，按说我至少与你一样尊贵呀。”我拒绝接受这两匹马，他还是留着给他的骑兵用吧。他并没有因我这坦白的评论而感到不悦，而是让人牵来另外两匹马。它们都膘肥体壮，在让人试骑过以后，我同意收下它们。

那以后，我们一起骑马回到我们的帐篷。噶本坐了好一会儿，他品尝葡萄干时，它的马吃了些燕麦。我们用茶叶、糌粑和烟草款待了他。他的全部僚属围在我们周围。他们那奇异的服装、女性化的帽子和上面长长的羽毛与他们那杀气腾腾的长戟与刀剑十分融洽地交织在一起，在阳光下显得分外花哨。每当他们的首领说句逗乐的话，所有的人都尽职一般地哈哈大笑。随后我们用中国的银锭换了一些西藏银元。噶本带着一副秤，我们递给他的白银都被仔细称过。这以后我们拿出武器给他们看，这显然给噶本留下深刻的印象。我告诉他，聚集这么多士兵一点用也没有。就凭他们那些前膛装药的可怜的火枪，对我们一点也没有震慑力。他们得记住，如果双方交火，就在他们装弹药那会儿功夫我们就能撂倒三十多个人。但噶本指出，他们并不想发生对抗，而只是想把未经许可的外国人挡在国门之外。

随后，我直截了当地问他：为何只有在七十个人的陪同下才敢来我的帐篷？难道你真的那么怕我吗？他答道：“当然不是。但我知道你是一个尊贵的*sahib*，而且我接到拉萨的指示让我对你表示我们这里对最高贵的人所表示的尊敬。”

我等了很长时间，希望最后一分钟奇迹出现，为我们打开通往拉萨的道路。但等来等去这并没有发生。于是我最后站起身来，下令装行李。在西藏人的帮助下，这件事眨眼工夫就完成了。随后噶本领我去看由三名军官和二十人组成的护卫队，他们将把我们护送到那曲的北部边界。他告诉我，只要有这支护卫队陪着我们，我们就无须为任何事情而操心；他的属下将照管我们的牲口，并免费为我们提供一切所需物品。最后，他送给我六只羊、一些乳制品和一些装着肥油的碗碟。然后我们与这位伟大的首领道别。他是那么的友好，但又是那么不好客，如此不容商量地挡

图 300　演奏鼓和钹的喇嘛

住了我们的去路。我们沿着原路返回时，我说："我的好沙格杜尔（这位好人的勇气和忠诚一刻都没有减弱过），我们的确没能进入拉萨，但我们保住了自己的性命，为此我们还是应该感恩的。"

走了一段路后，我在马鞍上转过身，看到噶本和他的人正在我们的帐篷原来所在的地方翻来翻去。几个香烟盒与硬脂蜡烛将无疑更使他们确信，与他们打交道的正是欧洲人。直到我们骑马走了一个多小时后我们才充分意识到护送我们的有多少人。因为他们一个接一个地掉转马头离开我们。最后一个离开的是我们那位翻译朋友，他一直纠缠着向我要白兰地。

我们的护送队伍中实际上有两位军官，索朗恩地（Solang Undy）和安那次仁（Anna Tsering），再加上一位下级军官和十四名士兵，他们的武器是剑、戟和火枪。另外六个人不是士兵，他们的责任是牵着那些载负着军需用品的驮马和赶着十来只绵羊。我们稳步骑行，我觉得观察那些藏人执行命令的方式很有意思。他们骑马一忽儿跑到我们前面，一忽儿跑到后面，一忽儿又走在我们两厢，从没让我们离开他们的视线。如果他们可以做到，我确信他们一定会骑马走在我们的头上和脚下，以防止我们爬到天上或突然钻进地下去。

这一天已经过去了大半，因为我们直到下午两点钟才离开。西藏人一次又一次停下来，建议我们扎营；显然他们不想赶时间。但他们现在得听我的指挥。所以，我和沙格杜尔及我们的喇嘛把驮运行李的牲口留在后面，骑马往前一直走到措那湖附近。西藏人已承诺他们负责照看我们的物品，果然他们一声没吭就把行李带来了。我们停下来时，天色已黑。我们的护卫带了两顶黑帐篷，把它们搭在我们的帐篷的两旁，紧贴着它。营地刚一安静下来，牲口们就被放出去吃草，由几个藏民看管。然后我去同索朗恩地和安那次仁一起吃晚饭。后者是一位年轻人，长着一副极为招人喜欢和善解人意的面孔。他们两人像所有的西藏人一样，都没有蓄胡须。安那次

图 301　诵经的喇嘛

仁留着长长的蓬乱黑发，看起来很像个姑娘。

那天晚上有一段时间，他们的帐篷发出蜂窝般的嗡嗡声。那是西藏人在念诵他们的晚经。这诵经声在我们的喇嘛心中唤醒了他对自己在拉萨度过的夜晚的记忆，在那里每天这个时辰都会从各个寺院里传出一片诵经声。他担心自己再也听不见这种声音了。

倾盆大雨下了整整一夜；但除此以外，我们的休息没有受到打扰。早晨起来时，所有的牲口都已准备好，正等着我们呢。但一切都变得又湿又沉，地面则被雨水泡得又黏又滑。尽管8月11日一整天看上去似乎都随时会落下雨来，但终于没有再下。太阳出来时，简直热得让人受不了。阳光晒透了我那顶薄薄的中国小帽，着实烤人。护送我们的人多数只穿一件粗布衬衫、一件羊皮袄和硕大的靴子。他们有一种非常方便实用的穿羊皮袄的办法。觉得热了，他们就抽出右臂，把皮袄放下来，露出手臂和上身。感到冷时，他们再把皮袄拉上肩膀。

他们的马矮小健壮，身上披着很长的毛；它们虽然迈着小碎步，走得却也不慢。但它们经常被绊住，甩掉背上的负担，或带着行李跑走，或拖着落在地上的行李跑。不过，大家盯得都很紧，而且这是旅队在路上常遇到的事，所以这类问题很快就会得到解决。

一个头人带了一条黄色猎犬，它的脖子上系着一条蓝色绸带和铃铛。出发前我曾建议他把这条狗留下。但他不容商量地坚持要带上它。结果，我们还没有走多远，尤尔巴斯就对它发起袭击，把它咬得遍体鳞伤。流着血的猎犬哀嚎着一瘸一拐地走开，被一个士兵套上一根绳子拉走。护送我们的人站在一旁胆战心惊地看着我们的这两条狗。甚至当他们在马上时，只要尤尔巴斯出现在附近，他们立刻就会躲开；停下来过夜时，只有当我们把狗拴起来后，他们才敢下马。

必须原路返回是件极为讨厌的事，但我们的西藏人帮我解了闷。这些衣着如画的人——他们的行为、他们骑马和管马的方法、点火做饭的方法——实际上他们所做的一切，无论是在营地上还是在路上，都非常有意思，使我永远看不够。除了军官们，他们个个看起来都不修边幅。在行进途中，他们中有几个人把自己那长长的发辫盘起来塞在宽边帽檐的下面。两个年纪较长的是喇嘛，他们蓄着短发，骑马时不停地转动着他们的转经筒（*korleh*），嘴里喃喃自语地念着六字真言，一刻也不觉

图 302　拿着转经筒的喇嘛

得疲倦，声音单调，令人昏昏欲睡。到了这时，我们已在某种程度上赢得了护送我们的这些人的信任，他们不再像过去那样防着我们。他们不停地闲谈着，显然很享受这短暂的旅行。沙格杜尔常被一群藏族士兵围住，同他们开怀取乐。他讲藏文的尝试逗得他们笑得前仰后合。

索朗恩地在肩上系了一条红布头巾，它的后面缝了四个大的银嘎乌盒，腰里则挂着他的马刀、餐刀、装火药的铁盒、装烟草的口袋、烟斗和其他各种小物件，他走动时这些物件就彼此相撞，发出叮叮咚咚的声音。这些东西中有一把小镊子。每次有胡须胆敢出现在他的脸上，他就用这镊子将其仔细拔掉。他那没有胡须的面孔遍布皱纹，使他看上去很像一位老妇人。他用一块红手帕仔细地将发辫包住，将手帕绕在脑袋上，然后在上面戴一顶插着一根长羽毛的毡帽。

骑行了三个半小时后，西藏人停下来，下马问我们能不能歇一会儿，喝口茶。我的两位同伴都认为应该接着往前走。但我却宁愿让西藏人随心所欲，这样我就有机会来研究他们的习俗。他们说自己还没来得及做早饭；从他们吃得狼吞虎咽这一点也可以看出他们没说假话。

他们用藏刀在松软的草地上挖出三块草皮来，把锅支在上面烧水沏茶。他们带了一些干牛粪，所以很快就点起火来。然后他们拿出包在布里的煮羊肉，用肥油、黄油、茶和小肉块准备糌粑。至于我们，喝点酸奶就够了。我们正在吃早饭的时候，我们的护卫告诉我们，他们的命令只要求他们走到加楚桑结河，那里是那曲的边界。他们似乎根本就不在乎那以后我们会去哪里。我们邀请他们与我们一起走到我们的大本营，但他们一点兴趣也没有。他们说他们只需服从命令。显而易见，他们很惧怕我们的旅队和他们一直以为正在那里等待我们的队伍。结果，恰好就在可以称作“强盗地段”的那一段路，我们只能自己照顾自己了。由于现在夜里一片漆黑，与我们前往拉萨路上所遇到的那些月夜完全不同，我们对这一前景可不那么向往。

下过许多场雨后，地面比原来更软了(如果真的还能更软的话)。马匹磕磕绊绊、左冲右突，几乎每一步都要把蹄子深深陷进泥里。我们很少看到牧民帐篷里的主人。我们的护卫似乎故意回避他们，总是跟他们保持一定距离。如果他们需要什么，就会在路过这些地方时派一人去取。

那天下午，当我们停下来过夜时，护送我们的人不知从哪里又搞出两顶帐篷来，而且另有六个人加入他们的行列。那是一个安静、美丽的夜晚，群星透过薄薄一层云闪烁着。有风箱缓缓地鼓风，篝火烧得通红；火堆冒出的轻烟透过帐篷顶上一个长方形的开口徐徐升起。总的来说，那天下午我们的营地风景如画，又充满生机，尤其是当藏民们谈笑风生时更是如此。

如果噶本那天夜里与我们在一起，他就会看到一些够他费劲琢磨一阵的东西，因为我拿出了我的手表和水手罗盘。西藏人对那手表里的嗒嗒声百思不得其解，听了一遍又一遍。我告诉他们这是一个嘎乌盒，里面有一个小小的活的佛像。他们一旦确定我那部维拉斯科普照相机不是一把手枪，也不是什么神秘的地狱机器后，就再也不去注意它。我们过夜的那个地方叫萨里卡里（Sari-kari）。

尽管每天的行程都很短，我们的西藏人第二天一大早就开始躁动起来。他们显然很享受这次旅行，希望尽可能把它拖长。越是接近这个地区的边界，我们的护卫们越是对我们听之任之。他们时常任凭我们远远落在他们大队人马的后面骑行，但一般不用太长时间我们就会看到我们后面很远的地方有两三个骑马的人。第二天，

图 303　西藏士兵

我们翻过上次与运茶的旅队相遇的那条宽阔山谷。在路上，我不断回忆起在故乡时我们在冬季里乘雪橇出游的那些欢乐的时光。每一匹马的脖子上都挂着一个响铃，那叮铃叮铃的单调铃声对我有一种催眠的作用。但就在我们抵达原来的第51号营地之前，西藏人向右面折去，进入一个称作迪戈（Digo）的小谷。他们在一片茂密的散发着香味的草中停下。我们在马背上才待了四个半小时。我以为他们只是停下来喝茶。不，我错了。他们那一天已经走够了。于是帐篷又搭起来了。考虑到我们那些瘦弱的马匹和骡子，我没有表示反对。实际上，能够免去率领旅队所带来的责任，这真如释重负，还有一种新鲜感。而且在我们最近经历的疲劳、紧张和焦虑之后，漫长的夜间休息对我们有极大的好处。只要我们还享受着有护卫陪同的待遇，我们就享有放松的奢侈。等他们离开我们之后，我们尽可以随心所欲地延长每天的路程。

那一天剩下的时光就如同我们扎营的那个地方一样美好。我们把帐篷的出口对着北面，让沿着弯曲的山谷刮过来的微风可以吹进来。但因为阳光很热，我们把另一端封死。我躺下来睡了一会儿，一边听着夹在小溪淙淙流水中的藏人的谈笑声，一边玩着我的念珠，望着透过帐篷顶射进来的一束束阳光在帐篷上闪烁。温度升到19.1摄氏度（66.4华氏度）。实际上，这里很有一种夏季田园风光的感觉。这注定是我们享受的最后一个夏日。

若论旅行中寻找舒适和欢乐的艺术，西藏人堪称大师。每一次接到停下来的命令，一群仆人就跑上前来，在短得令人不可思议的时间内把军官们的帐篷搭好。他们的马鞍、马嚼子、鞍袋和其他装备都随意丢在地上，他们的火枪则架在分叉的支架上，使它们与潮湿的地面隔开。由于天气非常好，大家都坐在外面。聚精会神地准备他们的晚饭，这是亚洲人最乐此不疲的一门艺术。他们是点牛粪的顶尖能手，而且会非常聪明地利用风箱使火苗对准烧水锅的侧面，这样水很快就烧开了。他们在很像我们那些蒙古碗的小木碗里准备糌粑。有的人用右手和面，并将奶酪粉掺入其中。他们吃肉时用左手拿着肉，用右手持刀一小块一小块地把肉割下来，很像英国农庄上的雇工吃面包和培根的样子。安那次仁是用一把“德国制造”的英国折刀来做这件事的，他说这把刀来自拉达克。

我非常想获得他们的装备和服装的样品。但他们索要的天价我可付不起。一把镶着绿松石和珊瑚的包银刀鞘，他们就要50杭(Hang，50杭约合8英镑6先令8便士)，尽管它最多只值11杭。一个转经筒，他们要价100杭。当我询问他们的火枪和长戟时，他们说那些都属于政府，我出什么价他们都不敢卖。我们在他们的帐篷里度过了很长时间，但他们一次也没进过我们的帐篷。我猜是噶本禁止他们这样做，因为我曾说过希望尽量不受打扰。

那天晚上九点钟，温度降到9.1摄氏度（48.4华氏度），第二天早晨七点钟则是7.8摄氏度(46华氏度)。那一天是8月13日，只剩下八个士兵留下来，他们来自北方，每人牵着一匹备用的马。他们也许是来侦查的，在我们出发之前与他们的首领商谈了很长时间。我们又一次跨越扎加藏布河；它的水量只有我们上次经过这里时的四分之一。这一次我们没有发生任何意外就渡过了河，因为西藏人知道应从哪里过河。即使这样，在最深的地方水也到了马的肚带。护送我们的人在下河前就把他们的靴子脱了下来，等安全过河之后再把靴子穿上。

在离右岸不远的地方，我们遇到新鲜的泉水和不错的草地，上次过来时不知为什么我们没有看到。我们就在那里过夜。到此为止我们已经走完了九段路中的三段，尽管这三段用了四天时间。第二天早晨西藏人就要离开我们，但我们现在同他们的关系已经非常友好，真是很不愿意与他们分手。我们觉得真的会想念他们。我们试图劝他们与我们再往前走一小段；但他们已履行了他们的责任，不愿再多走了。我威胁说，他们离开后，我会在扎加藏布河畔再滞留一小段时间，然后掉转方向，再一次前往拉萨。“您请便，”他们答道，“我们接到的命令是把您送到边界，这事我们已经完成了。”

那天下午，索朗恩地、安那次仁和一个叫达杰（Dakkyeh）的老人第一次来我们的帐篷做客，享用茶和葡萄干。因为现在是在边界的另一边，他们显然认为可以给自己更多的自由。达杰就是我们被扣留时在我们的帐篷里明确指出法律规定的那个小老头。他非常奇妙，面孔是古铜色的，皱纹纵横，脏兮兮的，没有胡须，头发又长又密，像极了一个潦倒的欧洲演员。他每次见到我都会把舌头吐出来，尽量往外伸。然后把大拇指伸向空中。我对这种关怀也投桃报李照葫芦画瓢，动作极其流畅专业，把沙格杜尔都快笑死了。

我终于从西藏人那里获得了几样小东西，如一把匕首、两只铜手镯、一个戒指、一个勺子、一只火药袋、一把笛子，只用了两三码布匹就把它们换到手。布匹、中国瓷杯和刀具是世界上这个角落里易货交易中最抢手的商品。那天夜里我们尽量多睡，因为西藏人离开我们后，我们就得自己值夜了。我睡了十三个小时，当我醒来时，西藏人问我是否想在那里停留。当我威胁说我要停留时，他们主动提出愿意陪我们再走一段，直到遇到其他的牧民。因此我们继续骑马往前走到桑波桑结的营地附近，一个叫贡嘎克（Gong-gakk）的地方。那里的首领叫江当（Jangdang）。

至于西藏这一地区的具体行政归属关系，我无法获得很准确的信息，很可能是处于未定状态。之前我听到的是扎加藏布河以北是中国皇帝管辖的地区，以南则由达赖喇嘛直辖，但这个头人江当似乎是三不管的。藏人只护送我们到扎加藏布河，至于我们过了河之后就爱去哪儿去哪儿，他们一概不管，而且之前噶本也说过，对于发生在这条河以北的偷马事件他概不负责，这些都明确表示，这条河的确是一个重要分界线[①]。当被问及西藏的边界时，藏人告诉我们往西直到拉达克，往东则有八天的路程到汉区，往南有三个月（！）的路程到印度，或者按照他们自己的说法，印地（Hindi）。这里以东有两个人口稠密的地区，即措玛（Tsamur）和安多（Amdo），以西的地区则称为那木如（Namru）。

我们刚扎下营来，头人们就派出几个人去据称最近的那木如村，晚上他们回来时带回来两三大碗甜酸奶。西藏人还提出要给我们他们剩下的所有绵羊，但我们只收下了两只。护卫们离开我们之后我们计划进行的强行军中，这些羊只能成为我们的负担。每天下午和晚上我们停下来时，头人们一般都会派哨探去附近侦查。很可能他们是担心我们的大旅队已经推进到这么南的地方，他们极不希望我们与大旅队会合，合力攻击他们，然后插向拉萨。

附近有一支很大的牦牛旅队，他们装满了盐巴之后正在前往那曲的回家路上。

8月15日是分手的日子。我们的朋友试图劝说我们再待一天，借口是那天晚上可能会有两三个从那木如过来的人，如果我们愿意，他们肯定可以陪我们同行，并为我们在夜间照管牲口，直到我们抵达主营地。但我们宁愿立刻出发。索朗恩地和安那次仁向我们建议，如果有抢匪胆敢在夜幕中接近我们的帐篷，开枪把他们撂倒

① 似有矛盾，前文提及加楚桑结河是那曲的边界，以及藏人只护送赫定等人到加楚桑结河。

就是。很显然，他们与那些盗马贼一点关系也没有，因为他们对我们的武器之精良深怀惧意。

我们正在道别，索朗恩地主动提出要带四个人陪我们一起走到桑波桑结的帐篷；于是我们一起出发沿着山谷上行。路上我们遇到两个骑马的人，他们掉转马头，也陪着一起走。这些人是原来派来侦查我们旅队动向的哨探，现在手舞足蹈地汇报着他们观察到的情况。尽管桑波桑结的帐篷还在原来的地方，他本人却不在家。我们的陪伴者在这里最后停下来，邀请我们在这里过夜。但我们不能接受他们的邀请，同他们友好地道别之后，我们骑马翻过通往西北方的最近的山口，就再没有看到他们的踪影。

25 回到大本营

虽然我们的牲口状况不佳，极度疲劳，我们还是保持着稳定的速度；每个人都多少感到有点孤独，陷入沉思。这个地区无人居住，只有两三群绵羊和一群群牦牛在附近的山岗上吃草。日落前，我们在一眼淡水泉水旁停下休息了一小时，泉水在一片草地中汩汩地往外冒。这使我们的马匹在天黑前还有时间吃一会儿草。很长时间以来一直很好的天气说变就变。东南方向的天空暗了下来，山岗上升起如同沙尘暴一般的浓云，呈火一般的金黄色，恍若天外之物。我们心想，这意味着糟糕的天气。风咆哮着、呼啸着，越刮越近。空中落下第一阵冰雹，天黑得犹如半夜一般。

这时我们赶紧把马匹和骡子圈在帐篷出口前。在这样的天气里必须高度警惕；而且，由于暴风雨的缘故，黑夜将会比平常长出几个小时。也许，把我们送到边界另一边后，我们原来那些西藏朋友将不再把我们视为客人，而是敌对的入侵者，抢劫这样的人可能反而有功。天气糟得不能再糟了。八点钟，冰雹转为大雨，倾盆而下。狂风夹着雨点打在帐篷上，落在地面上的声音很大，完全淹没了马蹄踏在地上的声音和岗哨那昏昏欲睡的脚步声。四下里一片漆黑，真是伸手不见五指。我们拴牲口的地方离帐篷出口还不到三步，也是黑得像一堵墙。风雨交加，我们的火柴都湿了，因此连点起一支蜡烛这点享受都得不到。暴风雨在咆哮，在呼啸，在呜咽。我们裹着羊皮袄蜷缩在一起，前后摇晃着，徒劳地期盼着白天的到来。我们的枪膛里都装好子弹，以备万一；我们的狗儿们也都拴在马匹附近。从这个地方骑马去我们来路上的第48号营地需要五个小时，从那里去第47号营地需要七个小时，但一旦抵达第46号营地，我们就算到家了。

十一点钟，雨势减弱，我出去看了一眼沙格杜尔，他正在马匹之间蜷伏在毡毯之下，已经被淋透了。我正靠近他时，他让我别说话，仔细听。泉水声之外还有一种声音，听起来像是人的脚步声。的确，我也听到了。但这是噼噼啪啪的脚步声。沙格杜尔估计或许是一匹藏野驴，但我觉得一般藏野驴不敢如此接近藏民的牦牛和羊群。噼噼啪啪的脚步声正悄悄地接近我们，沙格杜尔将步枪准备好。结果，这原来是去河边喝水的玛伦基。这似乎显示眼下没有危险，于是我又上床，睡得像块木头，一直睡到五点钟。等其他两人唤醒我时，一切都很正常。

起初我们一直保持在来路的路线以东，我重新开始地图测绘。这条路比上次那条路容易走得多。沿着加楚桑结河的西岸有一条清晰可辨的小路。有一段距离，我们沿着一个带着两条狗的骑马人的足迹走。他肯定是最近刚沿着这条路走过，因为他们的脚印是在雨停后留下的。这个神秘的骑马人是什么人？他去哪里了？他是否是某个匪帮的成员，已同那些人约好在山里相聚？看上去就仿佛我们又被人跟踪了。也许这些坏蛋只是在等待机会扑向我们。

但是由于这条小路似乎是通向一道大山里去，我们很快就离开它，转向更加偏西的路线。也就是说，我们向西北方向进发。经过第48号营地与它旁边的小湖后，我们发现地势开始升高，开始出现藏野驴和藏羚羊的身影。它们陪着我们要比让武装到牙齿的西藏骑兵陪着我们好得多。

走了21.5英里后，最终我们停下来。如果我们想四天到家，就得比这走得更远。但除了那两匹新加入的藏马以外我们的牲口都快累死了。我们必须格外小心地把那两匹马拴好，以防它们挣脱后跑回去找同伴。我们正在接近的地区变得越来越荒芜。在这里能指望见到的只有野牦牛猎人和流浪的盗贼。帐篷搭好后的那一两个小时是一天里最美好的时刻。我们只有在那时才能获得一小段安宁，可以不受打扰地吃饭抽烟聊天。一到黄昏，我们就得加强警惕，天黑下来后就得安排夜里值班的事。

那天夜里万籁俱寂。西边很远的地方有闪电在天边飞舞，但听不见任何雷声。实际上，这天夜里静得让我有点发怵。一点微小的声音都能传到很远；除了小溪的潺潺流水声、我们的牲口和我的同伴的呼吸声，听不到任何别的声音。喇嘛在梦中喃喃自语，不断地哀声念着西尔金的名字，仿佛在求他帮忙。天一亮，我们就把牲口放出去吃草；这段时间和晚上那几个小时是我们能让它们吃草的唯一时间。牲口们一般都很饿。正是这个原因使它们总是偏离道路，使我们很难让它们待在一起。

8月17日，我们在马上骑了九小时，走了差不多25英里。这速度不算快，但这一片地区地势极为艰难；不断地上坡下坡，脚下是松软的地面。这一次我们的路线比起上一次要靠西边很多，我们沿着一个缓慢升起的山谷走上一座我们来时翻过的大山。在山谷的另一边，我们沿着另一条山谷下坡，它通向西边，多数时间夹在陡峭的悬崖之间。实际上，它使我们走得太靠西了，但走进这条山谷后我们就很难再走出来。我们偶尔能看到牦牛，显然是野的，但奇怪的是它们居然敢进入这样一个死胡同一般的窄谷。那天下午我们把帐篷搭在一个凸起的山岩上，四周皆为深深的沟壑，我们确认这是一个易守难攻的地方。离我们的主营地只剩下40英里多一点的路，每过一天我们的安全就增大一分。不过喇嘛却认为恰好相反，他觉得主营地这时很可能已经充斥着西藏人。

8月18日是艰难疲倦的一天。我们费了九牛二虎之力才翻过那道大山，但出山的时候轻而易举。这一片地区地形极为破碎崎岖，我们经过了无数的壕沟、沼泽

图 304　青藏高原上的营地

地和湿地水潭，马在那里一直陷到膝盖深。所有的水流可能都流向西南偏南的一个小盐湖。整个地区——无论是山岗还是山峦，都呈砖红色。这里最主要的地质构造是红色砂岩。翻过另一个山口，我们下到一个洼地，那里另有一个湖泊。这里十分难走，就仿佛千百年来所有附近山岗上的泥土都被冲刷下来，把平原深深地埋在下面。这里找不到一块能够站住脚的硬石头。对我们来说，幸亏赶上一个好天。如果是个雨天，这里就会寸步难行。这里位于我们的马被盗走的那个湖泊西边很远的地方。下午两点到四点之间，两头骡子显出疲劳的样子，我们停在路边让它们喘口气。同时我们自己也下马打个盹，晒晒太阳。空中一丝风也没有，阴凉地里的温度为19.6摄氏度（67华氏度），在这个海拔，这种温度高到足以使我们有点担心会中暑。一小时后，冰雹砸下来，我们立即回到严冬。休息之后，再想保持原来的速度就难得多了。不间断的行军和夜间值班使我们极度疲劳。

正当我们慢慢地爬上一个山头时，玛伦基朝着附近一座小山奔去，一路狂吠着。我担心那边有人，急忙骑马去追赶，结果差一点被一只熊绊倒。它正忙着用爪子往外刨一只旱獭。它一看见我，立刻跳起来，颠颠地跑开，后面跟着狗群。这些狗很快就追上了它，这时熊转过身来，准备给玛伦基一个拥抱。这条狗转身朝我们跑来。但尤尔巴斯却与这只熊周旋了很长时间。

由于牲口们越走越慢，我们认为有必要在遇到的第一片草地停下来。天空看上去很吓人，云彩与地面一样，都呈火红金黄的颜色。接下来是又一个令人疲劳的夜晚。这一次，我们站岗时不仅要防着西藏人，还要提防熊。夜晚永远在诉说着一种庄严崇高，但要是你必须在西藏的夜晚守护马匹那就另当别论了。以后我将对那些夜里值班守望牲口的人永远持有某种同情。我们每个人站岗都有自己的方式。我一般会写东西，坐在帐篷口，隔一段时间就在营地上转一圈。沙格杜尔一般会裹在羊皮袄里，坐在马群当中抽烟。喇嘛则是走来走去，嘴里喃喃自语地默诵着祷告。我们离主营地现在只有20英里左右，但我们的牲口已经走了300英里，看来今晚到家的可能性很小。不过，如果一切顺利，我们至少能赶到离那里近到足以受其保护的地方。

第二天早晨，我们把牲口放出去让它们痛痛快快地去吃草，然后回到帐篷里继续睡觉。我们再次出发时，希望能在第一个山口的另一面就看到我们来时度过第一晚的那个宽阔山谷。但是，到了那个山口以后，我们看到的只是一片纷乱的山岗。山口下面的地表正是那令人沮丧的烂泥。我们不得不下马步行，奋力从一片石板或一坨苔藓上跳到另一个上面，否则就会陷进齐膝盖深的烂泥。可怜的牲口们！它们的肚子都贴到地面上了；这犹如行走在一条泥河中间。每次我们看到一个看上去挺干的地方，就尽全力往那边走，这样才能有机会喘口气，调整行李。这个可恶的山口后面是两个同样糟糕的山口。如果我对此哪怕有一点心理准备，我都肯定不会偏离来时走的那条路，那段路似乎是一条通过沼泽地的桥梁。

不过，最后我们虽然都筋疲力尽，却终于找到一条通往我们极为渴望抵达的那个宽阔山谷的小山沟。我们停下来时，发现我们在穿过烂泥时把铁锹丢了。喇嘛回去找，却没找到。但他也不是空手而归，因为他带回来一根旧的西藏帐篷柱子。它用来点火烧柴倒是十分好用。这个地方到处是山鹑、野兔、藏野驴；正如这些无人居住的山里常见的那样，乌鸦似乎是最主要的居民。

再次走在坚硬的地面上真令人开心。有那么一小段路上，九匹藏野驴陪伴着我

图 305 陷进沼泽的骆驼

们。爬上一个高坡后，我们休息了一会儿，观察一下周围的情况。附近没有烟火、没有黑点，没有任何我们的旅队及牲口的迹象。这里就如我们上一次看到它时一样寂静无人，多少英里内都没有丝毫人类生存的迹象。

尽管太阳匆匆地下山了，我的同伴们似乎认为我们可以在天黑前到家。一般我们是把骡子成群地往前赶；但这里的草地较好，我们就把它们拴成两列，前后相随。沙格杜尔牵着三匹，喇嘛牵着三匹，我则在后面赶。沙格杜尔还在前面很远的地方，我当时并没有骑的那匹白马突然绊倒，站不起来了。我想它肯定是时日无多了，但喇嘛在它的鼻孔上涂了黄油，又强迫它嚼了一些大蒜。大滴的眼泪顺着它的脸颊流下。沙格杜尔说这是因为它无法完成旅程了。这个情况使我们做出决定。我们就在原地扎营过夜，把牲口放出去吃草。一夜无事，狗都没叫一次。我们也没看到我们的人的营火。

8月20日，我们在瓢泼大雨中再次出发，但这雨并没有给我们带来任何不便，因为几乎所有的地方地面都很坚实。甚至那匹白马也居然步履蹒跚地跟上了我们。前面是来路沿途所设的第一个营地。我们刚一走过它附近的那些红色山岗，就听见两声枪响。接着又传来第三声。然后我们看到一头牦牛笨拙地爬上山岗。我们立刻朝那边赶去，很快就看到它身后有两个小黑点在接近。过了一会儿，从望远镜里可以看出他们骑着马。他们是不是西藏人？不是，因为他们正径直朝我们走来。我们停下来望着他们，过了一会儿便认出那是西尔金和图尔杜·巴依。我们立刻下马等着他们上来。他们看到那一天打猎的成绩时几乎高兴得要哭出来。当他们那天早晨出发时，根本就没想到入夜前他们会有什么“斩获”。对我们来说，幸运的是我们居然在荒野里恰巧遇到他们，否则雨水已经冲掉他们的脚印，要想找到他们将是非常困难的。

不久以前，西尔金把营地挪到河南岸的一个侧谷，但它因地势而被挡住，没有人帮着就很难找到。我们一起骑马向前；过了一会儿，便看见库特楚克、奥尔德克和霍代·库鲁跑过来迎接我们，眼里含着泪水，嘴里喊着“*Khodai sakkladi*（真主保佑你们平安）！*Khodai shukkur*（感谢真主）！你们走后我们就像孤儿一般！”他们的喜悦真令人感动。

一小时后，我又坐在我那舒适的蒙古包里了，周围是我的旅行箱，我那舒适暖

图 306 旅队的牲口在吃草

和的床已经铺好。经过一个月的艰难困苦，我们很高兴能回到“文明世界”。西尔金报告说死了一匹马，其他的也还没有恢复正常。但骆驼们比以前强壮多了。如前所述，他让精密计时仪走完，因担心把它弄坏而不敢再上弦。由于这个原因，现在需要做的第一件事就是返回第44号营地（那是我们去拉萨出发的地点），因为我已经用天文仪器确定了那里的位置。当然，这意味着将失去几天时间；但是一直陪伴着我们的马匹和骡子正好可以休息一下。我们不在期间，这里几乎一直都在下雨。人们偶尔会在附近转一转，打几匹藏野驴。切尔诺夫的任务完成得非常圆满。当他于8月2日抵达这里时，他带来九头骆驼，他只损失了两头骆驼和两匹马。其中一头骆驼还是1896年我去克里雅河时就跟随我的老兵了。

大家情况都不错，那天晚上情绪极佳。他们承认，奥尔德克回来后，他们一直担心最糟糕的事会发生，简直不敢提我们的名字，只是等待，再等待。尤达什高兴得叫个没完，立刻恢复了它在我床边的位置。我在营地上巡视一番后，立刻让切尔东为我准备好洗澡水。他把他所能找到的最大的澡盆装满热水，把它挪到我的蒙古包里。如果说什么时候需要一个彻底的沐浴仪式，那肯定是我这一次了，因为我有25天没有洗澡了，洗澡水换了好几次。能从头到脚都穿上干净的欧洲服装真是一种享受，我总算是告别了我那些破烂的蒙古衣衫。吃过可口的晚饭，写完一天的记录后，我便心安理得地上床休息，满心欢喜地享受着围绕着我的宁静与舒适。

我很满意自己尝试了进入拉萨；无论是那时还是现在我都不觉得这次尝试是个错误。有些障碍不是一个人可以克服的。而我的冒险计划正是因为这种障碍而未能成功。与我们刚刚经过的那一个月相比，后面几个星期相对而言是一个休息的时期。一切都舒适怡人；甚至滴滴答答打在蒙古包顶上的的雨点声听起来都让人心旷神怡。而值夜人的单调歌曲则使我坠入梦乡。我很高兴我不需要出去守望马匹了。我睡着以前听到沙格杜尔和喇嘛从他们各自的帐篷里发出的鼾声。

第二天早晨，没有人忍心叫醒我。结果我们直到中午才出发。我们沿着河的右岸往前走时，我注意到我的属下在每一个突出的山包上都搭起了石堆。在远处这些石堆看上去犹如西藏人一般。这些石堆是为了引导我们返回第44号营地而搭起来的。如果任何西藏人看到这些地标，我怀疑他们会指控我们正在计划修一条公路，以便一支大军能够很快入侵西藏。我还注意到一个侧谷坡上有一个敖包；正如往常一样，它是用一些砂岩石板堆成的，上面刻有六字真言。抵达营地后，我们把帐篷搭在它们原来的位置。

拉萨之旅现在看起来仿佛是一场梦。此刻我就像一个月以前那样坐在同一个地方，周围一切如故。蒙古包也还站在原来那块圆形的地上，经纬仪的支架还立在原来那些窟窿里，那条河也还如往日一般潺潺流过。感觉上似乎仅仅过了一两天。所有那些漫长的守望和焦虑之夜都被忘记；这次探险行动只是整个旅程中的一个插曲或一个括号。

这以后有几天的休息时间。雨雪不止，我无法随心所欲地进行所有的天文观测。不过我急于再次向南进发，急于抵达有人居住的地方，以便得到某些帮助。因为，很明显我们的牲口无法再往前走多远了。在离营地不远的地方，图尔杜·巴依和切尔东给我指出一个地方，我们出发的那一天，他们就在那里遭遇了一群西藏猎人。但这些英雄吓了一跳，惊慌失措地跑掉，留下十七个驮鞍、一顶帐篷和所有的肉（那是他们捕获的猎物）。一切都如他们留下时那样纹丝未动，当然那些肉都被狼群和乌鸦照单全收了。可以想象这些吓坏了的逃跑者一到有人居住的地方就会散布多么离谱的谣言。他们肯定会夸大其词，声称一支欧洲人的军队正在入侵西藏，正如我们在嘉罗科听到的那样。

尽管我不在期间营地上一直保持着纪律，我回来后又稍微使它严格了一些。我们的牲口在一两英里外的一个山谷里放牧。一天夜里，切尔诺夫骑马去检查时，发现值班守夜的人在睡觉。于是他开了一枪，把他们吓了一跳，然后好好地揍了他们一顿。第二天犯事者来向我抱怨。我非但没有支持他们，反而把一条我当场想出来的新规则加在他们头上。“如有任何人再被发现值班时睡觉，应用一桶冷水将其浇醒。”每天夜里有六个穆斯林被派去值班，两人一组。那天正好是我们那位哥萨克负责监督这些人的轮休。由于切尔诺夫的行为，毛拉·沙和哈姆拉·库尔提出要返回若羌。但当我使他们意识到这个想法有多愚蠢后，他们就把嘴闭上了。在一个大的旅队中这样的吵架争执是很难完全避免的，人们的习惯和做事风格会因为基督徒、穆斯林和蒙古人的观点与习俗不同而不同。

现在我任命切尔东为我的厨师，沙格杜尔将休息一段时间，喇嘛也一样，他最近总是情绪低落，心事重重。老人买买提·托克塔身体感到不适已有一段时间，周末病情又加重了，说胸口疼痛。我建议他不要对任何人讲。现在整个营地都情绪高涨。哥萨克们做了一个三角琴（balalaika，一种弦乐器）。他们用它和一个藏笛、一个庙里的铃铛、临时做成的鼓以及八音盒，在节日的最后一天筹划组织了一个瓢泼大雨中的音乐会。任何不和谐的声音都为演员们充沛的精力所弥补，音乐会赢得了热烈的掌声。

第十一编

穿过西藏到拉达克：一串高原湖泊

26

再次向南进发

8月25日，我们再次出发，折向南方，寻找新的体验和新的探险。现在我们的目标是拉达克，但我决心已定，只有当我被彻底赶走时才转向西方。我们知道藏人已严阵以待，整个地区都处于紧急状态；军队已经动员，我们肯定迟早要与他们对峙。但在那之前，我们的路线仍是往南。

奇怪的是，就在我们出发前的那天夜里，有三匹马表现极为乖张，尽管它们都未曾与我们去过拉萨。一匹马走路跌跌撞撞，经常摔跤；另一匹在我们离开营地前就死掉了。第三匹我四天前还曾骑过，勉强走到第一个山口，然后倒下来就再也没有站起来。这样的开头实在令人沮丧，而且这说明我们迟早要依赖西藏人。我被唤醒时，雪已经下得很大了，当我们出发时又来了倾盆大雨。后来才知道，这一天的行军是我们所经历的最糟糕的路程之一。整个地区就像一个奇大无比的垃圾场，容纳了世界上一半城市的污泥。马匹、骡子、骆驼和人都深深地陷进去，找不到一个落脚之处。那些可怜的骆驼被拴成一列，经常陷进泥沼出不来，把它们的鼻绳挣断。同时大雨下个不停。似乎要把这些山岗都冲走才罢休。在山口的另一边，情况略有好转。南坡有时略有阳光，所以总的来说要比北坡好一些。

第二天的天气与地形都有所改善，但仍然是满目荒凉，没有什么可供狩猎的动物。鉴于西南偏南方向的地势看上去最平坦，我们转向那里。在我们的前进路线以西20到25英里的地方有一小片山峦，山顶白雪覆盖，山坡上有一些小型冰川；最不寻常的是，它有一条支脉伸向南方，每隔一段便有一个鹤立鸡群的雪峰。

在这之前，切尔诺夫曾来过这个地区，此刻他过来告诉我，前边不远的地方有一眼泉水，他在那附近曾看到清楚的骆驼脚印。当我们在8月27日经过那里时，他把那地方指给我看。果然那里有大群骆驼正在吃草。它们来自何方？谁是它们的主人？这个谜我们始终没有解开。图尔杜·巴依声称他从未把我们的骆驼带到那里去过。也许它们属于某个大大偏离路线的蒙古旅队。那一天我们肯定也横跨了鲍尔上尉（Captain Bower）[①]的路线，但无从确定具体的地点是哪里。我们的右手是一个狭长的浅水湖泊，也是南北走向[②]，而在南方，另一道山脉与我们的路线形成直角；但我们只来得及走到它的脚下，就在那里扎下第67号营地。秋天已经来临；最低温度是零下5.1摄氏度（22.8华氏度），白天最高也只是7.9摄氏度（46.2华氏度）。

28日，众人正在给牲口装行李，一人过来告诉我，克里雅人卡尔佩特（Kalpet）不见了。我询问后发现，卡尔佩特前一天曾抱怨胸痛，落在后面。大家以为他沿着我们的小路慢慢地走在后面，天黑后抵达营地，因此没有人看见。但现在哪里也找不到他。因此我让人把牲口再放出去吃草，派切尔诺夫和图尔杜·巴依骑马带一头骡子去找他，找到他后，无论他的状况如何，都要把他带回来。也许他在路上一下病得厉害了；无论如何，他既然没能跟上我们，而且已经有二十四小时没吃东西，必然情况很糟糕。几小时后，切尔诺夫和图尔杜·巴依把这可怜的人带了回来。我们尽力给他护理一番，再次出发时让他骑在骡子上。

尽管地面坚实，但那一天的行程极为艰苦，因为我们必须跨越大量的山口和山脊。早上天气还算晴朗，但到了十一点左右天就阴了下来，接着不时飘下大雪。

第68号营地的海拔是16 628英尺。晚上九点，温度降到零下1.9摄氏度（28华氏度），而到了夜间则降到零下6.2摄氏度（20.8华氏度）。早晨，地面略微冻住，上面铺着厚厚的一层霜，如白雪一般。不过，太阳一出来就化了。各条山脉的走向再次变为东西向，我们通过低矮但艰难的山口跨越了其中三道。第四道山有一条小溪横穿而过，因此我们就沿着它的河床行进。经常能看到营地的痕迹，有常见的支撑饭锅的三块石头，还有一堆堆野牦牛和盘羊的骨头。其他迹象还说明，来这里的不仅是猎人，也有游牧人。无论是野兔还是野牦牛和野羊都很多。一只可怜的野猫被

---

① 鲍尔上尉(1858—1940)，曾为英印情报军官，后晋升为少将，并封为汉密尔顿爵士。1894年，鲍尔曾从阿里地区进入西藏探险。——译者

② 似应为蒂让碧措。

图 307 西尔金的野山羊

七条狗一起追赶，最后尤达什把它抓住。尤尔巴斯在这种情况下一般会很平静，但一旦猎物被抓住后，它就显示出无穷的精力。我们在这些旧营地之一的附近找到了一个水草丰美的地方，就给我们那些已经很疲倦的牲口一个额外的休息日——天气极佳，炊烟袅袅，我们那些已筋疲力尽的牲口在上好的草地上极为享受。

沙格杜尔和图尔杜·巴依在去东边探路时发现一连串的界标（*ilehs*），有些是石头，另一些则是草皮。它们一直向南方伸展，一个个挨得很近，沙格杜尔认为这些东西的作用是标出省界，特别是因为那旁边并无道路，所以也不可能是为了标明道路。西尔金打了一只野山羊，我拍了照片。沙格杜尔也打了一只。晚上我们用木棍和其他支撑物将这只野山羊和一只美丽的小"*yureh*"（Antilope Cuvieri[①]）架起来，摆成这些动物跳跃时的自然姿势。早晨它们冻得硬邦邦的，根本就不需要任何支撑

① 此处疑有误，现代分类学中并无此学名，最接近者为印度羚*Antilope cervicapra*和居氏瞪羚*Gazella cuvieri*，但此二种动物均不产于西藏。从照片上看似乎是藏原羚，但又与赫定书中"*yureh*"的称呼不很吻合。

图 308　冻僵的鹿和羊

物了。这样做是为了便于我拍照。七八只狼围着营地转了一夜，那嚎叫声仿佛来自另一个世界。

不过，我们进入了一个条件好得多的地区；地面坚实，牧草更容易找到，整个地势向南倾斜，我们不再遇到需要奋力翻越的艰难山口了。温度也较前更高了，有时高达18.2摄氏度（64.8华氏度）。这一片地区所有的溪流都汇入我们路线西南的一个小盐湖。那个湖边有大得出奇的鹰，带着几乎还飞不起来的幼雏。我们的狗儿们对这些雏鸟发起攻击，但是它们用尖喙和利爪来保护自己，袭击者被迫撤离战场。

那天夜里，在静谧、清澈和明亮的月光中，一群大雁从营地上空向东南飞去。它们显然是在前往印度过冬的路上。9月1日，我们从一个海拔15 929英尺的山口翻越了下一道山脉，它完全是由松软的材质形成的，轮廓浑圆。从山口上望去，南方的视野极为广阔，虽然地平线上略为变深的颜色说明那边还有另一道山脉，但除此以外，有整整两天的路程似乎都应该是平坦的地表。这个地区比前面经过的地方要绿得多。但看不到任何牧民；我们经过的所有营地都是老营地。走完12.5英里的

图 309　牧羊人来访

路程后，我们在第一条有水的水道旁停下。第二天一早，营地四点钟方向出现一阵躁动。人们指着南边一些黑点说，他们以为那是野牦牛，但从望远镜里可以看出那是一些马。我们的喇嘛和不在值班的哥萨克骑马前去探个究竟。喇嘛很快就牵着自己的马回来了，因为它在半路上就累垮了。这些奇怪的马长得膘肥体壮，但很怕人。似乎没人管，也没有任何迹象显示它们的主人在哥萨克们接近时跑掉了。显然它们的主人认为这里很安全，不过我们可不想把马放出去而不派人看管。然而，出去跑这么一趟还是有好处的，因为这使我们发现了更好的牧场。

第二天一早，喇嘛、沙格杜尔和西尔金出去寻找西藏人。我们估计他们应该在不太远的地方，因为往前一英里地方的山坡上满是羊群，大约有一千只，旁边还有一群牦牛。中午过后不久，喇嘛拿着一个碗回来，里面装着奶，两个哥萨克出现在他的身后，驱赶着三个藏民，他们牵着自己的马和一只羊。我的人碰上一个帐篷，里面住了十三个人，多数声称自己是来串门的。我的人刚一露面，这些人拔腿就跑，四散逃去。但由于他们是步行，很容易就被追上，然后，正如我前边说的那样，被"驱赶到"我们这边来。但他们吓得够呛，说不出话来，所以我们能够从他们那里得到的一点点信息没有多大用处。

他们说这个地区称作让宗（Jansung），这里的宗本（*bombo*，"总管"）住在色林错（Selling-tso）那个大湖附近。如果他们卖给我们任何必需品，那个总管就会砍掉他们的脑袋，因此他们坚决不肯这样做。但在沙格杜尔让他们尝了几下他的马鞭后（他恨西藏人，因为他们阻止我们去拉萨），他们就变得更好说话了，同意卖我们一只羊和一碗奶。他们刚到这里，还没有时间准备酸奶。他们帐篷四周那无人踩过的新鲜草地说明他们没有撒谎。

"你们去哪里？"其中一人问道。

"去拉达克。"我们的喇嘛答道。

"那你们可走得太偏了。再往南走,用不了一天你们就会被色林错挡住去路，那附近有很多人。"他们说他们的顶头上司是住在扎什伦布的班禅（Banching Bogdo），但他们不知道距离那座寺院有多远。在他们东边，噶本管理着那曲，而东南方则由达赖喇嘛直接统治着拉萨附近的地区。

这三个人接近我们的帐篷时流露出明显的惧怕表情。我们让他们坐在蒙古包外的毡毯上，给他们拿来茶叶和面包，他们犹豫了一下，然后接受了。那只羊立即就按穆斯林的礼仪被宰杀了，我们为此付给他们拉萨发行的钱，并给了他们一只瓷杯用来装奶。他们说，他们之所以无法卖给我们任何马匹，是因为那些马并不属于他们。他们一直如坐针毡，尽管我们的喇嘛尽力安慰他们，只要他们说实话，就不会伤害他们。我们从他们那里得到我们想要得到的东西后，立即就放他们走了。他们转眼工夫就骑在马上。这时我已把照相机准备好。我们的喇嘛巧妙地用最后一个问题挽留住他们，牵住一匹马的嚼子，这样我给这三个骑手拍了一张快照。他们都光着脑袋，但身上挎着藏刀。喇嘛刚一松开嚼子，他们立即掉转马头，松开缰绳飞奔而去，一边还不时回头看一下，仿佛担心会有子弹嗖嗖地追赶过来。他们一旦感觉出了我们的射程之后，便放慢了速度。他们肯定在纳闷，这些对他们如此客气的怪人是些什么人。

9月3日，我们往西南偏南的方向走了18英里，穿越一片开阔、平坦的地区，上面遍布众多的水潭与小湖，许多地方都覆盖着上好的草地。我们的路上没有任何障碍，我猜想色林错应该就在我们与南方地平线上闪烁着模糊光芒的低矮山岗之间。这时我们都在一起走，不让病骆驼落在后面。隔一段时间就会看到大群绵羊和牧羊人，但没有见到一只狗，它们都被拴在帐篷边上了。喇嘛和沙格杜尔去了一个帐篷，带回来一碗酸奶。我们越往前走，牧民们的黑色帐篷就越多，有时甚至形成村庄。哥萨克们离开一个这样的村庄时，一匹挣脱缰绳的马跟在他们后面，非常活泼。它的主人和另外一个男人、一个老妇人、两个年轻妇女和一个男孩追过来想抓住它。但当他们企图拿着一根绳子接近它时，这匹马跳起来，朝我们跑过来。最后我们不得不转过身来，帮助那些人追回他们的财产。

这里的年轻妇女把她们的头发梳成很多小辫，它们从前额上垂下来，盖住头的后面和侧面，形如一把扇子。发辫的末梢拴一条红布，上面有各种装饰。这条红布的中间挂着另一条绣花的彩色宽布，垂在脑后。她们如男人一般光着脑袋不戴帽子，也如他们一样穿着羊皮袄和靴子。她们那本来应该带有天然红晕的面颊上抹了红褐色的油彩，结成两片，如清漆一般闪闪反光。她们的两三头牦牛遭到我们的狗儿们的攻击，躲入一个水池中，让水一直淹到它们的下巴。它们只把头露出水面，用一对不容小视的犄角保护自己。那些狗儿下水围着牦牛游了一两圈后，被迫撤离。这

图 310　喇嘛留住三个藏民

场即兴水上哑剧把我的旅队成员都逗得哈哈大笑，前仰后合。

那天一早，六个戴着白帽子的士兵突然出现在我们的左侧，一直跟着我们，但保持着相当的距离。然后另外七个士兵又出现在我们的右面。接着，第一拨人绕到我们后面，形成一道长长的曲线，与第二拨人连接起来。最后这两拨人一起将我们的旅队围了起来，有时在我们前方，有时在我们后方，时而在左，时而在右，有时慢慢走，有时又纵马驰骋。我猜想他们是想以某种演习的方式吓唬我们。但当我们继续稳步往前推进时，他们来到离我们后卫一二百步的地方，与我们的喇嘛和沙格杜尔热烈交谈起来。那两人落在后面与他们聊天。随后，这些士兵下马钻进一个帐篷。

这时我们来到一条从东方流过来的大河岸边。我很快就认出这又是那条扎加藏布河。问题是我们该如何跨过这条宽阔的河流。哥萨克们下河去寻找涉水渡河的地方。我们等他们时，奥尔德克脱掉衣服，在一处泥质河滩将河道分为两部分的地方涉水过河。在较近的那个河汊里，河水有他脖子那么深，但远处那个河汊里，河水只深及他的腋下。他回来后又试了另一处，但被迫游起泳来。因此骆驼根本无法从这里过河，尤其是在河底由危险的烂泥形成的情况下更是如此。

与此同时，西藏人纷纷过来，骑马走到河边山岗的顶上，对那上面的敖包大声喊叫，然后转过身来，以极大的兴趣看着我们在干什么。他们自然不会主动向我们提供任何信息，我们也没有询问他们。在河边走了一小段路后，我让大家停下来搭帐篷。我们立刻把小艇拿出来装好，然后，我让奥尔德克做我的船夫，开始测量河水的深度。一旦我们找到合适的渡河地点，我们打算把一根绳子拉到对岸，然后再拉回来。这样就可以将所有的行李放进小艇摆渡过河。骆驼就可以不带行李和驮鞍自己蹚水过河。与此同时，西藏人往我们的营地下面挪近了一点，坐在那里看得着了迷，对于我们如何就能神奇地变出一条小船这样一个奇妙的东西而百思不得其解。我们曾考虑是否该在黑暗平静的夜里渡过河去，这样第二天早晨我们就从西藏人的眼皮底下失踪了。但考虑到骆驼有感冒的风险，我们决定放弃这个主意。但到了晚上，我决定干脆就不过河了，而是沿着它的右岸一直走到色林错。然后我们将绕着它的西岸走，因为利特代尔曾沿着这个湖的东岸走过。

这天晚上寂静明亮，只有河水的涟漪、三角琴的旋律以及藏犬的叫声时而打破

图 311　*藏族妇女*

一片寂静。我们营地西北的一座山岗上，士兵们的营火依稀可见。

第二天一早，我们正忙着测量河水的流量（每秒2 402立方英尺），当地的头人带着一群士兵露面了。他们有好一阵没搞明白我们正在做什么，然后他把喇嘛叫过去，询问我们想干什么。他向我们保证，如果我们直接去拉达克，他不仅会为我们提供头十天的向导，而且还会卖给我们马和羊，以及我们所需要的一切。但如果我们是要去拉萨，就必须在这里等待，直到他派一个人去拉萨拿到答复。而那也许会需要一个月的时间。如果我们硬往拉萨闯，他将禁止牧民们卖给我们任何东西，同时他和他的士兵们将尽全力阻拦我们。如果他不这样做，他和他的人就会掉脑袋。我说了句："那你也活该。"他笑了，说那样的话肯定对我们有好处，但对他们来说可不是什么好事。最后我告诉他，我们既不需要他也不需要他的向导。我们很清楚自己在什么地方，要往哪里去。

"是的，"他平静地答道，"你们可以夺取我们的生命，但只要我们还有一口气，就会竭尽全力阻拦你们再往南走。"

骆驼赶来了。旅队出发了。我的命令是尽可能贴着河的右岸走。然后我和奥尔德克登上小船顺流漂下。这一趟航行是我在亚洲旅行中一段心旷神怡的插曲，正如两年前我在塔里木河上顺流而下那次旅行一样。就在我们营地下游一点的地方，这条河转了一个大弯，因此我们有一小段距离是向东北偏东方向漂流。西藏人站在上面望着我们的那座小山是由砾岩和红色与绿色的砂岩形成的，笔直地插进河水中。这里河面狭窄，河水极为湍急，当我们被水流送到悬崖的下面时，西藏人对我们发出狂野的喊叫声。我担心他们会劈头盖脸地向我们扔石头，所以漂过那可怕的地方后我不禁暗自庆幸。

从那以后，这条河再没有穿过任何石头构造的地形，河道变得笔直，夹在12到16英尺的黏土台地之间。附近的地形越来越平坦，而且越来越荒凉。同时河床也变宽了，中间的泥滩越来越多，将河道分为几个河汊。奥尔德克开始用他的桨用力划船，我们飞快地在扎加藏布河上顺流而下。不过后来那浑浊的河水流向西南，我们的右手边出现了一列低矮的山丘，山坳里点缀着帐篷、羊群和牦牛。由于被高高的河岸挡住，我们看不见旅队，但切尔诺夫骑马在岸上走着，同我们保持着联系。下午，西南方刮来一阵劲风，在河面上掀起波涛。这减慢了我们的速度，同时我们还被笼罩在沙尘中。旅队遇到下一个合适的草地时停了下来，一整天紧随其后的西藏人也停了下来。

现在我们的病骆驼不用再爬山口了，它们的状况都不错。但买买提·托克塔的情况却很糟糕。他似乎是患了某种心脏疾病。卡尔佩特也处于类似的状况，既不想动也不想说话。他在众人中没有朋友，他们说他根本没病，只是装病。其中一人还打他，因为他们必须干他本来需要做的事。我承认我不知道该相信谁的话。因为奇怪的是，这人的胃口大得惊人。幸亏我没有责备他。我只是让切尔诺夫盯着他。我很庆幸自己这样做了。如果我对他不好，我早晚会后悔，因为这个人真的是病了，而且他一个朋友都没有。

第二天是9月5日，早晨看上去不太妙。尽管中午前后有一阵劲风吹来——你可以感觉出来它来自水面而不是来自高原——大气仍然是清澈的。有一处河道狭窄，砂岩的石梁横亘在水流中，形成阶梯瀑布。不过我们轻而易举地就过去了。在同一地点，一条深沟从西北方的山峦中伸展下来。尽管它只有一点死水，切尔诺夫要想

图 312　两个牧民小孩

骑马过去也有困难，甚至危险。它的底部是极为松软的烂泥，这一段河岸高达22英尺，而且经常是直立的，时常被大量狭窄的深沟和峡谷打断。很明显，这个湖泊原来比现在要大得多，而那一段河水是从它过去的沉积层上切过去的。

然后这条河拐了一个急弯，转向东北方，又绕了一个绵长的大弯，向几乎是正南的方向流去。这里的河床里只有两三个泥滩，河岸增高到26英尺以上；但后来当河床从350码扩大到四分之一英里宽时，河岸也相应变低了。风从这个喇叭口形状的通道迎着我们刮过来，引起小船的剧烈晃动。尽管奥尔德克不停地划桨，但我们几乎没有往前走多少。在南边远处的地方，河岸渐渐降低，无边的视野展现在我们的面前，那景象既迷人又崇高神秘。我们现在离色林错很近了，尽管因为水面在大气中的反射，我无法判断究竟有多近。屹立在湖东岸的山脉轮廓清晰，但它似乎是悬在半空中，那里的大气层以一种最令人迷惑的方式颤抖和波动着。在我们西边1英里外正在行走的骆驼们也是如此：它们似乎是站在又长又细的高跷上往前移动，而整个旅队似乎走在空中。

图 313　山坳里西藏牧民的帐篷

最终河流扩展为一个宽阔的喇叭口，0.5英里到1英里宽，很快两岸都消失了，碧蓝的大湖色林错展现在我们眼前。这里的湖岸顶多有4英寸高，烂泥地一直延伸到最高处。浑浊的河水是灰色的，与美丽清澈的湖水（无疑是含盐的）形成鲜明的对比。这湖水起初非常浅，我们被迫绕了一个大圈，然后才抵达西北岸，我们的一些人正带着马匹在那里等我们。与此同时，劲风从南面吹来，在湖面上吹起皱纹，到处是泛着白沫的小浪。我们觉得最好脱下靴子，将小船拖进一条小溪。一小时后，我们就舒舒服服地坐在新的营地里了。

旅队这一天的情况也不错，但跟在后面的那些西藏人比较招人讨厌。哥萨克们两次骑马去沿途的帐篷采购补给，但那些哨探赶在他们之前先到了那里，禁止人们与我们交易。还有一次，他们遇到一支有二百只羊的驮盐旅队，正在与旅队的主人谈论价钱，那个西藏队长骑马过来，用一种权威的口吻严禁他的同胞卖给哥萨克任何东西。这些哥萨克可不像我那么冷静，他们让喇嘛告诉西藏人，如果只是为了不让我们得到补给而跟在我们后面，那就最好离得远一些，因为自己会立即开枪打死他们。此后，西藏人那天没再露面。因此旅队得以不受阻拦地接近三座帐篷，在旁边扎下营地。住在那些帐篷里的有十二人，他们非常痛快地卖给我们一只羊、一些奶、黄油和肥油。显然那个企图用饥饿把我们赶走的吝啬头人还没有接近他们。后来这些人来我们的营地拜访，我们用茶、面包以及烟草来款待他们。我们还给了他们一些小礼物，包括几把餐刀、一个罗盘和两块布，这些东西使他们欣喜若狂。他们称那个地方为沙尼那布（Shannig-nagbo，“黑帽子”）。

我们在这里休息了一天。我认为最好充分利用这个机会，一大早就买了几只羊。但我也就早了一点点而已，九点钟来了一队骑马的人，大约有五十人，他们在约1英里外的地方搭起两顶蓝色圆顶帐篷。下午一点左右他们给我们送来一个口信，于是我们的喇嘛出去在两个营地之间居中的地方与他们交谈。我给他们的回答是：如果他们那位最尊贵的头人不亲自来拜见我，我绝对不会与他们交谈。那以后，这人的确露面了，后面跟着十个佩剑的士兵。但我们根本无法让他钻进我们的厨房帐篷，茶、面包和烟都摆在那里的一个小凳子上。但西藏人拒绝碰我们拿出来的款待他们的任何东西。我想他们认为不应该从未经允许穿越他们的土地的人手里接受任何东西。

然后寻常的没有结果的讨论又开始了。那年迈的头人其实是一位非常友善谦和的老绅士，相貌招人喜欢，讲话诚恳。他恳求我们至少在原地停留四天，同时他会派一位专门的信使去拉萨从噶厦（Devashung，圣僧议事会）那里获得指示。我告诉他，我们没有时间等待，计划第二天一早就继续上路。

“那么我们将跟着你们，”他说，“并阻拦你们去拉萨。我们将得到援兵。”

“如果你们想拦住我们，”我答道，“你们就得开枪；但不要忘记我们也有枪。”

那位诚实的老人摇了摇头。他说他们从来就没想到过要开枪，并补充道，我们之间不应该这样恶语相向。我想给他两三件礼物，但他拒绝了，并说：“如果你能等待四天，我将非常愉快地接受你的礼物，并将给你礼物作为交换；此外，我将为你提供任何所需的补给，以及你去拉达克路上所需的旅队驮畜。”

那天下午，卡尔佩特来见我，一把鼻涕一把泪地哭诉说他被一个人打了。我对此事进行了调查，警告其他人不得对他无礼，并要求旅队的总管切尔诺夫格外照顾卡尔佩特。我从心里可怜这个人，因为我从未见过比他更孤独无助的人。我永远不会忘记当他来见我时脸上那副无助沮丧的样子，也不会忘记当我站在他一边，并从我的药箱里给他拿药时他眼睛发亮的神情。后来我去看他时，他正在津津有味地吃他们的民族食品焖饭。所以我确定，他只是因一时的高原反应而感到不适。

27

卡尔佩特之死及葬礼

9月7日我们从75号营地和"黑帽子"高原出发时，一头从喀什开始就跟着我们的骆驼无法站起身来，我们只能把它杀死遗弃。它曾陪我走过几次沙漠之旅。当旅队行李都装好时，宗本过来，竭尽全力，最后一次劝我们留在原地。但我告诉他我们的路线将通向南边，他不再多言，就此离去。

我们沿着色林错的湖岸向西南偏西方向前行，地面坚硬平坦。我们的右面是一道陡峭的山脊，一些藏人正沿着山脚下骑行，这会儿已超过六十人。看见我们过来，四十只羚羊逃之夭夭。在湖泊终结的地方，我们走上一片质量极好的草地，厚密、多汁，有1英尺高。我们立刻停下来让牲口先吃点草。这时藏人骑马冲下来，然后翻身下马，卸下马鞍，放马出去吃草。他们立即支起帐篷，很快他们的篝火显示他们正在做早饭。

接下来，我们把这些被我们耍了一场的追兵甩在身后，离开湖边，向西南方跨过四道过去的湖岸线，每一道由一个巨人的石砾垒脊清楚地标志出来，最后和最高的那一道比现在的湖面高出160多英尺。因此色林错正在迅速地干涸。那以后，我们沿着一片还算平坦的地面走了一段时间，直到我们走到一道新的土岗，它越来越低，往西北方向另一个湖泊延伸着。我们发现自己正处于一个很奇特的盆地中，它呈椭圆形，中央有一些淡水池塘，一群绵羊在一座孤独的帐篷周围吃草。南边不远的地方有一道高高的土岗，东西走向，500到600英尺高。正当我们走向它的西端时，八个藏人忽然出现在一座小山上，坐在那里望着我们。但之后不久他们消失了，这让我们意识到我们应该是在一个半岛上，他们显然已经提前一小段时间知道我们必

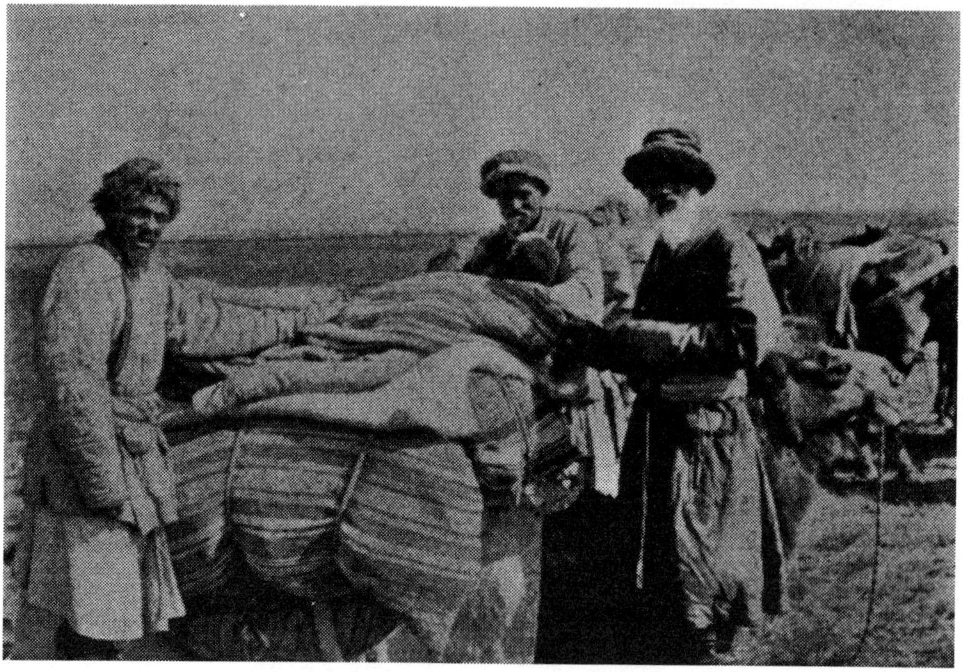

图 314　骆驼背上卡尔佩特的床

定要到这里来。于是我派西尔金和沙格杜尔去侦查，而我们则慢慢地跟在后面。当他们回来后见到我们时，告诉我们这两个湖泊实际上是一个，我们实际上是在一个半岛上，它那宽阔的、陡峭的尖端伸向南方。因此我们又转向东北偏北。

我们在湖边一个小小的帐篷村扎下营地，那个地方叫唐勒（Tang-leh），那里的人很友好，虽然他们固执地拒绝卖给我们任何东西。于是我指着切尔东在一个岩石缝里发现的四个装满肥油的囊（还有六个他没有动），问他们要多少价钱。他们回答说："每个卖3个错[①]。"由于价钱太贵，我们没有动他们的肥油，尽管喇嘛评论道——这算是他临别时甩下来的一句——如果不是我们脾气好，就是把那十个囊都拿走，他们也拿我们没辙。

藏人们在离我们1英里的地方扎下营，但有十五个人就在离我们很近的地方支起帐篷。雨下了几乎一整天，有两三次西边刮来极强的大风，我们只得停下来等它

① 错是拉萨通行的银币，约等于7.5先令。——原注

过去。不过,即使在雨中，藏人们还是举行了各种各样的马上演习，然后又演练射击。

卡尔佩特的病情又恶化了很多，必须被绑在马上才能避免跌落下来。切尔诺夫负责护理他，骑马走在他的旁边。第二天这个病人乞求我们把他留下来，我们当然不能同意这一请求。我们把他转移到一头骆驼背上，尽可能用毡子和枕头使他舒服一些。

如果不是因为风大，我真的很想驾着小艇横渡这个湖泊。但既然是这种情况，我也只能随旅队一起沿着北岸行进，这湖岸笔直向西延伸很远。我们刚一开始装行李，藏人们也开始离开营地。当我们已经上路走了一两英里后，年迈的宗本带着十二个人骑马过来，再次试图劝说我们直接前往拉达克。但我告诉他我想怎么走就怎么走，不会被他和他的士兵们吓倒。他听了似乎很丧气，声称他将随我们听凭命运的安排，要回自己家去了。我真诚地祝愿他一路顺风；然后他的整支队伍就销声匿迹了。我们在那一天的剩余时间里总算是可以消停一下了。不过，到了下午，又有两名显然是哨探的骑士出现在远方，虽然他们很快就消失在山岗之间。在这里，古代的湖岸线也清晰可辨；有时你可以骑马沿着这些湖岸线走好几个小时。这个湖往南延伸了很远，然后又转向西南方和西南偏南方向。这里有许多泥巴小岛，它们之间的水是淡水，这说明附近什么地方有一条河注入湖中。我们不一会儿就来到那里。沙格杜尔很快就找到一个涉水的地方。那里的河底是坚硬的碎石。河水如水晶一般清澈；因此这条河必然源自山谷上方的另一个湖泊。沙格杜尔在外出探路时打到四只野鸭子，它们顺着河飘下来，被我们捡起；但另外两只仅仅受了伤，挣扎着从我们面前游过。大胆轻率的切尔东骑着马朝其中一只径直走入河里，用他的马刀割下它的头。另一只却消失在一群海鸥中。河水流入湖中的喇叭口处有大量的海鸥。它们的存在似乎说明这里有鱼。无论从哪个角度来看，这里都是一个不应错过的地方，所以我们就在河右岸的坡顶上搭起帐篷。

我们刚把营地搭好，就看到两道黑线从西北与东北两个方向朝我们迅速接近。那正是那些讨厌的甩不掉的西藏人，西北方来的有五十三人，东北方来的有十三人，而且后面还跟了大量的驮运马匹。他们显然已经取来新的食物补给和装备，准备进行为时更长的消耗战。他们从我们涉水的地方过河，从我们营地旁驰骋而过，有些在帐篷前，有些在帐篷后面和帐篷之间，仿佛打算把我们一举歼灭。他们骑在

图 315　西藏射手

图 316　藏民冲锋

马上呼啸着，把手举过头顶摇晃着，但他们从我们中间如旋风般冲过去时对我们却丝毫不加注意，甚至连看都没看一眼。那五颜六色的衣服和白色帽子、装潢精美的马鞍、包银的刀鞘、火枪支架上飘扬着的红旗，这一切都使他们看上去非常别致。就在我们面前，他们停下来，说了半天话。他们分成三群人，围在他们的首领的四周。后者似乎在教他们如何使用自己的武器。每隔一会儿，就传来一声喊叫，听起来像是口令。最后他们搭起帐篷，点起篝火。

西藏人扎营的那个小山坡居高临下俯视着我们的营地。哥萨克们注意到，黄昏时他们把火枪排成一列，枪口正对着我们的方向。我们纳闷他们是否打算在夜里朝我们开火。因此，天刚黑，我就带上沙格杜尔和喇嘛去宗本的帐篷。他在那里客气地接待了我，请我分享茶和糌粑。一分钟内，帐篷里就挤满了西藏人。我拒绝了他的招待，理由是他没有接受我对他的招待。“*Reh! Reh! Reh!*”（不错！不错！不错！）他高声说。接着他问我的姓名。我回答说，如果他能告诉我这条河叫什么名字，我就告诉他我的名字。但他不以为然地笑着拒绝了。不过，后来我们了解到，这条河叫雅曲拉巴（Yaggyu-rapga）[①]。我问他这河里是否有鱼，他答道：“是的，有很多鱼。”于是我承诺第二天在原地不动，条件是他们要在天亮时把一条中等大小的鱼送到我的帐篷来，以证明他说的是实话。他们承诺尽力而为，并向我们借了一张渔网，尽管他们对如何使用它并不比一个婴儿知道得更多。

第二天一大早，几个西藏人出现在我的帐篷门口，手里拿着一张渔网，网眼上卡着一条小鱼（*asman*）。他们为自己的捕鱼成果十分自豪，声称他们差一点就为它把命搭上。但我们夜里站岗的人看到西藏人破晓时分就去河边了，在那里一直等到他们看见一只海鸥落在一个有利的位置，它刚把一条鱼吞掉，他们就朝它扔石块，逼得它把鱼又吐出来。不过我们还是按已经承诺的那样，在那里待了一天，但目的是为了捕鱼。

我留下切尔东和除了两人之外所有的穆斯林来看守营地，带着另外三名哥萨克以及库特楚克和奥尔德克，我们那两位有经验的罗布泊渔夫，去碰碰运气。我们把小船放在一头骆驼背上，骑马沿着河的右岸前行，后面跟了一群西藏人。我们走到

① 即扎根藏布河。

河的一个拐弯处，那里有两个跌水瀑布，一个有3到4英尺高，另一个只有1英尺高。这条河在这个地方被挤在黏土、泥巴和石砾形成的石槛之间，因此河道很窄，河水很深，呈黑蓝色。我们就在较为下游的这个瀑布下的一个缓慢的漩涡里撒下渔网；然后把小船放入水中，围着漩涡划，形成一道曲线，并用船桨拍击水面，使鱼儿吓得钻进网眼。我们用这种办法每一网都能捞到两三条鱼。捞了二十八条鱼后我就离开了，让其他人继续这项运动。与此同时，哥萨克们在河岸上钓鱼也获得不错的成就。切尔诺夫还打到几只野鸭，我们乘小船把它们捞了回来。总之，我们度过了美好的一天，在漫长和令人疲倦的旅途中，这是一次整个旅队都十分欢迎的休息。尽管狂风常常呼啸个不停，但对我们并没有什么影响。西藏人坐在河边望着我们，因为他们都穿黑衣，看上去犹如农舍房顶上的一排乌鸦。我带着奥尔德克上了小艇，顺流而下朝色林错疾驶而去。我在这里下船徒步回家，让奥尔德克划船或撑船回营地。不过我们测量了河水，发现它的流量为每秒1 222立方英尺。

那天晚上，宗本带着三十个藏人来我的帐篷拜访，带来了两只羊和三桶极好的牛奶。这无疑是对我们接受他们的恳求在这里停留一天的报偿。我们给他们听了八音盒，看了我们的几张照片。宗本现在屈尊接受了我给他的礼物。与此同时，哥萨克们看了西藏人练习射击。距离不超过45码，靶子是绑在木棍上的一小片木头。但三十个射手中只有三人射中靶子。于是哥萨克们提议让他们来试一试，但被西藏人拒绝了，他们有很好的理由。那天我们晚餐里有鱼，大家都很满意。西藏人对这美食可没胃口。“吃鱼！”他们叫道，“你们还不如连蜥蜴和毛毛虫也吃了呢。它们都是一类东西。”

第二天早晨我醒来时，罗布人已经出去捕鱼归来；因此我的早餐是鱼而不是原来准备吃的烤鸭。上午天气似乎很好，晴空万里，阳光明媚。但我们出发后不久，盘踞在天边的厚厚云层就开始向我们移过来，最后将它们里边带着的东西都倾倒在我们头上——不是冰雹，就是雨。天气一下变得阴冷起来，地面又湿又滑。这还不是那天唯一打击我们士气的东西。西藏人不停地要求我们返回，真让人厌烦。除此之外，我们那两位病人情况急剧恶化。卡尔佩特的情况尤为严重。

雅曲拉巴以南的山脉被一道天然的高大岩石隘口劈开，我们沿着这隘口往东南方走去。隘口两旁的峭壁都是直上直下，轮廓分明。石峰的右边有一只鹰在盘旋，

图 317 雅曲拉巴边的营地，前边是大公羊万卡和三只狗尤尔巴斯、玛尔其克、哈姆拉

也许就是我们前一天看见猎食大雁的那一只；不过漂亮的野鸽在地上跳来跳去，一点也不害怕。藏羚羊和藏野驴都很常见。像那里的鱼一样，它们似乎从来没有受到人类的惊扰。这列山峦的最东端如半岛一样伸入湖中。我们在它南麓的山根下蹚水跨过一条叫阿里藏布河（Alla-sanpo）的大河，然后色林错的浅蓝色湖水又出现在我们的左边。我们不时能够瞥见一眼西南方迷宫一般的群山；多数时间阴雨连绵，天色暗得犹如黄昏，我只得依靠罗盘才能确定路线。这里像一片无边无际的沼泽地。西藏人选择了另一条路，我们最后觉得还是跟着他们为好。但当我们这样做时，他们停下来，肯定是在想："哦，他们只能靠自己！"有一次云消雾散了几分钟，使我们看到这湖泊宽阔的怀抱，湖畔有几个相隔很远的帐篷，沙滩上有大群的大雁。我们又认出我们在对岸经过的几处地标，尤其是我们错走的那个半岛上那一小列山岗。

我们正要转向东南偏南的一个马鞍形山口，库特楚克和霍代·库鲁骑马回来，上气不接下气地告诉我，卡尔佩特的情况十分危急。我急忙赶过去，发现他躺在铺在地上的一张地毯上，其他人围了一圈。他已是奄奄一息，喘着气要水喝。但我们手边没有水，只得给他牛奶，让他尽情地喝。他的脸已是病入膏肓的蜡黄色，嘴唇发白，眼睛放着光，眼珠像玻璃球一般。我们在一个雨水积成的大水潭边扎下营地时，雨下得正大。一座帐篷被用来作为临时病房，我们把里面尽量给卡尔佩特布置得舒服一些。他躺着一动不动，丝毫没有忍受痛苦的样子。我给了他一点吗啡帮助他睡觉。买买提·托克塔老人也被放进病房，他正患着一种很讨厌的病。他的身体和面孔都水肿得很厉害，眼看着他那不幸的同伴在与死神搏斗当然不会使他感到更好受。

那天晚上，我们的朋友宗本又来看望我们，当我们请他为我们从最近的牧民营地上搞一些牛奶时，他回答说那里正闹天花，如果我们想去，我们尽可以去，但他是绝对不会去的。这一次他带来三个以前我们没见过的人，其中有个很可笑的老喇嘛。这三人说他们是达赖喇嘛派来阻挡我们前往拉萨的特使直接派来的，照旧又是一番恳求，请我们不要再往前走了，否则会给他们和我们自己带来不幸。拉萨派来的特使离这里已经不远了。实际上，他们预期他两天内就能抵达。但我不为所动；我说这样用几百名武装到牙齿的士兵来对待和平的参观者是很可耻的。我们来这里

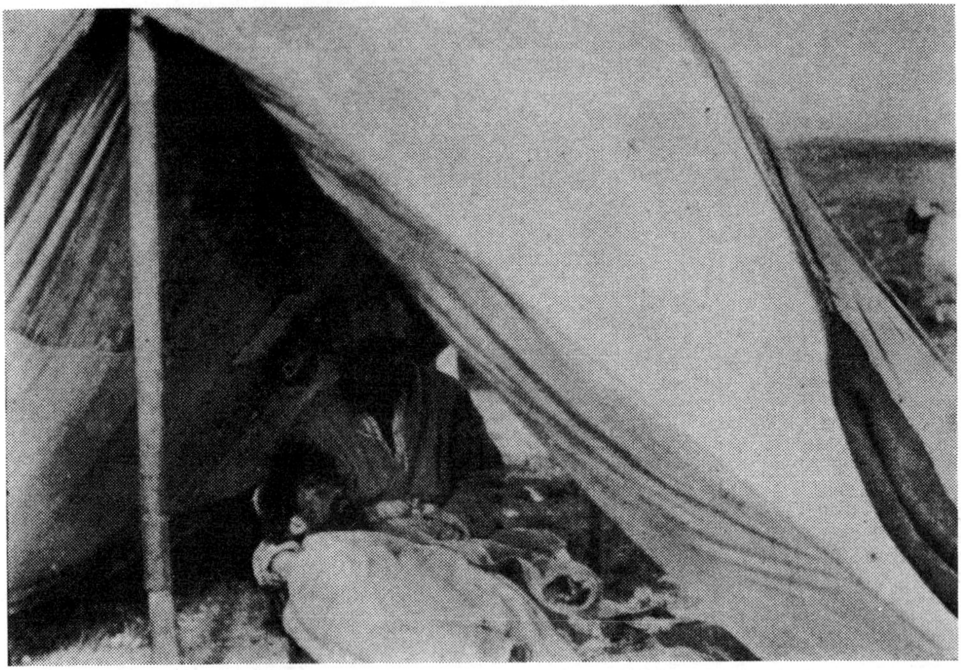

图 318　我们的病房

并不是要和他们开战，而是准备老老实实地为我们需要的一切而付款。我拒绝在特使到来之前给他们任何有关我的计划的线索。他们为此非常沮丧和不安。

七点钟，一场极为狂暴的冰雹袭来，帐篷在雨水与雹子的重压下差一点就坍塌下来，凡是放在帐篷周围没有固定住的东西都被刮起来在空中打转。西藏人正好在返回他们自己的帐篷的路上，结果在我给他们泼的冷水之外又被浇了一次冷水。那天夜里，当我最后一次来到病房时，卡尔佩特正在安静地睡觉，但买买提·托克塔抱怨心脏不舒服。9月11日，我起来后做的第一件事就是去再次探望两位病人。买买提·托克塔还是老样子，头脑清醒，有时甚至"好开玩笑"；但他告诉我他的手指正在逐渐失去知觉。卡尔佩特的情况则要糟得多。他呼吸困难，两颊下陷，尽管他的眼睛里还保持着光芒。我觉得他已时日无多；但他讲话仍很清楚。他说这本是他的"*kattik kessel*"（痼疾），自从他几天前被一个同伴打了一顿后就急剧恶化了。其实，那件事根本不值一提，但这个将死的人认定了那件事不放。那个需要受到良心谴责的不幸的人肯定会愿意付出任何代价来减轻自己的负担。卡尔佩特渐渐失去知觉，不再讲

图 319　死去的卡尔佩特躺在棺架上

话，而是躺在那里凝视着正前方，对他周围发生的一切都没有任何感觉。我考虑过再停留一天；但这里的条件太差，所有的人都主张继续前进。因此我们为卡尔佩特在他的骆驼上做了一个软和、舒适的床铺，然后再次出发。大家都知道死神正追随着旅队，因此情绪低迷。我们走向东南，从我们翻越的第一个低矮的马鞍形山口看到一个秀丽的湖泊，湖岸岩石嶙峋，蜿蜒在低矮山峦的怀抱中。湖水如水晶一般明亮，湖里的水生植物和鱼儿立刻说明，这是一个淡水湖，因此它不可能是色林错。但由于它的西岸由陡峭的岩石形成，看上去很难走，我觉得最好派西尔金和沙格杜尔先去那里探一下路。我们正在等待，一场狂暴的冰雹袭来，我们赶忙给卡尔佩特盖上毡毯来保护他。那三位刚到这里的西藏人骑马上前向我确认，湖的西岸没有道路；如果我们坚持要继续往前走，北岸倒是有条小路，通往东方。我怀疑他们在搞鬼，但看不出我自己有什么办法，尤其是当哥萨克们回来后证实了西藏人说的话以后。

因此我们继续沿着北岸走，后来才知道这条路非常曲折。山岗的背后的确有一条小路通向正东；但西藏人一直跟在我们后面，始终没有指给我们它在哪里。因此

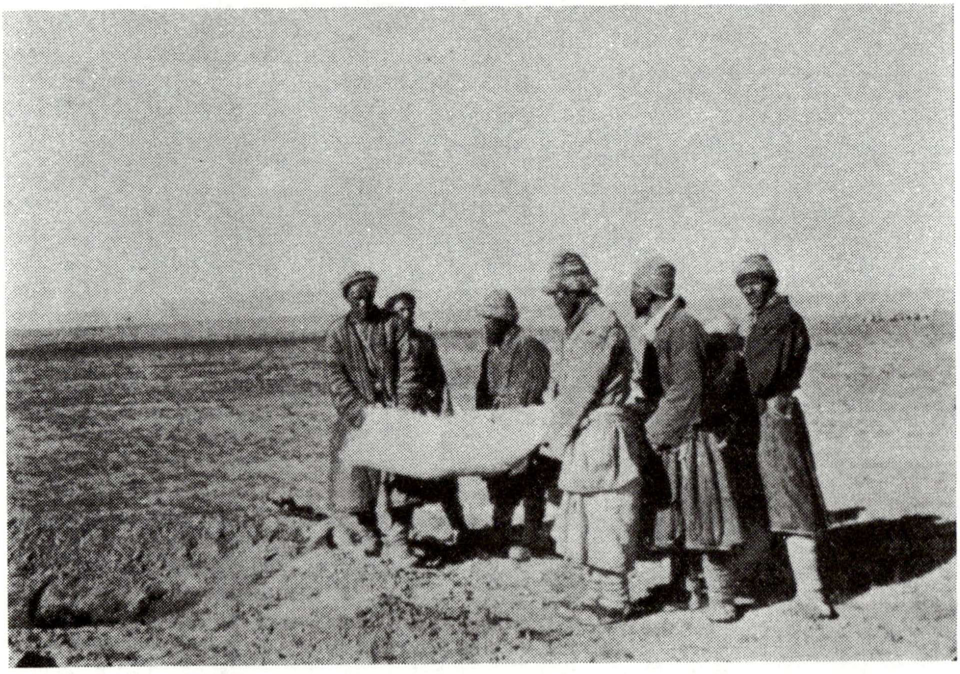

图 320　葬礼队伍

我们绕过每一条小溪的源头，绕过每一个突出湖面的矶岩和半岛，不知道湖泊究竟会往哪一边伸展。不过尽管我们走了很多冤枉路，但我也因此得以给这个湖泊的任性的轮廓绘出一张详细的地图。在整个西藏，我们还从没有见过比这更美丽的湖泊：一条条溪流与一道道峡湾从四面八方深深地切入湖中，穿过那些一直伸入湖中的美丽嶙峋的山峦。湖里散布着犹如海豚脊背的圆溜溜的小岛。这里没有古代的沙滩线；湖水的淡水特征说明这个湖泊（称为那宗错，Nakktsong-tso）[1]的水最终会注入更靠南边的某个盐湖。有些溪流呈半圆形的走向，湖水拍打在散布在湖岸被冲刷得光溜溜的碎石上，发出悦耳的声音。

这样绕来绕去走了两三个小时后，我们突然遇到西藏人，他们已在湖岸扎下营地，正在休息喝茶。他们从山岗后面抄小路赶到我们前面。我们经过他们，继续往前走，直到湖泊明确地折向东南方。这里的山峦也离开湖泊，留下一片坚硬砾石形成的开阔平原。我们在湖东端一片帐篷旁边结束了这一天的行程，在那里又看到西藏人，他们再一次超到我们前面，已经把帐篷搭好。

卡尔佩特在路上几次张口说话，特别让人把他的克里雅同乡罗西·毛拉叫过去。他要水喝；当以一种姿势躺累了时，就让人给他翻一下身。他声音响亮清楚地叫道骆驼走得太快了。但旅途接近结束时，他不出声了。最后人们让他的骆驼停下来，毛拉过去听了一下，然后骑马来找我。没有任何疑问，我那可怜的仆人已经停止呼吸。他的面容很平静，他的眼睛失去了光彩。实际上他的身体已经冰凉，尽管仅仅一小时前他还在要水喝。毛拉把他的双眼合上，我们继续赶路。穆斯林们一般会唱歌来减轻旅途中的单调，但今天他们都闷头往前赶，那沉寂犹如坟墓，除了牲口踩着湖边的沙子和砾石上发出的脚步声和骆驼那疲倦的呼吸声以外什么声音都没有。整个旅队成了一支送葬队伍，一列载运死者的移动灵柩。

我们路过西藏人的帐篷时，他们中的一些人迎过来，说我们抵达下一片草地还要走很长的路。我告诉他们我们中间有位死者需要埋葬。他们听到这消息并没有大惊小怪，而是指给我们哪里最适合做坟地。

帐篷刚搭起来，我就同毛拉与图尔杜·巴依商量埋葬事宜。他们提出葬礼应推

[1] 即错鄂湖，为尊重原文，以下仍称那宗错。

图 321　卡尔佩特的墓

迟到次日早晨，并应按照习俗礼仪进行。尸体一夜都留在白色帐篷里，由一个人看守。第二天（即9月12日）早晨天气晴好，偶尔有一条棉絮般的白云飘过天空，微风习习，吹皱湖水。坟墓已经挖好，哈姆拉·库尔、毛拉·沙和奥尔德克将尸体用一张洗净的单子裹起来。他们用白布盖住脸部，只露出眼睛，这样就不会吸入死人的味道。罗西·毛拉坐在帐篷外面，大声朗诵一本经书。坟墓只有约3英尺深，一边有某种放尸体的架子。然后送葬仪式就开始了。卡尔佩特被裹在一张白色毡子里，放在一头骆驼的驮鞍上，由毛拉·沙、伊斯拉木、李老爷、霍代·库鲁、奥尔德克、哈姆拉·库尔和库特楚克扶柩。他们把灵柩放在坟墓旁边，小心地将卡尔佩特放入他的安息之所。毛拉·沙和毛拉[①]下到墓坑里给躺在架子上的尸体再做最后一次整理；然后毛拉向死者致词："你是一个诚实与虔诚的穆斯林。你从未有负于大家，大家将深切怀念着你。我们为你的离去而痛心。你是大人（*Tura*，即作者）的忠实好仆人。"

这两人从墓坑中出来之后，人们把一个驮鞍放上去，上面覆盖着一张毡毯，它的四个角被土块压住。然后他们把土压在毡毯上。当然，第一场雨或第一头正好从这里走过的牦牛都会使它坍塌。坟头堆好，上面放置了草皮和石块当作墓碑，穆斯林们便在坟墓周围纷纷跪下。毛拉朗诵着某种葬礼上的祷告文，其他人则把双手放在面前，默默地祈祷着。我的地图将埋葬卡尔佩特的地点用一个黑色十字架标出。现在这坟头肯定已被削平，牧民们的牲畜在上面往返走过，而凄苦的冬夜里则响彻山中狼群的嚎叫声。

葬礼过后，罗西·毛拉来见我。他说："在我们旅途结束分手之前，您能否给我写一张证明，说明卡尔佩特是自然死亡的，这样他在克里雅的兄弟就不会怀疑是我或其他人把他害死的。"我对此作出承诺，并且后来兑现了这一承诺，并将卡尔佩特的薪酬交给他的兄弟。

旁观葬礼的西藏人看到我们为此花费了大量工夫，便问道："你们为何不把尸体留在外面喂狼和乌鸦？"正如我们后来亲眼所见的那样，这是他们的习俗。随后，穆斯林们把曾经安放卡尔佩特尸体的帐篷和他的衣服、靴子用火烧掉。为了卡尔佩特，我们遵循了一切葬礼习俗；而阿尔达特死时只是简单把尸体埋掉而已。

---

① 这里前面的毛拉是人名的一部分，后面的毛拉是伊斯兰教士的称呼。——译者

28 来自拉萨的特使

这个以悲伤开始的一天是一个阳光明媚的晴天，而这片居于其上的人类的命运如此脆弱无常的土地在我们眼前展现出它最瑰丽的图景。我们再一次穿过了一个岩石峭壁之间的通道，得以对左方的色林错再看上一眼。透过低矮的山口，可以看到广阔的平原，它一直伸展到很远的山边。我们从这里折向正南。藏人们仍然紧随其后。我们路边的左侧有一些黑色的帐篷，还有两顶是蓝白相间的。我们那些不请自来的陪同人员纷纷往那个方向靠拢。正当我们也开始接近那个地方时，一群人骑马飞奔而来，宣布有两位拉萨的高官到此，请求我们停下，因为他们希望能与我们谈一谈。起初我拒绝了，说我们与这些特使无关，需要赶路。但当我看到有大量的人骑马绕着帐篷走，考虑到他们是从拉萨直接过来的，觉得最好还是停下来为好，至少听听他们有什么要求。因此我请那些藏人告诉他们的首领，如果他们过来见我，我乐于与他们交谈。

这以后不久，两位身披红袍的长者骑马过来，每匹马都有四个步行的仆人牵着。他们停下来，但没有下马，客气地向我打招呼。他们看上去非常友好和蔼；或许他们在过去几天听到关于我们的报告使他们很满意。他们说有非常重要的话要对我说，因此我必须将我的帐篷设在他们的帐篷旁边。提出许多异议后，我最终同意了这一要求。于是他们转身骑马回自己的帐篷去了。

等了他们很长时间以后，我派喇嘛去告诉他们，是他们请求我们停下来的，如果他们真有什么重要的话要对我讲，最好马上来讲，否则我们就要继续上路了。这下可把他们惊动了，整个营地一片忙乱。两位特使匆忙出来，上马朝我们走来——

其实只有150码的距离。为了安全，他们周围都是佩剑的强壮护卫，不过他们把自己的枪支都留在身后了。他们下马后客气地与我打过招呼，然后走进我们的厨房帐篷。在这种场合，那顶帐篷一般都会先经过清扫，并装点着一张斑驳的和田地毯。我和两位特使在这地毯上入席坐下，而哥萨克们、西藏人和穆斯林们则密密麻麻地站在外面，围了好几圈。我们的喇嘛作为我的翻译坐在我们中间。

两位特使中较为年长的一位叫拉杰次仁（Hlajeh Tsering）；年轻一些的叫云都次仁（Yunduk Tsering）。他们声称自己是拉萨的噶厦（即圣僧议事会）的成员，受噶厦派遣来阻止我前往那个城市。他们已经知道我曾带着两个人企图走另一条路前往拉萨，但被噶本的人马拦住并遣送出边界。他们的说辞与噶本一模一样。“你不得再往南前行一步。”在剩下的三个生死攸关的小时中，他们用各种形式重复着这一最后通牒。云都次仁说：“我们有百万大军，足以拦住你。”我问他们，如果我们不理会他们，继续前行的话，他们又将怎样。他们回答说：“不是你丢掉脑袋，就是我们丢掉脑袋。我们接到的命令里说，如果我们让你们继续往前走，我们就得被砍掉脑袋。现在整个西藏境内到处都是士兵。”我请求他们就不要担心我的脑袋了；他们碰不了我们，这部分是因为我们有更高的权威①的支持，部分是因为我们手中有可怕的杀伤武器。

两位特使都非常激动；他们手舞足蹈地喊着，满头大汗。当我保持冷静，以一声干笑回答他们的威胁时，他们几乎愤怒得犹如火山爆发了。他们不断地问：“*Kari-sari?*”（他说什么？）“他说还是要往南走。”他们喊道：“*Mig yori*（如果他长着眼睛），明天他将亲眼看到我们如何拦住他的旅队。”“*Mig yori! Mig yori!*”这几个字不停地挂在他们嘴上。我则笑着重复他们的话：“*Mig yori*，明天当我们向南走时，你们的火枪可要射准啊，因为到时候有你们受的！”接下来他们又试了一个新的策略，用可怜的声调乞求我不要再往前走了。如果我们原路返回，他们将为我们提供向导和粮草以及我们所需要的一切——总之，大家都皆大欢喜。

其实我并不想把事情做绝。实际上，我已经受够了西藏，现在急于抵达拉达克，或坦白地说吧，希望回家，我是说我在瑞典的家。但是为了不过于突然地放弃，我

---

① 英译本里使用的是“higher powers”一词，这里有可能是指上帝，有可能是指沙俄帝国。——译者

再一次对他们讲，他们所做的一切都是徒劳无益——我决心继续前进。“那好吧，”他们说，“那好，我们不会打死你和你的属下，但我们仍然能让你寸步难行。”

“你们靠什么来做到这一点？”

“我们的士兵每十个或二十个将拉住你的每个属下，另有十个或二十个将拉住每一头骆驼。我们将一直拉着，直到你们站不住。”

“如果我们开枪打你们呢？”

“无所谓；反正如果让你继续往前走，我们也要被处死。我们已得到拉萨来的特殊命令。”

“给我看你们的命令，我就停下来。”

“没问题。”他们大叫，立刻让人去他们的帐篷取那文件。

那个文件是一道极不寻常的敕令，由云都次仁大声朗诵，我们的喇嘛把脑袋伸到他的肩膀上面来确定他没有作假。这命令被大声朗读一遍并经过翻译之后，我们又逐段慢慢过了一遍，我用拉丁字母把它用蒙古语记录下来。这份折子的封套是这样写的：

“铁牛年6月21日，噶厦以邮件方式致两位那宗总管，务必在7月22日之前送到。”

下面是文件本身的内容：“铁牛年6月19日，那曲总管发来一函，称蒙古章嘉呼图克图（Tsangeh Khutuktu）之秘书桑杰喇嘛（Lama Sanjeh），与另外几名朝圣者前往哈姆墩（Hamdung）弥青寺（Jo-mitsing）[①]朝圣，其与土登达杰（Tugden Darjeh）曾致函那曲总管（即噶本）。

“那曲总管遂将此事禀报噶厦。章嘉的秘书称其动身之际曾见二欧人与其同行一程。此二人购置布匹若干后继续前行。其在集市上看到两名俄罗斯人，问其何往，是否喇嘛云云。二人自称喇嘛。另有喀尔喀蒙古人薛瑞伯喇嘛医师陪同此二人并为其充当向导。章嘉的秘书称其在路上共看到六名俄国人，并有大批骆驼和其他人等。

“当从速差人前往那木如与那宗，告知各色人等，自那曲始凡我（达赖喇嘛）治下领土，俄人（欧人）一律不准向南旅行。务必昭告众头人严加防守那宗边界，

① 此处地名和寺庙名均为音译。

寸土不让[1]，绝无任欧人进入佛经之土窥测之理，渠与汝二人统治之地绝无关连。如该二首领坚持进入汝界，汝等不得允许其继续南行，当迫其原路返回。”

这份公函澄清了许多到那时为止尚不为我所知的情况。桑杰喇嘛与土登达杰正是属于1900年5月经过若羌的那支蒙古朝圣旅队。在那之前他们在库尔勒和喀喇沙尔遇到我的两名布里亚特哥萨克和喇嘛。公函中提到的他们提供的信息基本是真实的。所谓“大批骆驼和其他人等”指的是切尔诺夫和图尔杜·巴依率领的大旅队。

他们一到那曲，就立即将他们看到的情况告知噶本，而后者则立即派了一个信使去告知拉萨的噶厦。信使在藏历6月19日抵达拉萨，到了21日，出战的动员令已开始飞驰在拉萨以北以西的整个地区，尤其是在那木如和那宗，命令藏人严加守备，阻止任何欧洲人进入他们的领土。“汝二人统治之地”这几个字说明，刚才为我朗读的文件是专门发给在那宗拦住我们的两位特使，他们显然就是那木如和那宗的总管。据我们得到的其他信息显示，噶本的报告抵达拉萨时，此二人恰好就在那里，因此这道公函便直接交到他们手里。所以他们对于我准备冲刺拉萨的计划以及我们如何被噶本拦住颇有些了解，所谓“该二首领”无疑是指西尔金和切尔诺夫，因为当我被噶本的人拦住时，我们告诉他们我们有两位欧洲人留在大本营，如果我们受到伤害，他们将对噶本的人施以报复。正如我们担心的那样，那些蒙古（土尔扈特）的朝圣者给我们使了坏；不过即使没有他们的捣乱，我们也无法成功，因为噶本和拉杰次仁都告诉我们，另有几个看到我们的野牦牛猎人也曾向他们举报。

对此我只能回答说，我认可这个文件，而且他们的确有充分的正当理由阻止我们继续前进。我还诚实地告诉他们，他们所奉行的孤立政策是能够保护他们的国家不被摧毁的唯一手段。我说：“在西藏北、南、西三面，欧洲人已经把你们的邻居或者征服了，或者把它们变为附庸，同样的过程在中国[2]也已经开始。你们这里是亚洲唯一还保留独立性的地方。”他们答道：“对啊！对啊！这正是我们想维持的！我们很遗憾你不能去拉萨了，但我们必须服从命令。如果仅从我们的角度出发，我们

① 这段话在蒙文中是这样的：“Nakktsäng-tsonguin tsakhar hara, gadser gadser sän harreha kerekteh.”因此这个地区被称为那仓宗（Nakktsäng-tsonguin）；但我们听到的发音都是那宗，正如那个湖泊也叫那宗错。——原注

② 指中国内地。——译者

图 322　拉杰次仁抽烟斗

巴不得收到的命令是陪你去拉萨，到那里带你去看所有值得一看的东西。”

为了便于澄清形势，我问他们是否愿意把我的中国护照送往拉萨，并同我一起等待答复。他们说：“那是无论如何也不行的。有两个原因：首先中国的皇帝在我们这儿说了不算，其次噶厦怀疑我们站在你们那边，所以我们要是这么做了，最轻的处罚也得是被免职。”

文件中提到喇嘛的名字，而现在他本人就在他们面前。他们对他说，如果不是因为我的话，他们会把他抓住送交拉萨当局，到时候他将为领着欧洲人去拉萨而受到应得的惩罚。现在他在那个神圣的城市已经臭名昭著，他的名字被写入那本《嫌疑人名单》。他最好再也不要在圣城露面；他们以地方司法长官的权力把法律沉重地丢在我们那可怜的喇嘛面前。但他现在反正是豁出去了，大着胆子，毫无克制，毫不留情地斥责两位特使，质问他们有什么权力如此大胆地对一个不是西藏子民的喇嘛使用这种语言。他已得到喀喇沙尔中国总督的允许陪同我，而且得到当地寺院住持的批准；他回去后会告诉他们他在这里受到的虐待。眼看着这场争执可能导致双

图 323　拉杰次仁和云都次仁

方拳脚相加，我拿出一个大大的八音盒，在它那安静的乐曲声中，将双方的分歧变为和谐。

不过，拉杰次仁真是一个绅士的典范，一派你最喜欢的老伯伯的那种风度，和蔼、大度、随和。我们旅队的每一个成员，包括喇嘛本人，都彻底被他迷住了。如果我说他更像一个满脸皱纹的老奶奶，而不像一个大权在握的地方总督，我想没有人会表示反对。只要看看我为他画的肖像，就知道我的意思了。他那张没有任何汗毛的脸、他的发式、他的辫子、他的头饰，以及上面那颗象征权力的顶珠、他那长长的耳环——都让人觉得他非常像一个女人，以至于我一本正经地问他其实是不是一位老妇人。这一暗示对任何其他人来说都会是一种严重的冒犯，但对拉杰次仁来说似乎很逗乐，因为他淘气地微笑了一下，点了点头，用他那张羊皮纸般的面孔做出一副最逗人的鬼脸，把双手放在眼前，随后大笑起来，直到笑得眼泪都出来了。“不！”他向我保证，他不是一个老妇人，而是一个男人。

当天晚上七点钟，我在沙格杜尔和喇嘛的陪同下，去拉杰次仁的帐篷拜访了他，一直待到半夜。这一次我们没有讨论公事，而是像一群学生那样谈笑取乐。我们相互夸耀自己的武器，我建议用沙格杜尔的马刀来与一把藏刀一分高下。经过一试，藏刀上满是锯齿一般的缺口。不过我们后来发现这些藏人的确有几把优质钢制造的藏刀。拉杰次仁还给我看了两三把他所拥有的非常好使的左轮手枪。

他那顶带有蓝色条纹和镶边的白色帐篷装饰得非常整洁。在远处的那个短边放着一把低沙发，有椅垫和椅背，前面是一个茶几，上面放着为我们端来的茶、酸奶和糌粑。当你坐在低沙发上时，它的右手边是一个小小的可移动神龛，里面放着各种佛像（*burkhan*），上面都镀了金，半裹着哈达（表示敬意的纱巾），其中有达赖喇嘛的像。它的前面有两三盏油灯，旁边放着铜制的小盘子，里面盛有各种小点心，那都是献给各种神像的祭品，正如在所有大寺院里一样。我们还没有来得及把茶咽下去，像变戏法一样，立刻会冒出来一个仆人把茶杯加满，尽管它装不了十到十二滴水。拉杰次仁专门有一个仆人侍候他的烟具。他最喜欢的是一杆长长的中国烟袋。我送给他一听烟草，他对其非常着迷。

云都次仁大约四十五岁，脑子却不太好使。是他先想起来用大话来吓唬我，吹嘘他有多少人马，百万大军什么的。我压根就没想过要与他们发生冲突，因为我只

图 324　拉杰次仁和云都次仁

有四名哥萨克，而且大家很快就会明白，我既没有权利也没有愿望诉诸暴力。如果我们如此不慎，干出这种疯狂和值得谴责的事，在人数上处于绝对优势的藏人们轻而易举地就能把我们困在某个山口，彻底消灭。但是沙皇把他的哥萨克借给我并不是为了在西藏制造动乱，而只是为了给我提供个人的保护。因此，出于诚信，我有责任把他们带回国去，使他们得以安然无恙地返回家乡。云都次仁虽然长得又肥又大，却没有多少脑筋。我甚至觉得他很愚蠢。在我们的许多次讨论和争执中，他多次用手在喉咙前划过，以显示如果我继续坚持往南走将会遇到什么样的下场。最后我终于失去了对他的耐心，当着他的面斥他为“蠢驴”！

两位特使都穿戴整洁华丽，并随身携带了几套服装。有些为了保暖，另一些则是轻装；有些是为了重要场合，另一些则用于平日。风格则是中国式的，即长袍，以及丝质或棉质的背心。我的照片显示了身着华服的两位特使。

29 那宗错

9月14日，我离开营地，开始我平生有幸经历的最精彩的湖上之旅之一。我带上库特楚克，把小艇装上一头骆驼，骑马前往附近的那宗错湖畔。奇怪的是，西藏人并没有骚扰我。不过我对他们说我只是去钓鱼。我下令让旅队当天待在原地，第二天早晨前往湖泊的西岸，在我们两三天前被迫返回的那个地方等着我们。

南偏西52度方向有一个岩石形成的小岛[①]勉强从蓝色的湖水露出来。我们朝这个小岛的方向划去，用了几个小时赶到那里。这个湖泊烟波浩渺地展现在我们面前。我十分享受这幅壮丽的图景，明亮、带着涟漪的湖水拍打着小艇，天空晴朗，阳光明媚，令人心旷神怡。天气也很和煦，温度达到14.2摄氏度（57.6华氏度）；但是比这还令人开心的是我意识到西藏人不再能通过那和蔼的询问用令人感动的方式试图从我嘴里套出我们将往哪个方向走的信息。我们走过的那条路线沿途的最深处为41.5英尺。

这座石头小岛呈月牙形，从湖面上升起160英尺。它的西端有人安放了一个石板，我认为这无疑是标出冬天横跨湖面的一条路。石峰的脚下一圈有一窄条茂密的草地。现在不受任何干扰，因为西藏人没有任何船只可以抵达那里。但是牦牛粪和羊粪又说明当冬天湖面封冻将这里与岸上连接起来时，还是有人时而来到这里的。石灰岩的悬崖在每一个方向都插入湖中，倾斜度为北47度和西43度。这一片地区的坡度基本都是这样。石峰顶上有三个石堆，站在那里俯瞰，湖面的南部一览无余。

---

① 按照其路线和距离判断，应为桑日热日岛。

我们既然不会去那里，我就利用这个机会给湖泊的那个方向绘制了地图。

我们正朝着“卡尔佩特湾”行进，那宗错似乎向南边延伸了很远；实际上，它一直伸展到挡住那边视线的岩石山脊的脚下。但现在可以看出来，那个小岛距离南岸只有1英里；这种错觉是因为空气的折射使湖泊与山脚之间的一条极低的地面消失了。我们看到它覆盖着绿色的草地，上面散布着星星点点的黑点——牦牛、马匹和绵羊。八顶黑色帐篷旁边有两座石头建筑，也许是当地的寺院。

小岛的另一边，西面有三座嶙峋的山头，它们似乎是屹立在一个大一些的岛屿上，或者——究竟如何还需要我们此刻去发现。那三座小山中最南边的一个脚下有一个很低的岬角，一直伸入湖中很远的地方。我们绕过这个岬角后，转向南偏西80度，朝着那同一个方向一直走到天黑。我们的右边就是那三座山岬中最南边的一座。它犹如一道由巨大的乱石堆成的大墙。在有些地方直接从水中升起。那里湖水很浅，很少超过6.5英尺深。再往西，湖面开始收缩了，我们似乎走进了死胡同。湖面越来越窄。我们经过了第一个山岬的最西端。我们又经过了第二个山岬的最西端——它的尽头处有一个很奇妙的石柱。这时我们距离湖的南岸只有半英里左右；但我们右边的这个是什么？是个岛屿吗？我们每划一次船桨就问自己一次。我们划呀划呀，最终划进那神秘的湖湾，直到我们来到那座嶙峋的山头下面，它倒映在静谧明亮的湖面上，夕阳照在山上的那些地方颜色变为紫红。实际上，透明的湖水下面那些藻类与水生植物犹如水族箱里的那些植物一般清晰可辨。

我们此刻是沿着湖岸走，它现在又弯向西北。由于那一段湖岸边的草地没有被扰动过的迹象，我们又希望那是一个岛屿，这样我们就能再过一个安稳的夜晚，而免受藏人的窥伺了。在第二个山岬的西端对面，也就是说在湖的另一面，耸立着一座巍峨的山结，在它的南麓脚下，只是几百码以外，我们忽然看到一个小石屋，上有炊烟缭绕。一只孤零零的狗从里面蹿出来，跑到湖边开始狂吠起来。

这时已是黄昏时分。我们在恬静的湖湾里缓缓地划着小船，直到狗叫声消失在我们的身后。从两面陡然升起的峭壁使每一次划桨的声音产生清晰的回响，仿佛我们正划着小船驶过一个献给大自然或自然之神的硕大石庙。在我们的头顶上，几只鹰正悠闲地展开纹丝不动的翅膀，盘旋在令人目眩的悬崖之间。

湖湾似乎突然走到了尽头。但不对，这只是挡住了水道八分之七的一条长长的岬角。在它的后面，水道继续向西北方伸展，但是探入水中的石峰使我们无法看出很远。然后，夜幕降临，尽管夜晚迷人，但一切都消失在黑暗之中。是停下来靠岸的时候了。在一个陌生的地方，周围是你一无所知的人们，这可不是什么令人高兴的事，尽管我随身带了把左轮手枪。我们安全靠岸后，立刻去周边查看了一番。令我们宽慰的是，这条地峡在山的南坡脚下留出一条150到160英尺宽的水道，这等于使我们与当地人完全隔绝开来。他们没有船，是无法打扰我们的。附近有很多又干又好的牛粪，很快我们就点起一堆舒适的篝火。它那淡蓝色的火苗犹如圣艾尔摩之火[①]一般无声地燃烧着，因为牛粪从不像木头那样噼啪作响。那是一个明亮静谧的月夜，我们裹在羊皮袄里蜷在火堆旁，一夜无事。第二天早晨，太阳刚一探出湖湾西面的悬崖顶上，我们就起床了，点燃营火，烧水泡茶。多亏有切尔东，我们的食物充足，有一只烤大雁、两三张大饼。这并不是我第一次和库特楚克一起宿营。湖边的小水池上已结了一层薄薄的冰。但天气很快变暖，下午一点钟时温度升到14.4摄氏度（57.9华氏度）。

不一会儿，库特楚克又开始荡起船桨，我们向西北方向缓缓划过去。我很难想象有比我们穿过的悬崖峭壁更超越凡尘、更魔幻的地方了——就像一个夹在远古巨石宫殿之间的威尼斯潟湖。我们的视线一次又一次被探出的石峰遮挡，多次走到山穷水尽的地方，但这峡谷却不停地蜿蜒向前伸展着，那天然水道不断地为我们打开一幅接一幅的新画面。水深不超过11.5英尺，水面宽度一般不超过几百码。幸运的是我们一直是往西北走，这正是我们返回会合地点的正确方向。

但是，绕过右边伸入湖面的岬角后，我们惊讶地看到一些牦牛和马匹。当我们飞快地掠过这岬角时，三个男人冲到岸边，一边喊叫，一边朝他们的牲口扔石子，将它们赶离湖岸。在右面的下一个山岬的脚下，可以看到两顶黑色的帐篷，旁边站着一个男人、一位妇女和一个男孩。他们都因在这里见到这样奇怪的来客而大吃一惊。他们在这里比在任何其他地方都更应该过着与世隔绝的生活，因为他们的住处几乎完全为湖水所包围。看到这些牧民时，我们认为他们的住处是在一个半岛上，

① 圣艾尔摩之火是一种冷光冠状放电现象，由于雷雨中强大的电场造成场内空气离子化而产生如火焰般的蓝白色闪光。——译者

因此我们很快就得掉转船头，开始漫长的归途。实际上，当我们划着小船越来越深入这个瓶状的水道时，似乎听到西藏人对我们喊叫。他们中的一个跑到最近的山岬的顶上；他是为了亲眼看见我们抵达这个峡湾的尽头时有多么狼狈吗？

但是湖湾再次扩展开来，西北方向又展开一幅新的远景。但这时小船开始漏水，我们不得不往外舀水。我们正忙着，空中飘起雪花，但是很快太阳又露出脸来。湖水的深度突然增加到38.25英尺，那以后视野更加开阔，我们又恢复了信心。或许我们还是可以奋力划船进入那个湖泊，而无须原路返回。但我们的希望很快就成了泡影：湖湾戛然而止，消失在一片低平的地面上。我们跳出小船，尽我们的全力拉着它蹚过浅水，走进一个楔形的港汊，但船却彻底卡在那里了。库特楚克脱掉下身的衣服，蹚过稀软的烂泥，爬到最近的小山顶上去看看周围的地形。他首先看到的是一条来自南方的河流，它流入一个较小的湖泊。而那湖泊似乎又连着那仓错。于是我们把小艇拖上岸，把它拆开，来回几趟把它和我们的行李运过那条将港汊与河流[①]分开的条地，它有500到600码宽。这件事用掉整整三小时。但即使这样，总比原路返回要强一些。那河流被分为两岔，河口布满泥滩，那里有上千只海鸥正忙得不可开交。现在我们划向东北，左边是一道极为高大的悬崖。我们仍处于一个湖湾中，只不过它比我们刚才穿过的那一个更加宽阔；在这里，两岸的峭壁形成一条宏伟的走廊。

最终，我们终于看到向往已久的景象。在那个长堤一般的沙洲（上面有一群被阳光照耀得银光闪闪的海鸥）后面，我们看到那宗错那宽阔湛蓝的湖水。就这样，我们终于成功了。严格地讲，我们绕过去的是一个半岛，它与陆地的唯一联系是我们运过小船的那道地峡。这个地峡显然是由河水留下的淤泥形成的，它不断地累积，直到将整个湖湾堵死。如果不是因为有这个地峡，我们看到牧民的那个地方就会成为一个真正的岛屿。因此，在某些地图上根本就没有标出、在其他地图上则标错位置的那宗错原来具有非常独特的形状。也就是说，它形成一个环状水系，犹如拉萨以南的羊卓雍错（Yamdok-tso）。尽管它的北部还算宽敞，但它的南部狭窄得如同一个峡湾。

---

① 即汇入错鄂湖西岸的阿尔噶宇让。

在那个长堤一般的沙洲的另一边，湖水的深度突然从10英尺增加到73英尺。我们向北偏东60度划过去，下午晚些时候遇到迎头刮来的狂风和“高海况”。当落日沉到我们身后的地平线下时，只有10英尺深的湖水从湛蓝变为碧绿，透过湖水可以清楚地看到水下的植物，就仿佛透过一面镜子一般。我们的目的地是北岸的一个岬角，从那里我们应该能够看到营地的信号篝火。但那岬角恰在大风的风口中，而我们的周围已夜色渐浓，因此我们被迫在能登岸的第一个地方就把船拖上岸来。那天夜里月朗风清，寒风瑟瑟；但一待我们钻进暖和的毛皮，像旱獭一般蜷缩成一团之后，外面就随它怎么刮吧。幸运的是，我们在外露营的那两夜都没有下雨。我们都很疲劳，湖水的摇篮曲很快就把我们送入梦乡。我将永远不会忘记在西藏的灿烂星空下度过的那些迷人夜晚、它那清新纯净的空气，以及那魔幻般的景色传达出来的静寂之音。

那天夜里，温度降到2摄氏度（35.6华氏度）。第二天一大早我们就迎着强劲的东风出发了。天气又冷又十分令人难受。湖面波浪太大，我们只得贴着湖岸划行。最糟糕的是，我们出发五分钟后，一场可怕的风暴骤然而至。冰雹倾盆而下，船舱里很快就变得白花花一片；不过刚一开始下冰雹，风力就减弱下来，浪也变小了。这风暴一共持续了两个多小时，似乎始终就没离开我们的头顶。我们身后的天空黑压压一片，群山则裹在白雾之中，而与此同时，东边却是一片阳光灿烂。我们所在的地方则笼罩在介于冬夏之间的暧昧之中。渐渐地，冰雹变为雪花，如蓟花一般轻轻落下，粘在小船的帆布上。有那么几分钟，太阳露出脸来，然后又钻进浓云里，然后又从里面钻出来。大雪始终下个不停，湖面很快就变得波涛汹涌起来。湖水呈现出一种极为奇幻的碧蓝色，晶莹透亮。尽管水波荡漾，我们仍能一清二楚地看到湖底的一切。

我们被迫在一个探入湖水中的巨石上休息片刻。我走到那高地的顶上观察一下周围的地形。正如我所预料的那样，此时旅队正沿着北岸缓缓而行，后面紧跟着那黑压压的一群西藏人。我们再次出发后，很快就来到右面的一个小岛[①]。它面积相当大，有二十来匹马在上面吃草。两个湖岬在这里几乎相连，一个从小岛伸出去，另

① 即卓坝卡布劲岛。

一个从对面的陆地上探出来，犹如电灯泡里的两根碳芯。它们之间的水道里湖水极浅，小船的船体有时甚至能触到湖底。这里也有大群的海鸥在翻滚的水面上捕捉鱼儿，水面上白浪滔天，犹如一条河中的激流险滩。这就是能够通到那小岛的峡湾。

一小时之后，我们来到营地的对面。营地沿湖岸伸展。每个山坡上都散布着人和马，而从一堆堆篝火升起的烟柱不时被风吹动，在空中摇曳。我们有五顶帐篷，西藏人有十九顶，但西藏人多数就露宿在营火旁。我的属下都来到湖边迎接我。哥萨克们和平常一样对我行了军礼。我则如每天早晨那样，用三种语言与他们打招呼：对哥萨克们说“*Sdrazdvicheh*”，对穆斯林们说“*Salaam aleikum*”，对我们的蒙古喇嘛则说“*Amur san baneh*”。

西藏的特使发现我没有回来，简直如坐针毡，将我们的营地四周的岗哨增加了一倍。第一天晚上，拉杰次仁找到哥萨克们，问他们我跑到哪里去了。他们连眼都不眨一下地回答说，我划船去湖的南岸了，准备从那里向拉萨冲刺，他们受命在原地等待我回来。特使们听说后大惊失色，急忙派人四处巡逻，尤其是南边。但到了第二天白天，他们肯定发现了我们仍然在湖上，因为他们禁止住在南岸的牧民为我们提供任何帮助。在那一天的行进途中，他们曾几次清点我们有多少人，每一次都发现少了我们两人。

尽管他们也闹不明白这究竟是怎么一回事，但猜测可能是我的一个属下事先已带着马匹绕到湖泊的对岸，以便我和一两位侍从可以骑马去拉萨。为此他们对旅队更加苛刻了，拒绝向他们提供粮草，并把夜间的岗哨加倍。直到他们看到小船挣扎着穿过大浪向岸边划过来，这才放宽了这些措施。他们的队伍现在已有近二百人，这还不算那几个巡逻尚未归来的人。我们只有十八人。这也就是说，一比十。如果我只把哥萨克们计算在内，那就是一比五十了。

西藏人对我们欧洲人一定极为鄙视。多数不远万里，来到这“神圣地带”的旅行者都已处于极为凄惨贫困的境况，只是依靠西藏人的帮助才能挣扎着离开那里。西藏人从未见到过一个状况良好的强有力的旅队。我是说一支有足够的力量，因此不需要他们的许可也能前行的旅队。我得承认，我真的非常想和他们开个玩笑，悄悄地跨过湖面，朝拉萨前进。哪怕是在大白天，从草原上偷偷地牵走两三匹马也并不费力。但那样做对我实在没有多少好处，顶多只能再往前走两三天。我最终还是放弃了这种想法。

布尔汗之地（Land of the Burkhans，圣典之国的南部）对欧洲人来说是禁地。那是达赖喇嘛的领地，一片圣土，他本人的专属财产。这倒不是因为喇嘛们比他们欢迎耶稣会传教士那个时代更加极端了，他们现在的宽容程度绝不逊于古伯察（Huc）与噶哔秦（Gabet）[①]两位神父在拉萨度过了几个月时光的1845年。他们在过去半个世纪所奉行的孤立政策并非源自宗教，而是基于政治上的考虑。他们那和平的策略迄今为止是成功的，其目的是保护自己的边界不被欧洲人跨越，将这些不请自来的客人彬彬有礼但决不妥协地护送出境。不过，西藏最终还是避免不了它的命运。只要西藏人与我们居住在同一个星球上，他们就不得不容忍我们去努力了解他们，研究他们的宗教及其神圣的教义，他们的寺院和他们的风俗习惯，考察他们的土地及道路，勘察他们那些雄伟的山脉，测量他们那些变幻无穷的湖泊。然而，直到目前为止，他们还没有成为商业增长的几个特殊代表的牺牲品——也就是说进口烟草、烈酒、鸦片和火器。事实上，他们说："带着你所有的奢侈品，你的兵器，你的金银离我们远一点！我们只想要平安地生活在自己的世界里。"

当我说"我将走南路去拉达克"时，他们的答复是："南路根本就不存在。"当我在他们面前打开地图，将那条路给他们指出来时，他们反对道："是有那么一条路，但那只是我们走的路，你不得在这里旅行。"而当我抗议说"你们太不好客了"时，他们立刻回答说："你们的土地是你们的；我们与那里无关。但我们的土地是我们的；因此你必须离开这里，回你自己的故乡。"

维持一支时刻准备战斗的二百人的队伍，还要承担这些人远离家人不能照顾家中的牲口所带来的损失，这可是一大笔开销。但是他们并不在意，只要能够将外人挡在边界以外就行。这一切给他们带来众多麻烦，但尽管如此，他们仍然能保持友

① 古伯察（1813—1860），法国入华遣使会会士，1844年与噶哔秦神父一同从北京出发，穿过内蒙古、宁夏、甘肃、青海，经过18个月的长途跋涉，于1846年1月到达西藏首府拉萨。在拉萨居住近两个月之后，被驻藏大臣琦善奉清廷命令予以驱逐，又经过3个多月的旅行穿过藏东南与川西康区，于1846年6月初到达四川的打箭炉（康定）。然后他们从那里出发，经过四川、湖北、江西，于1846年9月末到达广州，最后于同年10月中旬到达澳门，从而完成了1841—1846年的环中国之旅。他是第一个进入西藏的法国人，也是最早从那里活着出来的几个欧洲人之一。古伯察撰有《鞑靼蒙古旅行记》，成为西方人研究西藏的必读书，另著有《中华帝国——鞑靼蒙古旅行记续》以及四卷本的《中国中原、鞑靼和西藏的基督教》等著作。——译者

好和礼貌的态度。他们对外人的防范仅适用于欧洲人。汉人、拉达克人和附近的亚洲各民族都可以随便出入西藏。拉杰次仁的厨子是个东干人（或回族人），他懂得一点缠头的语言[①]（即突厥文），也去过塔里木地区。穆斯林们把任何不信仰伊斯兰教的人称为“*Kapers*”，意思是“异教徒”，无论他们是亚洲人还是欧洲人。但是西藏人拒之门外的只有欧洲人，因此他们的孤立是政治上的，而不是宗教上的。汉人、日本人、布里亚特人以及南·辛格（Nain Singh）[②]这样的印度秘密测绘员或列城商人克里什纳（Krishna），所有这些人都可以轻而易举地进入拉萨。如果某个亚洲人得到适当的指导，他也能带回他的宝贵报告。因此，正如我已经提到的那样，我们对拉萨的了解胜过我们对中亚任何其他城市的了解，也许仅有的例外是喀什、伊犁和乌鲁木齐。一个曾经拜访过乌尔嘎、衮本寺、赫密寺(Himis)[③]和拉达克其他寺院的喇嘛的人，都可以证明，他在所有这些地方都会受到最盛情的款待，从没有看到任何形式的不容忍的迹象。

傍晚晴朗静谧，十点钟一场冰雹袭来，然后变为大雪，下了整整一夜，所以听着值夜人走动时踩在雪地的嘎吱声的感觉很奇怪。第二天，9月17日，积雪在阳光下迅速融化，只有在山岗的北坡上例外。在南方极远的地方屹立着一座令人目眩的金字塔形山峰，在周围群峰之中鹤立鸡群；它是一个银白色的圆锥形山峰，由于形状非常标准，它很像一座死火山。

现在我命令旅队向雅曲拉巴的河口进发。卡尔佩特死前骑的那头骆驼病了，很快也将死掉，据深谙骆驼的一切的图尔杜·巴依认为，这是因为它曾承载过死人。天气极佳，使我又产生了泛舟湖上的念头。我太想从行军中解脱一天了。这一次奥尔德克是我的船夫。他把小艇和行李放在马匹上，骑马向北走，穿过将那宗错与色林错隔开的那个狭窄条地。这个地峡很有意思。它紧贴着那宗错的北岸，比后者的湖面只高出30到40英尺。但是去色林错却需要骑马走很大一段距离。在途中我们

---

① 缠头，亦称缠回，指维吾尔族人。——译者

② 英国派遣的印度间谍，1865年由尼泊尔进入西藏，他化装成拉达克商人经日喀则、江孜到达拉萨，并于1866年10月返回印度。南·辛格把藏族人常用的念珠由108颗改为100颗，他每走100步便拨1粒念珠，以此来测量距离；他还把测量各地方位的记录和秘密罗盘放在藏族人常用的转经筒内，以此来记录测量数据。

③ 今作Hemis。也称嘿密寺、法戒寺，位于列城东南。——译者

下降了150到160英尺。因此色林错比它的邻居低了120英尺左右。我猜测那宗错一定有个出口，尽管我始终没有找到它[①]。也许它与色林错之间在地下是相连的。当我们下坡走向色林错时，再一次观察到我们上一次接近它的湖边时所发现的那些清晰的湖岸线。

紧贴湖面的那条沙质低地非常泥泞，我们不得不蹚水走出很远才能使小船启航。湖水很浅，很少超过10英尺。湖底是一种灰蓝的黏土，没有任何植物生长的迹象，湖水则呈泉水般的绿色，赏心悦目，天上则是晴空万里、阳光明媚的穹顶。这一带唯一的突出地标就是前几天迫使我们原路返回的那个宽阔的半岛。现在我们可以看出，它的东端通过一系列小小的突出的岩石延伸到湖中。我们将望远镜转向左边，可以看到旅队和那支西藏护卫队伍。后者由于那一天得到几小股骑兵的补充，实力几乎增加了一倍。他们头顶上悬着黑压压的冰雹雨云，从云层伸向地面的一道道光柱来看，冰雹暴雨始终没有离开过他们。然而我们头上一滴雨都没有。

我们首先转向西北偏西方向，直到我们绕过了阿里藏布河注入湖中的那个地方附近的那座巨型岬角。那以后我们转向正西，朝着山峦分叉的地方走去，那些山峦从南面将雅曲拉巴河谷锁住。太阳落到群山后面。使它们呈现出轮廓清晰的黑色剪影。我们抵达大队营地时天已经全黑下来，通明的营火犹如一个小城里的煤气灯。

9月18日，我下令队伍一大早就出发。我们正在给牲口装行李，一些西藏人前来恳求我们当日休息一天；拉杰次仁和云都次仁必须返回，为我们考虑，最好由他们在最后离开我们之前为我们购置一些马匹并雇佣牦牛。我说他们愿意何时走对我们来说无所谓，我们反正是要立即出发。“往哪一个方向？”他们问。我向西边雅曲拉巴河谷的上游方向指去。他们声称：“那边走不通，你只能往西北方向走。”我们的答复是立刻出发，贴着河的北岸（或左岸）朝上游方向走去。这河谷十分宽阔，被两道雄伟的山峦环抱。出发后不久，我们从一座小山岗的顶上看到西面另一个大湖的怡人景象，湖面上散布着岩石岛屿，沿湖一带有许多岬角和小溪；它看上去几乎与那宗错同样复杂。

我们还没有走多远，就被西藏人骑马赶上，他们每一群有十五到二十人。无论

① 错鄂湖通过阿里藏布河注入色林错。

图 325　向西眺望恰规错（Chargut-tso）

哪个方向都有身穿黑衣的骑手，他们的火枪架上飘扬着红旗。

与那个新的湖泊距离更近一些时，我们发现右面的那一道悬崖一直伸展到湖中很远的地方，形成一个岩壁垂直的半岛。想绕过它是不可能的。但是，西藏人给我们指出一个垭口，它很难翻越,有些地方极为陡峭难走，如果骆驼没站稳滑下去，等它跌到下面时就会摔得血肉模糊。从垭口的顶上望去，在另一片湖面的彼端，西北方向展现出又一幅壮丽的图景。那片湖面很可能也充斥着风景如画的半岛与岩石岛屿。一群群身穿黑衣的藏人从垭口顺坡而下，犹如一串串雪崩，周围升起一团团烟尘。他们在笔直的岸边拉成一条线，搭起一顶顶帐篷。我们到达时，他们的营火已升起袅袅炊烟。

第84号营地位于恰规错的东岸（15 135英尺），是我遇到过的最好和最舒适的营地之一。无论我们转向何方，眼前的美景都令人心旷神怡。往西看，湖泊的峡湾深处是一幅石林的景象。岛屿与巨石形成的半岛越往远去颜色就越浅，整个湖面都沐浴在阳光之下。而那些身穿五颜六色服装和手持形形色色兵器的西藏人与这苍凉的景象真是相得益彰。

沿湖一线看上去犹如一条繁华闹市的大街，生机勃勃，色彩缤纷。除了我们以外，还有二十五顶帐篷，但大部分当地士兵都露天围坐在营火旁。岸边人喧马嘶，充满生机。在我的记忆中，我只有一次在一个更大的营地里住过，那还是1890年我在伊朗纳赛尔丁国王的火车里前往厄尔布尔士山时。我们的护卫队人数与日俱增，现在已达到500人。黄昏时阿力玛斯独自一人来到这里。卡尔佩特的骆驼死了。图尔杜·巴依还真说对了。

我们不太清楚西藏人到底要干什么。我们现在明显地是在往拉达克方向走。他们为何要召集这样大的一支队伍？他们是为了在夜间袭击我们吗？不管怎样，我们那天晚上也加强了岗哨的力量，并把武器都拿出来严阵以待。半夜一小时后，我被一个噩梦惊醒。我睡觉时压着了伸在地上的右臂，手已冻得麻木，而且冰凉。我偶然用左手摸到了这条胳膊，当时还迷迷糊糊，以为是西藏人把一具尸体丢进了我的帐篷，于是我立刻一跃而起，点起一根火柴，发现帐篷里空空的。接下来我彻底醒过来，才明白是怎么一回事。

我们在这个美丽的湖泊停留了两天，不是拜访西藏人就是宴请他们，或讨论前

图 326　恰规错边，西藏特使的卫队

往拉达克的路线的利弊，结果时间过得飞快。我对他们直说，我准备走自己的路，不会接受任何的指示。但西藏人宣称我们应该全程都有陪同的队伍，他们会确保我们得到一切所需的补给，直到我们抵达拉达克。拉杰次仁听说那曲的噶本送给我两匹马之后，也给了我同样的礼物。他说，除此以外，由于我们的旅队力量已经大大减弱，因此根据达赖喇嘛的命令，总会有四十头牦牛供我们差遣。这已是我第二次企图进入这片禁地，所以很奇怪西藏人居然如此友善和彬彬有礼。在同样的情形下，几乎任何其他亚洲的民族都会拿我们开刀杀一儆百了。但藏族人太友善和平了，他们不会诉诸暴力，而只是限于威胁和虚张声势。

9月19日，西藏人为我们举办了一个十分精彩的演出。我曾对拉杰次仁说我希望能给他和他的部下，以及他的整个骑兵队拍照。他们极为高兴地同意了我的要求，立即召集了两三百人。他们把这些人排成队列，但让他们站在那里一动不动可真不容易。当我要求他们将刀剑与长矛举向天空时，他们立刻服从了。但这一举动也唤醒了他们那好战的本能。马匹开始蠢蠢欲动，整个队伍向前冲去，犹如在发起冲锋，一边狂奔一边发出最狂野的呼啸。看着他们从草原上奔驰而过，浑身上下的行头叮当作响，手中的武器在阳光下闪闪发光，那真是一幅惊心动魄的景象。在他们那战斗的激情褪去之前，我只能抑制自己的摄影冲动。我告诉他们，其实为了照相他们大可不必这么兴奋，也不必发出如此惊天动地的声音。

30 因暴风雨而停留在恰规错

我们把9月20日定为出发前往拉达克的漫长之旅的日子。但西藏特使们恳求我们等到第二天早晨再出发。那样他们就可以陪我们再走几天。20日是他们的一个重要宗教节日，他们希望能安静地待在自己的帐篷里。我很愉快地同意了这一请求，因为恰规错那迷人的水域对我有一种难以抵御的诱惑，但实际上这个湖是笑里藏刀。

这一次我选了霍代·库鲁做我的船夫。我们把航向定为我们所在的湖湾南侧那个岩石半岛的尽头处，然后从那里再向湖中的开阔水域进发，但被来自西面的一场暴风雨给挡回来。看到天空开始暗下来，我们立刻掉头返回。我们冒着被锋利的石头撕破小船的风险在半岛的陡峭石岸上登陆。我可不愿困在那里，因此让霍代·库鲁再次把船放入水中，斜跨湖湾，划船回营地。这时湖湾里已是波涛汹涌，水面上大浪滔天，我们一会儿被抛入浪底，一会儿又悬在一排高高的浪尖上。小船上下颠簸，发出危险的嘎吱声。我们疾驶的船把一大群挤在岸上的西藏人都看呆了。每当我们在浪尖上升起时，就可以看到他们。而他们则默默地望着我们，心都悬到嗓子眼了。说实话，我们自己也很担心。有那么一瞬间，小船向前冲去，我觉得我们马上就要撞到岸上，碰个粉身碎骨了。但下一刻我们又被退下去的浪潮吸回水中。下一次我们朝岸上冲过去时，早已准备好的霍代·库鲁嗖地跳了出去，与此同时所有四位哥萨克都冲进水中，七手八脚地将我抬上岸去。这真是干得太棒了。西藏人匆忙赶上来想亲眼看看我是否真的毫发无损。

暴风雨刚一停息，我们又出航了，成功地测量了一系列地点的深度。事实上我

图 327　西藏士兵在恰规错边赌博

们一直待到天黑，不得不凭借火把的光芒来完成测量。当我们回到岸边时，那个湖湾呈现出一派生机勃勃的景象。火光照亮了沿湖一线，使人感到这是一个灯火通明的港口，篝火上冒出的缕缕青烟飘过湖面，如同一条灰蓝色的纱巾一般悬在已经变得平静的湖水上方。随后月亮出来，将一条银光闪烁的宽丝带洒在湖面上，使那本来已经很迷人的景象又增加了几分魅力。我们登陆时，听到人们与西藏士兵的闲谈声。他们正在饮茶、抽烟、掷骰子。

9月21日我被唤醒时，温度正好位于冰点。湖面平静得犹如一面镜子。那一长条伸入湖中的岩石岬角使它看上去就仿佛是一道宽阔的峡湾或河流。这是一个极为晴朗美丽的秋日早晨，我无法压抑自己泛舟湖上的渴望，尤其是那样我就可以远离这五百名熙熙攘攘的西藏士兵了。

我带上库特楚克和足够持续三天的补给，以及暖和的毛皮及可能需要的仪器，再次在恰规错的湖面上启航。旅队约一小时后出发，陪同他们的西藏人分为几小股，在他们周围形影不离。但很快那移动中的驮畜形成的一长列黑点就消失在挡在中间的群山之中。我命令属下在湖的西端附近扎营，在那里等候我们与他们会合。西藏特使们对这新一轮的湖上之旅感到不安，不知这意味着什么。对此他们很不高兴。

我们在湖面上划了一刻钟，这时从西边刮来一阵劲风，上空浓云密布。接下来湖面被风吹皱，然后开始汹涌起落，最后掀起波涛。简言之，又一场大风即将来临，为了安全起见，我们只好暂停勘测。想回去已经太晚了。即使我们这样做，在原来的营地也没人能帮我们登岸了。湖的南岸也没有一处岬角可以为我们提供避风之所。我们能做的只有对着暴风雨拼命划桨，直到我们可以在离我们最近的岩石小岛后面找到避风之处。不过，我们最终还是又测量了几次水深。这里最大深度为138英尺。我们每遇到一次岸边的大浪都会被浇透。水从我的帽子上流下来，使我需要费很大气力才能透过眼镜看到前面。笔记本、毡垫以及我们的一切物品都仿佛被泡在了湖水里。我们像划船的奴隶一般与狂风和怒涛角力。不过最终我们来到一个小岛，这里的浪头小了一些。它附近的湖水至少有111.5英尺深。我们踏上湖岸时已经筋疲力尽，但我们一刻也不敢耽误，赶紧将小船移到浪头打不到的地方。如果它被浪卷走，我们的处境可就危险至极了。

我们登上的那个小岛形如一个马鞍；也就是说，它有两个圆丘，其间隔着一个较低的地峡，宽不过350码。我走到小岛的西端，庆幸自己那时不在风口浪尖上。在确定我们被困在一个什么样的地方后，我们开始设法给自己搭个舒适的窝。翻过来的船能够起到一定的挡风作用，而毡子则可以用来做遮雨棚。我们正忙着，太阳从碧蓝的天空上撒下金色的光柱。幸亏我一时兴起带了本书来。库特楚克睡着了，很快就打起呼噜。同时，风在石缝中呼啸呜咽着。没有更好的事情可做，我们在下午三点开始干活，收集足够的干草和牛粪——两者在这里都很多，点火煮茶。库特楚克不时站起身来，去小岛的西端看看湖面的情况。但每次他回来时都报告说在那滔天巨浪中小船根本没有生还的希望。借助望远镜，我们可以看到湖的北岸上大群的牲畜和几顶帐篷。

很快就到了傍晚，但风势仍没有减弱的样子，大浪继续拍打着小岛的西端，发出震耳欲聋的响声。我之所以选择这一旅行方式，是想摆脱行程中的嘈杂，独自享受大自然那万籁俱寂的美丽。而现在我却急于回到我的人身边。哪怕是最喧闹的营地也比被困在一个西藏湖泊中央的小岛上要强一些。耀眼的夕阳露出阴险的微笑，

图 328　在恰规错的第一个岛上扎营

长长的投影撒在我们那小小的营地上，而此时湖的东岸正沐浴在明亮的阳光之下。很快，夜的阴影就爬上山坡。有一会儿山顶上还红彤彤的，随着那光芒的减弱，蓝色冰冷的夜把大自然至于她的宵禁之下。如果能看一眼前天夜里湖湾边上那一圈营火，我们有什么不能放弃的呢？但此刻我们唯一的光源只有天上的半个月亮。

或许风势在夜间能减弱一些。我们很早就去睡觉了。我让库特楚克在午夜过去几个小时后将我唤醒。清早时水面一般会较为平静。如果第二天早晨也是那样，我们计划利用那个机会横渡湖面到南岸去。凌晨四点，库特楚克将我叫醒。群星明亮闪烁，但风势一点未减。我们赶紧点起火来，因为霜度达到9度（华氏）。热茶喝下去真是舒服。然后我们就坐在岸边，默默地想着心事，等待天亮。最后山峦后面的天空开始变亮；突然，仿佛舞台上的换景一般，太阳犹如一个大火球从山头上升起，光艳四射。

但是风暴却有增无减。这是一场有规律的“季风”，强劲而稳定，一刻也不停地刮着，一团团云朵不时从湖面上掠过。我把书看完之后，就根据我对东西两个方向所做的勘测绘制了一张这个湖泊的地图，以此来消磨时光。我们躺在小岛的东端打盹打发时光时，它的西端却是惊涛拍岸，传来大瀑布般的轰鸣声。接下来我又为这个小岛绘制了地图，而库特楚克则去收集燃料。然后我们吃晚饭。这以后我们用大石头将我的避风窝压住，以免它被大风刮走。然后我走到小岛的西南角，那里的悬崖笔直地插入湖中。我坐在那里听大浪的轰鸣。我闭上眼睛，这样更能享受我的白日梦。那翻滚的怒涛每打在铁板一般的湖岸上一次，都似乎在对我嘲笑着高喊："你来这圣地做什么？"然后我爬上北边小山顶上对落下的夕阳告别。最后我们堆起一个大火堆，继续修炼如何无所事事地打发时间。

到了下午六点半，风势似乎减弱了。我们又重新燃起希望。到了七点钟，毫无疑问大风已经不再猛烈，但聚集在一起的浓云散开时的速度却像刚才一样令人目眩，月亮则像一艘银色的快船一般穿行其间。我们开始非常仔细地观察天气的变化，一次又一次跑到岛屿的西端。但那里的湖面上仍是一望无际的滔天巨浪。我们的正西方向有另外一个岩石小岛，我已经测定了它的方位。我们希望在月落之后至少能

图 329　第二个岛西端的南岸

抵达那里。风势渐小，于是我们匆忙把东西装好，绕过岛屿的东南角，右边的悬崖陡壁在月光下犹如幽灵一般。这时大风过后的湖面汹涌起伏，把我们抛上抛下。不过幸运的是其实不怎么危险。不过天太暗了，我们很难看到目的地，即附近那个岩石小岛。它与后面的群山混在一起，很难分清。不过我知道它位于南偏西87度，于是就朝那个方向把舵，而库特楚克则奋力划桨。

四周一片宁静，但在黑夜中划船穿过一个未知的湖泊可没那么惬意。湖水漆黑如墨，湖岸很难辨认，天空呈现一种幽深的黑蓝色，而阴影般的云朵则静悄悄地掠过我们的头顶。打破这一片黑暗的唯有那跳跃在躁动的湖水上的一线银色月光。满载的小船吃水很深，因为我们尽可能装入更多的柴火。不过坐在船头还是很舒服的。我的手里握着测深线，而手表、罗盘、流速测量仪器和行程笔记都放在马灯能照到的位置。因此我能够很从容地进行观测。这里的最大深度是123英尺；我们离第一个小岛已经很近了，但是当我们接近第二个小岛时，湖底开始渐渐升高。我们已经绕过了湖南北两岸最大的那个岬角；现在距离目的地不应该太远了。但时间一分钟又一分钟地过去，我们还是没有找到它。我们会不会在夜幕中错过了它？这种可能性很小，因为我已经准确地记录下它的方位。不，它就在我们的面前，也就是一分钟的距离。我觉得我们一直朝着湖的西端一座山峰划去。在黑暗中划桨很容易迷失方向，尽管天上的月亮多少有点帮助。

我们先去休息，希望天亮后再继续。但不久库特楚克就过来对我说，阵风又刮起来了；如前面一般猛烈。由于没有其他事情可做，我在这个小岛四下转了一通。它的轮廓是一个直角三角形，斜边面对西北方，但只不过1 100英尺长。岛的南部是很薄的红色砾岩层。湖岸遍布同样材质的岩石。最高处不超过50英尺，上面屹立着几个石堆。午间的温度超过了15摄氏度（约59华氏度）。避风的地方飞舞着蠓虫。

夜里十二点半，四下一片寂静，但拖着长长的雨丝的重重乌云从西边压过来。显然一场新的风暴又在形成过程中。但最难走的一段水路还在我们的面前。怎样做更明智？向前走还是留下来？我们的补给几乎全部用尽。我过去的泛舟之旅还没有遇到过如此不利的境况。似乎所有西藏的坏天气都跑到恰规错这里，或者说这个湖泊所在的这个峡谷成了地球上那个角落所有坏天气的集散地。

下午两点，我们把所有东西都装好运到船上；但那时风暴又席卷而来，幸亏我们还没有离开这个小岛。下了一会儿雨，然后另一场暴风雨又从湖的南边横扫而过，将它经过的所有群山都变成白茫茫的一片。但一小时之后天气突然放晴，湖面上很快就变得风平浪静，只有靠近岸边的地方有大潮起伏。这时太阳开始落下，恰规错上风光迷人。我们快速地横穿湖面应该没有多少危险。在下一场暴风雨降临之前，我们应该有希望能划到南边某个避风的岬角后面。库特楚克拼力划桨，我则继续测深和掌舵。这一次我所测到的最大水深为157.5英尺。

但我们还没有将那个避风的岬角甩在身后，西边的天空就再次暗了下来，南边的群山里响起雷鸣。那边不是在下大雪就是在下大雨。与此同时，另一场暴风雨正在湖的北面较远一些的山峦上空大显神威。不过，湖本身还算平静，太阳在羊毛般的云朵组成的花环中徐徐落下。接下来，就在我们划向的那个方向，从南岸的垂直峭壁上方升起一片墨蓝色的乌云，看上去十分险恶。同时大气变得异常凝重。云块都停了下来，将里边裹挟的东西都抛洒在同一个地方。但我们别想如此轻易地逃脱。云层下又出现了另一个袭来的暴风雨的前兆。也就是说，它们的下边变成火一般的金黄，仿佛一场无边的大火正在后面燃烧。我不安地扫视着岸边。看不到任何避风的湖湾。最明智的办法应该是掉转船头，赶在暴风雨的前头，直到我们再次抵达刚才离开的那个小岛。只要与暴风雨保持同一方向，我们的小船可以赛过任何暴风雨。但我们的补给几乎耗尽，如果我们被困在那个小岛上两三天，没有任何食物，那会发生什么呢？不，我们必须掉转方向，尽可能在南岸的悬崖下面找到避风之所。

几阵前锋般的疾风掠过之后，暴风雨像老鹰对着一只没有任何自卫能力的鸽子一般猛扑下来。我赶紧收回测深线，将罗盘放好，把船桨伸出！这将是以命相搏！我们的小船发出嘎吱吱的声响，它开始颤抖！迎头而来的大浪敲打在它的身上，发出邦邦的声音！而浪花如疾风暴雨般打在船上。这船体只不过是一层帆布，它能否经得住？它鼓起来了，将要崩裂，一定会崩裂！不过，在这种规模的湖泊里，浪头的高度毕竟有限，到这时为止，我们的小船还是安全地驶过了最大的浪头。我从来没这么拼命过。我们每次划桨都拉得很长，很稳，因此每次都能往前走一两英寸，几天下来我的手已经满是水泡。但暴风雨愈加猛烈，它是从我们这个湖泊所在的山间漏斗地带中硬挤过去的。“使劲划，库特楚克！湖岸越来越近了，没有危险。但是，啊，注意，这边过来一个大的！”一排翻滚的巨浪正打在船帮上。我们的小船里一半都是水。每一次颠簸都使水哗啦啦地前后流动。“小心，库特楚克！这里又来一个！”这样下去，我们必将浇个落汤鸡。我们紧握双桨，直到手指关节都因使劲而发白。我们真的是用双桨把船“撑”了起来。这样下去肯定无法持久。我们坐在水里，船舱里真的一半都是水。浪花不断地砸在船头上。我们将要沉没，而且用不了多少时间。“库特楚克，把你的救生圈准备好！我的已经准备好了！”“不，大人，我们能够坚持划到那个岬角。真主保佑！”库特楚克没有错，我们的确抵达了那里。感谢神明！我们没有遇难，这真是个不折不扣的奇迹。我在中亚的任何其他泛舟之旅中都没有像这次这样接近灾难，而我可没少在中亚划船。

我们刚一进入岬角的避风港，浪头就小了很多。我们能够慢点划了。我们登岸时天正好黑下来。当然，如果你有一条结实的船，那么在黑暗中横渡一个暴风雨中的湖泊也不算什么。但如果你的生命安危都系在一条帆布小艇上，那可就是另一回事了。更不要说狂风猎猎，乱云飞渡，而魔幻的月光更把非人间的光芒洒在那嘶嘶作响、喷发着水雾的浪尖上，巨浪之间的光滑浪槽则令人想起无底的深渊——它黑暗、冰冷，随时准备将人吞噬进去！

我们刚一登岸，风就停了下来。然后又开始下雨，整整下了一夜。我们把船翻过来，用它给自己做个屋顶，接下来点燃篝火，烤干衣服，然后我们就去睡觉了，经过那艰巨无比的奋斗，我们两人都睡得像块木头一般。

9月24日，吃过早饭（我们剩下的最后一片面包）后，我们在晴好的天气中再次往西划去。湖面很快缩窄，终止在一个喇叭口形的河口。我们进入这个河口后又划了约半英里，然后从另外一个大湖出来。西藏特使们称其为阿丹错（Addan-tso），但我们遇到的牧人称其为那玛错（Nagma-tso）[①]。我们看到北面很远的地方有一些骑马的人，希望那是我们的人，正在寻找我们。但他们很快就消失了，显然是没有看到我们。不过，我们是斜穿过湖面向北面划去，那里离我们并不很远。

由于我已经大量地描述了我们在湖上的冒险，我现在只需补充一下，划过阿丹错时，我们被暴风雨赶上，它把我们刮到湖岸，船里都是水，我们只好跳出来，手里拿着最先抓住的东西。但幸运的是这时雨停了。我们把所有的毡子、毯子都摊在

---

① 即吴如错。

图 330　恰规错上的风暴

地上，脱掉身上的衣服，将其拧干后在强风里举着，结果很快就干了。之后我们在原地静静地待了几个小时。不过最后我实在太饿了，站起身来朝最近的牧民帐篷走去。但我还没有走多远，库特楚克就把我叫了回来，他指向连接着两个湖的那条小溪。我转过身，看到两个骑马的人，他们还带着三匹驮马。他们已经看到我们，径直朝我们走来。这是切尔东和奥尔德克，他们在过去两天中一直沿着阿丹错的湖岸寻找我们。大家都十分为我们担心。切尔诺夫和喇嘛那时正围着恰规错寻找我们，大约一小时后与我们会合。西尔金则在前一天骑马往回走，看看我们是否有可能回到出发的那个旧营地。没有找到我们的任何踪迹后，他们开始担心最坏的可能性，为如果我没有回去他们该怎么办而发生分歧。但他们在一件事上都非常坚决，那就是找不到我们的船只残骸或其他物品，他们就绝不会离开这个地方。

这期间切尔东已经出去做了几次短途侦查。四面八方都是西藏人的巡逻队，他们也在寻找我们。他曾在两处看到多达八顶帐篷挤在一起，挡在通往拉萨的路上。我们返回营地的路上遇到几股西藏骑兵，他们伸出舌头向我致意后，调转马头凯旋般地护送我们回到自己的帐篷。营地位于一座横向山谷，利特代尔或许曾经过此处[①]。老人买买提·托克塔情况更糟了。有个西藏人死了。我们看到他的尸体被扔出去喂老鹰和乌鸦。尽管尸体基本上只剩下一些骨骼，但这幅情景看上去仍让人很不舒服。我们的一头骆驼也死了。拉杰次仁邀请我到他的帐篷里，他在那里接待我的方式使我感到我仿佛是一位打了胜仗归来的将军，他还举办了一场“盛宴”来招待我，而在宴席之上，他的那些神像则在香烟缭绕中俯视着我们。

除了两三次短暂的河上旅行外，这是我在西藏最后一次使用小艇。我至今仍对我在色林错、那宗错、恰规错和阿丹错上度过的那段时光留有美好的记忆。在旅队那漫长单调的行程中，这段经历成为令人愉悦的插曲。尽管我的考察只能算是初步的，但也足以使人对这一美丽的水上地区的水文情况形成一个总的概念。如果这些湖泊的湖面能够升高150到180英尺，它们的湖盆就会变为真正的峡湾，犹如挪威和苏格兰西海岸的那些峡湾一样。也许这一地区曾经有过冰川期，尽管现在看不到明显的冰川擦痕和划痕以及冰碛或漂砾的遗迹。地表的岩石都已粉碎，如果曾经有

① 今302省道附近。

过冰川的证据，现在也早已被移走毁掉了。阿丹错是这个地区最高也是最大的湖泊。附近的群山，尤其是南边那些巨大的雪岭，流下来的几条溪流注入这个湖泊，而后者又把多余的水输入恰规错。恰规错又把它多余的水通过雅曲拉巴河注入色林错。它在那里停留并蒸发；因此在这些湖泊中色林错是唯一的咸水湖。那宗错与色林错之间有什么联系（如果有任何关系的话），我无法确定。也许那宗错的水通过一条地下水道流入色林错，也许它只不过流入一个我们没有看见的更靠南的湖泊。①

9月25日，从12日开始就与我们在一起的两位朋友拉杰次仁和云都次仁将要与我们分手了。他们每人先向我献了哈达（表示尊敬的纱巾），并祝愿我“一路顺风”，然后又亲自来道别，向我确认我需要的一切补给以及向导与驮畜都将按照达赖喇嘛的命令向我提供。当我们的旅队装好行李准备出发时，我去向两位西藏首领匆匆地

图 331　西藏特使的帐篷

① 这一地区的实际水文关系梳理如下：吴如错（斯文·赫定称阿丹错）通过很短的水道注入恰规错，恰规错通过扎根藏布河（斯文·赫定称雅曲拉巴河）注入色林错。错鄂（斯文·赫定称那宗错）通过阿里藏布河也注入色林错。错鄂以南是咸水湖时补错，和错鄂之间有621乡道相隔。

做最后的道别，给了他们各类礼物，如左轮手枪、小刀、罗盘和布帛。我对自己不能得到去拉萨的许可表示遗憾，并托他们向达赖喇嘛转达我的敬意；但是我表示我将自己决定我的路线，而不一定按照我的向导们希望我走的道路。我直截了当地告诉他们，我不会允许受命陪同我们的两位军官对我用命令的口吻说话。他们只能每天早晨来问我当天我想走哪条路线。我威胁，如果他们很别扭的话，我将把他们塞进我们的两只箱子里，把他们一路打包带回家去。

拉杰次仁答道，他和他的军官伙伴打算带着几百名骑兵在我们当时扎营的地方待上二十天。我立刻就看出那只是虚张声势，意图阻止我们返回，因此我回答说，我计划在下一个淡水湖停下来，在那里一直等到封冻。于是他回答说，他可能在原地停留一年之久。然后我又建议，既然我们都有这么多时间，我们索性就待在一起作伴；就这样，大家在哈哈大笑中结束了这场吹牛比赛。拉杰次仁在他自己的帐篷里吃肉丸子，云都次仁则与他的秘书坐在他的帐篷里，面前摆着一摞文件。他不仅在起草一份将呈交拉萨噶厦的报告，而且在给前往拉达克一路沿途的地方头人发出指示。

31

雅都次仁：一次支线旅行

我们的道路向西穿过一条约20英里宽的横向山谷。它的南北两面各有一列平行的大山脉。天气极为阴冷，寒风刺骨，草地荒芜。不过，我们在16.75英里的途中看到三十二顶黑色帐篷，或者说大约一百五十个居民。西藏南部的山谷里显然比北部地区的居民密度要高；实际上，再往北走一点就是无人区了。到这时，我们的护卫队伍只剩下二十二人，由一位名叫雅都次仁（Yamdu Tsering）的头人率领。我与他很快就成了朋友。我们第一天扎营过夜的地方叫沙隆（Shalung）；它位于一个叫达格济错（Jaggtseh-tso）[①]的湖边，这个湖的最西端有一条叫波仓藏布（Boggtsang-sangpo）的河流入。这条河在南·辛格和利特代尔的地图上都有标出，所以可以假定其他地名也是正确的。但利特代尔给出的地名中我只能确认出很少几个。

9月26日，我们一直走到波仓藏布河的河口。河道在这里分为几个河汊，岸边到处是草场，我们觉得在这里停一天应该不算浪费。我们原来的三十九头骆驼中只剩下二十二头，它们都已筋疲力尽。所有活下来的马匹也都状态很糟糕。在那一天17.5英里的行程里，我们看到一大群绵羊，但只有十六顶帐篷。这附近有大量的藏野驴、藏羚羊、山鹑、野兔和大雁。因此我们的猎人一直为我们提供了足够的肉食。这个新湖泊达格济错比我们最近经过的那些湖泊小得多[②]，而湖水中的盐分极高。它

① 今通称达则错。

② 原文如此，似有误。达则错面积244.7平方千米，与错鄂的244平方千米相差无几，仅小于吴如错的362.5平方千米，甚至远远大于恰规错。斯文·赫定的地图也印证了同样的结论，因此不可能是20世纪初到现代的水位变化或斯文·赫定本人测量不准导致的。最可能的是将“最近经过的那个湖泊”（吴如错）误写为“最近经过的那些湖泊”，至于这是1903年英译本的问题还是斯文·赫定的笔误就难以得知了。

湖岸上一圈一圈的痕迹说明它也正在干涸。在一个地方，原来的湖岸线至少有七圈。每一个都很清晰，一层接一层。

在以后的几天里，我们一直贴着波仓藏布河走，并在利特代尔曾经跨过这条河的地方涉水过河。至于鲍尔上尉的路线，我们在那宗错和恰规错与其相遇，现在那条路线位于北面很远的地方，我们后来再也没有与它相交。南·辛格的路线则在南边很远的地方。因此，我沿着刚才提到的这条河走，就能避免重复前面那三位旅行家的路线。他们都在我之前来过西藏。如果我能走出一条全新的路线，就能大大丰富对这一地区的了解。不过，我往往无法判断我是否没有重复利特代尔的路线。很不幸，那位著名且能干的旅行家所绘制的地图尺寸太小，使我无法辨认他所经过的那些地区的地貌。由于这个原因，也因为我的地图是按照与其无法相比的大尺寸绘制的，所以仅从绘图学的角度来说，即使是那些不可避免地与这位先驱者重复的地方也被我视为从未考察过的地区。利特代尔的地图既没有标出那宗错，也没有标出恰规错。鲍尔的地图上虽然这两个湖泊都有，却没有标出色林错。鲍尔确曾在那宗错与恰规错之间旅行，但他没有讲明两者之间的关系。对于阿丹错他则一无所知。他也没有标出恰规错的任何出口。而且，显然他以为雅曲拉巴是注入恰规错的，而实际上这条河却是流出恰规错的。我这里并没有批评关于亚洲这一地区的地图资料的意思，而只是试图解释，我为什么一定要考察几个已经被著名路线穿过的地区——因为这些地区对我来说仍然是未知地域。探索一个未知地区的重要目标之一当然就是获得为其绘制地图的资料；如果一份地图不可靠，那么它就一点用处也没有。鲍尔与利特代尔的探险旅行都充分地显示了他们的探险技能与坚忍不拔的素质。但仅就地图绘制而言，南·辛格的成就则要远远超过他们，尽管即使是他的地图也亟需修订。

我们在波仓藏布河边的第一天天气极好——和煦无风，万里无云，就是那种我们在恰规错上最想要的天气。但晚上还是很冷，零下8摄氏度（17.6华氏度）。由于我们向西方骑行，左半边脸被太阳晒得起了皮，右半边则冰冷冰冷的，左脚和右脚也是如此。

9月29日我们走了18英里，在河边扎营。我的罗布渔民们在这里撒网。黄昏时分藏人来了，在我们正对面支起帐篷。第二天我们沿南岸行进，这条河十分曲折，

图 332　向西南方看波仓藏布河

图 333　沙格杜尔和奥尔德克在波仓藏布河上捕鱼

深深切蚀进地面。这山谷南侧的山叫南格拉(Nangra)。沙格杜尔消失了两三个小时，但当他赶上我们时，成功拎回一串共五条鱼。因此，一扎下营来，我就把小艇给了罗布人，他们划进了蜿蜒的河中，但钓鱼的人成果更多。水流安静缓慢，事实上如果没风的话几乎是水平如镜，因此这条河看上去比实际要大得多。落日壮丽无比，不是云彩的反射造成的，因为这天又明亮又温暖，而是落日向东方投射的无与伦比的光芒，变化无穷的光影给周围的地形带来凹凸分明的立体效果。

现在我们行军的节奏是这样的：在一般情况下，行军三天，休息一天。10月1日正好是一个休息日，多数人把它用来捕鱼。沙格杜尔最成功；他抓了十八条鱼，然后想换个花样，出去打了一只羚羊。图尔杜·巴依则一整天都站在水边，手持鱼竿，像个天生的钓鱼专家那样平静耐心地钓啊钓啊，当他过来给我看他钓上来的鱼时咧着嘴呵呵笑着。我们的喇嘛则宁愿研习他的佛经。此时波仓藏布的流量为每秒187立方英尺。

10月1日的夜里，温度降到零下11摄氏度（12.2华氏度）。冬天正快步朝我们走来。我们必须尽快赶到拉达克。第二天夜里我们再次在波仓藏布河旁露营，这已是连续第四天了。河面只有19.5英尺宽，但相当深。我们刚把帐篷搭起来，鱼竿就都派上了用场。这些天我们基本上都是吃鱼，而我几乎是只吃鱼。

10月3日是我们在河边的最后一天；我们把它甩在左边。我倒是想走更靠南的一条路线；但那里多山，不适于我们的骆驼行走。从第95号营地，我们可以看到那座利特代尔称之为"通戈火山"（volcano of Tongo）的山峰，不过我听人称它为"Erenak-chimmo"。从远处看，它的确很像一个标准的火山锥。当旅队在西藏人护送下沿着既定的路线慢慢往前走时，我带着切尔诺夫与喇嘛骑马来到前面提到的那座山前。我们穿过几个砾石的大斜坡后，来到它的脚下。然后，我们骑马走到马能够爬到的最高处，下马步行。但很快我们就爬够了，停下来好好休息了一番。只有几个地方暴露出光秃秃的岩石；它们是由大理石、晶体片岩和斑岩形成的，但山坡上也散布着各种其他岩石。但这山峰不是火山，而且从来就不是一个火山。它只是两列平行山脉之间的一个连接点。从它的顶上望去，唯一能够辨认出来的地貌就是我们从达格济错一路经过的那些高耸的雪峰和山谷。其他就是茫茫一片纠缠在一起的山峰、山脊、山丘、支脉、山脉。正北面前方是几座看起来最为奇怪的山脊，上面到处是嶙峋的奇峰怪石。迎风站在山上，头顶蓝天，使人感到心旷神怡，心静如水，远离旅队及其他琐事。我真想在那里住上两三天。

在前面提到的第三座怪石林立的小山的东面山岩上，我们发现一个圆形的洞穴，用一排石板堆成的矮墙隔为里外两间。进口有9.75英尺高。洞顶上厚厚一层烟灰说明这个洞穴曾在很长的时间里一直有人居住。地面上则覆盖着一层羊粪。我们在那里停了一会儿，享受着透过洞穴开口看到的美景。脚下的山谷沐浴在阳光里，而我们则处于阴凉之处，既凉爽，又避风。有些石板上刻有无所不在的藏传佛教六字真言。也许曾有一个隐士住在这个洞里，穷其一生侍奉山神。在北坡我们也遇到了一个很精致的敖包，那是我们在西藏见过的最大的敖包。

我们回营地的路上，正朝着一个很容易翻越的山口走去时，却在一条山沟里看到哈姆拉·库尔。他一动不动地侧卧在地上，仿佛已经死去。我上前去看看怎么回事。他说自己很难受，声称他走不了路了。不过我知道他的真正痛处在哪里。就在前一天，他被解除了马队队长的职务，由毛拉·沙接替，原因是他未尽职守。西藏人将

图 334 波仓藏布河谷

他们的帐篷搭在山口（海拔16 451英尺）的另一面。他们来见我，抱怨说我的人不听他们的劝告，他们早就警告过将有很大一段路没有草地。当然，对这件事我无从判断。我发现我的人在一个叫楚林（Churing）的地方扎下营地。毛拉·沙曾是利特代尔旅队的成员，他对这一带是熟悉的；仿佛老天有意要证明这一点，我们在这同一个地点找到一只毛驴的蹄掌，这东西只能是利特代尔的旅队留下来的。

10月5日，我们往西走了15英里，这是我的记忆中最糟糕的日子之一。夜间霜度达到24.5度(华氏)。营地附近的小溪结冰了。我两次被冰面挤压造成的响声吵醒。顶风骑马真是件要命的事，寒风吹在脸上如刀割一般。寒风刺骨，我们都被冻僵了。的确，一整天都是阳光灿烂，但它的热量都被冷风抵消了。无论是我的人还是西藏人，大家都下马步行，否则就得被冻死。就我本人来说，我觉得在这样的海拔顶着这样的大风行走，真让人筋疲力尽。当我的双手已失去全部知觉后，我就在山沟里停下来，背着风抽一根烟。我想，秋天刚一开始就冷得如此厉害，冬天将有多么可怕啊。最糟糕的是，我们所有的马匹和骆驼都开始掉膘了。一头来自若羌的年轻骆驼已经瘦得皮包骨，在那天出发后不久就死掉了。我牵着它走了一小段路，就把它交给一个属下照管，自己骑马向前去了。但我还没有走多远，就遇到另外两头站不起来的骆驼。再往前走，我经过库特楚克时，他正尽力往前赶两匹累坏了的马。所有的马匹和骡子脊背都已磨烂。

我们的病号名单此刻比以往任何时候都要长。前一天被留在路边的哈姆拉·库尔被两位好心的藏人带来。托克塔·买买提情况既没变好也没变坏：他把自己绑在马上，安静而耐心地骑行，向前倚在一个垫子上。阿力玛斯在闹眼病，说他几乎要瞎了。但我给了他一些可卡因和一副黑眼镜后，他很快就恢复了。在这样的大风里很难不让眼睛遭殃。我认为冻死倒没有多么可怕，你只是陷入一种麻木状态，没有特别的痛苦就死去了。那天晚上霍代·库鲁也报告说他感到不适，浑身打战并头痛不已。我让他服了一剂奎宁。按照这样的速度，很快就会有一半的人都在病号名单上了。我把雅都次仁叫来，对他说，现在是他给我们提供达赖喇嘛许诺的那些牦牛的时候了。他毫不耽搁就把牦牛送来了。

我们在那一天的行程中沿着波仓藏布的一条上游支流往上走，沿途看到当地人的羊圈是由石头堆成半圆形的墙，突起的部分正对着这里盛行的西风。里面一般是

图 335　92 号营地以北的群山

图 336　92 号营地以北的群山（接上图）

铺了一层厚厚的羊粪，灰色的石墙与它形成鲜明的对比。我们在色察（Setcha）地区（16 563英尺）被一条很大的河流挡住去路。艾合买提、伊斯拉木、哈姆拉·库尔、毛拉和切尔诺夫都跟在后面，还有三头骆驼和两匹马。天黑以后很久，他们才赶上来。第一头骆驼已被杀死，第二头坚持到第二天早晨，只有第三头挣扎着爬到营地。一匹马死了。第二天早晨我们发现那匹来自喀什的马也死了。10月6日，第三匹马在那天的旅途中死去。旅队的行列正以惊人的速度缩小。那天夜里，气温降到零下14.9摄氏度（5.2华氏度），河面的冰冻得很结实，可以走人。我们只走了很短一段路。一碰到草地我们就停下来，尽管那里的牧草稀疏得可怜。照这个速度，我们很难指望在圣诞节前赶到拉达克。

牦牛队将在第98号营地与我们会合；我们重新分配了行李以便装上牦牛，也就是说，我们必须把行李分为更小的等份，因为牦牛不能像骆驼那样驮那么多。刚到晚上九点钟，温度就降到零下10.6摄氏度（12.9华氏度），夜间则降到零下17.9摄氏度（零下0.2华氏度）。冬天的到来已确定无疑。而冬天将持续整整七个月！

10月7日，我以寻找更好的草场为借口（实际上是想避免重走利特代尔走过的路），带上切尔诺夫、喇嘛、李老爷、库特楚克和四头骡子、五匹马，以及相应的补给，往一条更靠南的路线走去。那天夜里，十八头状况甚佳的牦牛来到营地；这把我们现有的驮畜大多数都解放出来，尤其是那些生病的牲口。现在它们都不用驮运行李了。我任命沙格杜尔为旅队的队长，指示他在遇到的下一片草地就停下来休息几天。所有的病号都在恢复，只有买买提·托克塔例外，尽管他以一种奇妙的方式鼓起勇气强打精神，不过估计是没有多少好转的希望了。

我正准备出发，一群西藏人匆忙走过来，抓住我们的马匹和驮畜的缰绳，央求我们千万不得往南边走，否则他们就得丧命。我让喇嘛告诉他们，如果他们不立刻放手，我们将使用左轮手枪。这使他们退下去，但却仍然步行尾随着我们。他们坚称南边既没有草地也没有可走的道路。但我们没有理会，最后他们只得转身离开我们。

在最近的一道山脊上的一个低矮山口的另一面，我们遇到楚林河的上游[①]，现在已全部封冻。切尔诺夫用他的马刀叉了五条不算太小的鱼，但因用力过度而掉进水

---

① 所谓楚林河即应为比日藏布河，难以判断斯文·赫定具体循哪一支流南下。

里，洗了个冰水澡。转过弯后，我们发现一队西藏人，大约有十几人，在次仁达西（Tsering Dashi）的率领下，正顺着山口的陡坡冲下来。他们很快就超过我们，在这天剩下的时间里一直紧紧跟着我们。看起来我们永远无法摆脱他们那永无休止的闲谈和马铃的叮叮声。其他的西藏人则在雅都次仁的率领下始终尾随在我们旅队的身后。我们经过了两三座帐篷，里面的居民看到这群极为奇怪的人经过这里，纷纷从里面冲出来。次仁达西指着西北方的一个山口声称："那是唯一的通道。"但我们不会被他迷惑，而是接着往小溪上游走去。最后有一匹白马累垮了，这迫使我们停了下来。但我们把这段时间用来钓鱼。晚上，新到了一队藏军，这两队人开始手舞足蹈地会商。第二天破晓时分，他们的队伍继续壮大，新到者包括年迈的雅都次仁。他们都没有带帐篷，而是坐在野外忍受着寒冷。这可怜的老人看起来十分凄惨。他骑马走了大半夜，冻得够呛，而且情绪低落，这都是我们给他找来的麻烦。他又一次来求我返回旅队。但是当他发现无法说服我时，便补充说他已经命令他的士兵将行李从驮畜身上卸下来。如果我们不按照他们说的方向走，他们也就没有任何义务继续帮助我们了。但是他的说法显然不确实，因为如果那是真的，沙格杜尔肯定会派人告诉我。

我们还在继续沿着山谷往南走，雅都次仁宣布他真的必须返回，带走他的牦牛。我说："你请便吧，但你最好当心我的哥萨克。"骑马的人再一次蜂拥而至，把我们围起来。一场新的总动员开始了。我们给那可怜年迈的雅都次仁找了多少麻烦啊，真是太没良心了。

我们往山谷上方行进时看到另外几个牧民的帐篷。每当这些帐篷里的居民的好奇心超过一定界限时，只需某个士兵稍一挥手，他们就立刻销声匿迹了。这些人之间的那种默契真是奇特！他们中似乎存在着某种共济会似的关系。他们对自己的神灵与上司绝对地服从，而且似乎对贿赂丝毫无动于衷。不管怎样，我们始终无法说服他们中间任何一个人给我们指出通往南方的道路。你能想象一个没有一名叛徒的国家吗？

我们在叫坚丁错（Jandin-tso）的湖边扎下第100号营地。这里正是楚林河的发源地[①]。湖面上结了一层薄冰，但后来刮起的风把冰层吹散。这个湖本身的水源是

① 综合地图判断，所谓坚丁错似应为查桑错果。

一些已经冻结的泉水，切尔诺夫就在那里打下一只野鸭。10月9日，这湖泊再次封冻，那一天真是天寒地冻，刺骨的冷风扑面而来。到了这时，只剩下六个藏人仍然与我们在一起。他们前来客气地问我，我下一步的计划是什么。我指向一个通往西南偏南的山沟。我们刚一走进那条山沟，就有至少三名西藏护卫人员骑马去通知雅都次仁。山沟尽头的山口非常高，使人得以饱览周围的雄伟群山。我们的正西方向高耸着令人目眩，银装素裹的下岗江峰（Shah-ganjum），它有三个“驼峰”，最中间的那个最高的，在纯洁透明的大气中显得分外雄伟。我们在一个称作阿姆里克瓦（Amrik-va）的地区一个旱獭洞旁扎下营地。狂风怒号，寒冷刺骨。实际上我们每个人的身体都冻得发疼。

第二天一早，疾风仍然从一座座石峰与一丛丛苔藓中飕飕地穿过，天空呈现着最纯净的天蓝色，但“季风”这个在那片名声不佳的土地上最让人受不了的坏东西一刻也没有偏离它的存在法则。我们的道路穿过几处容易走的山口，两旁是阴暗荒芜的山间景色。藏野驴、藏羚羊和狼群遍地皆是。但最后，山沟变得开阔起来，我们往下走向西北。那天夜里我们在一个孤零零的山群背风之处（正是我们求之不得的）停了下来。但是从头顶上的山峰刮下来的一股股冷风就像旋转的瀑布一样跌宕而下。从一些白雪覆盖的山岭上刮起来的飞雪犹如白粉形成的飘带一般，在阳光下闪闪发光。

但是10月11日我们的马匹状况使我们无法继续往南走。我们进入了海拔过高的地区，现在是回到旅队的时候了。因此我们转向西北，骑马穿过一个宽阔的山谷，它就在我刚才提到的那个雄伟的大山下岗江的东麓山根底下。那山上有四条冰川。从它北面经过的利特代尔称它为“Shakkanjorm”。

走到半路，我们遇见雅都次仁，他从我们离开大旅队后就一直通过信使与我们保持紧密的联系。奇怪的是，我们两人都很高兴能够重逢，彼此之间非常亲热地打过招呼。我对他说，现在你亲眼看见了吧，我这次往南走一小段并没有任何恶意。他说他为我需要艰难地翻越那么多山口而最终一无所获颇感遗憾。他十分担心我会累坏了！

遇到他以后，我们穿过一条纵向山谷继续往西北行进，在一条泉水形成的小溪旁找到旅队。这溪水虽然不大，却又清又深，而且里面有很多鱼，所以我晚饭时很快又有鱼吃了。人畜全都状况良好，只有我们那位年迈的病人除外，他的身体浮肿了。我尽我所能给他治疗，但他说不想继续治疗了——他只想再见我一面，然后就可以坦然地面对死亡了。

最后，我们于10月13日在第103号营地与雅都次仁与次仁达西分手。他们的命令是陪我们到边界，他们的任务到此就算结束了。现在我们似乎抵达了那宗与崩巴（Bomba）的交界处。崩巴这个地名在利特代尔的地图上也有标出。他们让我给他们写一张证明信，说明他们忠实地履行了自己的职责而且我很满意。这说明他们曾接到命令要对我们以礼相待。他们离开后，我们将由一位名叫雅沃次仁（Yarvo Tsering）的头人负责陪同。

我们出发时，我没有能找到雅都次仁和他的同伴，因此我没能把准备作为礼物送给他们的左轮手枪和刀子交给他们。我已经付给过牦牛主人钱，他们都已离开。但在新的陪同人员抵达以前，我们只得自己照管我们的行李。不过，我们在风景宜人的拉姆隆（Ramlung）山谷里发现，那两位上了年纪的头人正与他们守候在那里。显然头人们并不想错过送给自己的礼物。从那个山谷往东看视野极佳，落日时远方的群峰都消失在一片暗红色中，仿佛天边燃起一场草原大火。头顶上的天空是明亮的，但东边的地平线处却已陷入墨蓝色，这说明那些较高的地方夜色已经降临。眼前是西藏人的帐篷，有些是黑色，另一些蓝白相间；它们在坚硬的黄草前形成鲜明的剪影。草地上，人们正忙着把马腿一一拴好。那一天我们只走了10英里。实际上，在目前的状况下我们一天最多也就能走12英里。

10月14日，我们赶着二十二头新牦牛出发了。每头牦牛每天的租金为一个错[①]。这些牦牛共有三十个人来照管。西藏人尽其可能缩短每天的行程，但我没少给他们找麻烦，因为我总是自己选择新营地。水源越来越少。有时没有西藏人的帮助，就不可能找到泉水。沙格杜尔凭着他无穷无尽的机敏和智慧，从一个牧民那里为我们搞到新鲜的牛奶和酸奶。他是在一个山窝里找到这家人的帐篷的。地势渐渐向北倾斜；有时层层叠叠的平行山脉可达六列之多。在这个位置，我们所走的路线位于利特代尔的路线以南。15日晚间，在色隆（Sholung）的泉水旁，我们发现一队新

① 在这一地区我们用1两银子换8个错，显然我们被坑了。——原注

图 337　左边是喇嘛，右边是雅都次仁和次仁达西

图 338　给牦牛装行李

的牦牛正在等待我们。第二天又冒出来一队新的士兵，仿佛是用魔术从地底下变出来一般。原来的赶牦牛人开始讨价还价，坚持要我们支付他们拉萨发行的错，因为他们自称不认中国白银。但当我回答说要么是中国白银，要么就什么都没有时，他们很快就变得好商量起来。

切尔东的马死了。只剩下很少几匹马能经得住人骑。实际上有四个人骑着骡子；骡子比马更能经受得住旅途的磨难。买买提·托克塔的双脚肿得厉害，我们只得将他的靴子割开，用毛毡裹住脚。一整天我们都没喝到一滴水。这片地区几乎无人居住，草地极为稀疏。不过绵羊倒是取之不尽用之不竭。那天晚上，我们在营地附近看见山谷里一个地方就有二百头藏野驴在吃草。

10月18日，我们向西南走了12英里，这是一段很有意思的路程。西藏人带着所有的牦牛和我们的行李钻进一条深沟。这条沟穿透了形成这条横向山谷南边屏障的那座山脉。他们说，我们也必须跟着他们走，只需翻越一个小山口。这对牦牛来说倒是很合适，但对骆驼来说可是要命的事。因此我们拒绝跟随他们，而是继续沿着山脚下往前走，尽管这样我们就必须跨越无数的沟堑。从我们折向南方的那道山梁上可以看出，我们距离拉果错（Lakkor-tso）已经很近了。利特代尔的路线在这个湖泊以北很远的地方，他观察到西藏的盐湖有许多正在逐渐干涸。拉果错就是一个明显的例子。它昔日的湖岸线远远高于现在湖面。一层层干涸的湖岸线形成土垄之间的台地，后面往往存在潟湖。现在的湖岸到处是白花花的盐粒，这些干燥的粉末状盐粒被风吹起，犹如一团团蒸汽或飘浮的面粉。我们在通往索米藏布河（Sommeh-sanpo，它向西注入湖中）的路上跨过了几条小溪。它们在那个时节都已干涸，但被夹在高高的两岸之间，河床里时常布满盐粒形成的圆锥和方锥。这都是以前厚厚的盐结晶的残留物，被风的侵蚀力在漫长的时光中塑造成型。

前面提到的那条嶙峋的巨大山脉仍然横亘在我们的南方，构成一道在几天时间内我们的骆驼无法逾越的屏障。我们在这个地方不得不开枪打死叫哈姆拉的那条狗，它夜里根本就不让我们睡觉。如果不朝着西藏人狂吠，它就朝我们自己的值夜人和我们自己的旅队牲口吼个不停。另外在这里死了两匹马。奇怪的是，两头母骆驼早

图 339　103 号营地，海拔 15 946 英尺

产了。图尔杜·巴依认为这是因为极寒的温度（零下15.4摄氏度，4.3华氏度）以及它们在不恰当的时候喝了冷水造成的。我们在这里还遇到一队新的牦牛和赶牦牛的人。刚到晚上九点钟，气温就降到零下10摄氏度(14华氏度)，河流封冻得极为迅速，我们在夜间能听到冰块撞击摩擦发出的咔嚓声。

32

苦路[1]

10月30日[2]，“季风”从上午九点半就开始了。我把它称为“季风”的理由是，它每天都刮，有规律得让人发疯。中午以后它就越加狂暴，演变为一场真正的沙漠风暴，卷起大量的沙尘,有时遮天蔽日。这真是一幅震撼的图景——雪白的云团从拉果错的西端飞过湖面，而湖水狂暴地拍打着下面的湖岸。湖边的风势极大，骆驼们都被吹得摇摇晃晃。骑在上面的人也左右摇晃着。不管怎样，我们的旅途使我们发现了那一地区气象方面的两条规律：第一，雨季在夏末秋初；第二，秋末冬初则是风季，以西风为主。

大风不时会刮走一张毛毡、一个麻袋或某个没拴牢的物件，于是我们就得找到它们，把它们重新捆好。我的地图差一点就被从我的手中刮走，撕成碎片。我们又失去了一匹马，这次是来自拉萨的那群中的一匹。此时我们正沿着索米藏布河顺流而下，左右两边各有一道高大的山脉。不过，最后这条河折向北方，绕过山脉的一端，注入拉果错。那里紧挨着一个盐堆群，一座座巨大的白色小丘闪着光，看起来像面粉。一小时后，我们来到陡峭的湖岸旁。我们沿着一个高台前行，来到另一条河边。它来自东南偏南方向，也注入那个湖泊[3]。我们在新溪流的左岸度过那天夜晚。这附近所有的山坡都布满横向的条纹，它们在特定的光线下看起来像是黑色的尺子一样。

---

① Via Dolorosa，即耶稣受难时走过的十四站苦路。——译者

② 原文如此，似有误，应为20日。

③ 应为连接西扎错与拉果错的水道。

图 340　安葬买买提·托克塔

下一天的行军途中发生了一件很不寻常的事。买买提·托克塔老人无意中被人留在后边，没有人注意到这一点，直到带着两三匹疲倦不堪的马匹落在后面很远的哈姆拉·库尔在一个沙窝里遇到他。他和善地解释说，他感到疲倦，于是从马上跌下，而那匹马却若无其事地悄悄走了。哈姆拉·库尔当然带着老人一起赶来，当他们进入营地后就把老人用毛毡和羊皮舒舒服服地裹起来。那天晚上，我如往常一样去看他的情况如何，确保尽我们所能提供一切他所需要的条件。过去我有时给他一点索佛那，让他睡觉。但这一次他不需要借助外力就睡得很长很沉。我问他的所有问题，他都能很理智地回答。他说他最喜欢牛奶，于是我立即派人去给他拿。他喝了很大的一碗。然后我问他感觉怎样。他对我报以非常友善的微笑。但第二天早晨太阳升起之前，他的身体就已经僵硬冰冷。没有人知道他究竟是何时去世的。最后值班的毛拉·沙出去捡燃料了。死神在这位年迈的骆驼队长睡眠中降临；他的眼睛是合着的，从前一晚开始他就一点也没动过。

这可怜的老人之死对所有幸存者来说都是一个解脱。因为他的身体已经浮肿，

图 341　拉果错西岸的营地

呈现一种很难看的黑色，对他的康复我们早就不抱任何希望。他已经病了四个月，对他来说，他自己的生命已经成了一个负担。因此他的过世真是一个解脱。买买提·托克塔是一个绝对诚实的人。尽管他给同伴们带来许多麻烦，但我从未听到他们说过他一句坏话。他们都很喜欢这可怜的老人，因为他永远对人友善，高高兴兴，对他的病况也从不大惊小怪的。在他生命的最后几天里，尽管我有明确的命令让他别动，每次我去看他时他总要挣扎着坐起来向我行礼。

其他的穆斯林立刻着手准备葬礼。其实在我醒来被告知老人已经过世之前，他的坟墓就已挖好了。尸体被洗净后，人们给他穿上老人平日所穿的衣服，然后把它裹在羊皮里，放在驮鞍上送到墓地去，人们在那里给他举行了与卡尔佩特葬礼同样的仪式。这是我开始这次穿越中亚与西藏之旅以来，我的旅队中去世的第四个成员。这件事当然不会有助于改善我们另外两位病员（阿力玛斯和艾合买提）的情绪。

我在西藏失去的三个人都死于这奇怪的疾病，这并不是因为我们的食物有问题。我们总是有很多食物，而且从不缺营养。只要我们在西藏，我们从没缺少过新鲜的肉，尤其是在进入有人居住的地区之后，因为当地居民总是为我们提供足够的绵羊和油脂。我已经多次说明，我们从不错过任何一个能够猎杀野牦牛、藏野驴和藏羚羊的机会。除此之外，最近我们又得到了各种各样的新鲜牛奶和酸奶、黄油和鱼；从若羌带来的大米、面粉和炒面的储备也还剩下很多。你也许还记得，我们出发时带够了十个月的补给，而到现在走了还不到五个半月；按理说我们应该还有足够坚持到拉达克的储备，但实际上并不可能持续这么长时间。但这是因为，当骆驼开始垮下来时，我们为了给它们鼓劲就喂它们面包和大米。的确，在我们得到陆续而来的牦牛队的强力援助之前，有时不得不浪费我们的粮食，以此来略微减轻驮畜的负担，有时甚至要扔掉一些储备。

这种疾病的真正原因是空气缺氧。在这种海拔，空气中氧气的浓度只相当于海平面的一半，因此血液无法吸收足够维持生命活力的氧气。事实是，我们生活在极不正常的条件下，我们的呼吸与循环系统不是为这种条件而设计，也无法适应它们，而那些身体不够强壮健康的人自然风险更高。心脏在很大的压力下挣扎着工作，如果它的肌肉和组织本来不够健壮，就无法将血液推入手足等身体末梢部位。一位著名的瑞典医生曾向我解释，这就是为什么我的属下的脚和腿最先失去知觉。他认

图 342　114 号营地，山谷南侧的群山

为如果能将病人置于完全平躺的姿势，他也许不至于丢掉性命。但是在旅途中很难在最理想的状态下护理病员。当然，你应该停下来等他们恢复健康。但是在西藏这种地方，这样做显然将会把整个旅队置于危险之中。旅行者没有其他选择，只能带着病号一起走，这自然会大大消耗他们的气力。

牦牛队一大清早就出发了，有一位哥萨克做他们的护卫。然后是生病的骆驼和马匹，背上都没有驮任何货物。安葬了可怜的老买买提·托克塔后，其他的人都离开了那个悲伤的地方，把我们的仪器箱子放在两三头仍然适合工作的骆驼背上。这里离拉达克只有480英里，但是在我们慢如龟爬的速度之下，前方的道路似乎遥遥无尽。最后出发的是我本人、沙格杜尔和西尔金。我们骑马爬上屹立在我们上个营地西边的那座山的山坡，目的是测量在如今湖面之上的古老湖岸线的高度。水平镜被固定在地面以上五英尺的位置，而且被观察点之间的距离经常减少，因此我最终获得的那条线是一个抛物线。古代的湖岸线一共有八条，在山谷对面的一座小山的斜坡上最为明显清晰。但无论是在这一次还是其他场合，我都可以得出结论，这些湖岸线总的来说在西坡比在东坡上更明显。实际上在东坡上往往根本看不到任何湖岸线。而在北坡和南坡上，它们只是略有痕迹。这一规律的原因何在？那只能有一个原因，这就是“季风”；它极为猛烈地冲击着东边的湖岸，最终使湖岸的痕迹消失；

图 343　喇嘛吹号

而西岸则有岸边波浪的保护。

我的测量结果还显示，古湖岸线最高时至少在现在湖面436.5英尺以上。由于湖面的面积随着湖面高度的降低而减少，我们在过去的几天里一定是跨过了古代的湖底。我们测量的山是由黑色的细晶片岩形成的，但更高的地方则是由紧密的石英岩。

翻越另一座小山口后，我们走近又一个咸水湖[1]，它与拉果错简直一模一样——同样的白色湖岸和碧绿的湖水，只不过它要小得多。它整个西半部都露出水面，覆盖着一大片盐的沉积，白如霜雪。我们通过一个山口离开这个湖盆，它很像我们进入这个湖盆时经过的那个山口。我们在山口下发现哈姆拉·库尔正与两匹垂死的马在一起。其中一匹是来自库尔勒的青花马。我让他立刻把它杀掉。另一匹挣扎着走到营地。那次穿越西藏的旅行对牲口和人来说都是无穷无尽的苦难。我们每走一步都有艰辛相随。看着这些苦难而又无法阻止它，这本身就足以让人心如刀绞了。我们出发时带的四十五匹马和骡子现在只剩下十一匹了。

晚间开始变得很冷。库特楚克睡在我的“厨房”里，用牛粪生起一大堆火，给其他人分发一些炭灰以点燃他们自己的营火。这使他成为一个很受大家欢迎的人。

把每天的路程缩短无疑是明智的。但像我们在10月22日所走的那样短的路程却是对智慧的一种嘲弄。走了大约3英里后，西藏人停了下来，恳求我们也停下来，声称在我们遇到草地之前还要走三天。此外，他们预计那天或第二天夜里将有一个新的牦牛队以及一些绵羊到来。这些理由加起来使人很难反驳，于是我们停了下来。但是我告诉西藏人，在最后算账时，我将不会把那一天算作一整天的工作量。他们对此毫无异议，只是说您请便吧。

我们再次出发后，穿过了一些盐池，上面散布着盐粒形成的金字塔和“平台”。它们有三四英尺高，闪着耀眼的银光，使人睁不开眼，我们不得不戴上墨镜。盐池之间偶尔可见一个淡水池，现在覆盖着一层冰。西南方的一座山后面是麻米寺（Marmi），从那里不时传来绵长的号角声，在山峦与湖面之间。那一天和次日都有暴风雨肆虐。甚至当下午风势减弱时，风速仍达到每小时33.5英里。尽管我们仍然

① 似应为拉果错西侧小湖吉布查卡。

图 344　114 号营地南侧的群山

在朝着西南方[1]行进，我们已在利特代尔的路线很南的地方。在虾果曲（Shaggueh-chu）边的第112号营地，我们再次听到南边传来的号角声，听起来仿佛雾号[2]一般。我非常想去参观那个寺院，但西藏人断然拒绝陪我们一起去。

10月24日，我们再次在蛮荒嶙峋的山脉之间行进。两旁的景象犹如魔幻世界，几乎不像人间。我们在一个叫物玛错（Oman-tso）[3]的小水塘旁扎下营地，它就在一个平坦的山口（海拔15 814英尺）下面。这里属于沙格桑宗（Sagghet-sang），当地百姓属于桑科（Senkor）部落，利特代尔曾提到这个部落。那一天三头骆驼落在后面，其中只有一头赶到营地。那天夜里气温降到零下18.8摄氏度（零下1.8华氏度）。第二天早晨还没有出发，我们就不得不先杀掉另一匹累垮了的马。六头骆驼不适合工作，被留在后面跟着牦牛走。我们让身体仍然不适的阿力玛斯骑着其中状况最好的一头走。就在我们赶上它们的那一刻，六头骆驼中的一头垮了。留下来照看它的那两人实在无法使它再次起身，最后割断了它的喉咙。很快又有一头落在后面，我们留下一个人照看它，但第三头骆驼又垮了。再往前，我们把单峰骆驼留在一片草地上，由后面的队伍把它接过来。所以阿力玛斯仅带一头骆驼，就是在若羌生下一头小骆驼的那头母骆驼。那头小骆驼状况最好，但那是因为我们喂它的是面包。三十九头骆驼中现在只剩下十八头。其他的都死在路上。四位哥萨克现在都骑着骡子。骑马的只有我、图尔杜·巴依、毛拉·沙、李老爷和图尔杜·阿浑，他是哈姆拉·库尔的儿子，只有十六岁，给穆斯林们做仆从。其他的人有些骑着骆驼，但一般都是步行。

损失惨重的我们在巨大的陡壁之间一步步地向前走着。那些峭壁犹如中世纪的古堡一样高悬在我们的道路上方。所有的山脉都向西北方向延伸，正如喜马拉雅山脉和昆仑山脉在同一经度的走向一样。那天晚上，我们再次在一个结了冰的小湖旁扎下营地，它就位于一个山口下面，叫邦金错（Bonjin-tso）[4]。掌管牦牛队的人叫达瓦次仁（Davo Tsering），他是一个很逗乐的好脾气小个子。他不知道通过欺骗我们

---

① 原文如此，似有误，应为西北方。

② 用于船只、救生艇或海岸服务的在雾中或黑暗中用于发出警告信号的号角，是一种导航设备。

③ 附近没有与这一译名类似的湖泊，三天之后斯文·赫定又在另一个“物玛错”扎营。根据其路线判断，这里提及的湖可能为本庆错。

④ 斯文·赫定的地图上未标出位置，可能为堆琼附近的无名小湖。

能占到什么便宜。

死亡继续折磨着旅队。我们早晨杀死了一头骆驼，白天又把另外三头留在后面，让图尔杜·巴依和它们一直待到夜里十点钟。他要在第二天早晨再看看它们，如果它们无法继续往前走，我授权他把它们从痛苦中解脱出来。他和后来骑马去找他们的西尔金空手而归。那三头中有一头是我们唯一的单峰骆驼。

10月27日，天气仍然晴好，“季风”仍然没停，但风势减弱。我们走的路线平坦易行，所有的骆驼都坚持下来了，尽管这也是某些马匹能走得动的最远的路程了。不过有些骆驼的蹄子被磨伤，只好穿着野驴皮制成的袜子。地势很快变得又开阔起来，我们隔一段时间就能看到牧民。达瓦次仁与我并肩骑行，不带任何偏见地向我提供了所有我打听的情况，令人钦佩。他常常以一个地道的牧师口吻对我说：“现在写下这座山的名字叫什么什么。”然后他私下里问喇嘛我认为他怎么样。

我们的路线与利特代尔的路线短暂重合之后，从这里岔开。那位英国旅行家从这个地方开始沿着一条更靠南的路线前往日土（Rudok），然后沿着班公错（Pang-gong-tso）的南岸前往拉达克。我们在西北面可以看到多达普错（Doddap-tso）[①]；在南迦巴（Na-ngamba）那个地方看到一座敖包，它是用石片搭成的，有13英尺长，上面塞满了玛尼石板、牦牛角、羊角，顶部插着一面小红旗。第116号营地就建立在已经封冻的淡水湖物玛错的西岸。

10月28日，我们骑马走在起伏的地面上，不断地上坡下坡，一直走到我们穿行其间的那个横向山谷的尽头。站在那里的山口向前看，一个崭新的世界展现在我们面前。我们长时间已经熟知的那个旧世界，那个曾使我们历尽苦难的世界，像一本书一般在我们身后合上。我们面前的地貌最主要的特征是圆形的别若则错（Perutseh-tso，或Yim-tso）。别若则错湖畔的营地是近六个月前我们离开若羌后遇到的最好的一处营地。草长得又高又厚，鲜嫩肥美；到处是灌丛，我们再也不会缺少柴火了。而且这里水源也很充足。在人们筑起的一大圈熊熊篝火之间，营地上很快就洋溢起一派欢乐的气氛。不仅是欢乐，而且暖融融的。想起来也够凄惨，我们太需要这点热气了，因为当时温度已经降到零下20摄氏度（零下4.2华氏度）。只有

① 无相似地名，赫定的地图上也没有标注，难以判断为今日的哪个湖泊。

图 345　114 号营地北侧的群山

一头骆驼没能跟上队伍，而那正是小骆驼的母亲；那天晚上人们回到湖边去寻找它时，它的身体已经冰冷僵硬了。所以我们现在只剩下十四头骆驼。抵达营地以后，另一匹马也死了。达瓦次仁就在这里离开了我们，声称他没有得到收下我要给他的礼物的许可。

加上这一天，我们已经连续九天没休息，因为没有遇到一片好到足以让我们逗留的草地。作为弥补，我们在这个营地待了整整四天时间。所有的牲口都长了膘。下一站牦牛队的赶牛人卖给我们三小袋玉米。那玉米来自拉达克，售价为4杭（=13先令）。这个价钱自然是高了些。但虽然这些玉米一小时内就被我们的牲口吃光，我们这些可怜的牲口还是受惠不浅。这个新的牦牛队的队长告诉我们，他本是一个台吉诺尔（Tajinur）蒙古人，出生在可可诺尔（Kuku-nor）[①]以南几天路程的地方；但他的父母在前往拉萨朝圣的途中把他卖给一对没有孩子的藏人夫妇，当时他大约五岁。他不知道他们卖了多少钱，但我们的喇嘛说规定的价格是20杭（=3英镑6先令8便士），而且这类交易并不罕见。有时藏人把他们的孩子卖给蒙古人。当然，这个人是按照地道的藏人养大的，对蒙古语一字不识。

我们长时间休息后的第一天走了16英里，路上平坦易行；但尽管如此，我们刚一出发就有一匹马累垮了，必须被杀掉。

天气非常冷，寒风刺骨，骑马前行简直要把我们冻死。尽管文布藏布河（Ombo-sangpo）完全封冻了，但冰面还不足以承受我们的重量。西藏人先试了一下；但看到他们的马匹和牦牛滑来滑去，甚至踩透冰面时，我们自己动手，在冰面上给骆驼凿出一个槽来。第118号营地的夜晚月华如水，万籁俱寂。温度为零下15.4摄氏度（4.3华氏度）；甚至连五等星都在天边清晰可见，而一等星则犹如钻石一般闪闪发光。我们时而能够听到狼群饥寒交迫的哀嚎。

11月3日早晨我们起床时，发现除了两头骆驼之外，其他的都跑回别若则错的丰茂草地去了。为了把它们赶回来，我们费了很多时间。当一切就绪后，我们出发向西走去,先穿过界限分明、形态优美的卢玛林错（Luma-ring-tso）的古湖滩，最后是那个小湖四周的宽阔的盐结晶地带。那湖水当然是咸的。我们在下一个湖泊错拉

① 即青海湖。——译者

林错（Tsolla-ring-tso）的湖边露营，它与卢玛林错之间隔着一窄条陆地[1]。虽然天寒地冻，这两个湖泊的湖岸多数为沼泽地，很危险，这是由于这里有淡水泉水。南·辛格的地图把卢玛林错的位置完全搞错了。他把它标为33英里长，其实它只有3.5英里长。不过他从未亲眼见过那个湖泊，因为他的路线在它北面很远的地方。1873年以来它不可能缩小得那么厉害。那位著名的印度测绘员正是在那一年完成他那值得铭记的重大旅行的。

由于湖岸过于危险，我们觉得最好在夜间把骆驼拴起来。不过两三匹马还是走了进去，结果我们费了九牛二虎之力才把它们搞出来，这些马看上去仿佛是用烂泥捏出来似的。尽管它们最近休息了很长时间，有几匹马表现得很奇怪。我在前往拉萨之旅的后一阶段骑的那一匹白马，在8月19日似乎完全累垮了，但后来又恢复过来，11月4日却彻底不行了。我正要命令将它杀死，西藏人的旅队首领匆匆走过来，央求我把那匹马给他。我当然同意了这一要求。

我们知道，那一天应该走进了日土的边界。实际上，在那个湖泊的西端已经可以看到七顶帐篷，周围有一些人。有个很不礼貌的老人走上前来，说我们不得继续往前走；附近的山沟里有一片好草场，我们可以去那里，与他们的马匹和牦牛分享那草场。我们挨着西藏人扎下营地，我们的喇嘛立刻前去看看是什么问题。他回来时情绪非常激动。他声称，日土的头人是个不折不扣的恶棍；他向我们索要达赖喇嘛颁发的通行证，并发誓说，如果我们拿不出这个通行证，他就不准我们穿过他的领地。据说这个地区的总管与拉萨的噶厦关系很好，而且是察克嘉隆（Chokk-jalung）金矿[2]的总管。他夏天就住在那里，但冬天住在日土城里。

我让人请那个人来见我。他来时带了一大群随从，身穿全套制服，举止非常傲慢。我请他坐在我帐篷外铺开的一张毡毯上，但我自己坐在帐篷里面，挨着火炉。此人犹豫了一刻是否该接受这一模糊不清的客套，但最后坐了下来，要求看一下达赖喇嘛给我们颁发的通行证。我回答说，我们从没有见到过那位大人，因此也不可能持有他所颁发的通行证。

---

① 根据地图判断，这两个湖泊似应为盐湖扎仓茶卡。

② 这个金矿在我们所在地西南两三天路程的地方。据说冬天金矿完全停采，但夏天总共有三百人在那儿采矿，有些人是从拉萨来的。这里被认为是全年有人居住的海拔最高的地方。——原注

图 346　11 月初冰冻的沼泽附近的营地

图 347　错拉林错北岸

“我从未听说过你，”他继续说，“也不知道你是谁。我没有从拉萨收到有关你的任何报告，更没有接到任何为你提供牦牛的命令。但我知道一点，就是在任何情况下欧洲人都不得从日土穿过。”

“如果你是一个高层官员，你就应该知道你有帮助我们前往拉达克的责任。”

“我对没有通行证的可疑人等没有任何责任，但如果你愿意，我可以写信给拉萨，你可以在这里待十个星期，等待回复。”

“非常好，”我回答说，“这对我们来说极为合适；我们的牲口已经累坏了，需要休息。你尽可给拉萨写信；我们有的是时间。”

“很好。你知道吗，如果我让你从我们这个地区穿过，我将掉脑袋。”

此人举止沉静、不失尊严、口气坚定。但同我们在拉萨附近的朋友相比，他过于傲慢。哥萨克们简直快气炸了；他们都渴望回到故乡，恨不得早一点离开那个寒冷多风的山区。但是我让他们冷静下来，因为我知道自己没有权利对日土开战。此外，我们的对手过于强大，即使现在他们也已经装备得很不错了。另一方面，我不

图 348　西藏西部的景象

愿被人赶到太靠北边的地方去。因为那些地方都在南·辛格、鲍尔上尉、迪西上尉或威尔比上尉和马尔科姆中尉已经走过的路线上。我更不希望像迪西上尉过去所做的那样，将我的大部分行李、帐篷、储备和船只烧毁。

正相反，我更愿意在这里耽搁两个半月。我筋疲力尽，太需要好好休息一下了。于是我与哥萨克们商量了一番，很快就制订了在这里过冬的计划。两三天内，我们将回到别若则错的丰茂草地，在那里修筑一个有围墙的营地。那个地方很有意思，我不会闲着无事可做的。我的属下也有很多事情可以做。首先他们可以用草皮在营地四周建一道围墙，并在墙外挖一条壕沟。然后他们可以用同样的材料盖起一座岗楼。然后我们可以休息，可以打猎，出去探索四周，并照料我们的牲口。等春天到来时，我们就可以直接往南行进。我几乎要感谢这位过于积极的宗本，他迫使我更改关于西藏的计划，尽管实际上我已经受够了这片难以接近的土地。

第二天早晨我对那首领宣布了我们回到东边的意图，他没有表示任何反对。但另一方面，那位台吉诺尔旅队的队长宣布他接到的命令是护送我们到日土的边界，而不是往东走。但我找到了一个克服那一困难的办法。可是，就在这当口那位宗本又改了主意，通知我们说他愿意为我们提供牦牛和补给，只要我们承诺不接近日土城。我立刻就同意了这一要求，因为我本来就没想去日土。那个小城正好在利特代尔走过的路线上。那以后，我们自然放弃了修筑带围墙的营地的计划，准备再次上路。

33 错贡波（蓝湖）

在这里，我们把一切能够放弃的东西都留下来，送给了西藏人。11月6日，我们爬上一座海拔15 940英尺的山口，发现它的北坡有泉水和草地。11月7日，天气晴好，我们总算是不再被那永无休止的大风吹了。但是又来了新的麻烦，西藏人开始与我们的喇嘛吵起架来，因为他跟着“那些俄国家伙们”而称他为“不信教的狗”。这把我们的喇嘛气得七窍生烟，走路时都向周围挥舞着鞭子。我让他告诉他们，如果他们再挑起一场争吵，我们就把他们绑在骆驼背上，直到他们“晕船”，懂得礼貌时为止。我们一整天除了几处营火灰烬以外都没有见到一个人。那天夜里我们在策布（Tsebu）的泉水旁扎营。夜晚万籁俱寂，静得像坟墓一般。当地上结霜时，我几乎能幻想到刺骨的严寒发出的声音。除了两三只狼那悠长凄惨的嚎叫之外，没有任何东西打破那夜晚可怕的寂静，当值夜人完成那寒冷、令人疲倦的巡逻时，你几乎刚好能数清他脚步声的单调回响。

在接下的两天里，我们沿着一个湖泊[①]骑马前行，湖中满是大雁和野鸭子。然后我们翻越了一道低矮的山口，走进拉沃藏布河（Ravur-sangpo）那侵蚀严重的河床。这条发源于天然泉水的河流就在我们脚下的一座宽大山谷里。牦牛队的领队告诉我们，从这里往北四天路程的阿鲁错（Aru-tso，鲍尔上尉曾提到过这个湖泊）附近，最近有安多、那曲和那宗的土匪出没。一年前，有一群匪徒被抓获，他们共有五人，依照日土总管的命令被处决。除了这些人以外，那个地区无人居住。为我们提供消

---

① 按照地图判断，应为纳屋错。

息的是一位很幽默的老人；他时常骑马在我身旁，边走边唱，还经常模仿骆驼打嗝儿，逗得我的属下哈哈大笑。

10月10日，温度计记录的温度是零下26.5摄氏度（零下15.7华氏度）。我们像木乃伊一样裹在羊皮和毛毡里躺下。即使这样，我们也无法保持暖和。我们一共走了20英里——这可绝非易事。我们已经好几个星期没有走这么远了。我们的西藏护卫当然希望只走6英里就停下来休息。但由于我们那时刚遇到新来的一批人和牦牛，我们就让前面那一批走了。我们不能仅仅因为他们想尽快回家钻进他们暖和的帐篷就责备他们。这些可怜的家伙连内裤都没有穿！我们把切尔东、三位穆斯林和所有的西藏人（除了四人外）都留下来照看牦牛队，其他人则继续骑马前行。我们穿过平坦的山谷。那天结束了，黄昏降临。四下里一片漆黑。我们一天都滴水未沾！最后我们遇到了沙格杜尔，他骑马去前边侦查，回来时带来一小袋冰块。我们继续往前走，来到他取得冰块的那条冰冻的小溪。前去另一个方向侦查的李老爷打了一只狼。

图349　喇嘛和牦牛队领队吵架

12 日，西藏人在一个小湖[1]的西端搭起他们的帐篷。那湖上覆盖了一层厚厚的冰。他们声称“两天之内将不再能找到水”。我们装了满满四大口袋冰块，不管他们怎么说，还是继续走我们的路。我们正在湖面上忙着，看到北面几英里的一座小山上面有两三匹马和人。但当我们接近那地方时，他们都不见了。西藏人说他们是土匪，藏身在一些沟壑里。他们敦促我们把这些人赶出来，用枪打死他们。过了片刻，我们看到另有两人坐在一堆篝火旁，正在烤一条羚羊腿。他们不过是和平无害的猎人。一小时后我们停下来，这时牦牛队和那些吹着口哨唱着歌的赶牛人也赶上来了。沙格杜尔与他们生动快乐地交谈起来。这个聪明的家伙在极短的时间内就学会了足够的藏语，能够与一批批的西藏护卫流利地交谈。牦牛队的那些人说得不错，我们两天后才在一条小溪里找到水。如果不是因为西藏人提前告诉了我们，我们肯

图 350　129 号营地东南

① 似应为布木错。

定会经常断水。11月13日至14日之间的那天夜里，小溪的边上冻得很厉害[1]。我们现在很少能听到流水的声音。这里与通往拉萨的那个地区真有天壤之别。那里几乎每天都是倾盆大雨，我们简直就是在沼泽地里穿行。而在这里我们却要费尽气力去找水。

第二天，我们骑马沿着拉尕藏布河（Raga-sangpo）向上游走了一段路，然后离开它转向右边。那以后不久，西藏人又如往常一样要求停下，尽管我们才走了很小一段路。他们说将有另一支护卫队在那里接替他们。他们不愿意走比给他们规定的路程更多的路。对此我干脆把牦牛交给我的哥萨克们，让他们把这些牦牛赶到我们下一个营地。西藏人顺从地跟了上来在我们旁边扎下营地。我们在那里休息了两天，从牧民那儿买了一些绵羊和牛奶。

11月17日，我们朝西北方向的一个山谷走去，它最后变成一个狭窄且美丽如

图351　11月21日和22日的营地附近

① 按照地图，此处为米卓茶卡和宅姆错。

画的山沟；这条沟里面到处是砾石，尽头是一个山口，有个冻结的池塘。在那里，切尔诺夫在克里雅买的那匹栗色马死了。早上九点钟，温度为零下18.6摄氏度（零下1.5华氏度）；而到了半夜，温度则降为零下24.4摄氏度（零下11.9华氏度）。这些凄凉荒芜的西藏群山里寒冷刺骨，令人难以忍受。

小骆驼中的最后一头没能抵达第130号营地（海拔16 602英尺）。它倒下去就站不起来了，我们只得将其杀死。自从它的母亲死去后，这小家伙就一直萎靡不振，尽管我们一直极为小心地照顾它，喂它面包、糊糊和牛奶，并在夜间把它裹得严严实实，放在篝火旁。我们的牲畜中最有韧性的是那两只绵羊。一只是大公羊万卡，它和我们在一起待了两年多。另一只白羊来自阿不旦。我们这些人谁也不忍心碰它们，而是把它们视为同伴。我相信他们宁愿饿死也不会杀死这两只羊。

在我们的下一个营地（加木噶拉沃，Yam-garavo），四处有很多极好极干的亚帕卡克草，这是上好的燃料，尤其是夜里，温度降到零下26.5摄氏度（零下15.7华氏度）。对那些在外边值班看管牲口的人来说这太残酷了。他们的羊皮袄远不够御寒。

图352　砾石台地

不过，不管怎样，他们在这里还是能够享受整夜有火的奢侈。一整天我们都必须与要命的寒风搏斗，寒冷渗入我们的骨髓，温度从没有高过零下4摄氏度（24.8华氏度）。我们为了不被冻死，被迫走了一段时间，尽管对心脏和肺来说这非常糟糕，只有在走下山窝时除外。在这个营地又死了一匹马。这些可怜的牲口！对它们来说，生命只是一个负担；而对我们来说，只是无穷的麻烦。但只要有一线希望，我们就不会杀掉或抛弃它们。

在我们左面的一片乱纷纷的山峦里，在南方，我们仍然能看到那道从那宗错以来一直陪伴着我们的雄伟山脉，它将“禁地”挡在山的另一边。虽然我们的四面八方都环抱着大山，却很少看到雪坡，从来不落雪花。我们真是盼望痛痛快快地下一场雪。我们实在受不了没完没了的大风和大晴天。我们距离列城还有240英里。每个人都渴望赶到那里，尤其是我本人，因为我希望如果可能的话，在圣诞前夜给我在斯德哥尔摩的家人发一封电报。

11月20至21日之间的夜晚，温度降到零下28.2摄氏度（18.8华氏度）。第二天

图353　仓加沙尔（Tsangar-shar）的开阔地

我们走了17.5英里，但是到了晚间还得带着牦牛再走一段去取冰，然后在火上将其融化后才能得到水。那天夜里在营地四周哀嚎的十几只狼和与它们对着狂吠的狗吵得我们根本就睡不着，

11月23日，我们又失去一头骆驼，结果我们只剩下十三头，这正好是我们离开若羌时带出来的骆驼的三分之一。最后倒下的是一头来自喀什的骆驼，它曾陪着我们横跨且末沙漠，两次走到六十泉。我们的路线现在位于鲍尔上尉与南·辛格的路线之间。抵达仓加沙尔[①]时，我们一直走的这条山谷变得开阔起来，在几个方向都能看到帐篷与羊群。我们在这里接到又一个新到的牦牛队，它的队长是一个很有礼貌的老人。他承担了带领我们前往班公错以及其北岸的任务；我则许诺如果他说的是实话，我就送给他一把左轮手枪。“我太老了，不会撒谎的。”这就是他简单的回答。这条河时而没有封冻，但更经常的是覆盖着厚厚的一层冰，只要撒上沙子就能把它变为可以供我们的骆驼行走的桥梁。在某一个地方，这条溪流扩大成一个湖泊，它把整个山谷都填满，只有北面一窄条硬地除外，那条硬地的宽度勉强能让骆驼走过去。几乎就在这个湖泊的南边，那条河从冰层中露出来，我们就在那里扎下营地。我非常喜欢听那甜蜜清新的淙淙流水声。

那天晚上，我们有幸看到一幅美丽的图景。月亮高照，洒下一片跃动的光芒，使山脊的每一个细节都清晰地显现出来。在白天，由于耀眼的阳光与强烈的阴影，我们无法将它们区别开来。而现在，每一个三角形的雪坡和嶙峋巨石的所有特征都以最清晰最明亮的轮廓显现出来。

在这里，噶本送给我们的一匹马踩空跌进河里，我们费了很多气力才把它拉出来。我让它在一个大火堆旁烤干，然后给它包上毡子，但是它几个小时后就死掉了。次日早晨，人们发现李老爷的马夜里也死了，它卧在帐篷之间，浑身肿胀，已经冻得硬邦邦的。我们原本以为，如果哪匹马能熬得过这个旅程，那一定是李老爷的马了，因为它的主人对它照顾得十分细心，尽管他现在告诉我们为这匹马他根本就没花过一分钱。在我们下一个营地附近，图尔杜·巴依的老黑马也死了；在那天的路上，

---

① 斯文·赫定的地图上未标注此处。似应为多玛，后文的仓加沙尔河应为多玛曲，也称多吉藏布河，斯文·赫定的路线大致相当于今日的792乡道。

图 354　砾石构成的双层台地

我们最后一匹西藏马也死了。一下子死掉四匹马！这样一来，我们从若羌出发时带来的马，以及我们在沿途购买的马加起来只剩下一匹了，那就是我所骑的大白马。

在西藏，维持一支大型旅队真是一件极为困难的事。在那个地方旅行绝非如某些人想象的那么容易；也没有任何愉快的感觉。你走过的里程是用人、马、骆驼的生命为代价换来的。所以旅行者在地图上用红色标出行走的路线不是没有原因的。他们的旅行是用血的代价换来的。如果我把每个失去一条生命的地方用红色十字在我的地图上标出的话，那么很容易就能画出我的旅队穿过亚洲腹地的整条路线。

那些坐在舒适的安乐椅上和温暖的火炉旁对我所描述的这次旅行加以判断并掂量其成果的人有一个办法就可以不必万里迢迢地深入西藏，而对穿越西藏有个概念（虽然只是一点点模糊的概念）：他们只需在严冬里来到离家几十英里的地方，在零下20华氏度的温度里骑着一匹马深一脚浅一脚地穿过一片没有任何道路的地区，而当他们停下过夜时，睡在没有点火的寒冷帐篷中，四周的狼群在狂野不羁的蛮荒中嚎叫着。然而，即使这些也不足以描述西藏是什么样的。但或许这些足以使这种人

图355　哥萨克在行军途中钓鱼

在发表自己的论点时不那么自以为是。就我本人来说，我宁愿穿越戈壁荒漠十次，也不愿在冬季穿过西藏。要想对真实情况获得任何概念几乎是不可能的：那是一条地地道道的苦路！

与这些路况、地形和气候方面的艰难困苦相比，一个由不同种族和不同宗教信仰的人所组成的旅队中所遇到的种种纷争就简直不算回事了。指望穆斯林、西藏人、蒙古人、布里亚特人和基督徒们能够在这样一次旅行的各种磨难中齐心协力也是不现实的。一天夜里，李老爷与奥尔德克正好在一起巡夜，他们钻进西藏人的帐篷里去吸鸦片。第二天一早，西藏人找到我们的喇嘛，抱怨说这两人走后，他们发现一支价值十两银子的鸦片烟不见了，说是他俩偷了这东西。喇嘛很不愿为这样的小事来麻烦我，但由于他们坚持，他最后还是向我报告了。我立刻派切尔诺夫和沙格杜尔去检查，取来这两个嫌疑人的行李，并对他们的衣服从上到下搜了个遍，却没有发现任何鸦片。我们把西藏人赶走，说他们没讲实话。李老爷和奥尔德克自然因为喇嘛报告了此事而对他怒火中烧，决心要对他报一箭之仇。于是他们跑去说服西尔金，说喇嘛曾贿赂他们，让他们使我相信卡尔佩特的死因是西尔金的虐待。可以想象，西尔金对这一毫无根据的指控当然非常惊讶，立刻跑来向我抱怨。心平气和地处理这种钩心斗角的琐事从来就不是一件容易且令人愉快的事，尤其是当我在清晨的寒冷中冻得上牙打下牙的时候。让所有的人都满意当然是不可能的。当我回首看那些挡在我的去路上的种种困难时，我为自己居然能够成功地把那支衣衫褴褛的旅队余部从那片苦难的土地带到相对阳光明媚和温暖的印度洋流域而感到惊奇。

我们仍然沿着仓加沙尔河向下游走去，很快就看到我们正在走向较低纬度的迹象，因为11月27日我们露营的地方海拔只有14 368英尺。我们仍然在很大程度上靠吃鱼为生。切尔诺夫与沙格杜尔互相比赛看谁钓的鱼更多：他们边走边用马刀和西藏的长矛叉鱼。有一次沙格杜尔在冰上走得太远，他的骡子驮着他一起从踩塌的冰面上落下去，使他洗了个冷水澡。幸亏我离他不远，马上点起一堆熊熊烈火，让他赶快暖和一下身体，烤干衣服，否则他这人对什么都满不在乎，就仿佛什么事也没有发生一般。

最后，一直绵延在我们左边的那列石峰形成的屏障终于结束，河流在诺尔（Noh）这个寺院村庄急转向南方。这里也称为乌江（Ojang），它屹立在河流的左岸。

图356　诺尔的寺庙村

图 357　错贡波（Tso-ngombo）边上的第一个营地

这个建筑群包括一个红白两色的小庙，风景如画，装点着白塔、风马旗、镀金的尖顶和其他装饰。房子是矩形的，平屋顶，按照规矩，都是雪白的墙壁、红色的屋顶。这些建筑还有旗杆和连成串的小彩旗。地板上铺着毡毯。房顶上的一个窟窿则是出烟口。外边有为过冬而堆起来的大捆木柴。抵达这个寺院之前，我们的西藏人告诉我们，任何人也不得碰这些木柴，因为那是喇嘛们的财产。沐浴在明亮的阳光下的诺尔背靠着分为两叉的高大山峦，美轮美奂。

砾石形成的台地紧贴着左岸，很难让骆驼们从那上面走过而不浸入又深又冷的河水。我们仍然沿着峭壁脚下往西边行进，那里的泉水温度为15.9摄氏度（60.6华氏度）。我们翻越了一道低矮的山口，那上面有一座顶部插满小旗子的石堆。然后我们就来到错贡波湖[①]的东端。它的南岸有几座白雪皑皑的金字塔形雪峰；而往西看，

① 班公湖（或如文中所称的班公错）是一个十分细长的湖泊，东侧为淡水湖，西侧为咸水湖。此处所指错贡波实际是班公湖的淡水湖部分，临近日土镇。

图 358 在错贡波二号湖向南看

则是这个湖泊那曲折多变的湖岸，由小溪、湖湾、岬角、岛屿和陡峭山岩形成。但它只有几英里宽。我们在湖边的一个平地上扎下营地，那里有一小片草地。一支来自拉达克的绵羊旅队已经在那里休息。但我们一接近，他们就走了。离我们营地半英里的地方有一个小岛，那里有很多上好的燃料。我们的西藏人就在那里过夜，因为那里可以避风，还有很多燃料。对我们来说也是一样。晚间他们燃起的熊熊大火在闪闪发光的冰面上投射了大片的红光。一整夜，冰面都响起下面的压力所产生的声音，直到那声音仿佛雾号一般，一会儿在这个角落响起，一会儿又在另一个角落。一处涌泉使接近岛屿的冰面上出现几个窟窿，我们在那里捉到几条鱼。

第二天，我们歇息了一天，并测量了湖岸与岛屿之间湖水的深度；这里的最大深度为20.75英尺。我们牦牛队的队长宣称，他奉命派一位信使去列城，这样当我们抵达西藏地区与喀什地区之间的边界时，我们需要的一切就将在那里等待我们。我利用这个机会给拉达克的英国联合专员发出一封信，请求他为我提供牦牛、马匹和补给。骑着长毛小马的信使消失在夜幕中时，我知道那可不是一件好差事，尤其

图 359　错贡波中央盆地

是当我们第二天看到他走过的道路后更确信了这一点。

11月30日，步行的人斜穿过冰面，其他人则沿着湖的北岸走，这段路还是很有意思的，它有四个界限分明的盆地，其间有短小的河流连接。第二个盆地（它本身如第一个盆地一般完全被冰冻住）与第三个盆地之间的溪流像一条人工运河一般平整规则，宽约40英尺，深不过10英尺。水流异常缓慢，呈现绿宝石般的碧绿色，像水晶一般明亮。河底覆盖着水生植物，一群群黑色脊背的鱼儿慵懒地把头对着上游，悬在较深的水池中。第四个盆地是最大的一个，向西边和西北方向延伸很大一段距离，完全没有冻冰。这可能是因为那里的湖水很深。湖面环绕在嶙峋的高山之间，好听的驼铃声在山间回响，惊起正在涟漪上随波逐流的一群群野鸭。湖岸上布满碎石，到处是一道道陡峭的砾石斜坡，给骆驼的行走造成很大困难。我们第一天夜里在一个叫巴尔（Bal）的地方过夜，从诺尔到巴尔我们的路线与南·辛格的路线是重合的，但从巴尔开始这两条路线又分开了。在途中我们遇到一支由二百只绵羊组成的旅队，身上驮着来自拉达克的玉米。看着它们规规矩矩、十分听话地前进真让人心里舒服。虽然它们都驮着很重的货物，但什么样的高坡都难不倒它们。西藏与克什米尔有大宗的贸易，用一百只驮着食盐的绵羊交换八十只羊驮运的玉米。在巴尔，夜间温度降到零下20.9摄氏度（零下5.6华氏度）；早晨之前，一场狂暴的暴风雨从北面袭来。

11月1日，我们不得不再杀一头骆驼，尽管在我们距离旅途终点这样近时很不忍心结束这些久经考验的骆驼的性命。我们贴着湖岸，忠实地沿着它的每一道弯往前走，尽管那往往会使我们经过崎岖的砾石台地。湖泊的最后这一段又长又窄，很像挪威的峡湾。当我们行走在屹立在湖面两侧的陡峭峥嵘的悬崖时，一幅幅瑰丽的山景展现在我们眼前，时而有一些俯视群山的雪峰探出头来。毫不夸张地说，湖面上挤满了野鸭子，当那些水鸟被我们的接近惊动，飞起来后又落在远处时，湖面上白浪翻滚。湖水没有结冰，只是在避风浪的小溪和角落里有几处破碎的薄冰。我们可以看出五道清晰的湖岸线，最低的有很深的沟槽，在悬崖下形成一个台地。不过，最后山峦后退，为一片平缓松软的地面留下一定的空间。

图360　西错贡波的景象

图 361　在错贡波边上遇到些小麻烦

一小时后，我们抵达人们早就警告过我们的那些艰险地带的第一个，这是一个岩石岬角，从山上直接插入湖中。那天晚上，人们把所有的行李都放在肩膀上驮过去，第二天一早人们把背上没有驮行李的牲口一头头从岬角上赶到去，首先是骡子与马，其次是骆驼。不过牦牛还是宁愿爬过危险的山沟。

第二天早晨日出之前，湖的对岸（即东南方向）出现了一个奇怪的现象。湖面上“冒起烟来”，白茫茫的水蒸气形成的厚重云团从水面上升起，在湖面上散开。我不知道这是温泉造成的，还是仅仅因为湖面的温度高于大气的温度。气温降到零下18.3摄氏度（零下0.9华氏度），水温则保持在冰点之上的两三度。但日出后不久，这迷雾就散去了。

当然，错贡波的宽度会随着两侧山峦的位置而变化。尽管先让一些人走在前面去铺平道路、填充窟窿、将挡在路上的巨石掀入湖中，我们在最难走的地方仍然遇到不少麻烦。其中最让我们头疼的是一个散布着大石块的陡峭碎石滑坡，在那里我们的仪器箱子不断剐蹭在石头上，直到我们最后把它们卸下来，自己抬过去。

第141号营地就设在一支绵羊旅队的营地旁，这个绵羊旅队有两顶黑色帐篷，周围是牲口驮的货物和木柴堆。我在这里测量了昔日湖岸线的高度；最高处比现在的湖面高出64英尺，最低处则高出14.75英尺。

12月3日，我派切尔诺夫划小艇横渡湖面去测量我事先为他标出的一条线的湖水深度：测量的结果是98.5英尺。与此同时，我和切尔东则骑马沿着湖岸走，直到我们来到一个湖峡，大约550码宽，已经完全封冻。我们在那里等着船到来。人们告诉我们，在这一天结束之前，我们将来到一个直上直下的悬崖，骆驼绝对无法翻越过去。看到这个小峡结冻了，我意识到我们也许能够把整个旅队都穿过湖面带到湖的南边去，以此来避免遭遇前面的悬崖。切尔诺夫检查了冰层是否足够承受我们的重量。保险起见，我们在冰层上凿出一些窟窿。冰层为5.25到6英寸厚（与此同时我们测到的最大深度为96.25英尺）。我们沿着这湖的南岸走了很长一段路继续探路，没有发现任何阻碍。与此同时，旅队完全停了下来，等待我们的结果。但我仍不满意，便派奥尔德克上岸，让他遇到骆驼过不去的地方就在那里点一堆火。在我

图362　沿着山侧的危险道路，小路上有些牦牛，另一些则在上面

们返回旅队的路上，看到至少有三堆火在我们刚离开的那片湖岸上燃烧。因此那条路是没有希望了。我们必须尽最大的努力走北岸。当切尔诺夫划过湖面去接奥尔德克时，他又对这湖泊进行了测量，测到的最大深度为97.5英尺。我因此得出结论，这个湖泊的底部纵贯着一条深约100英尺的沟槽。

此时图尔杜·巴依去检查那个阻挡我们前进的艰险地段。他报告说他觉得骆驼们不可能安全穿过。我发现这个地区到处都是结实干燥的木材和灌木，于是决定建造一条渡船，将它与我们的骆驼的驮鞍绑在一起，看看这样是否能使整个驼队渡过难关。我希望我们能造出一条大得足以承受至少一头骆驼的渡船。无论如何，这个办法行也得行，不行也得行，因为我实在不愿返回巴尔，然后从那里沿着南·辛格的足迹去尼亚孜（Niagsu）。如果那个难走的水边巨岩旁边的冰层能够经得住人畜该有多好！但图尔杜·巴依说那里并没有结冰。

不过，那天夜里的霜点达到36度（华氏）。第二天早晨，前一天还是水域的大片湖面结了一层冰。我立刻派出所有能够省出来的人去寻找制造渡船的木材。当我们赶到悬崖时，发现已经有一大堆木材放在那里了。即使围绕着那危险的障碍的水面上也结了冰，尽管只有1.5英寸厚。帐篷刚一搭起来，西尔金与另外两三个人就爬上那巨岩的岩顶从上往下俯视。他们的观点有分歧：西尔金认为如果我们领着骆驼一头一头地过去，这条路是可以走的。随后我亲自去查看了一下；结论是那样尝试无异于自杀。光滑的黑色石板以43度角向湖面倾斜。那里倒是有一条小道，上面是覆盖在某种台阶上的平滑石板，其外部由六七英尺长的木棍和圆木支撑，但在我看来这些都不足以承受一头骆驼的重量。而且有时这小道从陡峭的沟壑中上下曲折；我们那些已经很疲劳的骆驼肯定会慌了神，感到头晕眼花，跌进湖中。

不，我们必须造一条渡船，打破那薄冰，否则我们就得一直等到冰面冻得结实到足以经得住我们。由于下午一点的温度已经降到零下4.5摄氏度，我希望我们能够渡过最后这个难关。下午六点钟，冰层至少达到2英寸厚。哥萨克开始用驮鞍、帐篷立柱、木材和绳子建造一个雪橇，然后用毛毡将其整个盖住。这是沙格杜尔的主意；如果冰面没有结实得足以让骆驼走过去，或许我们也可以用雪橇拖着它们绕过悬崖。

风在灌丛与石缝间呼啸着，犹如狂风从我们瑞典的森林里席卷而过时发出的怒

图 363　用简易雪橇将行李拉过冰面

号。冰层每过一小时都变得更结实。现在它能经得住三个人了，而就在早晨它还仅仅能经得住一个人。我们决心试一试我们的渡船，让它装入总重量相当于一头骆驼的几个人。然后另外两人开始拉着它绕过巨岩。冰面刚一开始裂缝，喇嘛就跳出来了，然后是我，接着是托克塔·阿洪。冰层越薄，跳出来的人就越多。每个逃兵跳出来时，都会引起留在上面的英雄的哈哈大笑。冰面明亮光洁，一个气泡也没有；我们可以清楚地看到鱼儿在水底的水生植物之间游来游去。冰面上不时传来一阵阵炮响般的轰鸣声，那声音缓慢地贴着湖面消失在远方。现在我们明白了，还是需要再等一天，让冰冻得更结实一些。

在过去的三十六小时里，我们紧紧地盯着温度计。那天夜里温度降到零下19.3摄氏度（零下2.4华氏度）；到了第二天早晨七点，温度为零下11.1摄氏度（12.1华氏度）；下午一点钟的温度为零下5.1摄氏度（22.8华氏度）；到了晚九点，温度降到零下8.9摄氏度（16华氏度），而到了12月5日至6日的夜间，温度降到零下20.9摄氏度（零下5.6华氏度）。我在破晓的一小时前起床，进行了一次天文观测。那项工

图364　把小艇变成雪橇

作刚一完成，人们就把我们所有的行李（除了我的帐篷和厨房帐篷外）都放到雪橇上拖着绕过巨岩。现在冰层比原来厚了四分之三英寸。与此同时，牦牛们则从巨岩顶上爬过去。这些可是脚步极稳的动物。它们也许会滑一步，但从不会站不住脚。不过它们的主人还是要保持高度警惕，以防它们一头跟着一头从悬崖上掉下去。

切尔诺夫再一次测量了湖水的深度，是奥尔德克和霍代·库鲁将半扇小艇改装成一个手拉雪橇，把他拖过湖面的。结果奥尔德克掉进冰窟窿，只是靠拉着船帮才没有淹死。这里的最大深度为70.75英尺。这次探索说明，靠近湖南岸的地方水下必定有相对较温暖的泉水涌出。

我们绕过那个麻烦的巨岩之前，又失去一头骆驼，这使我们只剩下十头。现在冰层厚度为3.75英寸。我们早上第一件事就是把二十八袋沙子撒在冰面上以防骆驼们滑倒。然后在日出之前匆匆地领着它们绕过去。总算是平安通过了。那以后，我们把剩余的行李一趟趟拉过去。然后，把所有货物装好之后，我们再次向西进发。这条路绕过很危险的岬角，穿过小片的流沙，经过曲线优美的湖湾。我本人一整天都是步行，因为我的马状况也不妙。这一带的湖面相当开阔；显然封冻的过程是由东往西。

错贡波湖再一次缩窄了，最后完全终止，但它的淡水通过阿吉聪雅克河（Ajitsonyak）注入班公错那个盐湖。我们在这条小溪离开错贡波以后不久的地方，在它的北岸扎营过夜。我很难忘怀这个狂野的西藏湖泊那仙境一般的美丽，无法忘记它那浩淼的水面，以及在银色的水面或光洁的冰面上投下自己的倒影的层峦叠嶂。

34 从班公错到列城

第144号营地与我们在山里的大本营正好相隔一百天的路途，也是有一些重要性的。人们告诉我们，将有一支来自拉达克的新牦牛队在那里等待我们。可我们并没有看到他们的踪影。由于西藏人都想回家，我们时刻盯着他们，以防他们跑掉。

12月7日，我们遇到一场很糟糕的风暴，沙尘劈头盖脸地扑来。切尔诺夫划小艇出去，沿着四条线测量湖泊西端，他所测到的最大深度为104.25英尺。湖里有大量的植物。它的流量为每秒钟133.5立方英尺。我们原计划8日继续赶路，但发现所有的牦牛都跑掉了，而它们的足迹又都被新来的那场风暴抹掉，因此我们直到那天黄昏时才找到它们。牦牛队的队长叫洛桑（Loppsen），他同意陪我们走完班公错的北岸，直到我们接到拉达克来的新牦牛队。现在正是我们需要帮助的时刻；我们的大米、面粉与炒面都已在几天前就吃完，现在完全靠吃肉度日，因为我们从一个附近的营地买来七只羊。尤达什在那里交了一些特别的朋友。于是我们必须把它绑起来，以防它跑走。我们在营地附近测出的最高古湖岸线高出湖面177英尺。显然这两个湖过去是相互连接的。正如西藏的其他湖泊一样，它们也在经历一个干涸的过程。

12月10日，我们再次动身。旅队沿着班公错的北岸走，我和奥尔德克则划着小艇从河面上顺流而下。河水贴着南边的山脚流淌着，流速慢得简直看不出来。温度降到零下25.7摄氏度（零下14.3华氏度）。然而河面并没有封冻；因此我推测这附近什么地方一定有温泉。从高水位的痕迹来看，这一个河汊在夏季一定有370立方英尺的流量，或相当于我们去的那一天所测到的流量的三倍。再往下走，湖面完全

图 365　小艇航行在班公错上

结冰了，只有一小条碧蓝的湖水除外。河水一定是在盐水之上。

在那之后，我们跨越到山谷北侧的山前。这些山峦是由绿色和黑色的片岩形成的，有几条泉水从它们的脚下渗出来。站在那里，整个湖面一览无余。它的湖岸地形与错贡波类似，都有山脚探入湖中形成类似的岬角，在这些岬角之间都有三角形或半月形的平地，上面长着稀疏的灌丛。碎石滑坡脚下与水相接的地方，石头上裹着一层白色的冰，里面充满了气泡，这是由于波浪拍岸的作用，浪花刚一遇到冰冷的岩石立刻就被冻住。我们发现我们的旅队把营地恰到好处地设在一个叫作西里扎普（Siriap）[①]的平坦半岛上，那里有大量的灌木。

第二天，12月11日，天气十分晴好，于是我派出我最好的两位船夫切尔诺夫和奥尔德克划船横渡班公错，测量它的深度。考虑到他们或许不能在天黑前返回下

① 今作Sirijiap。

图 366　古朗·希拉曼（Gulang Hiraman）和他的拉达克人

一个营地，就让他们带上了足够吃一天的口粮。天上乌云密布，一整天都如黄昏一般。周围的群山都被刚下来的新雪覆盖。湖岸那独特的曲线几乎使我们的路线延长了一倍。主要山脉的每一个纵向探出部分都远远地伸入湖中；在某些地方，绕过临湖巨岩的路非常难走，我们必须用铁锹和十字镐平整地面，然后才能让骆驼走过去。在一个地方，有一小条湖岸窄得只能走一只绵羊，尽管很幸运的是那个地方的湖水不深，因此骆驼就可以从水中绕过去。虽然更往东，淡水从错贡波注入的地方螺壳很多，在这里它们的数量少得多。

在我们下一个营地，饮水比湖水好不了多少，我们只能站在岸边的石头上取冰。黄昏时分，我们发现骆驼们都跑回去了，但我们在刚才提到的那个狭窄通道发现它们。骆驼们忘了它们刚刚从水里走过来。它们正企图回到错贡波旁边那个丰美的草场。那以后，我们把它们拴起来，让它们饱餐了一顿玉米。

第二天，尽管温度没有低于零下7.5摄氏度（18.5华氏度），但整个地区都被一场白茫茫的暴风雪笼罩。南岸是一点也看不见了。湖中白浪滔天，强行挤过狭窄山谷的疾风毫无阻挡，从湖面上咆哮而过。我们仅仅走了一小段路，但那是我们沿着这一系列湖泊走过的最难走的一段路。这是因为山脉的一个巨大纵向分支几乎是垂直地插入湖中。虽然有一条小道从它上面翻越过去，而且经常有牦牛队从上面走过，但想让骆驼走过去就没那么容易了。我们在悬崖的脚下停了一小会儿，西尔金察看了紧贴湖水的岸边，沙格杜尔则骑马来到巨岩的顶上。西尔金报告说，从下面绕过去是不可能的；但沙格杜尔却说，尽管从巨岩上面过去的小道看上去很可怕，也许我们还是能走过去的。与此同时，牦牛们以奇妙的灵巧而稳健的步伐爬了上去。它们到了那上边以后，十五头牦牛被卸下货物，然后被赶回去驮我的箱子、帐篷和其他行李。它们把这些东西都直接拉到巨岩另一边的下一个营地，然后再回来驮回它们原来身上的货物。

与此同时，人们用斧子和铁镐为骆驼修筑了一条弯弯曲曲的走道。尽管这里的相对高度只有650英尺，我们却用了好几个小时才把牲口们带过去，我们必须高度小心地牵着它们一头一头走过去。这个山口顶上有一个石堆，上面插着许多小旗子，从那里可以一览无余地俯瞰整个班公错。它的南面是白雪覆盖的山脉组成的世界，它如一道大墙一般锁住印度河流域。但我们在那里不愿多待一分钟，因为西面刮来

图 367　班公错湖畔的 148 号营地

的凛冽寒风从它上面扫过，只有两腿叉开才能站得住脚。我写笔记时必须背对着风，而且匆忙完成，否则我的手指就会冻僵，然后我急忙走下山口，希望能在某个突出的岩石后面找到避风之处。但我失望地发现，那山坡面向西边，因此风暴迎面扑来。那个下坡真是糟糕！有时我不得不手脚并用，或紧紧扒着岩石，以免被风吹下悬崖。图尔杜·巴依带着两头骆驼先过去了。但是我遇到他时他正在走回头路，已完全分不出东南西北了。经过长时间的寻找，我们发现了一个地方可以穿过去，尽管需要很长时间才能做到。不过，因为这时已是黄昏时分，图尔杜·巴依和其他一些人准备与骆驼一起在山坡上过夜。但第二天早晨，我们成功地把它们都带下山坡。

由于这场大风，我们那几位正在湖另一边的船夫们无法与我们会合。但是我们通过望远镜不时可以看到他们。他们的营火光芒在夜间十分明显，所以我们一点也不为他们担心。

在西藏与克什米尔边界附近的赛尔得色（Serdseh），一个惊喜正在等待着我们。那是根据维查拉特专员（Vezir Vezarat）的命令被派来迎接我们的接应驼队，他是

图 368　1901 年 12 月 16 日的营地

克什米尔大君（Maharajah）[①]派驻拉达克的总督。这支驼队先抵达马恩（Mann），那是一个就在赛尔得色对面湖泊南岸的村庄。但因为在那里没有得到有关我们的任何消息，他们又转回来，试试北岸。仿佛有人施了魔法，我们的境况完全变了。我们手里现在有了十二匹马和三十头牦牛，还有绵羊、面粉、大米、水果干、牛奶、白糖，甚至给牲口吃的玉米。我们还有什么更多的奢求呢？我的旅队正在走完最后一段路程，而这个援助来得真是时候，正好解救了我们。我们那漫长的艰难困苦之旅终于结束了。这就像温暖的印度平原吹来的一阵清风，来自好客的朋友的问候使人想起家乡！

这支旅队的领头人是两位拉达克人，一个是安玛尔居（Anmarju），能讲流利的波斯语，因此我可以与他交谈；另一位是古朗·希拉曼，他是一个很逗乐、好脾气的老人，他的面孔永远像朝阳那样闪烁着和善的光芒。我在这里遣回了最后一批西藏人，向他们支付了可观的报酬，把我们所有不再需要的锅碗瓢盆、衣服以及一把左轮手枪都送给了他们。看着他们转身离开我们时，我多少有点感伤。尽管我们给他们找了各种各样的麻烦，他们还是为我们提供了极好的服务，而且既友善又诚实。长时间以来一直把我与西藏拴在一起的那道联系就此中断。那天夜里，当夕阳西下，夜幕开始从东方升起时，它似乎吞噬了达赖喇嘛的土地，以及与它有关的所有秘密和未解之谜。但是我的地图册与笔记本里的内容能够减轻离别的苦痛。那些信息都将有助于人们了解西藏那些迄今为止尚不为人所知的地区。

接应队伍的两位领头人各自送我一枚银卢比，这使我很吃惊。尽管这过程有点喜剧色彩，但我理解送礼人将钱币放进我的口袋这一举动所表达的友好姿态，当然他们期望我能给予他们连本带利的回报。我们的营地彼此挨着，就在那个从湖边汩汩流出的泉水边上。那泉水的温度是16.2摄氏度（61.2华氏度），而空气的温度是零下6摄氏度（21.2华氏度）。那泉水很温暖，实际上冒着蒸汽。我有无数关于拉达克、克什米尔和印度的问题，所以我们上床时已经很晚了。我们在一个十分显眼的临湖巨岩上点起一大堆火，以供切尔诺夫回来时做信号用。第二天他安全地返回了，毫发无损。他已经测量了两道横贯湖面的等深线，测到最大深度为155.75英尺。我

① 有时也译为“土邦王公”。

从这里派了一位专使前往列城，人们告诉我这段路程需要走八天时间。

继续叙述之前，让我来讲述一下尤达什的结局。它一直忠实地睡在我的帐篷里，从奥什一直走到这里。这天夜里，它像往常一样趴在我脚边的毡垫上，日出时站起来，抖了抖身体就出去了。它一般都会待在蒙古包外晒太阳，直到旅队出发。但是那天早晨它却跑过东边的山岗，再也没有回来。霍代·库鲁曾看见它在来路上依依不舍。正如我提到的那样，它在这几个湖边的帐篷村里与几条狗交了朋友。在过去两天里我们一直把它拴起来，以防它逃走。但最后它还是离开我们逃走了。它得沿着班公错跑上30多英里才能见到它的女朋友。可怜的尤达什！我纳闷它是否已经忘了我，以及在过去两年半共处的时光里我给它的那么多照顾和关爱。我知道我无论如何都会非常想念它的；其他人也是如此，尽管他们都骂它忘恩负义。

当旅队沿着另一条路向北走时，我和安玛尔居、切尔诺夫和喇嘛贴着湖边走，沿着一条令人目眩的小道翻越了几个难走的山口。当旅队的其他人与我们会合时，他们身边只有九头骆驼。我真为那倒下的可怜牲口感到遗憾，它离稻草与玉米只有咫尺之遥了。那天夜里下起鹅毛大雪。第二天，12月16日，大地上已经是一派严冬景象。从营地上面的山口我们可以俯瞰全湖；它形如一道深深的沟槽，被雪峰环抱。尽管霜度为18度（华氏），照相机摸上去冷得刺骨，我还是拍了一些底片。我们离开这烟波浩渺的班公错后，骑马穿过遍布沙丘的沙地高原，它从班公错的最西端一直伸向远方。然后我们转向西南，走上一条平缓的山谷，直到我们来到一个低矮的山口，上面有两个石堆作为标记，石堆上立着大块的玛尼石和风马旗。在山口的另一面，我们走下一个两侧为断崖的山沟，里面遍布着砾石与石头。然后我们在一个冰封的小湖旁扎下营地，那里比班公错的湖面低200英尺。我们现在已处于印度河流域中。顺着那个山沟涓涓流下的溪水经过无数次曲折后最终将流入印度洋。在过去的两年半时间里，我们一直旅行在中亚的内流河流域。因此，知道我们终于到了一个河水流入大洋的地区，这一点十分令人鼓舞。我前面提到的小山口比班公错的气压高2毫米。将它与古代的湖岸线（比班公错高出177英尺）相比使人得到一个极为有意思的结论。这个湖泊曾经一度流入印度河，但现在由于气候变化，它与那条河的联系被切断。因此它的湖水变咸。而原来湖里那些淡水软体动物都灭绝了。

图 369 当则（Tanksi）[1] 的寺院

① 今作 Tangtse。

图 370　佛塔边上的乐手和舞者

17日，我告别了旅队的全体人员，率先前往列城，随身带上了安玛尔居、切尔诺夫和切尔东，以及驮运行李的三匹马和徒步的马夫。早晨我们起床时，天还一片漆黑，但是那些精神抖擞的小个头拉达克马早已备好鞍子，在那里等候了。于是我们立刻放马小跑起来。我希望在四天内抵达列城，这样就可以让我发出的电报在圣诞夜之前送到家中。但是要想达到那个目标，我们就得在四天里每天都骑马走24英里。随着我们走下山谷，农庄与耕地开始出现。在换马的当则，我看到坐落在一个独立的石峰之上的寺院，它风光如画，给我留下深刻的印象。我们从下面给它拍过照之后，继续赶到德鲁古伯（Drugub，海拔12 858英尺），在那里度过了我们此行的第一夜。那里有一群带着手鼓和笛子、头戴面具的乐手来到院子里，为我们表演以示欢迎。再一次躺在屋顶下真有一种非常奇怪的感觉。

图 371　古朗·希拉曼骑着他的矮马

图 372　从提克色（Tikkseh）[①] 寺看到的景象

第二天，崎岖的道路再一次把我们带入云间，通向难以通过的强拉（Chang-la）[②] 山口。在每年的那个季节，这个山口一般总会被大雪阻隔。不过，1901 至 1902 年间的那个冬天，雪下得不大，只有个别地方有积雪，因此山口保持畅通。上坡非常困难，光秃秃的灰色岩石几乎形成了一道墙。我们用了几个小时才爬上顶峰（17 671 英尺）。下坡甚至更陡，在乱石堆中弯弯曲曲顺坡而下。等到我们赶到塔尕尔（Taggar）的那几栋石头小屋时，已是一片漆黑。

看到新鲜的面孔，看到石墙围起来的村庄与耕地以及奇峰顶上的寺庙，听到风从杨树与柳树间吹过时发出的飕飕声，这真让人感觉非常奇怪！我们注意到，越是往前，这一切就越来越多。我的哥萨克们开始对我怀有某种程度的惊讶；他们显然为我居然知道如何找到这些奇怪的人而佩服不已，这些人他们过去从来没有听说

① 今作 Thiksey。

② 实际上所谓“拉”（la）本身即为“山口”的意思，相当于“达坂”。因此，严格来说应译为“强山口”。为尊重惯例，此处及下文中仍维持“xx 拉山口”的译法。

过，而这些当地人又十分友好地接待了我。我们经过的地区海拔不断下降，空气越来越稠密，天气也越来越暖和。我们越往前走，那些美妙的敬佛石堆就越来越多，越来越大，与此相比，蒙古人的敖包就要相形见绌了。其中一个位于一条低矮的山脊之上，有5英尺高，10英尺宽，至少有850英尺长，两侧都覆盖着石板，每一片上都刻有连绵不断的六字真言。给神明树立这样一个纪念碑需要花多少时间啊！我猜那些喇嘛比约伯还有耐心，坐在那里将永恒的箴言刻在石头上，使其永世长存。他们心中的安慰是，等他们死后，这些石头本身就可以继续讲述了。

奇姆雷（Jimreh）[1]寺位于一座凸出的奇峰顶上，位置极佳，石崖下不远的地方有个富饶的大村子。经过一连串的村庄之后，我们最终来到印度河[2]边，它犹如一条长蛇盘旋在一条150到160英尺深的狭窄深槽里，河水碧绿透明，上面翻滚着浪花。在这里，就在河流的上方，有一道10英尺高、30英尺宽，不少于1 365英尺（或四分之一英里）长的玛尼墙。

我就是在这里受到列城专员的秘书（*naib*）米尔扎·穆罕默德（Mirza Mohammed）的欢迎。他是一位非常和善好心的人，讲一口流利的波斯语。我马上从他那里得到许多善意的帮助。我们从这个地方开始，先是沿着印度河右岸走，顺着它那宽敞的河谷前行，直到我们来到提克色的大车店。在村庄上方很高的地方，远离尘世的嘈杂，坐落着提克色寺。这里有四五十名僧人，他们好客地邀请我去那里做客。但我宁愿待在原地，因为那个旅店有一间带火炉的房间。不过，我第二天早晨前去拜访他们。他们的凉台与晒台足以让一名画家艳羡，那里俯瞰着开阔的印度河谷，景象真是恢弘得无与伦比。

我们在前往提克色的路上曾遇到三位信使，其中一位是个女人。他们都把信件裹在一根小棍子的顶端，犹如古苏格兰人召唤部落出战的信标。其中一位带来克什米尔专员的电报。当时他正驻在锡亚尔科特（Sialkot），信件的内容是："最热烈地祝贺您安全抵达。已将信件发送给副王阁下；相信一切都能得到令人满意的安排。"

---

① 今作Chemrey。

② 发源于中国，中国境内河段名为狮泉河，汉语音译为森格藏布。——编注

图 373　列城

从踏上英国的领地[1]那一刻起，我受到的盛情款待就与日俱增。我们在12月20日抵达首府列城（人口4 000），疲惫不堪，满身尘土。我在这里受到专员叶图玛尔（Yettumal）的迎接，他是一位极有地位的印度人，身穿欧洲人服装，只是头上戴着高高的白色缠头。他用流利的英语欢迎我来到副王的领地，并交给我一封来自维查拉特专员的电报。我们先骑马来到访问列城的英国人常去住宿的旅店。尽管那是一所干净、舒适的房子，但我宁愿接受米尔扎·穆罕默德邀我住进的那个住所。那里曾是传教士韦伯（Weber）的教堂，有隔开的房间可供哥萨克们在那里舒适地休息。另外它还有一个大院子和很多房间，等我的旅队到来后人畜都可以住进来。为我准备好的房间里，有一个壁炉，还有地毯、床和桌椅。叶图玛尔就在这里把厚厚的邮件袋交给我。我已经有11个月没有从欧洲接到信了，因此可以想象我是多么迫不及待地想要得到来自家乡的消息。我先打开最新到的一封信，知道家里一切平安后，我这才能定下心来按照时间的顺序慢慢读。我读啊读啊，读了整整一夜；我第二天早晨上床睡觉时太阳已经老高了。我很悲伤地获悉诺登舍尔德去世的消息。叶图玛尔在欢迎我时提到“爱德华国王”。当时我不知道他在说什么，我从未听说过这个名字。我不知道维多利亚女王已经去世快一年了。

抵达列城后我做的第一件事就是给瑞典的奥斯卡国王、寇松勋爵和我的父母发去电报，我在圣诞夜收到了奥斯卡国王的回复。那封电报友好且令人鼓舞：“十分感谢你的来电和以前发来的很有意思的信件。我十分高兴你能安抵英国领地，希望你能很快返回家乡。我和我的家庭一切安好，致以衷心的祝愿。——奥斯卡国王。”我已经从若羌通过喀什给寇松勋爵发了信函，询问当我抵达列城后，是否可以得到一笔3 000卢比的贷款。现在我发现这笔钱正在那里等着我。我也曾提到是否有可能短期访问印度，现在我接到副王本人发来的一封客气的长信。这封信以下面的话作结：“我只有一个建议，即您到加尔各答来，我从1月到3月底将住在那里，希望我有幸请您来政府官邸做客，并从您的口中聆听您的所见所闻。”当我在回信中接受了这一好心的邀请后，寇松勋爵又回电说：“祝贺您在进行极为艰难的旅行并获得伟大的发现之后安全抵达这里。我们很高兴在这里见到您。——副王。”

---

① 英属印度，指英国在1858年到1947年间于印度次大陆建立的殖民统治区。——编注

图 374　提克色寺的一个院子

图 375　提克色的喇嘛，右侧是寺里的住持

图 376　最后抵达列城的骆驼

所以我将对印度进行短期访问，并再次见到寇松勋爵。我几年前曾见过他。1897年12月他曾参加皇家地理学会[①]的会议，当时我曾就我上一次的旅行进行演讲。不过，我想既然要骑行240英里才能赶到克什米尔的首府斯利那加（Srinagar），索性在出发前先休息十天。而这段时间飞快地就过去了。列城的传教士利巴奇（Ribbach）和赫塔施（Hettasch）两位先生及他们的妻子，还有巴斯（Bass）小姐、传教团的医生E.沙维（E. Shawe）对我的热情招待简直使我受宠若惊。沙维医生在照顾我的旅队病号时真是无微不至。我每天都去访问各位传教士。我很少见到传教站有如此完善的管理，而且如此前程远大。我们在一间附属于教堂的舒适的小房间里一起度过了圣诞夜。那个房间里灯火通明，圣诞树上挂满了小蜡烛，使我想起童年时的许多美好时光。这个小教堂塞得满满的，利巴奇先生用拉达克语布道，听众身穿盛装，虔敬聆听，然后齐唱《诗篇》。尽管我对布道者的话一个字都不懂，但我很少参加过比这更加庄严和感人的布道会。我陶醉在喜气洋洋的明亮灯光里，我的心被甜蜜温柔的风琴声触动。在艰苦历程完成之际，再次处于欧洲人之中，我真的有太多需要感恩了。

旅队的大队人马于圣诞节到达。最后九头骆驼成功地爬上强拉山口，现在终于可以休息一下了。街道上的嘈杂使它们羞怯，但在这安宁的院子里它们很快就一切自如了。它们一闻到我给它们带来的肥美的三叶草的味道眼睛就亮起来，这使我非常欣慰。这个小城里的居民过去很少见到骆驼，纷纷爬到院子周围的围墙上，盯着这些背上长着驼峰的奇怪的长脖子牲口，觉得简直不可思议。

我很快就定下来眼前的计划。我南下进入印度期间，旅队将在列城逗留休息。不过，我最多只需要三个穆斯林留在这里，因此，当其他人来见我，要求允许他们翻过喀喇昆仑山，经叶尔羌回家时，那要求正合我意。我向他们支付报酬时都加了不少钱，并赠予衣服、口粮和坐骑；我还专门雇用了一位叶尔羌的马主人，付给他一笔钱，让他把我的属下带回叶尔羌。随后，渴望回家见到妻子和孩子的西尔金也来见我，问他是否可以与他们同行。对我来说，这也是再合适不过的了，因为这给我一个机会捎几封信给喀什的彼得罗夫斯基总领事。因此，以下的人员在此与我告

---

① 此处指英国皇家地理学会，寇松勋爵曾任该学会会长。——译者

别：毛拉·沙、哈姆拉·库尔、图尔杜·阿浑、罗西·毛拉、李老爷、阿力玛斯、伊斯拉木、艾合买提、奥尔德克。我让奥尔德克充当西尔金的侍从。他们这支旅队有一长串的驮运行李的马匹，有向导，还有向导的两名侍从，看上去颇为神气。1901年12月29日，他们骑行离开列城。尽管西尔金十分渴望回到故乡，当我向他握手道别，并感谢他为我所做出的一切时，他还是流下了眼泪。

我把切尔诺夫留下来在列城照顾我的旅队，切尔东与他在一起，担任我们的气象学家；而图尔杜·巴依、库特楚克和霍代·库鲁，这三位最优秀的穆斯林，则被我留下来照管骆驼、骡子以及我那匹老马。我给了他们很多钱做“看家费”。叶图玛尔承诺将确保他们不缺任何东西。沙维医生和其他传教士也承诺当我不在时会照顾他们。我们的喇嘛也留下来了，利巴奇先生对他极为感兴趣，两人很快就成了好朋友。得到副王的许可后，我带着沙格杜尔一起去印度。

第十二编

前往印度、喀什，回家

35 访问印度

下面我所到达的那些地区已为一些世界知名旅行者所熟知，并已多次描写。因此，或许我应该在这里结束我的叙述。不过，由于某些我无须特别强调的理由，在结束本书之前我有必要叙述一下这段经历，在整个旅程中这一段如果不是最美妙的，也是最美妙之一。

1902年1月1日早晨，四匹活泼的小个子拉达克马站在我的住所外，蹄子不耐烦地刨着地面。我与沙格杜尔各骑一匹；另外两匹驮着我们的行李，由徒步的人赶着。叶图玛尔命令他的秘书米尔扎·穆罕默德陪同我一起前往。天有不测风云，人有旦夕祸福！命运使我没有机会为叶图玛尔专员为我所提供的善意帮助而向他致谢，因为当我回到列城时，他已经去世并被火化了，他的骨灰被撒在恒河的圣水之中。

我们距离克什米尔的首府和大君的夏宫所在地斯利那加有240多英里。马匹在每个驿站都得到替换，有时甚至更为频繁。因此我们想走多快，就可以走多快。但是我实在太疲劳了，不想太赶了，一天很少超过一站路；因此我用了十一天才抵达斯利那加。第一站是尼玛（Niemo）[①]，我们在那里找到一个非常舒适的大车店，它有一个通风的“*bala-khaneh*”（二层楼），这使我想起我在波斯的旅行。那以后，我们在萨斯普尔（Saspul）[②]的农田与果园之间顺坡而下，果园里到处是苹果树与杏树。从这里开始，道路沿着印度河的右岸而行，河道的两侧是高耸的悬崖，至少有1 500

① 今作Nima。

② 今作Saspol。

英尺高。那接二连三地展现在我们面前的一幅幅图景无比瑰丽。河流硬是在大山里凿出一条通道，那鬼斧神工深深地触动了我那根艺术家的心弦。河水极清，呈深绿色；因为我们多数时间是在河流上方150英尺的地方骑马，它犹如一张地图一般在我们脚下展开。有时河水又深又宽，静静地流淌着；有时河道变窄，河水就会在布满河床里的石头之间轰鸣着奔腾而下。有的地方河面封冻，当地人就把冰面当作桥梁从上面走过。由于高耸的悬崖将河道锁住，河流的左岸一直处在阴影里。但席普提（Hippti）山谷的入口处露出一个缺口，阳光得以像瀑布一般洒进河谷，使淡绿色的印度河水像绿宝石一样闪闪发光。明亮的阳光产生的效果以惊人的速度不断变幻。山坡上的小路极为崎岖，这条路的高度令人目眩，煞是惊险。有时山路极为狭窄，两个人迎面而过时十分危险。每接近一个急转弯时，我们的仆役就会跑到前面去，发出一声尖叫，警告前方的人不要挡住道路。

抵达克勒策（Kalachi）[①]后，我们沿着一个小小的侧谷上行，将印度河谷留在我们左面。道路经常十分艰险。有时它紧挨山沟的一侧，有时又转到另一侧，从谷底一座座摇摇晃晃的小木桥上跨过河流。有座桥看起来十分不稳，所以我们宁可走桥下的冰面。萨姆帕—内兹拉克（Sampa-nezrak）的桥边，一处泉眼从岩石中喷涌而出，这水刚一流出来就冻上了，在路面上形成一个小冰丘。一匹驮行李的马在这里滑倒，如果不是我在它滑到悬崖边那一刻抓住了它的尾巴，这匹马就会滚下悬崖。我死死拽着它，直到人们跑过来帮我把它拖上来。再往前走一小段，我们来到拉马玉如（Lamayuruz）[②]的喇嘛寺，它修建在一个刀刃般的悬崖顶上，位置十分独特，风光无限。那悬崖是由砾石形成的，周围是斧削般的深壑。早晚有一天这寺庙会坠入下面的深渊。峡谷的底部有一大片佛塔（见我之前的插图），在印度的这一地区的寺庙附近经常能看到这种建筑。

1月4日，我们翻越了佛图拉（Fotu-la）的两座山口（13 450英尺）和那米卡拉山口（Namika-la）（13 010英尺）。当我们赶到穆尔贝克（Mulbekh）时，天已经全黑下来。我们在那里受到非同寻常的接待。来欢迎我们的是一列手持火把的队伍，

---

① 今作Khalatse。

② 今作Lamayuru。

图 377 拉达克老人

火把上溅起的火花从杏树上飞过，把树枝映得一片通红。在卡吉尔（Kargil），我们受到又一位好心肠、招人喜欢的专员的欢迎。我看到四十位身着节日盛装的年轻姑娘来欢迎我，真是受宠若惊。她们每人都端着一碟食物，当地的习俗是客人必须碰一下每一个碟子。如果愿意，你也可以在食物下面塞进几枚硬币。

离开列城之前，人们告诉我佐吉拉山口（Zoji-la）在冬天几乎从不开放，我也许会在那里被迫原路返回。但这一年冬天，降雪恰好比以往少得多；通过电报查询，我们获悉这个山口目前没有任何危险。我们在卡吉尔找到阿卜杜拉（Abdullah），他是个一流的山口带路人和仆役头儿，在拉达克土生土长，会讲突厥语（当地称之为叶尔羌语）；我们又在德拉斯（Draz）[①]村雇用了五十位仆役，让他们带着铁锹和十字镐先去把覆盖了冰的很滑的道路修一修。就在山口附近的马楚依（Matchui）有一个驿站，对于那些被大雪困住的倒霉旅队，那可是个天上掉下来的馅饼。几年前，当这个小房子盖起之前，拉达克的专员就遇到过这样的事。由于他惯于勒索，山口两

① 今作Dras。

图 378　走向佐吉拉山口

侧的百姓都很庆幸他被大雪困住整整两个月，无法伤害他们了。在那期间，他差点就饿死，因为他身边跟了一大群随从。

1月4日，我们翻过了佐吉拉山口，这是我见过的最糟糕的山口，尽管它的海拔还没有超过11 500英尺。这也就是说，它比我们不久前翻越的那些西藏山口要低6 000多英尺。抵达马楚依后，我们把马匹留在那里，步行穿越在我们脚下嘎嘎作响的雪地。温度已降到零下22摄氏度（零下7.6华氏度）。拉达克人将柔软的雪鞋绑在我们脚下，以防我们滑倒。我们踉跄地跟着他们爬到山口顶上。这里十分平坦，简直看不出是个山口。但那以后不久，我们走下一个极陡的大坡，来到巴尔塔尔（Baltal）的驿站。小道在一面几乎直上直下的峭壁上曲折而下，我们必须高度警觉，留神不要丢掉性命——一步滑倒就死定了。阳光照到的地方雪已融化，使盖着一层冰的道路变得极为危险，尽管仆役们事先已用冰镐凿出台阶来仍是如此。从地貌与气候上来讲，佐吉拉山口是西藏与克什米尔之间的一道重要的分界线[①]。当你站在山

① 原文如此。准确地说是拉达克地区与克什米尔谷地之间的分界线。拉达克地区历史上和西藏渊源颇深，斯文·赫定将其在“地貌与气候上”视为西藏的一部分亦无可厚非。

图 379　在佐吉拉山口的暴风雪中休息

口的顶上，脚下就是巴尔塔尔山谷。再次听到黑松林的神秘低语声，对我来说尤其是一种美妙的感受，它使我想起我那位于北方的家。

我在这里就不详细描述最后两天中我们骑马穿过的美丽的地方了——那些墨绿色的树林、精致的小镇、浪花翻滚的小河、美丽如画的小桥以及它们身后那些银光闪闪的雪峰，还有笼罩着这一切的湛蓝天空。我过去读过的关于克什米尔美丽山谷

图380 卡吉尔舞女

的种种赞美在现实面前反倒显得苍白了。

我在斯利那加受到E.勒·梅热勒上尉（Captain E. Le Mesurier）和他那和善的妻子的迎接，体验到地道的英国式好客。我在他们的陪同下度过了难以忘怀的两三天。1月14日我们再次出发。斯利那加位于海拔5 250英尺的地方。离开那里后，我们经过几个小山口，下到海拔更低的地方，最后来到炎热的印度平原。这条路先穿过杰拉姆（Jehlam）山谷，翻越穆里（Murree，或称Murri）山口，来到拉瓦尔品第（Rawalpindi）。这条道路真是一个工程学上的杰作。在自然风光上应能胜过那条翻越高加索山脉的格鲁吉亚军用公路。顺着它那上千个盘山急弯冲下来是一种极致的旅行体验。实际上我几乎想把它比作尝禁果。旅行马车（*tonga*）架在两个不大的轮子上，上面有个棚子，两旁有遮阴的凉棚。它有两排座位，背靠背。我和赶车人坐在前排，沙格杜尔带着行李坐在后面。车的前端伸出一根略微向上倾斜的结实的车辕，前端有一个横着的木条，用皮带拴在马的鞍子上。这使人可以在两三分钟内就能完成换马的工作。从一个驿站到下一个驿站很少超过半个小时。我们到达驿站的几分钟前，赶车人会鸣起号角，声音短促而旋律优美，当我们停在驿站时，两匹新马已经准备好了，正在等待我们。车辕从喘着气、浑身冒热气的两匹马身上卸下来，而新换上来的两匹马则倒退着进入位置。把皮带扣好，我们就再次飞奔在路上了。总的来说，赶车人让马停下来比让它们往前跑还难，所以我不是总能搞得清它们是不是已经脱缰了。在斯利那加与巴拉穆拉（Baramula）之间的开阔地带时，问题倒还不大，但当我们进入这条路沿着杰拉姆山谷的斜坡盘旋而下的那个峡谷时，有很多地方令人感到头晕眼花。道路极为陡峭，马匹真是左冲右突。右手边就是一个悬崖，直接插入河中，河水在悬崖下面翻滚着浪花。唯一的保护措施就是一道2英尺高的护路墙。你看着前面似乎突然就没有路了；但其实它是猛地拐向左边。但我们的赶车人并没有拉紧缰绳，而是任凭马车往前冲去。我以为这人疯了。我们会一头扎下悬崖。尽管马匹成功冲过了这个急弯，但车子本身似乎肯定要甩出路面，把我们三个像苹果一样抛出去。正当我觉得我们肯定要一头栽进万丈深渊时，马匹放慢了速度。但是我们也就是将将擦过那个弯，使我纳闷我们居然还能活着过来。在这样的拐弯处，总是要鸣起那个喇叭，发出清脆悦耳的声音，对从相反方向冲着这个急弯飞奔而来的马车发出警告。

接近穆里时，沿途风景的雄伟壮丽程度又增加了十倍，因为我们深入到针叶林的浓荫里。我们现在开始下到较低的海拔，空气不再稀薄。夕阳中掠过山坡的微风变得柔和一些了，湿度也随之增加。但我们只顾闷头往前冲，一分钟都没有减速。当我们的大车开始颠簸在拉瓦尔品第那又长又直的大街上时，天色已黑。我们直接赶到火车站，因为离我们的火车开车只有一小时了。在长时间习惯了沙漠的宁静与荒山里的万籁俱寂之后，听到火车头的尖锐汽笛声给人一种十分古怪的感觉。

我在拉合尔（Lahore）逗留了三天，当然没有公开露面，因为我没有一件可以上场面的衣服。于是我把自己从上到下打扮了一番，尽管脸上仍多少带有点沧桑感，还晒脱了皮，但摇身一变就成为一个衣着打扮无可挑剔的绅士。那以后就没有必要低头藏首了。在那里的最后一个晚上，我与旁遮普邦的副总督W.麦克沃斯·扬爵士（Sir W. Macworth Young）共进晚餐，感觉自己似乎一辈子都在社交场里周旋，没有做过任何其他的事情一般。

关于拉合尔，关于德里、阿格拉（Agra）、勒克瑙（Lucknow）、贝拿勒斯我有什么可说的呢？我还是什么也别说了。让我把这些题目留给那些有时间研究这些美妙和神秘的城市的人吧，其中每一个都值得写很多本书。我只不过是走马观花，在每个地方只停留了一两天。虽然我只是像一只天上的大雁一般匆匆掠过泰姬陵，但即使那样我也无法不盛赞沙·贾汗（Shah Jahan）的陵墓。那无疑是我见过的最美妙的艺术杰作。君士坦丁堡、伊斯法罕、马什哈德与撒马尔罕的光辉杰作在它面前都显得苍白无力。那是一个凝固在白色大理石中的仲夏夜之梦，是被点化成石头的一角天空。至于贝拿勒斯？我永远也无法忘怀沿着它的码头与台阶旁边泛舟河上的情景。那些宽大的台阶上每天早晨日出时聚集了成千上万沐浴的朝圣者，希望能够以此恢复健康与元气；还有那些崇拜这条河的婆罗门，他们在河边朗诵着自己那深奥的祷文；还有那些不远万里来到这儿，打算死在神圣的恒河边的老人！在这些沐浴的朝圣者与欢快地玩耍的儿童之中，我看到他们正在河里洗涤一具尸体，为火葬而做准备。周围响起他们独特的音乐。在月下泛舟恒河之上是一种无与伦比的体验。当我放松身体，在静谧的夜幕中浮想联翩时，那个圣城和它传说中的昔日辉煌激发了我的想象力。

我在勒克瑙时，一天早晨被狄德里克·彼尔德中尉（Lieutenant Didrik Bildt）叫醒。这是我在整个印度之行中遇到的唯一瑞典人，而且还是个彻头彻尾的瑞典人。我很自豪有他做我的同胞。在他的陪伴下，我在勒克瑙度过了难忘的一天，同他一起参观了所有有意思的景点。

沙格杜尔对他一路的所见所闻越来越感到惊讶，这给我带来极大的乐趣。一个来自西伯利亚的淳朴的布里亚特哥萨克会为他在伟大的莫卧儿帝国的古老城市中的所见所闻而感到震撼，这当然是很自然的一件事。这里的棕榈树、宝塔、充斥着嘈杂人群的集市、人们身上穿着的那囊括天底下所有颜色的衣服，这一切都给他留下深刻的印象。他对他见到的一切向我提出各种各样的问题，把他的观察与思考讲给我听。他的诧异真是难以用语言来形容。我们在勒克瑙遇到一队大象时，他简直无法相信自己的眼睛，问我这些巨大的东西怎么可能是活着的动物，而不是某种机器，一种用与制造火车头不同的方式制造出来的机器呢？为了证明它们的确是动物，我让赶象人叫停了一只大象，然后去旁边的巴扎买了一把甘蔗，将其喂给大象。那头大象仔细地查看每一根递给它的甘蔗后，聪明地扔掉那些不适于吃的部分。这一情景使沙格杜尔确信，大象的确是活着的动物。

1月25日早晨抵达加尔各答之后，副王的马车正在车站等候。车旁站着四位侍从，他们身着红色与金色的制服，头戴高高的白色缠头。另一辆马车载着沙格杜尔和我们的行李。我们直接驱车抵达政府官邸后，我被带进二层楼的一个房间。我从未在印度副王的宫殿这样豪华的地方里住过。接待室里装饰着各种昂贵的工艺品，地上铺着柔软的印度地毯，墙上挂着大不列颠国王与女王，以及印度大君及波斯国王的巨幅油画肖像。它们沐浴在明亮的电灯光下。我的卧室是一个大套间，有自己的凉台，有一席巨大的凉棚保持着凉爽。我在这儿就可以陶醉在公园的棕榈树传来的香气里。从这所建筑里往外看，整个加尔各答一览无余，甚至可以看到胡格利河（Hugli）三角洲的丛林。孟加拉明显很炎热。尽管当时是1月底，但对我这样一个"西藏人"来说甚至有些喘不上气来。因此我为自己能有一间浴室而喜出望外，每天都要用它几次。

我到达的那天是个星期日，一位副官立刻前来通知我，副王阁下正在巴拉克普尔宫（Barrakpur）等待我，那个地方坐汽船溯河而上走两小时就到。因此，早饭后，我在夏日的艳阳下和清凉的微风中，被带上"毛德"号（Maude）汽船。船上的旅伴真是再好不过了，他们是副王阁下的私人医生芬恩（Colonel Fenn）上校和他的

图381　巴尔塔尔下游的茅屋

夫人、英国驻迈索尔（Mysore）专员罗伯逊（Colonel Robertson）上校，以及印度中央邦印多尔（Indore）专员C.S.贝利（C.S.Bayley）先生。

巴拉克普尔坐落在一个热带公园的中央，里面的家具装饰带有典型的英国式雍容华贵的风格。寇松勋爵夫妇带着两位迷人的小女儿在一个阴凉的大树林里接待了我们。寇松勋爵以一个老朋友的热忱对我表示欢迎，并把我介绍给他那迷人的妻子。他们夫妇二人都具有同样的高贵气质。在午餐上，他为我的健康祝酒，并祝贺我顺利完成旅行。我同主人讨论了两三个小时的地理问题后，寇松夫人带我乘坐马车在周围游逛了一圈。她驾驭马车时技巧娴熟而又风度翩翩。

有幸在寇松勋爵夫妇家做客的那十天将永远属于我一生所度过的最欢乐的时光。我不仅每一天都受到热心的款待（有时让我感到受宠若惊），而且寇松勋爵这位对亚洲地理最有研究的专家之一对我在旅行中的种种经历抱有浓厚的兴趣，他对这次旅行的范围之广及意义之深具有深刻的认识。

我们在欧洲很难意识到，身为印度总督意味着什么。他对三亿属民拥有绝对的权力，这几乎是所有欧洲君主统治的人口总数了。这是一个极为高贵、无可比拟的职位，不由得不赞赏那个能够把如此独特的荣耀授予一名臣民的王国。寇松勋爵充分履行了落在他的肩上的一切责任，认真对待他的每一项职责，将他所有的时间与精力都投入到工作中。除了吃饭那一两个小时外，他的所有时间都用在办公桌前，没有一点时间用于健身或社交娱乐。有一次他陪我们一起来到剧院，在第一幕尚未结束之前，他就悄然离开了，匆忙赶回去继续办公。寇松勋爵的书房是一间装饰典雅的大房间，里面放满了书籍与公文，分门别类地置于不同的书桌与书架上面。使我感到极为荣幸的是，他就在这里仔细地观看了我从拉达克带来的一张张地图，并对它们作出让我感到受宠若惊的评论。

我在政府官邸逗留期间，那里举行了两三次国宴和官方舞会，其光彩夺目丝毫不亚于欧洲各大宫廷的同类场合。有一天，一艘德国和一艘奥地利的军舰沿着胡格利河溯流而上。于是政府官邸里为军官们举行了早餐会，然后在这两艘军舰上和德国俱乐部里又都举行了几场聚会。瑞典—挪威驻加尔各答的总领事福格特（Voigt）先生还特地为我举办了一场很成功、也很令人享受的晚宴。

这九年里我在亚洲许多地方漫游的过程中，曾遇到形形色色的人，但此刻与在此之前那几个月的体验之间反差最大。在两年半的时间里，我与整个世界失去联系，孤立无援地置身于中亚的沙漠与崇山峻岭之中，忍受着风吹日晒，各种艰难困苦；而此刻我却置身于一个发达文明的奢侈与典雅之中。多年来我一直是孤身一人地生活着，而此刻我每走一步都会遇到一个新相识。就在不久前，我还在霜度华氏50到60度的冰天雪地里工作与旅行，爬上海拔16 000至17 000英尺的山脉，居住在那里的只有岩羊与野牦牛。而此刻我却漫步在印度洋岸边的棕榈树下，周围到处是热带五光十色的景象。就在不久前，我还生活在西藏人那烟熏火燎的肮脏帐篷中，而此刻我却享受着典雅精致的英国居家生活，陶醉于玫瑰花香、美妙的音乐以及同美女们的交谈之中。西藏人把我视为一个可疑危险的人，而在印度这里，我简直被好客的欢迎淹没。当一个新的任务向我召唤时，我真舍不得此刻正与我相处的那些好心肠的朋友。这次印度之行无论从哪方面讲，都是最为愉快和最令人难以忘怀的，只有接二连三的告别带来了些许感伤。

我在政府官邸逗留的最后几天里，那里来了两位大名鼎鼎的访问者，即剑桥大学的厄内斯特·卡塞尔爵士（Sir Ernest Cassel）与奥斯卡·布朗宁（Oscar Browning）教授，我与他们之间有过几次很有意思的愉快谈话。

印度报界对我的报道极尽赞赏和关注之词，使我得到雪片一样的邀请——它们来自大吉岭（Darjiling）、锡兰（Ceylon）、迈索尔、白沙瓦（Peshawar），也来自我在喀什的老朋友（1890年）荣赫鹏少校（Major Younghusband）[①]，瑞典的传教士，以及其他许多人。但是我并没有忘记我的旅队和我的哥萨克。他们正在列城耐心地等着我。但还是有一些邀请我无法推辞，尽管这将意味着我必须多少延长一下我在印度的逗留。不幸的是，我那位忠实的哥萨克沙格杜尔竟传染上热病，我们在加尔各答逗留期间他的身体一直非常虚弱。他被安排住在公园里一个非常舒适的帐篷里，里面有木地板、浴室和电灯，受到芬恩上校和他的助手埃米尔·巴克什（Emir Baksh）的精心照顾。后者曾于1873年陪同福赛斯（Forsyth）先生出使阿古柏统治的喀什。我把沙格杜尔交给他们来照顾，自己则继续往南旅行，安排好了在回去的路上与他在拉瓦尔品第相会。

---

① 荣赫鹏（1863—1942）英国军官，探险家，曾率军武装入侵西藏。

告别了寇松勋爵夫妇后，我于2月5日离开加尔各答，前往海德拉巴（Hyderabad，或称Haidarabad）附近的色昆达拉巴（Secundarabad），去探望我在1895年帕米尔边界勘定委员会里那位老朋友，具有骑士风度的麦克斯维尼（Colonel McSwiney）上校。他被派驻于尼扎姆（Nizam）领地里的博拉鲁姆（Bolarum）军营，那里有一支八千人的英国驻军。我与麦克斯维尼上校一起度过了愉快的三天。他为我举行了阅兵仪式和生动的骑兵表演，我最感兴趣的则是在火把和熊熊的篝火光芒照耀下给帐篷钉脚钉。

我在孟买成为当地总督诺斯科特勋爵（Lord Northcote）与他那迷人的妻子的客人。我与他们也共度了难忘的几天。这一次我的住所仍然带有一个凉台，位置是在马拉巴尔海角（Malabar Point）的尽头，因此我几乎完全处于大海的怀抱之中，只有北边有一条狭窄的条地伸向帕西人的寂静之塔①。我犹如住在一条船上一般。对于一直深处亚洲腹地的我来说，这是一个美不可言的变化。那一排排浪涛拍打在悬崖脚下时发出的有节奏的声音我似乎永远也听不够。啊，我是多么向往能从这里乘风破浪返回故乡啊！那将比再爬上西藏西部那些荒凉和条件恶劣的群山，然后再踏上穿越两个大陆的归程要好上无数倍！我承认我费了很大气力才抵御住这种诱惑。但是我不能离弃我的旅队，不负责任地抛弃我的旅行所取得的成果。因此，同我们瑞典—挪威的领事比克尔（Bickel）先生一起参观了埃勒凡塔石窟(Elephanta Cave)②，并参加了德国领事普法伊尔伯爵（Count Pfeil）的府邸中举行的晚宴以及法国领事沃松（Vossion）先生举行的一次晚宴后，我便与诺斯科特勋爵夫妇告辞，回到德里。我非常遗憾没能见到学识渊博的俄国领事V.克莱姆（V.Klemm）先生，他曾于十一年前在布哈拉热情地款待过我。他恰好不在。尽管他两三天内就能返回，我却无法等他回来再离开。尤其遗憾的是，关于沙格杜尔他为我提供了好心的帮助，我欠他一个感谢。他提出，显然我那年轻的哥萨克无法忍受印度的天气，身体太弱，不适宜与我一同赶回列城，他可以用领事馆的经费，一有机会，就把沙格杜尔送往科伦坡，然后再从那里送往符拉迪沃斯托克。从那个港口，沙格杜尔就可以轻易地

---

① 帕西人是生活在印度的拜火教徒。寂静之塔是帕西人的天葬台。

② 也称象岛石窟。位于孟买以东的海上。

返回故乡了。

我在前往拉瓦尔品第的路上只停了一两次。我在斋普尔（Jaipur）受到大君马车的迎接，并乘坐他那头顶着华盖的大象游览了琥珀堡遗迹。在斋普尔，所有的房子都被漆成粉红色，所有的居民都身着粉色或红色的衣装，就犹如清晨的玫瑰园里放出的红光一般。我在那里受到英国专员科柏（Cobb）先生的盛情款待。

卡普塔拉邦（Kapurtala）①的大君发来电报邀请我去他在卡塔普尔（Kartarpur）的宫殿做客，我在那里度过了极为惬意的两天。我在大君阁下的亲自陪同下乘坐马车、船只和大象游览了当地。而其中一天又恰好是我的生日，为了给我庆贺，大君阁下特别在晚宴上安排了乐队、香槟和其他东西来助兴。我在卡塔普尔的逗留就仿佛亲身经历了《一千零一夜》一般。

我在拉瓦尔品第接上了可怜的沙格杜尔，他因为患病而没能从他的印度之旅中得到我希望他能得到的乐趣，连一半都没有。芬恩上校派了一位当地助手负责陪着他从加尔各答来。他在拉瓦尔品第又被沃勒上尉（Captain Waller）和梅德利少校（Major Medley）（他是个有名的亚洲旅行家）接手照看。后者用俄语与沙格杜尔交谈了很久，因此沙格杜尔非常喜欢他。照看过沙格杜尔的陆军医护团马歇尔少校（Major Marshall）告诉我，应该尽快把他带到山里去。但是这时他的身体仍然太弱，因此无法坐在马车上。所以我没有别的办法，只得耐心等待。至于我本人，在那里的逗留真是享清福。从刚从南非归来的宾顿·布拉德爵士（Sir Bindon Blood）将军往下数，所有的军官都争先恐后地对我表示关怀。不幸的是我错过了M.A.斯坦因博士，他的总部就设在拉瓦尔品第。他最近刚从他在塔里木地区那趟重要且成功的旅行中归来。但我很高兴能够通过书信与他相识，1902年结束之前，我就如愿地与他在伦敦相会了。

最后，沙格杜尔的身体终于恢复到可以动身的程度。我们像两个月前乘马车下山而来那样，又沿着原路乘坐马车赶回斯利那加。在加里（Ghari）的驿站我遇到罗伯特爵士（Sir Robert）和哈维女士（Lady Harvey），与他们共度了一个非常愉快的下午。

① 今作Kapurthala。

在勒·梅热勒上尉和夫人的精心照料下，沙格杜尔在斯利那加又休息了五天，其间他的身体在克什米尔的清新空气中大有好转。这位先生和他的妻子是我那次漫长的印度之行中最早遇到和最晚告别的英国人。因此我对那个属国的统治民族形成的最初印象是他们非常热情和富于同情心。我与他们告别时真是难舍难分——他们对我和我的哥萨克都非常古道热肠。上尉是拉达克的联合专员，他给列城发了一封电报，命令那里为我们的到达做好一切准备，尤其是在佐吉拉山口采取安全保护措施。勒·梅热勒夫人各方面学识都很渊博，她对克什米尔的地理以及那里居民的习俗颇有研究。

36 途经赫密寺返回故乡

3月6日，我们再次出发前往列城。我雇了两顶滑竿，当地称为“华丽轿”，每一个都由八名轿夫抬着。我一直用到不能再坐为止，但沙格杜尔坚决抵触这种旅行方式，尽管他身体很弱，却仍然宁愿骑马。

在索纳马格（Sonamarg），我收到勒·梅热勒上尉、维查拉特专员以及来自卡吉尔和列城的电报，警告我千万不要尝试翻越佐吉拉山口。勒·梅热勒上尉好心地邀请我返回斯利那加。但不管有多大的风险，我必须前行。这个山口的印度一侧比较难走，因为必须步行爬上凶险的悬崖。正如我们夏天下山那次一样，这次我们也没有能使用夏季道路，而是需要走深深的山沟。每年冬天，头顶上的悬崖都会发生雪崩砸下来，致使多人丧命。任何时候都必须采取最严密的保护措施。最安全的是一大早就出发，那时雪还没有融化；雪崩一般都发生在雪被太阳晒化后的下午。从没有人企图在下雪的季节翻越这个山口，那时最危险。

3月10日，我们天一亮就起床了；周围还是一片漆黑，天寒地冻，冰冷的深蓝色天空上群星闪烁。山峰与积雪都只是隐约可见。我们很快就准备好了。首先是铺平道路的六十五名仆役，他们按照印度队列前进着（见前文的插图）；他们后面跟着几匹马，上面载着他们的口粮，然后是骑在马上的我们，由甘德巴尔（Ganderbal）副总管和他的属下陪同。渐渐地天亮起来，白色的雪坡也变得愈发清晰可辨；在它们的衬托下，一棵棵黑色的云杉显得越来越清晰。不时有人在雪地里摔个大马趴。雪越来越深。我们继续前行，一步步地往上爬。积雪的表面开始还结实得足以承受人的脚步，但是很快就变软了，使我们踩透下去。当马匹不再觉得脚下有结实的地

图 382　拉达克少女

面，而是像海豚那样踉跄前行时，我们大家都从马上跳下来步行。在巴尔塔尔，阿卜杜拉和二十三位有经验的可靠山民前来迎接我们。

第二天，我们穿过了那危险的峡谷。它已经变得难以辨认，之前塞满谷底的那些巨石现在已被雪崩埋住，据说有500英尺深。因此，这条路在冬天从这厚得令人难以想象的积雪上穿行而过，而夏季这条峡谷根本就无法通过。人们连推带拉把我和沙格杜尔带到了山口顶部，刀割一般的疾风席卷而来，将积雪扬起，使人无法睁开眼。但是一旦将那个最危险的地方甩到身后，就一切平安了。尽管积雪依然很深，但不像在山口时那样在空中飞舞。人们每摔倒一次后就压出一个印，到最后这条小路成了一连串的深窟窿。如果你能保持平衡不摔倒，最好走在那些窟窿之间的小垄上。但通常人们都还是踩着窟窿里面走。

就这样，我们挣扎着走了四天才翻越了山口和两侧的山坡，然后就可以用牦牛了，最后是马匹。我们有三天三夜都被困在卡吉尔的大雪之中，人们努力用舞女和喧嚣的音乐来让我们消磨时光。我们于3月25日抵达列城，发现旅队一切正常。我

图 383 多仓拉巴（Doggtsang Raspa）的大门

遣散的人员都已返回家乡，只有西尔金和奥尔德克例外，据说是因为山口被大雪阻隔。不过他们最后硬是从山口翻越过来，安全抵达喀什。

我本来打算在列城只待两三天，然后毫不耽搁地向北进发，翻越喀喇昆仑山。但是我注定无法这样做。沙格杜尔重病复发，沙维医生的诊断是他患了伤寒。无论如何他在两三个月内不可能继续旅行了。他虚弱至极，瘦得皮包骨，两天夜里都烧得神志不清。因此我们一天又一天地耽搁下去。我充分意识到必须把他留下，但我又不愿在这可怜的人脱离危险之前离开他，有两天时间我们简直觉得没有希望了。但到了4月中，他的病情有了好转，危机过去了。他只需要在传教团的医院里休息几个月并接受护理就行了。在那里，沙维医生会精心照料他的。我尽其可能确保病人过得舒适。我让李老爷陪着他，做他的侍从，并许诺如果他能尽职，等他抵达喀什时将得到额外的奖赏。他们将在列城一直待到夏天，然后随一支商队去叶尔羌，从那里继续赶到喀什。我给了沙格杜尔200卢比作为路费。如果他需要更多的钱，克莱姆领事已答应预支。

与他分手很令人难过。4月5日，当我最后一次走进他的房间时，四周阳光明媚，

图 384　赫密寺的住持

温暖如春。沙格杜尔当然为不能陪我们走完旅程的最后一段而感到懊丧；但他明白在身体彻底恢复之前必须静养。我则尽量从光明的一面看问题，安慰他说，如果由我决定，我在下一次旅行中将带上他。这使他情绪好转；他说那将是他一生最大的荣幸。最后我攥住他的手，强迫自己离开，把他留给上帝来照看。这一下打开了闸门；他转过脸去使我看不到他的眼泪。我则匆忙跑出去，怕他看见我眼中闪烁的泪水。因此，事实上我的情绪是很激动的——那漫长的，充满不确定的分离。我也很不愿离开利巴奇夫妇、赫塔施夫妇和沙维医生。他们对我极为热心，给我提供了如此无私的帮助。在我的记忆中，他们那个传教站是那类机构中最理想的一个。离开我那些忠实的而久经考验、最终活着走到列城的骆驼也不是一件易事。在这三个月里，它们已经从艰难的时光中休息过来，都长了膘，充分地享受着它们的食粮。但是在冬天里带着它们翻越喀喇昆仑山是不可能的。因此我以象征性的价格把它们卖给了一个来自叶尔羌的商人，他将在下一个夏天返回故乡。

从西藏高原（海拔16 000至17 000英尺，极度严寒）下到印度（接近海平面，炎

图 385　赫密寺的院子

炎夏日）时感觉反差极大，现在我们朝相反方向进发时感觉也是一样。说来真是奇怪，我从没发过烧；但是与免疫发烧的能力相抵消的是我感到极度疲劳，极度渴望回到我在斯德哥尔摩的那宁静的书房。因此，我决定在路上尽可能多坐着滑竿走，也就是说，坐着滑竿一直走到强拉山口。我被四个强壮的汉子抬着一摇一晃地出了列城，很快就把那风景如画的小城甩在身后，昔日的列城国王就住在小城后面山顶上的宫殿里。当人们急匆匆地朝着印度河顺坡而下时，他们以一种典型的一唱一和的方式唱着歌。领唱的人唱出一个短的诗节，而其他人则合唱一句单调且令人昏昏欲睡的副歌。但是这歌曲使他们很振奋，得以保持行进速度。4月6日，我和我的两位助手（喇嘛与库特楚克）沿着印度河的左岸而行，而由雇来的马匹组成的旅队则沿着翻越强拉山口的大道而行，然后沿着印度河的右岸前进。最后我们离开印度河，折向南方和西南方，走上南边那道山脉的碎石斜坡，然后进入赫密寺山谷，路上经过了一些很美丽的佛塔，还有几排圆形或椭圆形的石坟。我们越往前走，山谷变得越窄，几乎转向正西。灰色的岩石上散布着稀稀拉拉的杨树群，山峰上白雪皑皑。不久，著名的赫密寺就映入眼

图 386　穿着宗教节日盛装的喇嘛

图 387　多仓拉巴像

图 388　戴面具的喇嘛

帘。它形同一个由一排房子形成的圆形露天剧场，或者说像是粘在峭壁表面的燕子窝。我们手脚并用地爬上绕来绕去的小道，穿过各种有矮护墙的板桥和院落，最终来到墙上的一扇小门前面，受到寺院住持的友好欢迎。他是一个矮小的老人，长着稀稀拉拉的灰胡子和一只难看的大鼻子。但是他的微笑却表现出极致的仁慈善良。他的名字是阿旺错昌（Ngavang Cho Tsang），他的头衔是“Himi Chaggtsot”。

我平生从未见过赫密寺这样一个由大大小小的房间、院落、走廊和陡峭狭窄的石头台阶组成的迷宫。很难画出一份能让人看懂的设计图。实际上，根本就不存在设计。每一小排厢房似乎都是哪儿有空地就盖在哪儿。人们带着我们走过一条过道，走上一个铺着石板、夹在高墙之间的斜坡。我们绕过一个急转弯，走进一条漆黑一团的过道，然后沿着它走过一连串小小的院子。我们爬上一个梯子，从上面可以瞥见佛堂里面，透过充满宗教气氛的幽暗光线隐约可以看见镀金佛像。我们迈上一个平台，顿时为展现在我们眼前的壮丽景象而感到震惊。回过头来再看，真觉得不可思议，这个寺院组成的小城居然没有早就因身后那一线之悬的峭壁坍塌而被砸扁。然后我们被带上又一个梯子，穿过其他的走道和狭小得像橱柜一般的小房间，直到我们彻底地晕头转向了。那感觉就如同漫游在一个迷宫或魔法洞穴里。即使在加尔各答的政府官邸里也比在这里更容易辨别方向，尽管我在那里只有很少的一点点时间用来熟悉“地形”；不过至少当我来到费思·阿里·沙（Feth Ali Shah）的巨幅油画肖像前时，我便知道那是通往我的房间的路了。但是在赫密寺，我敢说任何人都会迷失方向，除非你是这里的喇嘛和居士。

我被带进的第一个房间的屋顶是由彩绘木柱支撑着的，里面有多玛（Dollma）神像，硕大的双目中闪着光[①]。在这个据说已有三百年历史的神像面前摆着一排黄铜小碗，里面放着清水、大米、玉米、面粉、酥油和黄油。我从这房间的另一端草草地画了一张素描（见前文插图）。据说这是这个寺院里最神圣的神像。两个喇嘛匍匐在多仓拉巴的镀金神像前，那神像上还披着一件长袍。它的右边是雅尔斯拉斯喇嘛（Lama Yalsras），左边是桑加沙加托巴（Sanjas Shaggja Toba）。这里一共有七座佛堂，它们被称作“*dengkang*”（在蒙古语中称作“*doggung*”）。而喇嘛读经的房间则被称为“*tsokkang*”（蒙古语称“*sumeh*”）。

① 由于难以判断斯文·赫定按照藏文读音转写的英文汉译究竟为何，这里关于佛像的译文仅供参考。

图 389　寺里的厨房

图 390 在什约克河（Sheyok，或称 Sheok）[①] 河谷里

和尚们在一个酒杯状的黄铜小碗里装满酥油（他们称为“*lochott*”），这是一盏长明灯。墙上挂着锦旗状的宗教画，往往是几幅上下挨着挂出来；从屋顶上垂下被称作“*chuchepp*”的帘子。立柱上缠绕着称作“*pann*”的三角形小旗。形如巨伞的华盖则固定在神像的头顶上。手鼓、铃铛、铜钹和长长的木质号角也是寺院不可或缺的一部分。这让人感觉仿佛漫步在一个博物馆里，一个我很愿意把它随身带走的博物馆。书架被一卷卷的佛经压得嘎吱作响。其他的佛堂也都有神像和镶着红宝石、绿松石和黄金的白银佛塔。通过地板上的一个活门，喇嘛们给我看了里面的“*bakkang*”；这是寺院的“武库”，里面存放着喇嘛的衣裳、面具、帽子、长矛、鼓、号、低音号以及无数的其他器物，这都是每年7月举行的重大宗教舞蹈中不可缺少的。两三位好心的喇嘛穿上了他们的节日盛装，坐着，或者说站着，为我充当素描的模特。在他们的夏季重大节日期间使用的厨房（称作“*tabbtsang*”）里有五个巨

① 今作Shyok。

图 391　什约克的吹笛人

图 392　喀喇昆仑山附近的克其克昆丹（Kitchik-kumdan）山口

大的铜锅和几个较小的锅，放在砖砌的巨大灶台里。住持本人带着我四处参观，他那不卑不亢的举止令我印象深刻。最后他把我带进一间客房。它位于寺院下方一个小而舒适的亭子里。晚上我前去他的房间拜访他，一路经过的过道和走廊在火把通明的光焰下使人仿佛置身于石灰岩山洞里一般。

这位老人告诉我，赫密寺是多仓拉巴于三百年前左右修建的，这位喇嘛如达赖喇嘛一样永世长存。他说现任的多仓拉巴年方十九岁，在一个叫郭仓（Gotsang）的地区的山坡岩壁中已经独身闭关修行了三年。他还需要在那里再待三年。因此他将在整整六年中一个活人也不见，也从不踏出他的监牢一步。一位服侍他的喇嘛住在附近，每天通过一个小窟窿给他送入食物，而岩洞里的泉水则为他提供饮用水。但这两人彼此不得见面，也不得交谈。如果有重要的事需要与多仓拉巴沟通，就会把讯息写在一张纸条上，从小洞里送入。

这位隐士每天独处冥想，研习佛经。我问道，如果他生病了怎么办呢？住持告诉我，他太神圣了，因此不会生病。如果真的病了，他自有医治世上所有疾病的妙方。在他之前的每一位多仓拉巴都经历过同样的涤净过程。六年过后，他会下山来到赫密寺。当他去世后，他的灵魂就会转世到一位新的多仓拉巴身上。

这所寺院共有大约三百名喇嘛，其中多数人会在其他寺庙或列城过冬。但他们都靠赫密寺供养。这座寺院很富有，拥有大量的农田。几年前曾有一位俄国旅行家伪称他“在赫密寺发现了描述基督生平的手稿”而震惊世界。鉴于他的谎言已被充分揭破，我这里就不再赘言。第二天下午，当我离开这寺院时，住持向我赠送了各种东西，以及一只羊，还不让我付钱。他亲自骑马陪着我一直走到跨过印度河的桥边。我们在塔尕尔追上了旅队。

穿过亚洲和欧洲的返程有足够的素材再写长长的一章。但我这里必须停笔了，尽管还有几件事必须交代一下。赶着牦牛登上了什约克河河谷之后，我们来到喀喇昆仑山口（海拔18 564英尺）；从那里我们又骑马翻越了苏盖特达坂（Sughett-davan）和桑株（Sanju）这两座山口，并在喀格勒克（Kargalik）和叶尔羌休息了几天，最后于1902年5月14日抵达喀什。当我再次坐在老朋友彼得罗夫斯基总领事的花园（我对它还记忆犹新）里时，恰逢春光明媚的季节。我们谈论着我在中亚的经历，我感谢他在过去的几年里向我提供的多次帮助。麦卡特尼先生和亨德里克斯（Hendricks）

神父也对我的经历很感兴趣。与此同时，我还结识了两位新到的瑞典传教士，即安德松（Andersson）先生和巴克隆德（Backlund）先生。他们都全力投身于传教工作，并足以对自己的辛勤与献身所换来的成果而感到满意。

但我没时间耽搁。握一握手，我就必须立即出发，抓紧时间西行翻过群山。库特楚克和霍代·库鲁带着他们的忠诚服务所赢得的可观报酬回到他们在罗布泊的小屋。我在奥什与忠实的老图尔杜·巴依告别，把他强烈推荐给赛特谢夫上校，我再一次在上校那好客的家里受到热烈的欢迎。我很难与玛伦基与玛尔其克分手。在乘马车前往安集延的火车站之前，我来到院子里与它们道别，它们的眼睛里充满疑惑，一直追随着我，仿佛也知道我们将永远不再相见。在切尔尼亚耶瓦我与切尔诺夫这个出色的人伤心地告别，他将经塔什干前往韦尔诺耶（Vernoye）。切尔东和喇嘛则陪着我横跨了里海。好心的喇嘛看到大汽船的明轮转动起来载着我们驶向大海时吓了一跳。他们陪着我一直走到彼得罗夫斯克，从那里他们继续赶往阿斯特拉罕。喇嘛打算在那儿的一座卡尔梅克寺院里安定下来。彼得罗夫斯基领事与我一起把他

图 393　克其克昆丹冰川的一部分

推荐给当地总督。喇嘛不敢再在喀喇沙尔露面，噶本已下令他永世不得再进入拉萨。切尔东则将乘坐火车沿西伯利亚铁路前往他在外贝加尔的家乡。

与每个人分手都很难受。我们在一起相处了很久。他们流下的眼泪证明了他们的感受也和我一样。我后来听到过其中某些人的消息，获悉沙格杜尔已经抵达俄国境内的奥什尤其使我高兴。圣彼得堡的萨哈罗夫将军（General Sakharoff）几次好心地向我提供了有关我那几位忠实的哥萨克的消息。就在最近，我还从赛特谢夫上校那里收到一封信，读起来很难不让我动感情。那封信里写了沙格杜尔对我们旅行的印象，尤其是前往拉萨和印度之旅。我很欣慰他对我一直怀有美好的记忆。

奥斯卡国王向所有四位哥萨克都授予了金质奖章，这都是他命令专门铸造的。而哥萨克们则得到俄国沙皇的允许佩戴这些奖章。他们自己的君主沙皇陛下则向他们授予了圣安娜勋章（Order of St. Anna），并奖给每人250卢布（26英镑）。瑞典国王还向图尔杜·巴依和卡尔梅特·阿克萨卡尔颁发了金质奖章，并授予费苏拉一枚银质奖章。沙皇尼古拉二世陛下非常仁慈地在彼得宫（Peterhof）接见了我，他表示，得知我非常喜欢他的哥萨克们，而且他们的行为从第一天起就如此无可挑剔，这使他很满意。我还向帝国战争部长库洛帕特金将军发出一份关于哥萨克们的正式报告。

1902年6月27日，当“冯·多贝尔恩”号（Von Döbeln）穿行在瑞典的群岛之间时，我当时那种感慨真是无法形容。多少次啊，多少次我曾问自己是否还能看到这些我所热爱的沧桑的灰色岩石，我有多少愉快的童年回忆都与它们紧密相连！屈指算来，从我离开父母和其他家庭成员到那一刻，已经过去了整整三年零三天，远远超过一千零一夜。他们就站在与我挥手道别的那同一个码头上等待着我。盛夏再度带着它那无与伦比的妩媚翩翩而至。丁香花就像我离开时那样再度盛开。这中间过去的那些漫长岁月如梦一般；似乎我只是离开了短短几天。一切依旧。

奥斯卡国王第二天就接见了我。他一直非常慷慨地支持我的计划，甚至可以说对我怀有一种父亲般的关怀。我把旅行中的种种情形讲给他听，为这座大厦又添加了一块基石。我希望这大厦还能有很多添砖加瓦的机会。

（全书完）

后序

四年了吧，如果我没记错的话，《穿越亚洲腹地》(*Central Asia and Tibet*)这本由斯文·赫定(Sven Hedin)原著、林晓云先生翻译的中文长篇巨作，近日终于由签约出版社决定付梓印刷了。当我第一时间接到晓云来自北美的信息时，我的第一反应除了感到无比的欣慰，思绪更多的是游荡在这几年关于他翻译这本书的漫长回忆中。

2014年底至2015年初，那时我正在探究斯文·赫定由西向东穿越可可西里，以及从北到南穿越阿尔金和羌塘的路线。突然有一天，我接到了晓云从北美发来的信息，那应该算是我与晓云的第一次横跨太平洋交流，因为著名的瑞典探险家斯文·赫定。

2016年秋天，我们终于在北京三里屯的一个火锅馆见了面。晓云头戴一顶褐色“TheNorthFace”遮阳帽，穿一件浅灰色T恤和一条深色户外运动短裤，脚上穿一双咖啡色户外皮凉鞋；他个子很高，有一米八左右；脸色红润，充满微笑；手臂和双腿长满汗毛；说话温文尔雅，音调和缓，待人随和。如果事先不约，你很容易把他当成一个日本人，总之，他给我的第一印象就是一位欧美公司的职业经理人。当时还有摄影师、作家白继开先生一起。直到那个时候，我才知道晓云正在翻译斯文·赫定的《穿越亚洲腹地》。

2018年夏末，当我行走帕米尔高原和瓦罕走廊回国后，我们相约在北京昌平郊外的魏家庄园再一次聚会。记得那一次，晓云带来了斯文·赫定《穿越亚洲腹地》的英文版原著，并把它赠送给了白继开先生，那个时候，晓云的翻译工作已经全部完成，正在等待出版社印刷发行。

没想到，这一等就是三年多时间。

自从已故杨镰教授负责主编整理“西域探险考察大系”以来，新疆人民出版社1996年7月第一次发行“瑞典东方学译丛”开始，一直到2010年4月和2013年10月的“西域探险考察大系”，斯文·赫定的探险游记和科学考察报告，陆陆续续被介绍到了国内。最为国内读者所熟知的是《我的探险生涯》（*My life as an explorer*，孙仲宽译，2010年4月第一版）和《穿过亚洲》（*Through Asia*，赵书玄、张鸣、王蓓译，2013年10月第一版），其中还包括中国青年出版社2002年版的《我的探险生涯》（李婉容译）和江苏文艺出版社2011年版的《亚洲腹地旅行记》（周山译）两个版本。

纵观斯文·赫定在中国的探险考察，我曾做出一个纯粹个人的总结，斯文·赫定长达八年的中国探险经历（1893年至1896年第一次，1899年至1901年第二次，1907年至1908年第三次。其中1926年与1933年的两次带领团队进行的科学考察不算），三个地域板块构成了他一个人的西域探险的辉煌长卷。首先是帕米尔高原的探险勘测，攀登慕士塔格峰及冰川测量，其次是塔里木河流域的沙漠历险，以及在罗布泊发现古楼兰，包括在安南坝与柴达木的奇遇，最后则是他一个人气势磅礴地穿越阿尔金、可可西里和羌塘无人区，前往喜马拉雅的考察。

在国内，大家熟知的是斯文·赫定对帕米尔高原及慕士塔格的勘测，以及他的沙漠历险和发现楼兰古城，但对于斯文·赫定在喜马拉雅的考察和对冈底斯山脉的勘察历险相对要陌生很多。然而，纵观斯文·赫定完整的个人探险经历，1907年他从列城进入西藏的那一次，毫无疑问，应该算是他探险生涯浓墨重彩的结篇。

在今天的西藏南部，喜马拉雅山脉最北端向东延伸的一段界限不明的山区，斯文·赫定勘测取名“外喜马拉雅山（Trans-Himalayas）”。它西南邻冈底斯山、北接阿陵山、东南接念青唐古拉山等山脉，南边为布拉马普特拉河。1906年，斯文·赫定发现此地，并成为历史记载中最早见及该山的欧洲人。正如当年英印总督寇松（Curzon）所言，“在这项伟大的发现之外，他（斯文·赫定）还从山脉地质学的角度确定这座雄伟的山系确实存在，以我之见，他所取的‘外喜马拉雅山脉’这个名称恰如其分。多少年来一直有人猜测有这么一整座山脊，利特戴尔及当地的测量员也曾穿越这座山脊的两个边沿。但是只有赫定博士亲自到当地探险，并将这座绵长而庞大的山脉完整地绘制成地图……这极大地填补了人类知识的空白，从而使我们明白地球上确实存在这样极为广袤的高山群。”

如今，晓云历时两年时间，翻译完成的这本《穿越亚洲腹地》恰恰弥补了国内现存多个中译本对于斯文·赫定在西藏南部冈底斯山脉和外喜马拉雅山脉这一阶段所作科学考察和探险历程的空白。

这不是一本单纯的报告文学作品，也不是一本简单的探险游记；它既不是一本纯粹的地理科学考察分析报告，也不是一本惊险灵异类传奇小说。它介乎它们之间，用诗一般的语言，把那些专业的科学考察分析有声有色地融入其生动有趣的历险故事中，令人手不释卷。

另外，前面我有提及国内流行的诸多关于斯文·赫定的中译本，我个人认为绝大多数都不太尽人意。问题主要出在多数译本的译者没有实际的探险和户外经验，或者是对新疆和西藏不甚了解，尤其对一些地名的翻译更是令人无法接受。这就会导致一个严重的问题出现：即任何一个普通的阅读者都将无法通过中译本，第一时间在今天的地图上完整地还原出斯文·赫定当初的探险路线。如果这样的话，我们对斯文·赫定探险生涯的认识就只能停留在一般的文学描述上，而大量的地理地质学、历史地理学方面的知识信息，因为没有正确的地图作为导引，造成极大衰减，甚至错漏。这是我这十来年研究斯文·赫定、斯坦因探险历程的心得。而眼下，摆在我面前的、晓云的这个中译本，则完全没有这个问题。我认为这其中有几个主要原因。

首先，晓云本人就是一个地道的户外运动者和旅行家。自上世纪九十年代初开始，他们夫妇就开始在全球旅行，足迹遍布七大洲的许多边远地区（包括南极北极，西藏、新疆、内蒙古），并著有英文书*Searching For Shambhala*（《寻找香巴拉——沿着西方探险家的足迹》，China Books, San Francisco）。其次，他早年在蒙古高原的经历，对察合台突厥语系地名的发音也不陌生，他对于每一个地名的翻译，都会在大尺度的地图上进行校对，实在拿捏不准的，晓云就会与我一起探讨和沟通，在获得经纬坐标后方才最后确证。所以，尽管斯文·赫定的足迹大多数是在人迹罕至的高原无人区，但对于晓云来说，斯文·赫定的探险路线在他的地图上早已是清清楚楚，一目了然。

另外，晓云的翻译功底并非偶然，而是与他的家学渊源和自身经历有关。1955

年，晓云出生在北京一个传统知识分子家庭，父母都是中译外与对外文化交流方面的专家。尽管他从未在我面前提起过这些，但是很多认识他也认识我的朋友，难免会在我面前绘声绘色地描述他十四岁时如何一个人从家里偷跑出来，去呼伦贝尔大兴安岭偏远山区插队。显然，他对探险的热爱就萌生在那段燃情岁月。当然，他的青春年华如同当年大多数知识青年一样，也经受了“红色的洗礼”。这段经历为他日后研究斯文·赫定、拉铁摩尔，研究蒙古文化埋下了种子。

后来，晓云曾在李慎之和资中筠两位先生领导下的中国社会科学研究院美国研究所工作。这使他有机会第一次接触到拉铁摩尔这位国际中国边疆学研究开拓者的著作，有机会参与筹划中美合作的“丝绸之路”实地考察的项目，尽管后来因为他去美国留学而未能成行。

其实，论职业，晓云本是位法律人。他先后毕业于美国威廉姆斯学院（历史学士），路易克拉克学院（公共管理硕士），美国耶西瓦大学法学院（法学博士），持美国纽约与新泽西两州律师执照。曾任纽约市立大学法学院与中国政法大学和浙江大学法学院兼职教授、美中律师协会常务理事，主编《美国法通讯》《牛津美国法指南》中文版，著有《美国劳动雇佣法》《美国货物买卖法》等法学专论。但他更像是一位作家。当你阅读这本文字优美的探险记时，你或许会认为它出自一位文学家之手。

读它，是一种美妙的享受！

陈达达[①]

2021年6月9日于重庆南山居

① 陈达达，旅行作家。国内外斯文·赫定探险研究及中国、巴基斯坦、阿富汗、塔吉克斯坦四国交界地区历史地理研究领军人物，著有《一个人的西域（独行南疆）》《一个人的西域（帕米尔寻踪）》《大唐高仙芝远征小勃律祥考》，译著《瓦罕》（WAKHAN，待出版）。

图书在版编目（CIP）数据

穿越亚洲腹地．下卷 /（瑞典）斯文·赫定著；林晓云译．— 广州：广东旅游出版社，2021.6
ISBN 978-7-5570-2331-7

Ⅰ.①穿… Ⅱ.①斯… ②林… Ⅲ.①游记—亚洲 Ⅳ.①K930.9

中国版本图书馆CIP数据核字（2020）第185107号

出 版 人：刘志松
选题策划：后浪出版公司
责任编辑：方银萍
出版统筹：吴兴元
装帧设计：彭振威设计事务所
特约编辑：孙 腾 李志丹
责任校对：李瑞苑
营销推广：ONEBOOK
责任技编：冼志良

穿越亚洲腹地 下卷
CHUANYUE YAZHOU FUDI XIAJUAN

广东旅游出版社出版发行
（广州市荔湾区沙面北街71号首、二层）
邮编：510000
电话：020-87348243
印刷：嘉业印刷（天津）有限公司
开本：889毫米×1194毫米　16开
字数：510千字
印张：32
版次：2021年6月第1版第1次印刷
定价：110.00元